FILHO DAS ÁGUAS

O ETERNO RETORNO

Editora Appris Ltda.
1.ª Edição - Copyright© 2020 dos autores
Direitos de Edição Reservados à Editora Appris Ltda.

Nenhuma parte desta obra poderá ser utilizada indevidamente, sem estar de acordo com a Lei nº 9.610/98. Se incorreções forem encontradas, serão de exclusiva responsabilidade de seus organizadores. Foi realizado o Depósito Legal na Fundação Biblioteca Nacional, de acordo com as Leis nos 10.994, de 14/12/2004, e 12.192, de 14/01/2010.

Catalogação na Fonte
Elaborado por: Josefina A. S. Guedes
Bibliotecária CRB 9/870

M612e 2020	Meyer, Vitor L. Filhos das águas : o eterno retorno / Vitor L. Meyer. 1. ed. – Curitiba : Appris, 2020. 409 p. ; 23 cm. Inclui bibliografias ISBN 978-65-5820-294-3 1. Ficção brasileira. I. Título. II. Série. CDD – 869.3

Livro de acordo com a normalização técnica da ABNT

Appris
editora

Editora e Livraria Appris Ltda.
Av. Manoel Ribas, 2265 – Mercês
Curitiba/PR – CEP: 80810-002
Tel. (41) 3156 - 4731
www.editoraappris.com.br

Printed in Brazil
Impresso no Brasil

VITOR L. MEYER

FILHO DAS ÁGUAS
O ETERNO RETORNO

FICHA TÉCNICA

EDITORIAL
Augusto V. de A. Coelho
Marli Caetano
Sara C. de Andrade Coelho

COMITÊ EDITORIAL
Andréa Barbosa Gouveia (UFPR)
Jacques de Lima Ferreira (UP)
Marilda Aparecida Behrens (PUCPR)
Ana El Achkar (UNIVERSO/RJ)
Conrado Moreira Mendes (PUC-MG)
Eliete Correia dos Santos (UEPB)
Fabiano Santos (UERJ/IESP)
Francinete Fernandes de Sousa (UEPB)
Francisco Carlos Duarte (PUCPR)
Francisco de Assis (Fiam-Faam, SP, Brasil)
Juliana Reichert Assunção Tonelli (UEL)
Maria Aparecida Barbosa (USP)
Maria Helena Zamora (PUC-Rio)
Maria Margarida de Andrade (Umack)
Roque Ismael da Costa Güllich (UFFS)
Toni Reis (UFPR)
Valdomiro de Oliveira (UFPR)
Valério Brusamolin (IFPR)

ASSESSORIA EDITORIAL
Evelin Louise Kolb

REVISÃO
Ariadne Martins
Isabela do Vale

PRODUÇÃO EDITORIAL
Bruno Ferreira Nascimento

DIAGRAMAÇÃO
Bruno Ferreira Nascimento

CAPA
Amy Maitland

COMUNICAÇÃO
Carlos Eduardo Pereira
Débora Nazário
Karla Pipolo Olegário

LIVRARIAS E EVENTOS
Estevão Misael

GERÊNCIA DE FINANÇAS
Selma Maria Fernandes do Valle

COORDENADORA COMERCIAL
Silvana Vicente

Para as minhas avós, Nilsa L. Meyer e Cecy Sanchez,
e para meu bisavô, José Augusto de Oliveira.

Temos a arte para que a verdade não nos destrua.

Friedrich Nietzsche

PARTE 1

A MENINA QUE GOSTAVA DO INVERNO

1.

A água gelada do mar batia em seu rosto, desacordado. As ondas bateram em sua face diversas vezes até que ele foi recobrando a consciência e abriu os olhos, mas logo sentiu uma dor insuportável na parte de trás da cabeça, e mesmo o alívio de sentir a água do mar o banhando não foi o suficiente para amenizar aquela dor. Quando recuperou o foco da sua visão, viu um pequeno inseto andando bem na frente de seus olhos e percebeu que o bichinho caminhava rapidamente. Antony o acompanhou com os olhos até que ele saísse completamente do alcance de sua visão, e conforme se distanciou mais, ele pôde perceber o cenário que estava à sua volta. Olhou para o horizonte e observou uma intensa camada de areia branca, como a neve que caíra em Miracle naquele marcante inverno escocês. Não conseguiu se mexer e por isso permaneceu na mesma posição por um bom tempo, recebendo conformado as pequenas ondas que chegavam até o seu rosto. Quando a água já estava quase congelando suas bochechas, Antony tentou se levantar. Primeiro, apoiou a mão esquerda na areia fofa, que afundou lentamente, depois a direita e, então, teve que fazer uma força muito grande para se manter em pé. A sua mão direita imediatamente foi para sua cabeça e foi quando os primeiros lances de memória voltaram. A parte de trás latejava tanto que parecia que ele havia batido a cabeça em algum lugar, ele até tentava se lembrar de algo, mas só veio a vaga lembrança de algum impacto muito forte seguido da dor. Como bateu a cabeça e veio parar em um lugar tão incrível? Antony não conseguia pensar em outra coisa. Olhou para o horizonte e viu o mar e uma sensação de esperança tomou conta de seu corpo. Tentou se manter em pé por alguns segundos, mas logo caiu, assim que uma onda mais forte atingiu suas pernas. A queda fez com que seu corpo caísse em cheio na água. Teve que fazer um tremendo esforço para conseguir ficar de joelhos e depois finalmente se levantou por completo. Olhou ao redor e percebeu que não havia ninguém, só ele estava ali. Um sentimento de desespero, angústia e nervosismo substituiu toda a esperança que havia tido. A dor na sua cabeça era intensa e o som das ondas era como zumbidos robóticos que faziam com que imaginasse que estava em uma espécie de transe causada por alguma droga qualquer. Caminhou lentamente quase se arrastando para um lugar próximo onde havia algumas pedras. Sentou-se um pouco nas pedras e se esforçou ao máximo para se equilibrar, ele sabia que se caísse, provavelmente, ficaria ali deitado na areia até a maré subir e o mar o levaria. Foi nesse momento que algumas imagens começaram a voltar com mais clareza à sua mente. Lembrou-se de um espaço muito bonito, pessoas mascaradas, depois algumas coisas horríveis acontecendo, gritos de socorro, e então viu uma mulher se afogando. Por fim, veio à sua mente o barulho de algo atingindo sua cabeça.

Antony apoiou a mão direita em uma pedra e deparou-se com um pedaço de vidro quebrado que provavelmente pertencia a alguma garrafa. Olhou para o vidro e pôde ver finalmente seu reflexo e, por consequência, seu estado. A imagem que teve sobre si mesmo foi assustadora. Haviam se passado dez minutos desde que acordara e não tinha parado um instante sequer para verificar o seu corpo e o estado em que estava. Ainda era difícil abrir os olhos, mas quando focalizou a imagem no vidro, pôde ver um grande corte perto de sua testa que já estava com o sangue seco na pele. A boca também apresentava um machucado no lado direito, o olho esquerdo estava inchado e roxo. O rosto estava todo cortado, o que podia ser confundido facilmente com a sujeira que havia grudada ali. Uma vontade forte de tossir surgiu e juntamente com ela o gosto de sangue em sua boca foi sentido. Cuspiu a saliva na mão e viu a cor avermelhada, provavelmente estaria sangrando por dentro também. Sentiu um desespero tão grande e se esforçou mais uma vez para se lembrar do que havia acontecido e de novo só pôde acessar o que já havia visto anteriormente. Talvez alguns três ou quatro segundos a mais do que da última vez. Não restava saída, não havia para onde ir. Olhou mais uma vez para o horizonte e viu o mar. Lembrou-se da mulher afundando lentamente com seu vestido branco. Ele sabia quem ela era: a mulher que aparecia constantemente em sua cabeça. Afinal, quem mais poderia ser? Ela estava o acompanhando desde o início de tudo aquilo, de todo aquele pesadelo, e fazia todo sentido Antony estar vendo sua imagem novamente. O final trágico daquela mulher era exibido mais uma vez bem diante de seus olhos. Ela afundava tranquilamente, parecia estar dormindo. Na verdade, parecia estar voando e foi nesse momento que Antony soltou a pedra e foi caminhando devagar em direção ao mar. Estava tão petrificado pela visão que teve daquela mulher que desejou também sentir aquele estado de leveza, mas principalmente de solidão. Ela estava linda, estava leve e parecia livre. Ela parecia carregar dentro de si algo que Antony desejava ter. Sentiu que queria ser livre igual ela, desaparecer na imensidão azul e fugir de tudo que estava acontecendo desde que o inverno começara. Se soubesse que esse seria o seu fim, Antony jamais teria aceitado o caso. Andava devagar por causa dos machucados e sua perna esquerda não respondia direito aos seus comandos. O zumbido na cabeça ficou mais forte à medida que ia chegando perto do mar. Na velocidade que estava andando era capaz que caísse antes mesmo de alcançar a areia molhada pelas ondas. Enquanto andava e ouvia aquele zumbido pensou nas coisas que mais gostava no mundo, por incrível que pareça era a única coisa de que conseguia lembrar-se de prontidão. Pensou nas comédias românticas a que assistia quando chegava do trabalho, na sua nova casa com o seu pequeno e improvisado jardim, os ventos que sopravam em seu rosto quando abria a janela do carro de seu pai, a música interminável que sua irmã tocava no piano e os olhos negros de um homem cheio de mistérios. Escolheu a música como sua lembrança favorita e andou em direção ao mar ouvindo o barulho do piano, enquanto os ventos levavam seus cabelos para o alto e as lágrimas limpavam o sangue de seu rosto. Nesse momento desejou poder ouvir o que o mar o dizia.

3 meses antes

Ainda estava cinza quando Antony abriu os olhos assustado, ao acordar do pesadelo que acabara de ter e viu sua janela coberta pela cortina branca quase transparente que velava o vidro antigo de sua casa. Deitado em posição fetal olhando pela janela, ele imaginou o tempo cinza e frio que estaria do lado de fora e desejou ser criança novamente, buscando se sentir seguro. Fechou os olhos por um momento e pôde se ver brincando por diversos lugares. Hoje vazia, a casa um dia chegara a ficar cheia, com todos os seus quartos ocupados. Agora era apenas com o fechar dos olhos que poderia lembrar-se daqueles momentos, e ele sabia que essas lembranças um dia começariam a sumir de sua mente. Eram recordações claras, sutis e perigosamente confortantes. Sua infância havia sido de muito privilégio, suas duas irmãs eram suas únicas amigas, apesar de em muitas situações se sentir totalmente esnobado e sozinho. Quase nunca andavam juntos pelas florestas da

Escócia. O momento favorito de Antony era quando os pais o chamavam para viajar de carro para algum lugar mais ao norte. Ele sempre abria a janela e colocava as mãos para fora, e aquela sensação era equivalente à que tinha quando mergulhava em uma água morna – ou congelante – e nadava com os peixes. Antony não sabia o motivo pelo qual sempre fizera tal associação, mas gostava dessa estranha comparação. Ali, de olhos fechados e deitado em sua gigantesca cama, ele teve a sensação de estar dentro da água, flutuando e afundando lentamente assim como no estranho sonho que acabara de ter, o qual foi o motivo de seu angustiante despertar. Naquela noite havia sonhado com uma mulher que descia lentamente rumo ao fundo do mar. Foi um sonho um tanto assustador, não se sentiu bem em ver de modo tão realista uma linda mulher se jogando de um penhasco e batendo fortemente contra as águas do mar. Antony chegou até a acordar com o coração mais acelerado do que o normal e isso não era um bom sinal.

Os primeiros raios de sol entravam e se direcionavam diretamente aos olhos claros de Antony. Esquentavam suas pálpebras, depois começaram a esquentar seus lábios e, após alguns minutos, seu corpo todo estava iluminado e mais quente que o normal. Para sua surpresa, a cortina de seu quarto não escondia um rigoroso inverno, mas sim um lindo céu azul, mas que já dava sinais de que iria durar pouco. Ele abriu os olhos e se levantou para ver o tempo lá fora e confirmar sua teoria. Os raios agora iluminavam todo o quarto e denunciavam a bagunça que estava ao redor de sua cama. Sua paz foi interrompida pelo alarme, que tocou fazendo um barulho ensurdecedor. Deu um pulo de susto e em seguida soltou uma espécie de grunhido e desejou quebrar o alarme no meio e jamais usar aquilo de novo. Pegou suas roupas que estavam no chão, ao lado cama, e logo se vestiu. Antes de sair de casa, Antony sentou-se no sofá da sala para descansar da correria que havia sido por ter acordado em cima da hora e de repente lembrou-se de que era seu aniversário. Havia se esquecido daquele dia e lhe parecia confortável o fato de ter esquecido aquela data. Seu aniversário foi sempre muito importante para sua vida, mas ultimamente era uma data que ele tentava esquecer, já não lhe trazia mais lembranças boas e só lhe trazia momentos que não queria lembrar de jeito nenhum. O alarme tocava de novo e lá estava ele, correndo para fora da casa porque já sabia que sua hora-limite para sair de casa havia chegado.

– Bom dia! – disse para Sra. Anderson e seu filho quando passou de carro com a janela aberta pela cerca da vizinha.

O filho da Sra. Anderson tinha alguma deficiência mental e deveria ser por isso que nunca respondia ao bom-dia educado e singelo de Antony e só ficava lá o encarando enquanto via o carro partir. Antony chegou ao escritório de polícia e subiu de elevador até o departamento de investigações e soltou mais meia dúzia de bons-dias, mesmo sabendo que nenhum voltaria para ele. Era algo típico e usual, os funcionários do Departamento de Investigação de Miracle não eram nada simpáticos, exceto pela mulher brega que andava com roupas nada legais ou por Hunter seu chefe e diretor, que sempre arranjava um motivo para conversar sobre algo. O departamento não era muito grande, até porque, para uma cidade com 80 mil habitantes, Miracle não precisava assim de tantos investigadores. Nada interessante acontecia em Miracle, e isso era bom para ele, pois podia sempre voltar para casa no horário e assistir a suas comédias românticas com seu vinho e seu livro do lado. Era um tanto bizarro pensar que um homem tão sério, maduro e aparentemente frio como Antony pudesse chegar em casa e mergulhar na gargalhada com cenas clichês de casais hollywoodianos. Era do que ele mais gostava. Antony apreciava interpretar o personagem no meio social, e logo após correr para casa e se transformar totalmente em outra pessoa. É como se sua casa fosse sua concha e como que se ele precisasse sempre retornar para poder ficar consigo mesmo e recuperar forças para continuar a vida. Não era assim antes, mas tudo havia mudado depois do episódio que envolvera sua família.

Chegou a sua mesa no escritório e logo viu a presença de uma mulher ao seu lado, era a secretária e assistente pessoal de Hunter. Na verdade, a mulher começou a trabalhar fazia pouco tempo no departamento, mas por ser uma pessoa nada sociável e tímida, Antony mal sabia seu nome e na sua cabeça simplesmente aparecia o primeiro nome para se referir à moça. Tinha uma mania estranha de chamar as pessoas pelo nome errado, pois sabia que mesmo que a pessoa dissesse o seu nome ele o esqueceria em minutos. Acompanhou a moça até um corredor extenso e cheio de quadros e recortes jornalísticos. No fundo, ficava a sala de Hunter.

– Até parece que eu te vi faz uma semana. – Hunter estendeu os largos braços para abraçar Antony. Abraçou tão forte que ele pôde sentir os ossos fazendo um barulho estranho como se fosse uma barra de chocolate sendo quebrada. Não esperava receber feliz aniversário de Hunter e ele sabia que aquele simples abraço era seu cumprimento de parabéns. Antony não esperava realmente receber feliz aniversário de Hunter ou de qualquer outra pessoa do departamento. Todos sabiam que seu aniversário não era uma data tão comemorativa assim.

— Obrigado. — Entrou na sala e puxou a cadeira que era destinada aos visitantes, virou a cabeça e pôde ver Hunter passando ao seu lado e indo sentar-se na cadeira localizada do outro lado da mesa. Hunter era um homem alto, meio gordo e um pouco inchado. Antony nunca soube se ele era inchado de bebida ou era algo relacionado à genética, Hunter era uma mistura estranha de galã de cinema com alguma tia gorda.

— Como está o andamento daquele caso que o rapaz roubou uma padaria na St. Clair Street?

— No fim deu tudo certo, encontramos o garoto.

Antony havia se esforçado muito com esse caso. Um jovem garoto roubou uma padaria, mas quando deu de cara com a polícia, saiu atirando para todos os lados e um dos tiros acabou pegando em uma velhinha bem conhecida na cidade. O caso gerou tanta comoção na cidade apenas pelo fato de que a senhora era um símbolo da alta sociedade, por ser influente e rica e uma excelente poeta. Antony ficou pensando por dias qual seria o nível de comoção dos habitantes de Miracle caso a velha fosse apenas uma faxineira de escola.

— Não me parece tão animado para alguém que conseguiu o que queria. — Hunter disse, enquanto acendia um cigarro e dava um gole no seu café.

— Não é que eu não esteja animado, apenas não acredito em toda essa comoção que rolou por aqui.

— Até parece que você ainda não entendeu como essa cidade funciona. — Hunter dizia enquanto balançava os braços

— Eu ando aprendendo cada vez mais sobre Miracle e confesso que não vem sendo uma boa experiência. — Antony levantou da cadeira e foi olhar a paisagem que se escondia por trás da janela da sala de Hunter.

— Trinta e dois anos e ainda não se acostumou?

— Me acostumar com o fato de que as pessoas dessa cidade ainda são apegadas a sobrenomes de família e títulos toscos e mesquinhos?

– Pode ser que um dia tudo isso mude. Você mesmo tem um nome forte atrás de você. Mitchell é bem conhecido em todos os cantos da cidade – Hunter soltou a fumaça pela boca.

– Você tem razão, é um nome muito bem reconhecido...

– Eu não quis dizer nesse sentindo. – Hunter interrompeu Antony, que já ia em direção à porta enquanto balança a cabeça em sinal de negação e desapontamento.

– O dever me chama.

Enquanto andava pelo corredor, já podia ouvir mil vozes em sua cabeça dizendo que jamais deveria ter falado aquilo, pois sabia que mais tarde Hunter iria querer fazer com que o debate continuasse a ponto de causar um estresse entre eles. A sua relação com Hunter já não era das melhores e era nítido que tendia a não ir muito mais rápido para frente. Antony sempre foi muito quieto, calmo e introvertido, mas ultimamente pegava-se constantemente refletindo sobre o fato de que deveria ser mais imponente e menos delicado quando alguém extrapolasse os seus limites de paciência.

Chegou à sua sala e foi admirar a vista. Lá fora podia ver os estragos que os ventos do inverno começavam a fazer na cidade. Aquele sol da manhã que iluminou todo seu corpo e de certa forma até o acordou com o escandaloso alarme já havia sido posto de lado pelas nuvens cinza e pelos ventos que sopravam forte fazendo com que as árvores balanceassem. Do outro lado da rua, uma mulher de casaco vermelho levava o filho para o carro e parecia estar brigando com ele. Provavelmente aquela mulher estava preocupada com o tempo feio e já pensava que a exposição de seu filho aos ventos do inverno iria deixar o menino doente. Antony tomou um gole de seu café quase que como uma forma de resposta a ideia de se aquecer que aquela desesperada mulher simbolizava com sua estranha e apressada linguagem corporal.

– Antony! – A voz de Violet, sua irmã, inundava sua cabeça, porém ele percebeu que era muito real para ser uma memória e quando o segundo chamado pode ser ouvido ele de fato entendeu que era alguém que realmente estava atrás dele. Quando se virou, logo viu Robena. Uma colega de trabalho que é conhecida por vestir as roupas mais estranhas e fazer as mais inusitadas comparações. Realmente não poderia ser Violet, ela jamais seria tão esquisita daquele jeito.

– Robena... Perdoe-me, estava em outro planeta. – Antony esfregou os olhos e fez um gesto para que ela se aproximasse.

– Ah, não se preocupe, Sr. Mitchell. Creio eu que te assustei mesmo. Tenho mania de chegar bem devagar e isso quase sempre é a receita certa para o desastre, no caso, para um leve sustinho! – Ela se aproximou e mostrou uma pilha de documentos que escondia atrás das costas. – Foi mal.

Robena vestia um vestido vermelho com um caso amarelo que não combinavam nada com a touca verde que tinha sobre sua cabeça. Era como se ela tivesse mergulhado em uma piscina cheia de roupas horrorosas e tivesse saído encharcada de combinações horríveis. Ela deu a pilha de papéis para Antony e fez uma expressão com o rosto que lembrava uma criança medrosa.

– Não tenha medo. Não me importo de assinar tudo isso. – Antony percebeu a insegurança de Robena ao se aproximar dele e logo fez o trabalho de dizer algo legal e confortante para que ela se sentisse melhor. – Quer dizer que isso é tudo que ganho para o meu aniversário? – Soltou um sorriso que em sua cabeça parecia com uma mistura de palhaço assassino com alguma garota morta de qualquer filme de terror. Pelo jeito Robena recebeu bem a piada e até soltou uma gargalhada.

– Ah, sim! Digo... não! Faremos algo para você mais tarde! Ah... antes que eu entre em assuntos mais chatos... te desejo um feliz aniversário! – Disse enquanto se fechava toda com o corpo quase que parecendo uma lagarta. Ela parecia ainda mais estranha agora.

Antony retribuiu apenas com um leve sorriso e pensou que no fundo ele não deveria ter tocado no assunto, pois agora não sabia mais como reagir àquilo.

– Então preciso assinar tudo isso? Perfeito, irei fazer agora. – Antony percebeu que deveria puxar algum assunto, pois ficaria uns bons minutos assinando tudo e logo imaginou o cenário de velório que sua sala se transformaria. Ignorou completamente os parabéns de Robena. Ele nunca foi bom de puxar assunto e agora se via em uma situação em que tinha de imediatamente falar algo para que o momento ficasse menos estranho. Tudo isso porque Hunter sempre dizia para ele o quanto Robena era apaixonada por ele. E isso não ajudava nada aquele momento. – E você, está bem? – Tentou ser legal sem ao menos tirar os olhos dos documentos que estavam na sua frente.

– Ah, sim! Obrigada por perguntar. Eu estou muito bem! Ah, sim... Muito bem! – Antony ouvia Robena enquanto assinava os documentos e só pôde pensar o quão insuportável era aquele "ah, sim..." na frente de qualquer frase que ela falasse. "Ah, sim... Saia logo daqui". – Eu vim aqui para aproveitar e te perguntar algumas coisas, mas é claro, se você não se importar de me responder. – disse Robena.

– Precisa de ajuda com algo? – Ainda não havia tirado os olhos dos papéis que estava assinando. Um atrás do outro, como uma máquina.

– Me desculpe por vir aqui para falar sobre mim, mas é que realmente precisava de sua ajuda. Não sei se ficou sabendo, mas perdi alguém muito importante. – Robena estava falando de sua mãe, que falecera havia um ano. Era óbvio que Antony sabia sobre a morte da mãe dela, mas não entendia por que ela ainda acreditava que ninguém do departamento soubesse.

– Claro, sinto muito pela sua perda. – Antony logo voltou a assinar os documentos e pensava qual seria o objetivo daquela conversa sendo que já sabia de tudo que tinha acontecido.

– Então, eu estou passando por um processo de luto e resolvi ler bastante sobre o assunto. Você sabe, não é? Às vezes temos que entender melhor nós mesmos. Comecei esse processo, mas juro que está difícil aplicar em mim mesma o que ando lendo e me recordo que você passou por algo similar e posso imaginar o quão deve ter sido difícil para você.

A mulher não parava de falar e de cercar o assunto. O fato de nunca chegar ao ponto-final produzia uma angústia em Antony que não era normal. Estava começando a suar, cada vez que ela se aproximava mais do tema final da conversa ele entendia o motivo do calor, da falta de ar e só pensava "Por favor, não me lembre disso hoje, por favor, por favor... Não me lembre daquela música".

– Acredito que deve ter sido difícil quando passou por todo aquele episódio. Ah, meu Deus! Não consigo imaginar como deve ter sido para você ter encontrado tudo aquilo...

Nesse momento Antony parou de assinar os papéis e olhou diretamente nos olhos de Robena. Fechou a pasta com força. Era claro que seu presente de aniversário não seria apenas uma pilha de documentos. A sua cabeça virou um furacão de memórias. Sentia raiva, angústias, pensamentos destrutivos e aquela maldita música. Pensou em brigar com Robena, pensou em gritar e sair correndo pela cidade. Era até óbvio que pensasse isso. Antony sempre saía correndo para a floresta atrás de sua casa quando qualquer coisa começava a perturbá-lo. Sabia que Robena não tinha culpa de perguntar sobre aquilo, afinal, ela não era obrigada a saber que mesmo depois de dois anos ainda era uma luta diária para recuperar sua sanidade e não se jogar na frente do primeiro carro que aparecesse em sua frente.

– Você se acostuma. – Antony disse, enquanto reabria a pasta e completava a última assinatura que restava. – Você se acostuma com o tempo, pois entende que nada que faça poderá trazê-los de volta. – Antony rapidamente levantou e entregou todos os documentos para Robena, que permanecia ali sentada, chocada. Antes que Robena pudesse soltar mais um "ah, sim..." e gaguejar mil vezes antes de dizer qualquer frase por completo, Antony simplesmente apontou em direção à porta e ela entendeu perfeitamente o que restava para si.

Mais tarde, após o expediente, no restaurante de grelhados que acabara de abrir na Margaret St., Emília, a melhor amiga de Antony, falava em tom alto quase gritando enquanto colocava uma batata na boca.

– Ela disse isso?! Não posso acreditar que essa doida malvestida perguntou isso justo hoje.

– Sim, ela disse isso. – Antony dizia enquanto escolhia no cardápio do restaurante qual sobremesa iria querer. – Eu sei que se passaram dois anos, mas você não pode chegar para mim e perguntar algo tão forte em uma data tão esquisita. – Fechou o cardápio, após ter decidido que não iria querer nada.

– Ela parece uma esquisitona. – Emília estava realmente estressada, mas era o seu jeito de ser. No fundo ela não sentia toda aquela raiva por Robena. – Por favor, me diga que você esfregou a cara dela no chão e pisou em cima logo depois – Ela imitava o que seria Antony fazendo isso e arrancava alguns risos de sua cara.

– Claro que não, eu respondi dizendo que a gente aprende a viver com a nossa nova realidade e só isso. – Antony fazia gestos para Emília parar de imitar o que seria a cena de Robena agoniando no chão. – Mas eu admito que pensei em esfregar a cara dela no chão. – Emília deu uma gargalhada que até assustou a moça sentada à mesa ao lado.

– Eu realmente estou imaginando o quão bizarro seria você fazendo algo assim. "Oh senhora, me desculpe!" Com certeza você iria pedir desculpas enquanto tentava matar ela. Apesar de querer matar sua colega de trabalho, você é uma pessoa muito boa e hoje é seu aniversário! – Emília fazia uma dancinha com as batatas.

– Nem me lembre disso. Hunter nem sequer disse essa palavra hoje, não sei muito bem se ele se esqueceu ou fingiu esquecer-se para não me trazer lembranças nada agradáveis, mas enfim, o departamento inteiro parece não ter se importado e me deram até um bolo. Às vezes acho que ele me odeia. – Antony balançava a cabeça e colocava algumas batatas na boca.

– Ele é um bosta. Não sei como você consegue trabalhar com alguém como ele. Já viu o jeito que ele trata a própria mulher? Errr... só de lembrar daquela vez que fomos ao evento inaugural da nova ala do hospital já me dá nojo. – Emília parecia realmente prestes a vomitar.

– Ele é um grosseiro? Sim, ele é. Mas não posso negar que as coisas realmente funcionam quando ele está lá, sinto que as pessoas nunca respondem a mim na ausência dele. Devem me achar fraco demais. – Isso realmente era um problema para Antony, sempre quando Hunter lhe pedia que desse alguma ordem às pessoas da equipe, nem sequer olhavam para sua direção. Era uma sensação tão estranha, lembrava muito suas irmãs que sempre ignoravam ele, mas na frente dos pais agiam como se fossem suas melhores amigas. E de fato o faziam acreditar que eram. – Bom, não temos muito que fazer e sinto apenas que talvez eu tenha que ser mais firme.

– Mas me conte como anda esse coração? Robena já te chamou para sair? – Emília caiu na gargalhada. Não era novidade para ninguém que Robena era apaixonada por Antony, e isso deixava a situação ainda mais bizarra.

– Ah, sim... – Antony imitou Robena. – Se ela sonhava que tinha qualquer chance comigo, ela acabou de desperdiçar a última hoje.

No fim da noite Emília acabou voltando para casa com Antony e os dois compraram uma garrafa de vinho e se sentaram na linda sala de Antony. A sala de estar era toda branca com detalhes marrons e havia quadros modernos pendurados logo acima da lareira e um lindo piano que combinava com tudo que tinha ali. O sofá era tão macio que Emília sempre dizia que queria dormir ali mesmo na sala, pois aquilo era incrível para ela.

– Ainda não me acostumei com a grandeza disso tudo. É tudo tão incrível. Você está bem morando aqui ainda? – Ela frequentava a casa de Antony fazia cinco anos. Eles se conheceram num evento de trabalho. Emília era repórter e sempre aparecia com Antony quando alguma coisa de ruim acontecia em Miracle. Ela era uma das mais respeitadas jornalistas da cidade e ultimamente andava fazendo vários trabalhos fora do país. A única coisa que para alguns era um ponto contra sua grande capacidade era o seu jeito meio louco de ser. Emília era escandalosa, falava palavrões, e sempre batia de frente com qualquer pessoa que entrasse em seu caminho e lhe impusesse limitações. Deve ser por isso que Antony era tão apaixonado por sua personalidade, no fundo sonhava em ser como Emília.

— Está tudo bem, estou aprendendo a conviver melhor com tudo isso. Não digo que é fácil, mas... — Antony dizia estar se habituando, mas ainda deixava a luz do corredor acesa. — Acho que já aceitei uma boa parte do processo, apesar de que é difícil tirar algumas imagens da cabeça. Ando tendo uns sonhos e coisas do tipo, mas não há motivo para se preocupar.

— Você não voltou a tomar aquele bendito remédio amarelo, né? Qual o nome daquela droga mesmo? Odeio aquilo.

— Não me lembro de cabeça. Faz tempo que não uso aquilo. — Antony sabia sim o nome do remédio, mas preferiu não estender o assunto.

— Você sabe que me preocupo com você e aquele treco vivia te deixando mal. — Emília pegou na mão de Antony. — Eu sei que não é fácil passar por algo assim, e por mais que você seja um cara forte, eu ainda acho que precisa de ajuda. — Emília tocava em um assunto delicado. Antony achava aquela ideia um absurdo.

— Eu estou bem, acredite em mim. Não vejo a hora de você abrir outro vinho para a gente. — Antony falava com certo tom sarcástico.

— Não sabia que agora a donzela podia passar da terceira taça! O médico te liberou?! Eba! — Emília jogou uma almofada em sua direção. — Mas mesmo assim, eu ainda acho que você precisa se abrir para alguém, talvez começar a se relacionar, digo. Às vezes as pessoas podem parecer que te odeiam, mas no fundo só não te conhecem. — Emília diminuía o tom de voz e Antony pôde sentir que de fato ela estava dizendo aquilo de coração aberto.

— Eu tenho medo de perder as pessoas que amo e quanto menos pessoas eu amar, menos eu vou sofrer. Eu sei que a morte é algo natural da vida e que não há nada que possamos fazer, mas me apego no fato de que talvez eu sofra menos se amar menos pessoas nessa trajetória. – Antony sentiu um aperto em seu coração. – Eu os amava, mas não era algo muito grande. Como lidarei quando a morte me tirar alguém que realmente amo de verdade?

– Eu não sei te responder. – Emília ficou sem graça. – Sofrer faz parte e aprender a lidar com o sofrimento é uma dádiva.

– Acho que vou ter que ir pegar nosso vinho. – Antony saiu da sala.

Emília e Antony não ficaram muito mais tempo juntos, ela precisava pegar um importante voo no dia seguinte e por isso não pôde estender muito a festinha que os dois estavam dando na sala da casa dele. Depois que fechou a porta de casa e espiou pela janela para se certificar de que Emília havia ido embora, Antony começou a se preparar para dormir. Pegou a garrafa de vinho vazia e jogou no lixo, mas abaixou-se logo em seguida e a pegou novamente. Olhou cada detalhe de sua confecção e de sua embalagem. Com um gesto simples, Antony a cheirou. O cheiro do álcool entrou pelo seu nariz, incendiou o seu corpo e provocou uma sensação estranha a qual fez com que ele desejasse que tivesse mais vinho na garrafa. Livrou-se de uma vez por todas da garrafa e se dirigiu para o banheiro de sua casa. No fundo de uma gaveta, embaixo da pia, Antony pegou um pequeno potinho branco. Abriu cuidadosamente a tampa e jogou o pó em um copo d'água que trazia consigo. O líquido imediatamente tornou-se amarelo meio alaranjado e Antony o tomou. Caminhou para sua cama e apenas desejou que aquele dia logo acabasse.

Mais uma vez, o despertador escandaloso tocou de manhã e quase matou Antony do coração. Naquele dia já fazia muito mais frio que o normal e aquela esperança de ter um inverno menos rigoroso do que o do ano anterior lentamente desaparecia. Se fosse contar pelo vento que não parava de assobiar na janela, aquele ano seria um dos piores para estar em Miracle. Nesse dia, Antony ficou horas trabalhando com Hunter em assuntos mais burocráticos. Os dois discutiram bastante sobre como gerir a equipe e dividir melhor as tarefas. Por volta do fim do dia, Hunter decidiu convidar Antony para uma festa que aconteceria naquele mesmo dia.

– Acho que você deveria de fato considerar ir a esse evento.

– Eu não gosto de festas. Tenho pavor de alguns lugares lotados e a ideia de encarar os políticos da cidade me traz pânico e medo. – Antony sabia que nada que ele dissesse iria fazer com que Hunter parasse de tentar convencê-lo.

– Não é uma festa, Tony. É um evento inaugural de uma nova área da Secretaria de Turismo. Acredito que será importante estarmos lá para prestigiar e fazer contatos, o que é sempre bom para nós. – Naquele momento, Hunter soava igual ao pai de Antony. Um sujeito totalmente político e disposto a sempre estar perto de pessoas influentes para conseguir sempre mais e mais. Esse ponto era algo forte entre Hunter e Antony. Um priorizava o lado político e o outro só queria se fechar na profissão e agir da melhor maneira para resolver o quanto antes os problemas da cidade sem precisar se amarrar com políticos.

– Não vejo a importância de tudo isso. – Por dentro sentiu um calor, mas ao mesmo tempo se sentiu forte em se expressar.

– Eu realmente queria que você fosse comigo. É importante para mim.

– Eu não quero ir, mas se isso é importante para você... Eu posso considerar minha presença. – Não se sentiu à vontade em dizer isso, mas realmente considerou ceder um pouco de espaço para Hunter se aproximar. Talvez ele apenas quisesse passar um tempo com ele, tomar alguma coisa juntos e até mesmo se ver com roupas mais formais e menos casuais. Os dois voltaram a trabalhar e não tocaram mais no assunto. Antes de Antony sair, Hunter gritou o endereço de onde seria o evento e a que horas eles deveriam se encontrar.

2.

– Filha? – Bonnie Gordon abria a grande porta branca do quarto de Anne Rose. – Temos que ir, já está na hora.

– Ah, mamãe... Não quero ir hoje. – Anne rolava para o lado. O seu longo cabelo loiro enrolava em seu rosto. – Eu queria poder ficar brincando com você hoje.

– Vamos, filha. Já está ficando frio, talvez neve de noite e assim você poderá aproveitar bastante com suas amigas a chegada do inverno. Esqueceu que hoje vamos à casa de Lilly?

– Eu não quero mais ir para a casa de Lilly. Eu queria ficar aqui, mamãe. – Anne Rose cobriu o rosto com o cobertor.

– Anne... – Bonnie sentou-se ao seu lado. – Você precisa ir. Por favor.

Anne Rose levantou-se muda e saiu do quarto. Bonnie sabia que não havia agradado a filha nem um pouco, mas era o que precisava ser feito. Na noite anterior as coisas haviam sido complicadas e o seu relacionamento com o pai da menina estava de mal a pior.

Anne entrou pelos portões de Mary Hason School sorridente e alegre, seus lindos cabelos loiros balançavam pelos corredores assim como os ventos que cortavam as montanhas geladas da Escócia. Entrou na sua sala, que correspondia aos alunos que tinham entre 7 e 8 anos de idade. Enquanto isso, Bonnie Gordon entrava em seu escritório. Assim como a filha, ela tinha os cabelos loiros e longos. As duas pareciam clones, às vezes até vestiam a mesma roupa. O sinal do intervalo tocou tão forte que as crianças da sala de Anne gritaram de susto. A menina caiu na gargalhada quando sua melhor amiga, Lilly, caiu da cadeira. A professora mal terminara de falar e todos já estavam correndo pelos corredores da escola a fim de chegar a tempo de pegar os brinquedos mais radicais do parque. Anne correu para pegar um lugar no balanço. Com sua habilidade, ela havia se sentado no melhor balanço de todos, quando subia com toda sua força nele podia ver a copa das árvores e sentia por alguns instantes que era um pássaro pronto para voar. Voltaram para a sala depois de vinte minutos, que pareceram segundos para as crianças da sala de Anne. Naquele dia fizeram atividades relacionadas ao inverno. A professora, Olivia, pediu aos alunos que desenhassem o que seria o inverno dos sonhos deles. Era óbvio que Anne Rose havia desenhado ela brincando com princesas do inverno. Depois da atividade eles ainda aprenderam a cantar uma música sobre as estações do ano, fizeram exercícios de matemática, ciências e biologia. Quando o dia já chegava ao fim, Anne lembrou que iria dormir na casa de Lilly e que talvez nevasse no dia seguinte. Imaginou como seria a manhã seguinte com a neve no quintal da casa de Lilly e ficou muito ansiosa. A mãe da menina era a primeira da fila dos pais, Bonnie havia chegado dez minutos antes a fim de conseguir a melhor visão de sua filha quando ela viesse pelos corredores da escola. Chegaram à casa dos Gordon por volta de trinta minutos depois, a linda casa branca e azul estava lá esperando a volta de sua realeza. Bonnie estacionou sua BMW na porta da casa e Anne disparou, sem olhar para trás, para brincar com Levy, seu Akita.

— Não demore a entrar, está muito frio aqui fora e Jules já está preparando seu lanche. Temos ainda que arrumar suas coisas para a festa do pijama de Lilly! — Bonnie falava enquanto se esforçava para carregar as inúmeras bolsas que as duas somavam juntas.

— Quero levar Levy! — gritava Anne enquanto a mãe balançava a cabeça em sentido de negação.

Mais tarde, Anne e Bonnie foram para a casa de Lilly. A menina havia convidado as amigas para uma festa do pijama para esperar a neve cair e aproveitar o máximo daquele momento mágico. Anne Rose vestia um pijama azul que combinava com a roupa da Elsa, sua personagem favorita. Nem se despediu da mãe e já entrou correndo para brincar com as novas bonecas de Lilly. Do lado de fora, Bonnie e Malvina, a mãe de Lilly, comentavam o quanto as filhas eram amigas e o quanto os filhos não ligavam para os pais à medida que cresciam.

— Veja bem, eu particularmente acho um processo natural — disse Malvina.

— Eu estou tentando me desapegar disso tudo, mas sei que irei sofrer um pouco à medida que ela for saindo mais de casa. — Bonnie Gordon realmente enfrentava um problema com o fato de deixar a menina sair ou ficar aos cuidados de outras pessoas, e naquele momento de sua vida enfrentava ainda mais esses questionamentos. Tinha medo do que as pessoas poderiam fazer com sua filha, mas sabia que era necessário trabalhar sua confiança.

– Bonnie, querida. Elas só têm 7 ou 8 anos. Vão demorar ainda para de fato começar a nos deixar. – Bonnie ouvia o discurso de Malvina enquanto olhava Anne correr para longe de si e sumir pelos corredores da casa. Pensou no que faria se aquela fosse a última vez que visse sua filha.

Na manhã seguinte, as meninas saíram bem cedo para a rua para brincar de detetive e, para a alegria delas, já havia neve por todo canto da rua. Malvina e Lilly moravam em uma região bem afastada de Miracle onde havia muitas chances de cair neve no inverno, ainda mais com a proximidade da floresta que havia no final da rua. As meninas escondiam bonecas pelo quintal da casa e davam pistas, umas às outras, da localização dos brinquedos. Na vez de Anne encontrar, suas amigas esconderam a boneca mais linda, acompanhada de um Homem-Aranha. Naquele momento a brincadeira havia ficado tão divertida que as meninas já tinham passado da cerca da casa. Como não havia ninguém supervisionando elas, aproveitaram para ir cada vez mais longe.

– Lilly! – Anne Rose puxou a amiga quando elas passavam de fininho pela janela da sala de estar da casa. – Quem é aquele ali?

– Acho que o nome dele é Jack. Ele é amigo da mamãe e eu acho que ele é o seu tio, não é?

– Aquele é o tio Jack? – Anne estava confusa, afinal fazia anos que ela não via o tio, ainda que os dois morassem na mesma cidade. – Minha mãe disse que não quer que eu fale com ele. Deve ser por isso que ele nunca me dá presente de Natal e eu sempre fico triste.

– Não ligue pra isso, eu vou te dar um presente esse ano! – Lilly abraçou Anne e as duas correram para se juntar ao restante das amigas que estavam no quintal.

As quatro meninas corriam e escondiam os brinquedos pela rua toda, e cada vez se afastavam mais da casa. Quando chegou a vez de Anne, ela fez questão de ouvir atentamente todos os detalhes que as amigas estavam lhe dando. Depois que tomou nota de todas as dicas, ela saiu procurando a boneca. Não era um lugar tão movimentado e por isso era uma rua tranquila de se brincar de detetive. A casa de Lilly era no começo de uma curta rua sem saída que dava em uma floresta escura. Anne Rose desceu toda a ladeira e não ouvia mais as vozes e risadas das amigas, ficou insegura e pensou em voltar. Ela e as meninas sabiam que estavam fazendo besteira quando desobedeceram as regras rigorosas da mãe de Lilly. Todas elas sabiam que deveriam ficar só na frente da casa e tomar o maior cuidado com os carros, principalmente com a lata-velha de Morgan, o ancião que morava na última casa antes da floresta. Elas aproveitaram que o tio de Anne, Jack, havia tirado a atenção de Malvina para irem mais longe. Não sabiam o que ele estava fazendo lá. Nem mesmo Anne Rose entendeu por que seu tio Jack estava na casa de Lilly. Mas não se importou muito com isso e continuou a brincar, pensou mil vezes em voltar, mas decidiu seguir em frente, pois não queria ser a única a não encontrar a boneca. Era um desafio e ela tinha que cumpri-lo. A voz de sua mãe dizendo para tomar cuidado se fosse brincar na rua ecoava em sua cabeça. A mãe de Lilly falara a mesma coisa e mesmo assim ali estava ela, desafiando as pessoas e seguindo por si só. Havia chegado tão longe, aproximadamente a 150 metros da casa de Lilly. Desceu toda a ladeira da rua e leu mais uma vez a pista que lhe deram:

No final da rua tem a floresta da Bruxa.
A boneca está em perigo.

"A boneca está em perigo." Aquela frase se repetia na sua cabeça a cada passo que dava em direção à floresta. Será que estava no lugar certo? Pensou como que as meninas teriam descido até ali tão rápido para esconder a boneca na floresta. Talvez fosse verdade a história de que Lilly tinha superpoderes, Anne sempre duvidou disso. A voz de uma pessoa seguida por um puxão em seu braço interrompeu seus pensamentos.

– O que faz andando sozinha por aqui? – Um homem saiu por de trás de uma árvore e puxou Anne Rose para fora da floresta e em direção à rua.

— Eu preciso... — ela sussurrou. Quando resolveu abrir a boca para gritar, já estava dentro do carro. Tudo havia sido tão rápido que mal conseguiu entender o que estava acontecendo diante de seus olhos.

— Você precisa fazer silêncio. Consegue?

As meninas esperavam ansiosas por Anne Rose e se assustaram quando um carro passou por elas. Correram em direção à calçada. Nesse momento Jack Porter também observou aquele veículo passando pelas meninas.

— Saiam já da rua! Estão loucas! — Malvina gritava da janela da sala para Lilly e suas amigas. Foi no momento em que começou a encarar as meninas que percebeu que só havia quatro delas. Sentiu uma pontada no coração.

— Lilly, onde está Anne? — Jack saiu da casa e perguntou para a menina. Ele sabia que sua sobrinha estava na casa de Malvina e naquele momento ansiava por encontrá-la. Enquanto aguardava a resposta reparou que também só havia quatro meninas e que Anne Rose não estava mais ali.

— Ela desceu a rua para encontrar a boneca que escondemos na brincadeira... Mas até agora não voltou. — Jack olhou para o final da rua onde ficava a entrada da floresta e logo em seguida olhou para a direção que o carro havia ido.

Anne Rose olhava para trás e via a casa de Lilly ficando cada vez mais longe. Ao mesmo tempo, Antony chegava ao departamento ainda assustado com outro pesadelo que acabara de ter com aquela misteriosa mulher, mas dessa vez no sonho ela via sua filha sendo sequestrada por um homem.

3.

Antony correu pelos corredores do departamento até chegar à sua sala. Naquela manhã não disse nenhum bom-dia. Estava péssimo. Não havia dormido a noite toda depois que voltou da festa com Hunter, teve sonhos horríveis com uma garotinha, ficou revirando na cama, passou mal e quando finalmente dormiu já era hora de acordar.

– Antony. – A secretária de Hunter entrou em sua sala após ter dado dois toques na porta. – Hunter quer falar com você.

A sua expressão não era nada amigável e Antony pôde reparar no tom da sua voz quando ela disse que Hunter o esperava.

Antony não respondeu. Apenas deu um leve sorriso forçado e esperou a moça sair para tomar um gole de café e criar coragem para enfrentar o chefe. Chegou à sala de Hunter e observou que havia vários papéis na mesa e que ele parecia meio tenso e preocupado.

– Aconteceu algo? – Antony perguntou.

– Bom dia, querido. – Hunter soltava a fumaça de cigarro. Havia um tom péssimo na sua voz quando disse "querido".

– Bom dia. – Antony foi curto e grosso. – Estou vendo que já começou a trabalhar logo cedo...

– Uma garota sumiu. Em uma rua sem saída ao sul de Miracle. Faz umas duas horas, mas Cynthia conhece a família da menina e me comunicou agora cedo, acho que deveríamos ir lá.

– Uma garota? – Lembrou se de seu sonho, no qual uma garotinha era tirada dos braços da mãe à força logo após um homem invadir sua casa. – Meu Deus... Como isso aconteceu? – Antony estava tenso.

– Antony! – Hunter levantou o tom de voz. – Uma garota sumiu dentro de uma floresta de Miracle, não sabemos como isso aconteceu, mas aconteceu! – Hunter estava nervoso. – Pode ser que ela apareça mais tarde. Mesmo assim, devemos nos preparar para tudo.

Hunter pegou a chave do carro e saiu da sala enquanto Antony apoiava-se na mesa e mais uma vez lembrava-se de seu sonho.

Antony e Hunter chegaram à casa dos Gordon minutos depois e Bonnie e seu marido, Ludovic Gordon, já estavam cientes da chegada dos investigadores de polícia. O casal morava ao sul de Miracle em uma casa grande o suficiente para três pessoas e um cachorro. O tempo na cidade já havia se fechado por completo, não havia nevado ainda, mas no subúrbio tinha caído algumas centenas de flocos, o suficiente para fazer um boneco de neve improvisado. Antony saiu do carro e sentiu uma energia estranha que vinha de dentro para fora. Quando deixou o veículo teve de se apoiar na porta para recuperar o equilíbrio que havia perdido. Ficou preocupado com aquela estranha sensação, desde que acordara estava se sentindo mal. Era uma mistura de tontura com enjoo. Pensou que poderia ter sido alguma coisa que tivesse bebido ou comido na festa, mas se lembrou que bebeu apenas vinho e que vinho não iria lhe causar aquilo. Naquela noite ele havia tomado novamente o remédio amarelo que Emília odiava, e suspeitava que talvez pudesse ser a mistura de remédio com bebida que estava o deixando mal. O sonho que teve naquela noite havia sido tão real que ainda podia sentir a agonia de ver aquela menina sendo arrancada dos braços da mãe. Quando se deu conta, estava vendo aquelas imagens de novo, dessa vez mais devagar. Era estranho, pois a música de sua irmã, Blair Mitchell, tocava ao fundo. A mulher agarrava a menina tão forte, mas mesmo assim um homem careca que estava na sua frente conseguia tirá-la de seus braços e logo depois lhe dar um belo de um chute na barriga.

– Você está bem? – Com sua voz grossa, Hunter puxava Antony de volta para a realidade. Ele já estava esperando próximo da porta da casa.

– Devo estar ficando doente. – Antony correu para a porta da casa e se juntou a Hunter quando a funcionária da casa apareceu.

– Detetive Hunter Boid.

– E detetive Antony Mitchell, viemos falar com a Sra. Gordon. É sobre Anne Rose. – Os dois anunciavam sua chegada, mostrando os distintivos.

Entraram na casa e ficaram deslumbrados. Era uma casa toda decorada com mármore branco. Parecia que estavam em um museu. Era tudo milimetricamente ajustado e em seu lugar, fazendo com que a casa parecesse ainda mais surpreendentemente arrumada. Ficaram no hall bem abaixo de um lustre de cristal que iluminava todo o cômodo. Enquanto Hunter olhava para cima, deslumbrado com o lustre, Antony se aproximou de uma prateleira onde havia alguns porta-retratos. Ficou encarando a foto da família e reparou que Bonnie e Anne Rose se pareciam muito e que o cabelo das duas era idêntico. A foto ao lado deveria ser de Ludovic. Um homem alto, magro e elegante, com seus belos cabelos que caíam até a altura do ombro. Parecia algum cantor famoso de qualquer banda de rock inglesa. Percebeu que talvez Ludovic fosse um homem de certa importância no que fazia, pois todas as pessoas da foto pareciam estar abrindo espaço para que ele se destacasse no centro. Estavam todos na frente de uma linda casa. Aquele lugar não deveria ser em Miracle, parecia outra cidade.

— Hunter... — Ludovic Gordon descia as escadas e entrava no hall onde estavam os detetives. O seu cabelo estava amarrado em um pequeno coque e estava um pouco mais curto do que na foto.

— Ludovic! — Hunter caminhava até a direção de Ludovic e dava-lhe um aperto de mão. — Sinto muito pelo que está acontecendo, tenha certeza de que a polícia está fazendo o seu melhor para encontrar Anne Rose.

— Estamos todos em pânico, fico feliz que vieram. — Ludovic estendeu a mão para cumprimentar Antony — Ludovic Gordon, prazer.

— Antony Mitchell. — Antony sabia que a maioria das pessoas não reagia bem ao seu nome, porém com Ludovic foi diferente. Ele mudou a expressão assim que ouviu seu sobrenome. Seus olhos arregalaram e ele até apertou mais forte a mão de Antony antes de soltá-la suavemente.

— Bem-vindo, Antony. — Os grandes olhos de Ludovic fixados nos de Antony lhe causavam um pouco de desconforto. Antony fez questão de soltar a mão do pai de Anne Rose o mais rápido que pôde e não correspondeu à sua suavidade. O enjoo havia voltado, só que dessa vez sem a tontura.

Os três foram até a gigantesca sala e se sentaram no belo sofá rosa-perolado que havia no seu centro. Hunter e Antony ficaram lado a lado e na frente deles o pai de Anne Rose. Antony começou a se perguntar o que havia acontecido com a Sra. Gordon, pois ela não havia descido para recebê-los.

— Me diga o que aconteceu, Sr. Gordon. — Hunter introduziu o assunto.

– Por favor, nos diga em detalhes o que aconteceu desde o momento em que Anne Rose saiu de casa. – Antony ajudou a complementar a fala de Hunter, o que fez com que eles se entreolhassem.

– Anne e Bonnie saíram de casa ontem à noite, terça-feira, e foram direto para a casa da amiguinha de Anne, Lilly. Bonnie disse que deixou Anne para dormir lá com as amigas com Malvina, a mãe de Lilly, e saiu logo em seguida. Também veio direto para casa.

– Então Anne Rose desapareceu enquanto estava na casa de sua amiga? – Antony pareceu confuso.

– Anne estava sob os cuidados de Malvina Dalais. Hoje de manhã elas estavam brincando próximo a uma floresta – explicou Ludovic.

– Durante o percurso para a casa de Malvina, a sua esposa não realizou nenhuma parada? Ou até mesmo não observou que poderia estar sendo seguida? – Hunter perguntou por mais detalhes sobre o caminho que as duas haviam percorrido.

– Não tenho certeza. Bonnie me disse que foi direto para a casa de Malvina, mas acredito que assim que ela estiver melhor ela poderá esclarecer sobre tudo isso que perguntou. – Ludovic era um homem bem educado. – Ela não está muito bem.

– Como que Malvina Dalais avisou vocês do que havia acontecido? – perguntou Antony.

– Malvina nos ligou por volta das nove horas, creio que foi mais ou menos o mesmo momento em que Bonnie ligou para Cynthia Boid e conseguiu o seu número, Hunter. Bonnie conhece sua esposa. Acredito que frequentam os mesmos lugares.

Ludovic estava certo. Bonnie frequentava o mesmo salão da mulher de Hunter, Cynthia.

– Anne Rose sumiu um pouco antes das nove horas... Então deve ter sido por volta das 8h30 da manhã. – Hunter começou a anotar algumas informações no seu caderno. – Você poderia nos passar o endereço da Sra. Dalais? E também poderia nos informar onde o senhor e sua esposa estavam quando Anne Rose desapareceu?

– Posso, mas antes preciso perguntar para Bonnie. – Ludovic parecia meio atordoado. Antony reparou que ele estava em choque, era como que se tivesse sido pego de surpresa em uma brincadeira não muito legal. Por incrível que pareça, ele sabia discursar muito bem, mas mesmo assim deixava transparecer o estado de choque em que se encontrava, principalmente quando demorava segundos para finalizar uma frase ou pelo simples fato de não conseguir tirar os olhos do chão. – Estávamos todos aqui, Hunter. No caso apenas eu e Bonnie.

– Então a Sra. Gordon deixou Anne Rose na casa da Sra. Dalais ontem de noite e hoje cedo recebeu a notícia de que Anne havia ido brincar na floresta e acabou desaparecendo... Poderíamos falar com sua esposa, senhor? – parecia que Antony havia tocado em uma ferida. Ludovic imediatamente olhou para Antony e o encarou por alguns segundos. Antony segurou mais forte no tecido do sofá e quase acreditou que poderia rasgá-lo.

– Não... – A voz grave de Ludovic saiu de sua boca no mesmo instante em que o homem se levantou e foi para trás do sofá. – Bonnie não está bem, está em choque. Se pudermos preservar seu momento...

– Mas é claro! – Hunter também se levantou e olhou para Antony transparecendo a vontade de ir embora da casa. – Antony? Vamos?

– Gostaria de dar uma olhada nas coisas de Anne Rose, se não for um problema. – Antony arriscou, ele sabia que Bonnie Gordon estaria no andar de cima e sua chance de visitar o quarto de Anne Rose seria uma grande oportunidade de pelo menos trocar um olhar com a mãe da garota e quem sabe ouvir algumas palavras dela.

– Fique à vontade. – Era óbvio que Ludovic não iria dizer não para um investigador. Ele não queria dar a Antony motivos para enquadrá-lo entre os suspeitos do caso. Afinal, os familiares próximos eram sempre os principais suspeitos nesses tipos de caso.

Antony subiu as escadas com uma funcionária da casa atrás. Ludovic e Hunter ficaram na sala e Antony pôde ouvir seu colega dizendo para Ludovic contar mais sobre a rotina da menina. O segundo andar era ainda mais fascinante. Havia outra sala e um longo corredor por onde saíam todas as suítes da casa. A porta de Anne era a segunda e a de Bonnie Gordon era a mais distante, no final do corredor.

– Está tudo bem, posso ir sozinho. Obrigado. – Antony disse para a jovem senhora que o acompanhou até o andar de cima. Não queria alguém vigiando o seu trabalho. Se não havia motivos para os pais da menina serem os suspeitos, ele também não precisava que alguém o vigiasse. O quarto de Anne Rose era todo amarelo. Era um amarelo tão clarinho que parecia aqueles primeiros raios de sol que entravam no quarto de Antony. Tinha vários ursinhos na cama, cada um de um jeito, forma, cor e tipo. Era um quarto tão inocente e Antony podia sentir a pureza de Anne Rose pela forma que seu quarto se encontrava. Reparou que havia desenhos espalhados pelo chão e que provavelmente haviam caído direto de uma pasta. Antony tomou liberdade de pegar os desenhos do chão e de ver tudo que havia na pasta. Havia princesas, bichos, flores, rabiscos e desenhos nos quais podia ver claramente que era o retrato dela com seus pais. Antony sentiu um aperto forte em seu coração quando terminou de ver os desenhos, pois se lembrou de sua infância. O quadro que retratava toda sua família atrás de uma mesa voltava à sua mente ao mesmo tempo que a música de Blair tirava sua concentração. Onde estaria Anne Rose? Toda aquela inocência de uma garotinha de 7 anos estaria perdida por aí em uma floresta? E se ela tivesse fugido? Isso seria ridículo, mas pensou em como teria sido se ele tivesse fugido com 7 anos de idade.

Um barulho logo atrás de Antony o impediu de ter mais pensamentos confusos. Bonnie Gordon estava na porta do quarto olhando para a cama cheia de ursos.

– Sra. Gordon. – Antony ficou sem jeito.

– Olá. Creio que você está tentando encontrar minha filha. – A mulher tinha uma voz rouca. – Cythia Boid disse que você resolve todos os casos de que participa. – Bonnie Gordon se aproximou de Antony e estendeu a mão. Ela estava acabada. Seu cabelo, antes milimetricamente penteado e escovado, estava um emaranhando de fios. Seus olhos inchados não escondiam que ela devia estar chorando no quarto.

– Vim visitar o quarto de sua filha. Espero que não haja problema nisso. – Antony gaguejou um pouco.

– Não há nada para se preocupar. Fique à vontade. Anne era um doce. Um anjo. Apaixonada por desenhos, animais e histórias. – Bonnie Gordon forçou para dar um sorriso. Enquanto falava tentava arrumar o cabelo para parecer menos abalada.

– Reparei que ela tem uma pasta de desenhos fantástica. A senhora quer me mostrar algum que ela goste muito? – Antony se virou e pegou a pasta de desenhos que estava em cima da bancada e ofereceu na direção de Bonnie.

– Claro. – Os dois se sentaram e Bonnie começou a mostrar alguns desenhos e o que eles representavam. – O que ela mais gosta é esse.

FILHO DAS ÁGUAS: O ETERNO RETORNO

Um floco de neve. – Era um desenho bem bonito. Um gigante floco de neve que pegava quase toda a folha e continha um detalhes coloridos que lembravam as cores do arco-íris. Apesar de Bonnie estar mostrando e contando mais sobre aquele floco os olhos de Antony não puderem parar de reparar no desenho que estava ao lado. Na folha do lado oposto da pasta havia um desenho que deveria ser Anne, Bonnie e Ludovic. Eram três pessoas que pareciam ser bem felizes, porém um detalhe chamava a atenção de Antony. Anne Rose havia desenhado o cabelo do que parecia ser sua mãe com a cor marrom, o que lembrava um cabelo castanho. Além do cabelo escuro, todos eles estavam com roupas antigas e Anne Rose parecia menor. Enquanto Bonnie falava sobre o floco de neve e sobre o filme de uma princesa do gelo, Antony olhava atentamente para os cabelos loiros da mulher.

– A senhora sabe me responder se de alguma forma reparou em alguma atividade suspeita perto de sua casa ontem à noite? – Se havia uma hora perfeita para tirar algo da mãe de Anne Rose sem a intervenção de Ludovic, era naquele momento.

– Não reparei. Estava tão feliz em ver a felicidade dela que não reparei se alguém possa ter nos seguido, ou estivesse nos espionando. – Bonnie parecia desconfortável.

– Se tiver alguma câmera instalada na casa poderia ser algo útil para as investigações. Às vezes tem coisas que não podemos reparar, mas que estão sempre esperando por uma chance. – Antony achava que era muito cedo para investigar a fundo o caso da menina, mas julgou que deveria tomar algumas medidas para reconfortar a mãe de Anne Rose. Sentiu uma pontada no coração, todos aqueles desenhos e a beleza daquele quarto fizeram com que seus olhos se enchessem de lágrimas, mas logo disfarçou sua comoção, afinal, não era lugar nem momento para tal sensibilidade.

– Posso pedir para fornecerem as filmagens. Tem alguns policiais na porta desde o ocorrido, posso entregar para eles.

– Ajudaria muito, Sra. Gordon. Assim poderemos ter certeza que a senhora não foi seguida por ninguém.

– Antony. – Hunter bateu na porta do quarto que estava semiaberta. – Sra. Gordon, desculpe atrapalhar, mas já estamos de saída.

– É claro, estava mostrando ao seu colega alguns desenhos de Anne. Também preciso me retirar. Ludovic, você leva os rapazes para baixo? Também creio que precisamos dar a eles as imagens da câmera de segurança. Com licença. – Bonnie saiu do quarto e foi direto para seu quarto.

Hunter e Antony foram acompanhados por Ludovic até a saída da casa e prometeram que iriam entrar em contato assim que tivessem alguma novidade. Os dois entraram no carro rumo à casa de Malvina Dalais. Olhando para as árvores e para os flocos de neve que começavam a cair, Antony não conseguia esquecer-se dos desenhos que Anne Rose havia feito. Durante o caminho todo Antony ficou pensando nisso e depois percebeu que na verdade aquilo tudo havia o feito lembrar-se de seu lado artístico. Assim como Anne Rose, ele desenha e pintava quadros quando era pequeno. Era muito talentoso e desde sempre seu professor lhe dizia que era uma grande promessa para aquele tipo de arte, mas pintar estava longe de ser seu grande sonho profissional, ele nem entendia o que era isso e apenas pintava como uma forma de jogar tudo que pensava para fora. Eram tintas e mais tintas jogadas na tela que formavam qualquer coisa e de qualquer forma. Antony ficou pensando se a cabeça de Anne Rose era igual a sua. Um turbilhão de coisas indo e vindo, emoções à flor da pele, vontades constantes de chorar, de fugir e às vezes até de correr sem rumo por aí. É claro que uma criança de 7 anos não pensa em tudo isso de forma tão clara e óbvia, mas com certeza sente alguma dessas vontades mesmo não sabendo interpretá-las. As obras de Antony começaram a vir à sua mente e ele pôde lembrar-se de um episódio específico que envolveu um de seus desenhos.

II

Era de dia e ele estava brincando no jardim da casa. Pegava os gravetos e gritava algumas palavras estranhas em referência a algum feitiço de algum desenho de bruxos que tinha visto na TV. Antony brincava que era bruxo, subia e descia das árvores gritando os feitiços que sua cabeça inventava. Caía, levantava e rolava pelo chão. Corria em volta das árvores e imaginava estar sendo seguido por um mago feroz e seu exército de monstros. Quando finalmente cansou, resolveu entrar em casa e tomar algum suco.

– Donna, você pode me dar um suco de frutas? – Donna era uma mulher de uns 40 anos que trabalhava na casa dos Mitchell. Foi uma indicação do prefeito da cidade e acabou que ela se deu bem com todo mundo e ficou por mais tempo que o combinado.

– É claro, meu menino. – Donna já começava a pegar as frutas e cantarolar alguma música qualquer.

– Tia Donna, o que você está cantando? – Antony puxou uma cadeira e sentou-se perto da mulher.

– Estou cantando uma música que minha avó cantava para mim quando eu era pequena

– Mas eu não entendo essa língua que você fala. O que é isso? – Antony estava muito curioso.

– É francês, meu bem. A letra diz que nós devemos sempre sonhar, sonhar e sonhar. Que por mais difícil que tudo esteja sendo, não devemos parar de sonhar. Você quer aprender a cantar comigo? – Donna deu um longo sorriso para Antony.

– Eu não sei cantar... Mas eu sonhei que tinha uma baleia voando sobre a cidade e que depois ela explodia e chovia chiclete por todo canto. – Antony realmente não tinha entendido. Antes que começasse a falar de outro sonho bizarro com baleias, magos e macacos assassinos, Donna o interrompeu.

– Não é esse o sonho, querido. É o sonho que está aqui. – Donna se aproximou de Tony e apontou para o seu coração.

– Aqui? – Antony achou estranha a possibilidade de que o coração pudesse sonhar. – Mas como sonhamos com o coração, tia? – Ele estava confuso.

– Ué, é só pensar no que você quer ser e quem você quer ser. – Tia Donna servia o suco de frutas que Antony tinha pedido.

– Hum... acho que quero ser um homem bem grande! Quero viajar o mundo todo para ver animais! Será que poderei ver baleias gigantes? – Antony começou a correr pela sala fingindo estar montado em uma baleia gigante. Tomou o suco em um só gole e saiu correndo para dentro da casa e subiu e desceu as escadas. Quase esbarrou em um vaso e logo depois escorregou no tapete.

Levantou-se rapidamente e voltou a subir as escadas. Dessa vez estava indo ao seu quarto para desenhar uma baleia gigante e alguns outros animais. Deixou o copo em qualquer lugar e saiu correndo o mais rápido que pôde. Ao chegar ao seu quarto, pulou com tudo na imensa cama que tinha e ficou olhando para o teto por longos minutos. Imaginou-se em um grande barco de madeira. Ele foi imediatamente transportado para aquele barco e para aquele balanço que as ondas provocavam. Respirou fundo e sentiu o cheiro do mar. Pôde ouvir no fundo da sua mente uma gaivota. O canto das gaivotas se misturava com o som das ondas e Antony se sentiu abraçado pelas águas, confortado pelos sons que a sua imaginação lhe provocava e ali se sentiu em casa. Sentiu-se acolhido e correspondido. Para que precisava de suas irmãs, ou de seus amigos da escola? Ele tinha toda sua imaginação aflorada e aguçada que fazia com que se transportasse para um mundo mágico ou para um lindo barco de madeira a navegar pelo mar. A sublimação que sua mente podia fazer só lhe dava boas sensações, provocava nele um calor interno que só o abraço mais gostoso de tia Donna poderia fazer igual. Ou quando ela fazia aquele bolo delicioso que ele gostava e que mal conseguia esperar esfriar e então comia mesmo quente. Antony colocou os braços para fora da cama e jurou que podia sentir a água. Como era mágica aquela sensação de poder sentir o mar. Sua mãe odiava o mar, tinha medo e quase nunca levava ele para a praia, por mais que o garoto pedisse para ir para a praia, sua família jamais o levava, pois achava toda aquela sua paixão uma grande besteira. O incompreendido Antony Mitchell. Deu um salto da cama e pegou a primeira folha que viu. Decidiu desenhar tudo aquilo que estava imaginando. Não conseguia parar de pensar no que tia Donna havia falado sobre os sonhos. Antony ficou se imaginado bem mais velho em uma ilha, de frente para o mar, pintando seus quadros e correndo pela areia. Pensou quando chegaria o momento que ele iria parar de desenhar e poderia de uma vez por todas viajar o mundo para buscar inspirações para os seus quadros. Começou pelo longo traço horizontal que representava o mar, depois pintou tudo que havia abaixo desse traço de azul. Desenhou alguns peixes e algumas algas verdes, fez um grande pedaço de madeira que logo depois virou o barco sobre o qual havia uma baleia imensa pulando por cima. Dentro do barco tinha um homem grande e forte olhando para o horizonte e sorrindo. Antony terminou e saiu correndo. Decidiu mostrar para sua mãe o desenho que tinha feito, foi até o quarto dos pais e não encontrou nada além de um vazio imenso. A imponência do quarto era algo majestoso. Aventurou-se em entrar mesmo sabendo que não havia ninguém ali. Passou pelos porta-retratos dos pais, pela grande bancada de joias de sua mãe e imediatamente sua atenção foi tomada pelos produtos que tinha dentro de uma gaveta. Eram produtos de beleza misturados com algumas maquiagens. Antony olhou para o desenho e sentiu que faltava alguma cor mais viva. Quando se deparou com um esmalte azul-turquesa não pensou duas vezes em preencher o mar com o azul vibrante do esmalte que tinha em mãos. Sentou no chão e pintou todo o mar que havia feito com o esmalte de sua mãe. Aquelas cores tão lindas chamaram a sua atenção. O espelho que estava em sua frente refletia sua imagem de menino. Magrelo, com os cabelos encaracolados bagunçados e com a mão toda suja do esmalte azul-turquesa. Antony olhou as mãos e sem pensar passou o esmalte nas unhas. Uma por uma. Dedo por dedo, até que a mão toda estava pintada. Estava lindo, se sentia lindo, se sentia feliz. Estava da cor do mar, estava da cor do seu desenho. Ficou dançando pelo imenso quarto com o desenho em mãos. Rodava, rodava e rodava sem parar até que deu de cara com a imagem de seu pai do outro lado do quarto. Antony se desequilibrou e caiu de cara no chão. Imediatamente levantou-se e tentou se equilibrar.

– Papai... – Antony tremia – Fiz esse desenho, é sobre meu sonho. Quer ver? – Ele esticou o desenho em direção ao pai. Rapidamente, percebeu que seu pai olhava diretamente para as suas unhas pintadas.

– O que é isso?! – Alan Mitchell segurou forte o braço de Antony para ver as suas unhas. – O que está pensando?! – Alan segurou ainda mais forte.

– Me solta, papai! Me solta! – Antony puxou o braço com tanta força que acabou caindo para trás com tudo no chão de madeira. Seu pai ficou o encarando e aproximou-se lentamente com o braço esticado. Antony sabia o que estava por vir. Apenas fechou os olhos e sentiu o tapa que atingiu bem em cheio seu rosto. Virou de bruços no chão e sentiu o gosto do sangue em sua boca. A gota de sangue se misturava com o marrom da madeira que lentamente se direcionava para o pequeno espaço que tinha entre os pisos. Alan saiu do quarto carregando Antony nas costas. O pai de Antony desceu todas as escadas e foi em direção ao porão. Ele colocou Antony lá dentro e bateu a porta com tanta força que a casa inteira chegou a tremer.

– Antony! – Hunter já havia batido a porta do carro e saído quando Antony ainda encarava a paisagem que se escondia atrás do vidro da janela do carro. – Você não vem? – Hunter abria os braços com indignação e saiu em direção à porta da casa de Malvina Dalais. Antony enxugou a pequena lágrima que caiu dos seus olhos e saiu do carro.

Malvina Dalais abriu o a porta da sua casa e convidou Antony e Hunter para entrarem. A casa era relativamente simples comparada à casa dos Gordon. A mulher era uma comerciante de Miracle, tinha aberto seu restaurante havia alguns anos e desde então tinha criado alguma espécie de reputação na cidade. Metade dessa reputação vinha devido ao fato de que ela tinha um excelente restaurante árabe e a outra metade era pelo fato de que ela ter feito questão de colocar a filha no colégio mais prestigiado da cidade para ter uma ampla rede de contatos e foi assim que ficou amiga dos Gordon. Talvez sua reputação acabasse quando a cidade toda ficasse sabendo que a filha dos Gordon havia desaparecido na rua de sua casa e sob os seus cuidados.

– Vocês querem um café? – Malvina ainda estava de pé. Parecia ansiosa e nervosa. Na posição que ela estava era impossível alguém não estar no mínimo tenso.

– Não, obrigado. – Antony recusou o café e sentou-se no sofá. As lembranças daquele dia no quarto de sua mãe ainda atormentavam sua cabeça. Teve que se sentar e dar um longo suspiro para seu coração desacelerar.

– Eu aceito. – Hunter sorriu para Malvina que foi buscar o café, deixando os dois investigadores a sós. – Você está bem? – Hunter perguntou para Antony enquanto prestava atenção em Malvina. Claramente aceitou o café para poder ter alguns minutos com Antony.

– Está tudo bem, só estou um pouco tonto. Acho que comi algo ontem que mexeu comigo. – Antony só queria voltar para sua casa.

– Ótimo. Precisamos nos concentrar nisso, quero toda a atenção possível para esse caso. Por mais que não saibamos nada até agora, temos que tentar entender o que está acontecendo. – Hunter estava certo. As primeiras horas eram angustiantes, por mais que se precisasse de mais tempo para formular qualquer coisa, o fato de uma garota de 7 anos estar desparecida em uma floresta era algo para se dedicar mais atenção.

– Vou me concentrar mais. – Antony tentou forçar um sorriso.

Malvina serviu o café de Hunter e trouxe um copo d'agua pra Antony, mesmo não tendo pedido nada ela sentiu que deveria trazer algo para ele também.

– Obrigado, Sra. Dalais. É muito gentil de sua parte. – Antony tomou um gole.

– Precisamos que a senhora nos conte o que aconteceu desde o momento em que as meninas acordaram até a hora que notou o desaparecimento de Anne Rose. – Hunter introduziu o assunto e se acomodou atentamente para ouvir o relato de Malvina.

– Bom, as meninas se levantaram por volta das oito horas da manhã. Tomamos café da manhã e coloquei um desenho para elas assistirem. Enquanto lavava a louça, minha filha disse que iria brincar com as meninas de detetive na frente de casa. Eu disse para elas que deveriam ficar aqui no quintal ou que se fossem para a rua, deveriam ficar na frente da casa e não ir mais longe que isso. Eu acabei me distraindo com um programa de TV e depois com a chegada de um amigo que veio pedir algumas dicas sobre Londres e fiquei um tempo sem prestar atenção nas meninas. Quando ele estava de saída, pude ver pela janela que Anne Rose não estava mais ali.

– Quanto tempo depois que sua filha lhe pediu para brincar fora de casa que a senhora notou que havia quatro delas? – Antony perguntou.

– Acho que tinham se passado uns vinte minutos... lembro que o programa estava começando e depois quando me deparei com as quatro meninas e notei a ausência de Anne Rose o programa já estava no fim. Deve ter se passado uns vinte minutos, senhor. Era um programa bem curto sobre culinária.

– Perfeito. – Antony fez algumas anotações. – A senhora mencionou que havia um amigo aqui? Quem é ele? – Antony tomou mais um gole.

– Ah, sim, é Jack Porter. Um amigo jornalista que estava indo para Londres hoje cedo. Ele estava aqui pegando algumas dicas da cidade e eu passei alguns livros de turismo, já fui bastante para lá. – Malvina estava tensa. Quando ela falava podia se notar que seu corpo todo tremia. – Assim que prestei atenção que só havia quatro meninas, eu saí correndo pela rua. Minha filha disse que Anne Rose havia descido para a floresta e foi para lá que eu fui. Não entrei muito fundo, mas pude ir até uma parte e gritar pelo seu nome. Fiquei com medo de deixar as outras meninas sozinhas.

– O seu colega não te ajudou? Ele não estava aqui? – Antony estava confuso. Do jeito que Malvina falava parecia que o amigo havia pouco se importado para tudo que estava acontecendo.

– Ele ficou com as garotas e então disse que perderia o voo se demorasse mais alguns minutos. Aconselhou-me a ligar para a mãe de Anne Rose e me disse que entraria em contato assim que chegasse a Londres para saber as novidades. – Malvina não segurou o choro e desabafou. Nesse momento Antony levantou-se e começou a olhar a casa enquanto Hunter acalmava a mulher e assumia algumas perguntas.

– Então Anne Rose deve ter sumido por volta das 8h45? – Hunter anotava sem parar em seu caderno todas as informações que podia.

– Sim, creio que sim. Logo após eu perceber que ela não estava entre as meninas eu acabei indo para fora e questionando as garotas, mas principalmente minha filha. Lilly me disse que Anne havia descido a rua para pegar uma pista da brincadeira, ou algo do tipo, e que não havia voltado mais. Eu cheguei a perguntar pra alguns moradores que moram mais para baixo na frente da floresta e nenhum deles havia prestado atenção. – A voz de Malvina estava trêmula. Ela estava a um ponto de começar a ter um ataque. De pé e atrás do sofá, Antony tentava tranquilizá-la.

– Está tudo bem, Sra. Dalais. Acho que precisaremos falar com sua filha.

Malvina acalmou-se e levou Hunter e Antony para o segundo andar. Os três subiram as escadas e foram até o quarto onde estavam as quatro meninas.

– Olá – Um sorridente Antony abriu a porta. Encontrou quatro garotinhas sentadas na cama. Duas delas estavam abraçadas e as outras duas estavam de mãos dadas. – Meu nome é Antony e eu estou tentando achar a amiga de vocês. Será que podemos conversar?

– Sim. – A garota que estava abraçando a amiguinha se pronunciou imediatamente. – Meu nome é Lilly. – Lilly saiu da cama e foi em direção a Antony.

– Muito bem, Lilly. Esse é meu amigo Hunter. – Antony apontou para Hunter que estava logo atrás dele com Malvina. Antony sentiu que deveria deixar aquela situação mais amigável e decidiu pedir para que Hunter e Malvina deixassem o quarto.

– Malvina... Hunter... Será que posso ficar com elas por alguns minutos?

– Claro. Pode me mostrar o resto da casa, Sra. Dalais? – Hunter entendeu que sua presença estava intimidando as meninas, afinal, sua cara entregava o quanto ele detestava crianças. Hunter e Malvina saíram e fecharam a porta atrás de Antony.

– Lilly, quem são essas lindas meninas que estão com você aqui hoje?

– Grace, Victoria e Julie. São minhas amigas da escola. – A tímida garotinha ruiva estava se sentindo mais à vontade sem a figura imensa de Hunter e de sua mãe.

– Ótimo! Creio eu que vocês fizeram uma grande festa aqui, não é? – Antony não pôde deixar de reparar na bagunça que estava o quarto.

– Foi uma festa de pijama para a chegada do inverno – disse Lilly. – E hoje de manhã brincamos de detetive. Fui eu quem disse para Anne que tinha uma bruxa na floresta...

– Então vocês todas são apaixonadas pelo inverno, não é? – "É claro. Flocos de neve. Inverno. Anne Rose deveria estar muito feliz" foi inevitável Antony não pensar nos desenhos de Anne Rose. – Lilly, preste bem atenção. Não quero falar com todas as suas amigas sobre isso, então focarei em você, correto? – Lilly concordou com a cabeça. – Ótimo! Então preciso que você me conte tudo que aconteceu hoje de manhã. Preciso que me conte tudo sobre essa tal bruxa. Será que você consegue fazer isso?

– Consigo. Posso começar? – A garotinha ruiva estava disposta a colaborar.

Antony saiu do quarto da menina e desceu as escadas com certa rapidez. Quando desceu todos os degraus encontrou Hunter e Malvina na sala conversando com alguns policiais que estavam vasculhando a rua.

– Hunter! – Antony chamou pelo colega que levou um susto com a intensidade em sua voz. Malvina também percebeu uma tensão na voz de Antony e arregalou os olhos. – Preciso falar com você.

Hunter e Antony foram até a cozinha enquanto Malvina ficou sentada no sofá. Quando chegaram até uma parte em que saíram do campo de visão da mulher, Antony disse:

– Creio que temos um problema. Eu estava falando com a garota e ela me disse que o amigo de sua mãe que estava aqui, o tal do Jack Porter...

– Sim, o seu colega que foi para Londres. – Hunter interrompeu.

– Exato! Esse Jack Porter é irmão de Bonnie Gordon e tio de Anne Rose. – Enquanto Antony falava Hunter arregalava os olhos. – Por que mesmo sabendo do sumiço da sobrinha e do desespero de Malvina esse cara deixou o país logo depois? – Antony ficou até sem ar de tão rápido que falou.

– Pergunto-me por que ela não quis que soubéssemos que era ele que estava aqui. Será que ela está o acobertando? – Hunter parecia confuso.

– Não sei o que há entre eles, mas por algum motivo ela está fazendo com que ele ganhe tempo em Londres... Seja lá o que ele esta fazendo lá.

Antony e Hunter se entreolhavam enquanto se preparavam para questionar Malvina Dalais sobre o que acabavam de descobrir.

III

Malvina Dalais aguardava angustiada na cozinha a conversa de Hunter e Antony. Quando ouviu um barulho vindo em sua direção, sabia que eram os dois investigadores.

– Sra. Dalais. – Antony disse. – Estava conversando com Hunter sobre o que sua filha acabou de nos contar. Não sabíamos quem era o Jack Porter que estava em sua casa. Não me lembro de a senhora ter mencionado que ele é na verdade tio de Anne Rose e não apenas seu amigo. – Antony tentou ser o mais gentil possível enquanto dizia suas recentes descobertas.

– Não mencionei seu grau de parentesco, pois achei que todos conhecessem Jack Porter e por isso não haveria necessidade de especificar.

– Eu não o conheço. – Antony disparou. – Preciso reforçar que é extremamente importante que saibamos de todos os detalhes, e o fato de ser o tio de Anne Rose que estava aqui no momento em que a senhora notou o desaparecimento da menina e que logo depois ele foi para Londres faz com que se abra margem para diversas outras interpretações. – Antony nunca pareceu tão sério.

– Por favor, não pense isso! Ele foi apenas tentar publicar seu livro, não podia perder a viagem. Vocês sabem como são essas coisas de perder o voo... – Malvina tremia de nervosismo.

– Fique calma, por favor. – Antony pensou em dizer mais coisas, mas estava estressado e irritado com tudo aquilo.

– Sra. Dalais, apenas precisamos ser sinceros um com os outros para que isso não aconteça novamente. – Hunter adiantou-se e tentou acalmá-la enquanto tocava em seu ombro.

Antony decidiu sair da casa para tomar um ar, aquela história de Jack Porter, tio de Anne Rose, ter ido para Londres logo após o sumiço da menina e ter se recusado a ficar para ajudar Malvina estava muito mal contada. Que tipo de pessoa seria capaz de viajar no dia em que sua sobrinha misteriosamente desapareceu? Por um momento, Antony sentiu raiva desse homem que jamais havia visto e desejou que pudesse encontrá-lo o mais rápido possível. Enquanto saía pela casa, começou a olhar os detalhes da propriedade e imaginar como teria sido aquela manhã. Pensar que algumas horas antes Anne Rose e suas amigas estavam todas brincando ali e que em um piscar de olhos a menina havia sumido o deixava intrigado. A rua onde ficava a casa de Malvina era relativamente pequena. Era uma rua sem saída que terminava exatamente em uma floresta, o engraçado era que quando ele olhava para aquela floresta, sentia ao mesmo tempo que ela era medonha, mas também convidativa. Antony não conseguiu tirar os olhos da floresta, que estava a mais ou menos 100 metros de distância dele. As árvores eram altas e havia certo espaço entre elas, o que possibilitava uma boa caminhada por ela. Não conseguia imaginar que uma garota de 7 anos havia descido até o fim da rua e se aventurado na floresta para depois voltar para casa como se nada tivesse acontecido. Enquanto estava ali com os cabelos ao vento e com a pele gelada do frio cortante que chegava à cidade, Antony não conseguia parar de pensar no que poderia ter acontecido. Ficou imerso nas possibilidades de Anne Rose ter entrado na floresta para procurar a boneca e poder ter caído em algum buraco, ou batido a cabeça em alguma pedra. Ela poderia estar lá agora agonizando no chão enquanto murmurava por ajuda e ninguém a escutava. Imediatamente o sonho que Antony teve naquela mesma manhã surgiu em sua cabeça. Mas dessa vez não era um sonho, mas sim uma visão. Não conseguia enxergar direito o que estava acontecendo, mas podia ver claramente um homem invadindo uma casa. Ele caminhava para perto da mulher com a criança e arrancava-a de seus braços. A mulher tentava lutar contra ele, mas a força do homem era muito superior, o que fez com que ela o soltasse e caísse no chão, mas sem antes tomar um chute na barriga. Desesperada, chorando e gritando, ela via o homem se afastar enquanto sua filha gritava incansavelmente em seu colo. Antony apoiou a mão na cerca da casa e respirou fundo algumas vezes. Nunca antes ele havia tido uma alucinação. Ficou alguns segundos tentando recuperar o fôlego ao mesmo tempo que sua mente tentava entender o que estava acontecendo com ele e o porquê daquelas visões. Pensou na possibilidade de que na verdade Anne Rose pudesse ter sido raptada, assim como aquela estranha cena que se passou em sua mente. Ainda apoiado na grande, ele pôde sentir seu coração acelerado. Depois que se acalmou, foi em direção à equipe de polícia que discutia algumas estratégias e conversava com vizinhos de Malvina. Antony chegou perto de um homem que tinha um longo bigode. Parecia um personagem de um filme dos anos 1950.

– Alguma novidade?

– Olá, Antony. Me chamo Joff. – Os dois deram um aperto de mão. – Estamos terminando de conversar com todos os vizinhos, mas não temos nada ainda. Infelizmente, ninguém a viu ou ouviu alguma coisa. Só falta aquela casa amarela vizinha à floresta, estava indo para lá agora mesmo. – Joff apontou para a última casa da rua, que ficava ao lado das primeiras árvores. Era uma casa velha, quase caindo aos pedaços. Antony pensou que se existisse alguma bruxa, assim como na brincadeira das meninas, ela certamente moraria ali.

– Algum plano para entrar mais a fundo na floresta? Precisamos de uma equipe grande e alguns cachorros treinados para a busca. Creio que pelo perfil da garota ela não está pregando nenhuma peça em todos nós. – Antony estava tenso, pois pela primeira vez começava a pensar que realmente Anne Rose poderia ter sido sequestrada.

– Estamos planejando tudo isso. Até agora não passamos do riacho. Estamos planejando seguir o seu curso para ver se encontramos algo. – Joff apontava para o mapa.

– Perfeito, vou descer até a floresta e ver se encontro algo.

Era uma pequena e cansativa caminhada, a descida era um tanto íngreme e exigia certo esforço para não ir tão rápido, pensou o quanto seria ruim de subir aquilo tudo mais tarde. Enquanto descia mandou uma mensagem para Hunter dizendo que estaria no final da rua dando uma olhada na floresta e que ele poderia esperar no carro se quisesse. Chegou à frente da casa amarela e ficou admirado com a quantidade de entulho acumulado na parte da frente. Deveria ser alguém que consertava carros, móveis ou qualquer outra coisa, pois havia de tudo naquele jardim. Enquanto olhava atentamente para as estruturas da casa ouviu um barulho de carro descendo a rua. Uma caminhonete vermelha e velha descia fazendo um enorme ruído e anunciado a sua chegada. Parou próximo a Antony e à medida que chegava mais perto dele, pôde ver o quão velho aquele carro era e logo associou que deveria ser da pessoa que morava ali.

– Eu não fiz nada de errado. – Um velho homem saiu do carro e estendeu a mão para Antony enquanto abria um largo e desdentado sorriso.

– Certamente não fez. Agente Antony Mitchell, Departamento de Investigações de Miracle. Podemos conversar? – Antony cumprimentou o velho.

– Antony Mitchell, que belo nome. Chamo-me Morgan e estou ao seu dispor. – Morgan tinha uma voz rouca e falha que certamente vinha da quantidade de cigarros que ele fumava.

– Uma garotinha desapareceu na rua mais cedo e estamos conversando com a vizinhança toda para saber se alguém tem alguma informação útil. – Antony parou de respirar pelo nariz para não sentir o cheiro de cigarro que saía de Morgan.

– Uma garotinha sumiu nessa rua? Nunca poderia imaginar isso. Não vi nada não, senhor. Acabei de chegar, saí bem cedo hoje para comprar algumas ferramentas e mais cigarro. – Morgan puxava um cigarro e o acendia. – Quer um trago?

– Obrigado. – Antony odiava cigarro – O senhor mencionou que chegou agora, mas a que horas saiu? Talvez tenha visto algo próximo à floresta, já que você mora vizinho a ela. De repente alguma movimentação suspeita, um carro ou algum estranho por volta das oito horas...

– Antony esperava que Morgan soubesse de algo. Se Anne Rose tivesse sido raptada, eles teriam que correr ainda mais contra o tempo.

– Me deixe pensar... Eu saí mais ou menos umas oito horas e 50 da manhã... Não havia ninguém... Ah, sim! Eu acordei um pouco mais cedo e vim aqui fora para fumar e ver a neve que estava caindo. Reparei que havia um carro preto parado do outro lado da rua. – Morgan apontou para uma placa – Ali! Ele estava embaixo daquela placa. Não sei de quem era, mas nunca vi esse carro por aqui, e como você pode ver, ele não está mais. Era uma máquina bem potente, parecia carro de gente que tem dinheiro, mas eu não reparei na placa não. Aí já é demais, né? – Morgan soltou a fumaça e Antony desviou.

– Um carro parado no fim da rua... – Antony ficou intrigado, mas aquele carro poderia ser de qualquer pessoa da rua e não levava a muitas conclusões. – Você conhece bem essa floresta? Alguém por acaso mora lá? – Antony já estava perdendo algumas esperanças de saber algo sobre o sumiço da menina e voltava a acreditar na ideia de que ela havia caído em algum buraco ou se perdido.

– Tem uma velha que mora lá dentro. É bem longe, tem que passar o riacho e andar ainda mais pra dentro. Já consertei algumas coisas pra ela, mas nunca mais vi aquela peste. Ela me deve até hoje, mas não tenho coragem de entrar ali não. Ela tem uns cachorros bem bravos e já vi a velha os mandar atacar gente da fiscalização que ia lá encher o saco dela. – Morgan deu mais uma baforada na cara de Antony – Olha, você me desculpe, mas tenho que entrar para consertar algumas coisas, viu? – Morgan deu com as mãos para Antony e saiu em direção à porta de sua casa.

– Obrigado... – Antony encarou o velho enquanto ele se afastava. Não acreditava sobre o que tinha acabado de ouvir. Existia uma velha rabugenta dona de vários cães e pelo jeito ela não era nem um pouco amigável. Pelo jeito a tal da bruxa de fato existia.

Antony ficou parado encarando a floresta. Seus pés estavam sob uma neve fofinha que tinha acabado de cair. O ar gelado ficava ainda mais frio por causa da umidade. Andou por alguns metros e olhou para cima. As árvores eram tão grandes que ele mal conseguia ver o céu. As copas das árvores formavam um lindo desenho e ele até se imaginou em um livro de fantasia, mas logo voltou à realidade e entendeu que aquela história não tinha nada de fantástica. Depois de alguns minutos lá dentro, a paisagem ficava ainda mais estranha e a luz entrava ainda com mais dificuldade. O dia nublado não ajudava a visualização do caminho e só deixava a situação ainda mais tenebrosa. Depois de alguns minutos dentro da floresta, Antony passou a andar com a arma na mão. Estava atento, olhava tudo que podia. De vez em quando gritava o nome de Anne Rose. Buscava qualquer coisa que levasse a responder onde Anne Rose havia se metido. Andou bem mais do que imaginou que iria andar. Já estava caminhando havia dez minutos a partir do riacho que Joff mencionou e cada vez ficava ainda mais frio e um pouco mais escuro. Olhou para o fundo da floresta e viu um pouco mais adiante de onde estava uma casa toda de madeira e pedra. Só podia ser a casa da senhora que Morgan havia comentado. À medida que avançava para perto da casa da mulher, ele tentava com mais empenho não pisar em nada que fizesse muito barulho. A sensação de tentar não ser descoberto era angustiante, pois queria chegar o mais rápido possível na porta da senhora sem ser comido vivo por algum cachorro selvagem que ela poderia ter na propriedade. Não suspeitava da mulher, mas não duvidava da capacidade de ela meter uma bala na sua cabeça. Ouviu um barulho e ficou imobilizado. Depois de alguns segundos ouviu outro barulho vindo de suas costas e virou-se rapidamente, apontando a arma. Quando ouviu o latido o cachorro já estava a alguns passos dele, Antony virou-se de novo e deu de cara com um grande e peludo animal que mostrava os dentes e latia sem parar.

– Sai! Sai! – Antony apontava a arma e gritava para o cachorro não o atacar.

– Agora policiais também matam cachorros? – A velha saiu da casa carregando uma longa espingarda na mão. – O que faz aqui, homem?

– Mande-o sair daqui! Estou procurando por uma garotinha! – Antony estava pronto para matar aquele cachorro quando a velha assobiou duas vezes e o bicho voltou correndo para dentro da casa. Ela fechou a porta e tudo ficou mais silencioso.

– Assim está melhor? – A velha sinalizou para ele entrar. Antony se aproximou dela lentamente, ainda estava sem ar. Chegou à porta de sua casa e pôde reparar mais na mulher. Era uma senhora de cabelos brancos na altura das orelhas, bem curto, com uma pele manchada de rugas e marcas. Usava um casaco preto com pelos brancos como a neve. – Não se preocupe, ele não vai fazer nada.

Antony entrou na casa e sentou-se no sofá enquanto encarava o enorme cachorro, que agora havia se transformado em um animal aparentemente dócil. O animal estava do outro lado da sala deitado em um tapete encarando Antony, quase que pronto para atacá-lo se ouvisse o chamado de sua dona. A mulher voltou da cozinha e serviu uma xícara de chá para Antony. Sentou-se próximo ao cachorro e colocou uma das mãos em sua cabeça. Olhou atentamente para Antony e sinalizou para que ele começasse a falar.

– Antony Mitchell. Sou do depar... – Foi imediatamente interrompido.

– Eu sei quem você é. – A velha cortou a fala dele e tomou um gole de seu chá.

– Deve ter lido em todos os jornais, creio eu. – Antony provocou. Ainda queria matar aquele cachorro e cada vez que a velha abria a boca ele sentia uma vontade de dar um fim nos dois.

– Não. Prazer, Donna Hason.

Antony se engasgou. Aquela velha nada simpática era tia Donna, a mulher que trabalhava na casa dos seus pais quando ele tinha 7 anos de idade.

– Uau. – Antony respirou fundo – Achei que seu cachorro iria me matar. Isso não é uma recepção muito boa para um velho amigo. – Antony encarou a velha Donna.

– Escute bem, mocinho. Essa é minha casa e eu tenho o direito de me proteger de qualquer um que apareça por aqui. Eu limpei sua bunda quando você tinha 7 anos de idade, não quer dizer que ainda somos amigos. Saiba que eu odeio policiais. O que quer aqui? – Donna aumentou o tom de voz e fez questão de dar um tapinha no seu cachorro para que ele levantasse e ficasse ainda mais intimidador ao seu lado. – Achei que você fosse um bom rapaz, mas pelo jeito é igual a todos os outros dessa cidade.

– Procuro uma garotinha de 7 anos, ela desapareceu hoje ao vir brincar na floresta. Loira... Pequena... Ouvi falar que havia uma senhora que morava aqui e por isso decidi vir conversar um pouco. – Antony ainda estava surpreso com aquele reencontro – Você sabe de algo? – perguntou.

– Não sei de nada. Acabei de acordar. Acordei com os latidos de Thor e vim ver o que era. Não acredito que alguém possa ter pegado a garota aqui, só eu moro aqui e não é meu forte pegar garotinhas na floresta. – Donna tomava mais um gole e acariciava Thor. – Afinal, eu jamais te sequestrei.

– Não deve ser seu hobbie mesmo. Fiquei pensando que talvez a senhora pudesse emprestar um de seus cães para a equipe de voluntários e de policiais que irão investigar por esses lados da floresta. Talvez um deles possa farejar bem. – Antony tomou todo o restante do chá em um gole só.

– Será um prazer, querido. Posso emprestar todos eles desde que parem de encher meu saco e me perguntar sobre essa garota. Já vi aonde essa história vai parar. Com certeza irão andar por aqui e incomodar meu sossego e minha paz. – Donna parecia estar apenas preocupada com o fato de haveriam buscas pela floresta e que isso iria irritar seus cachorros e incomodar o silêncio que reinava em sua propriedade. Não demonstrava muita sensibilidade com Anne Rose.

– Fiquei sabendo que você e Morgan não se dão muito bem, o que pensa dele? Achei um tanto esquisito.

– Pelo jeito você gosta de suspeitar de velhos, não é mesmo?

– Nada contra. – Antony retrucou.

– Ele é um sujeito estranho, mas duvido que tenha feito isso, ele só fica consertando aquelas porcarias que habitam o seu quintal. Aquele homem não deve fazer mal ninguém.

– Ótimo. Acho que isso já ajudou. Já que não viu nem ouviu nada eu não tenho mais o que fazer aqui. Posso dar uma olhada na casa?

– A casa é toda sua. Só não suje meu chão limpo com esse sapato cheio de terra. – Donna acompanhou Antony enquanto ele dava uma olhada na pequena casa da mulher.

– Se souber de algo, por favor, entre em contato conosco. Agradecemos se puder usar sua intimidade com a floresta para vasculhar um pouco a região. Muito obrigado, Sra. Hason. Acredito que iremos nos ver de novo. – Antony colocou a xícara na mesa de centro e se levantou. Antes de sair, encarou Thor e teve que segurar a respiração quando passou por ele para ir em direção à porta.

– Como você consegue? – disse Donna fazendo com que Antony parasse antes mesmo de chegar à porta.

– Desculpe... – Antony se virou para encarar Donna.

– Como você consegue, menino? Depois de tudo o que passou como consegue voltar a trabalhar com isso? Pessoas mortas, garotas desaparecidas, crimes e mais crimes. – Donna falava sobre a volta de Antony ao trabalho depois de um tempo afastado. Algumas pessoas e nem ele entendia como que havia conseguido voltar para aquela atividade, mesmo depois de ter estado no meio de tudo aquilo.

– É o meu trabalho, Donna. – Antony estava intimidado.

– Isso tudo não te machuca? Tenho certeza que a família dessa garota deve estar sofrendo muito. – Donna levantou e se aproximou de Antony.

– A dor é inevitável. Sinto que posso reparar a dor deles de alguma forma. Eu quero ajudar. Quero ajudar a fazer justiça. Quero fazer justiça para aqueles que foram deixados sem resposta, assim como eu fiquei sem respostas. – Antony sentiu seus olhos enchendo de lágrimas à medida que falava. Nesse momento, Donna se aproximou ainda mais dele, quase o beijando.

– Você pode fazer o que quiser, menino. Mas nunca será o suficiente. Nossa dor jamais é reparada, pois não temos milagres em Miracle.

4.

Antony e Hunter voltaram para o departamento de polícia de Miracle e se dirigiram diretamente para a sala de Hunter. Como esperado, não havia nada que pudessem fazer a não ser esperar por novidades da equipe de busca.

— Não há muito que fazer, só nos resta esperar por alguma novidade. — Antony abordou o assunto.

— Gostaria muito que essa menina estivesse pregando uma peça em todo mundo, mas existe um lado meu que já me alerta para esperar o pior que se possa imaginar. O que você achou da velha na floresta? — Hunter lembrou que Antony não tinha comentado muito sobre sua conversa com Donna Hason.

— Aquela velha é Donna Hason. Pelo jeito ela mora lá já faz um bom tempo. Percebi que ela sente muita raiva, deve ser por isso que está isolada de todo mundo. — Pensou que poderia um dia ser igual à Donna, mas que na verdade já era muito parecido com ela, só não morava em uma floresta ainda. Ficou intrigado para descobrir o que tinha acontecido com a tia Donna e como que ela se transformou naquela velha rabugenta que ele havia acabado de encontrar. Preferiu não contar a verdade para Hunter, o melhor a fazer era preservar sua ligação com Donna.

— Lá se vai todo o lance de uma velha maligna ter pegado uma pequena garotinha. — Hunter sentava na cadeira e soltava um barulho de alívio por ter aguentado as dores nas suas costas.

— Seria mais fácil se fosse isso. — Antony estava emocionalmente esgotado. Donna parecia intimidadora, mas era muito igual a ele. Para ele, Donna estava se protegendo de alguma espécie de dor ou luto irreparável e nutria um ódio enorme pelo ocorrido.

Passaram-se algumas longas horas até Hunter invadir a sala de Antony dizendo que as buscas haviam sido canceladas por causa do mau tempo e começariam de fato no dia seguinte, quando marcasse 24 horas do desparecimento da menina. Hunter também comunicou a Antony que os policiais estavam fazendo uma operação nas estradas para tentar encontrar Anne Rose, caso ela tivesse sido raptada, tudo isso porque Antony havia dito para Hunter que Morgan suspeitava de um carro escuro que estava parado próximo à floresta na manhã em que Anne Rose havia desaparecido. Antony ficou aliviado, pois não queria voltar a encontrar Donna naquele mesmo dia. Ao mesmo tempo que sentiu um alívio, ficou tenso, pois cada minuto contava e o mau tempo não estava ajudando em nada as buscas por Anne Rose. Chegou em casa mais tarde do que o comum, tinha algumas tarefas domésticas para serem realizadas, o que fez com que ele ficasse ainda mais cansado. Terminou de arrumar a casa e recebeu uma mensagem de Emília dizendo que queria encontrá-lo para lhe contar algumas novidades sobre seus novos projetos. Antony estava muito cansado, mas mesmo assim decidiu receber a amiga.

– Meu Deus! Que neve insuportável! – Emília entrou correndo na sala e tirou seu casaco, que estava encharcado.

– Está horrível mesmo, jamais pude imaginar que iria nevar tanto. – Antony pegou o casaco de Emília e levou para os fundos e o pendurou para que secasse. – Me conte algo legal, hoje meu dia foi muito cansativo.

– Uma garota sumiu. – Antony ficou surpreso – Não é engraçado, mas é trabalho para mim e pelo jeito para você.

– Foi por isso que demorou para responder, donzela? – Emília era genial. De alguma forma, já sabia de tudo. Aquilo era surpreendente.

– Como é possível você saber de tudo? Achei que ninguém soubesse. – Antony ficou imaginando se a cidade toda já estava sabendo de algo. Afinal, já haviam se passado horas desde que a garota havia sumido e provavelmente a notícia tinha se espalhado.

– Eu vi uma postagem na internet. Parece que as amigas da mãe já compartilharam algumas coisas, e aí me contaram. *Voilà!* Agora me conte tudo, o que está acontecendo? – Emília estava surpresa com tudo aquilo.

– Uma garotinha de 7 anos sumiu quando brincava perto de uma floresta no sul de Miracle. É tudo muito recente, mas já me parece algo bem estranho. Não acho que ela entraria na floresta e simplesmente se esconderia em algum lugar. Também não acho que entrou lá e acabou se machucando. Eu mesmo entrei e o terreno é ótimo, não há possibilidades disso. – Antony passava as mãos no cabelo e tentava cada vez mais fazer força para ligar os raciocínios em sua cabeça. – Estamos buscando na floresta e nas estradas da cidade. Por causa do mau tempo, os policiais não conseguiram avançar muito na floresta, e com isso acredito que estamos ainda sem novidades.

– Ela não deve ter caído em um buraco, certamente isso não aconteceu. Uma garotinha sozinha em uma floresta? Provavelmente tem mais coisas por trás disso. – Emília pegou na mão de Antony – Você tem certeza que vai encarar isso? Você já parece cansado demais para o meu gosto. – Emília estava preocupada porque seria o primeiro grande caso que Antony pegaria depois de seu conturbado processo de retorno às atividades.

– Eu estou pronto. Quero encontrar essa garota o mais rápido possível. Eu sinto uma espécie de ligação com ela. Acredita que hoje mesmo acordei assustado porque tive um sonho em que uma garotinha sumia? Logo depois tive uma visão, ou uma alucinação, sei lá, não sei explicar o que anda acontecendo comigo. – Antony respirava fundo. – Não sei como, mas já me sinto apegado a ela.

– Eu quero que você faça o que é melhor para sua saúde e que não volte a tomar aquela droga daquele treco amarelo que você chama de remédio. Eu lembro que da última vez você disse que andava vendo aquele seu amigo por aqui. Se de alguma forma você sentir que isso está lhe fazendo mal, prometa-me que irá abandonar imediatamente esse caso. – Emília sabia das condições emocionais de Antony e estava realmente aflita com a possibilidade de ele se envolver demais com o desaparecimento de Anne Rose. – Me prometa.

– Prometo. Estou bem, juro. – Antony e Emília se abraçaram e imediatamente mudaram de assunto. Ficaram algumas horas falando sobre os últimos encontros amorosos de Emília. Após algumas horas de conversas jogadas fora, Emília foi embora e Antony mergulhou na sua cama. Naquela noite não sonhou com nada.

Levantou-se mais cedo do que o usual e foi direto para o departamento. Hunter havia chegado ainda mais cedo e já estava fazendo uma série de ligações e falando ainda mais alto do que o comum. Antony só queria que aquela garota tivesse aparecido naquela noite e não via a hora de perguntar sobre o seu sumiço para Hunter.

– Por favor, diz que ela apareceu. – Antony abriu a porta de Hunter com tamanha intensidade que até o assustou.

– Bom dia, docinho. – Hunter desligava o telefone. – Não. A garota sumiu mesmo.

– Merda. – Aquilo era o pior dos cenários. Uma garota desaparecida em Miracle. Antony ficou nervoso, pois sabia quais seriam as próximas palavras que Hunter iria dizer. Ele obviamente pegaria o caso para ele para proteger Antony de se envolver com aquilo. Por mais que Antony se sentisse muito melhor do que alguns anos antes, ele sabia que aquilo poderia fazer mal para ele ou fazer com que todos os sintomas voltassem. Antony tinha uma depressão profunda e qualquer coisa o afetava profundamente. Ele passou bastante tempo ouvindo vozes, tiros, e tendo algumas visões. Ele sabia que tudo era sua mente que produzia, mas não conseguia não se abalar cada vez que acordava com alguém ao pé de sua cama ou com o som do piano em plena madrugada.

– Eu estou indo... – Hunter tentou falar.

– Esse caso é meu, Hunter. – Antony se adiantou. Ele tinha que lutar por aquilo, havia uma ligação com Anne Rose que ele não conseguia explicar.

– Não. Você não tem condições para isso. – Hunter estava sério demais. – Você pode ficar comigo, mas não quero que você se envolva muito nisso. É para o seu bem.

– Eu estou melhor! Acredite em mim. – Antony foi em direção a Hunter, que também foi ao seu encontro. – Por favor, acredite em mim. – Antony segurou os braços de Hunter.

– Você não vai chegar perto do caso. Você me entende? – Hunter se soltou. – Você sabe muito bem o que aconteceu com você logo que voltou.

– Hunter! – Antony disse. – Por favor, acredite em mim. Eu sei que meu passado não é favorável a nada, eu sei que ainda sou sensível e que isso talvez possa me desestabilizar, mas eu preciso encontrar essa garota. E eu posso encontrá-la! Eu sei que posso encontrar ela. Eu só preciso me manter forte. – Antony não conseguia se controlar mais. – Olhe, eu não escuto mais nada, eu não vejo mais nada, eu nem estou com medo de ficar naquela casa mais. Hunter, por favor. – Antony não podia deixar aquele caso escapar tão fácil de suas mãos.

– No primeiro caso que você pegou depois de tudo aquilo você foi encontrado quase morto na banheira da sua casa! Você não aguenta tamanha carga emocional ainda. Será que você não enxerga isso?

– Isso é passado! Eu estou melhor, estou mais sociável, estou lidando melhor com tudo. Por favor, me dê esse caso. – Antony começou a ficar nervoso. – Hunter, por favor...

– Quero que você me escute bem. – Hunter diminuiu o tom de voz – Se você recair, eu vou te mandar de volta para casa e você vai ficar um bom tempo sem entrar aqui. Eu não quero que o próximo corpo encontrado em Miracle seja o seu. Você está me ouvindo? – Hunter olhou atentamente nos olhos de Antony, que concordou com a cabeça. – Eu vou deixar você tocar isso, mas vou estar do seu lado o tempo todo e não vou sair da sua cola por nada nesse mundo. – Hunter saiu da sala e Antony ficou ali se recuperando do que tinha acabado de acontecer. Era impossível ninguém ter ouvido tudo aquilo e Antony podia ver na cara de todas as pessoas que elas tinham escutado toda a conversa.

– Voltem ao trabalho! – Hunter gritou enquanto caminhava em direção à porta.

Os dois chegaram à casa de Bonnie Gordon. Haviam ligado do caminho e avisaram Ludovic e Bonnie para que estivessem prontos para uma série de perguntas e procedimentos que fariam antes de irem para a floresta participar da equipe de buscas. O tempo havia melhorado naquele dia e as buscas finalmente puderam acontecer. Antony sentia que aquele dia seria um completo caos. Já havia começado o dia discutindo com Hunter e relembrando um dos episódios mais difíceis de sua vida.

– Senhores... – Hunter e Antony entraram na casa. Hunter fez questão de reunir todos que estavam lá para apresentar Antony, que lidaria diretamente com o caso. – Antony Mitchell será encarregado do caso de Anne Rose. Quero que vocês sigam todas as instruções que ele dará e cooperem o máximo com o caso.

Antony ficou encarando Hunter ainda lembrando-se da conversa que haviam tido minutos antes na sala dele.

– Iremos fazer de tudo para encontrar sua filha. – Falou diretamente para todos, mas fez questão de olhar nos olhos de Bonnie e Ludovic Gordon. Antony estava realmente comprometido em encontrar Anne Rose. – Vamos começar?

Depois de alguns testes de polígrafo com os pais e algumas minuciosas investigações na casa e no quarto de Anne Rose, Hunter já estava pronto para ir com Ludovic até a floresta para participarem da busca pela menina juntamente com a equipe de voluntários. Os moradores do bairro estavam ajudando bastante na busca de Anne Rose e todos agora iam em direção à rua em que a menina havia sumido para se juntarem com outra equipe que estava esperando no local.

– Estou indo com Ludovic para a floresta e lá iremos nos unir a outros oficiais e voluntários. Você vem mais tarde? – Hunter parecia estar mais calmo.

– Vou conversar mais com Bonnie e vou daqui a pouco para lá. Ficarei com ela caso alguém telefone, já mandei colocar uma equipe de prontidão para caso entrem em contato. Bonnie também não está em condições emocionais para ir até lá. Acredito que ainda não quer ver Malvina. – Antony terminou sussurrando para que ninguém pudesse ouvir.

Hunter e Ludovic saíram da casa enquanto deixaram Bonnie, Antony e alguns oficiais da polícia no local. Antony estava preocupado com o fato de que alguém poderia entrar em contato para pedir alguma quantia ou até mesmo fazer alguma denúncia anônima nos telefones dos Gordon. Depois de algumas horas, Bonnie aproximou-se de Antony.

– Detetive... – Bonnie disse enquanto Antony dava instruções a um oficial.

– Sra. Gordon. – Antony, como sempre educado, recusava-se a chamar Bonnie Gordon pelo primeiro nome.

– Ah, por favor, não me chame de senhora. – Bonnie deixava um leve sorriso escapar. – Você tem filhos, detetive?

– Não. Acho que nunca terei. Não nesse mundo. – Era um assunto bem delicado para Antony. Sempre que pensava em ter filhos vinha imediatamente na sua cabeça que o seu filho poderia sofrer as mesmas coisas que ele sofreu.

– Deveria ter pensado o mesmo... – A voz de Bonnie tremia um pouco e algumas lágrimas apareciam. – A realidade é insuportável e viver é cruel. Não concorda?

– Eu diria que precisamos ser muito fortes para viver e lidar com todas as surpresas da vida. Alguns infortúnios da vida não são muito fáceis de lidar. – Antony não conseguia não se lembrar da última grande surpresa de sua vida, que acontecera no dia de seu aniversário. – Falando desse jeito até parece que eu sei lidar quando essas coisas acontecem...

– Você acha que consegue encontrar minha filha? – Bonnie Gordon havia sido muito direta.

– Irei fazer de tudo para encontrar Anne. Até agora não temos nada, estou procurando por algo. – Antony tentou se manter forte para não acabar mostrando uma falta de capacidade. Tudo dependia do quão forte ele se mostraria para aguentar aquele caso.

– Se ao menos Jack tivesse visto aquele carro... – Bonnie resmungou.

– Seu irmão? – Antony lembrou-se de que Jack Porter era irmão de Bonnie.

– Sim. – Bonnie mudou sua expressão. – Se ao menos ele tivesse decorado a placa ou avisado vocês... Nem para isso ele serve.

– O que ele estava fazendo na casa de Malvina? Ela me disse que eles são amigos.

– Jack não é amigo de Malvina. Você deveria ficar de olho nele. – Bonnie tirou algo da bolsa. – Eu consegui as filmagens das câmeras. Estão nesse CD. – E entregou um CD embrulhado em um papel amarelo para Antony.

– Com certeza irá nos ajudar. – Antony agradeceu a ela. Como não queria perder tempo, logo foi em direção a um oficial que estava próximo a ele e pediu para colocar o CD em seu notebook. – Você pode rodar isso? – A mulher concordou com a cabeça. Antony olhava de canto de olho para a figura de Bonnie Gordon, ainda no lugar que haviam conversado. Ela parecia estranha, Antony não sabia muito bem descrevê-la, mas sentia que Bonnie tinha algo de interessante e que poderia ajudar bastante naquele caso. Após alguns segundos a primeira imagem apareceu. Bonnie Gordon entrava no carro na terça-feira às 18h57 e colocava a mochila de Anne Rose no banco de trás do carro. Em seguida, lá estava a menina. Os cabelos loiros balançavam como um véu e Anne Rose saltava no banco de trás. Estava vestindo uma roupa azul-clara que já deveria ser seu pijama. Ficou lá sozinha por alguns minutos até que Bonnie entrou no carro e deu a partida. Não havia nada ali, só um feixe de luz logo em seguida que poderia ser de algum outro carro. Antony mandou o oficial voltar às filmagens e assistiu a tudo aquilo por mais três vezes até falar bem baixinho algum palavrão.

– Merda. Não temos nada. – Reclamou.

– Temos mais uma câmera senhor. – A jovem abriu outra pasta que estava nomeada como "CAM02" e clicou no único vídeo que tinha.

A imagem mostrava o portão da casa dos Gordon fechado. Logo depois de alguns segundos, a grande BMW de Bonnie saía e sumia de vista. Alguns minutos depois, um grande feixe de luz clareava toda a imagem e pronto, um carro preto passou pela câmera logo depois que Bonnie saiu. Antony assistiu às filmagens mais algumas vezes e decidiu ir atrás de Hunter. Pelas filmagens era claro que ela havia sido seguida por aquele carro. Havia um intervalo de dois minutos até o carro sair para a mesma direção que Bonnie havia ido, era algo muito suspeito para deixar passar. Não pensou duas vezes em ir atrás de Hunter. Saiu correndo para fora da casa e entrou no carro acelerando violentamente e buzinando diversas vezes para que as pessoas saíssem da frente dele. Tentou ligar para Hunter, mas seu telefone estava sem sinal. Sua única alternativa era ir até a casa de Malvina. Antony acelerou mais ainda e pegou um atalho para chegar mais rápido à rua de Malvina, que era onde as buscas estavam se concentrando. Quando chegou ao local em que Anne Rose havia desparecido mal acreditou no que estava vendo. Havia uma dezena de pessoas reunidas na frente da floresta. Todas com coletes laranja e devidamente agasalhadas para enfrentar o clima. Antony imaginou se Donna Hason estaria contente com tudo aquilo de gente entrando na floresta e gritando por Anne Rose. Furou o mar de gente e estacionou o carro próximo à casa velha de Morgan. Desceu do carro e logo avistou Malvina Dalais na frente da floresta.

– Malvina! – Antony chegou ofegante da corrida. – Onde está Hunter?

– Antony. – Malvina também usava o colete laranja, mas tinha outra identificação que deveria servir para sinalizar que ela estava liderando alguma parte da equipe de voluntários. – Ele estava aqui agora mesmo... Deixe-me ver... Ali! – Malvina apontou para Hunter que estava a alguns metros de onde eles estavam.

– Hunter! – Antony correu em direção a Hunter. – Nós precisamos parar com isso, é uma distração! – Antony teve que respirar para continuar, mas foi interrompido por Hunter.

– Como assim? Do que você está falando? – Hunter fazia um gesto com as mãos de quem não estava acompanhando o raciocínio.

– Me escute. Isso tudo é um cenário! Tudo isso foi montado para acharmos que ela está ali! – Antony apontou para a floresta onde as pessoas já começavam a entrar. – Analisei as câmeras de segurança dos Gordon e logo depois que Bonnie Gordon saiu de casa um carro preto a seguiu. – Ele respirou mais uma vez e continuou – Ontem conversei com Morgan, o cara que mora nessa casa amarela, e ele me disse que antes de sair de casa viu um carro escuro parado próximo a essa placa.

Você me entende agora? – Antony olhava atentamente para Hunter para ver se ele entendia o ponto a que queria chegar.

– Antony...– Hunter estava confuso.

– Hunter, me escute. As quatro garotas desceram aqui para esconder a boneca de Anne Rose e logo voltaram para casa. O carro já estava aqui. Depois de alguns minutos, quem aparece? Anne Rose! – Antony gritou – Ela desceu até aqui sozinha e desapareceu. Se a pessoa que estava nesse veículo quisesse raptar garotinhas e ganhar algo com isso, ele teria pegado as quatro, mas não! Ele esperou Anne Rose descer e pegou a menina. Tudo isso é um cenário para distração. Olhe! – Antony apontou para a floresta – É o lugar perfeito para pegá-la e induzir à história de que ela está na floresta e fazer com que nós fiquemos aqui. Essa pessoa deve ter tirado Anne Rose da cidade enquanto nós estamos brincando de caça ao tesouro nessa floresta inútil. – Antony segurou nos braços de Hunter. – Ele a seguiu até aqui e esperou o momento perfeito. Isso tudo foi brilhantemente arquitetado e planejado. Ele sabia que ela estaria sozinha aqui. – Antony finalizou ainda ofegante. – De alguma forma, ele sabia que Anne Rose estaria aqui.

As buscas durante o dia todo foram incansáveis. Havia policiais rodeando a cidade inteira, as estradas, os becos e tudo mais que poderia se imaginar. Estavam todos alertas, tanto as pessoas quanto os jornais locais e até mesmo alguns jornais e portais estrangeiros. Antony estava em uma lanchonete ao sul de Miracle quando ouviu uma chamada na TV.

– Onde está Anne Rose? A garota de 7 anos sumiu na cidade de Miracle enquanto brincava com as amigas...

"Mentira. Ela estava sozinha." Antony decidiu ignorar a TV e focar apenas no seu lanche, que nem estava tão bom. Olhou o celular e viu que havia algumas mensagens de Emília e Hunter, mas nada importante. Não queria falar com ninguém. Estava exausto e tinha ficado até aquele horário da noite na casa de Malvina acompanhando cada passo da investigação. Malvina, Bonnie e Ludovic haviam passado por um polígrafo e todos eles tinham ido muito bem. As garotas foram entrevistas mais de três vezes por psicólogos e outros policiais além dele e de Hunter. As buscas na floresta não pararam e uma boa parte da cidade se mobilizou para participar. Quando estava indo para a lanchonete, Antony viu a velha Donna com Thor na coleira, ela também estava com o colete laranja e cumpriu com o que havia se comprometido. Apesar de rabugenta, ela ainda podia ser aquele ser doce dono de um coração sensível que ele havia conhecido na infância.

– Senhor. – A garçonete interrompia os pensamentos de Antony com seu sotaque americano. – Você quer mais alguma coisa? Estamos fechando. – A mulher torcia para que Antony fosse embora logo para que ela pudesse também ir embora, afinal, já era tarde.

– Quero que essa garota apareça. – Apontou para a TV.

– Uma pena, não é? Nem consigo imaginar o que deve estar sendo para os pais essa situação. – A garota limpava a mesa onde Antony estava. – Não vai querer nada mesmo?

– Não. Estou bem. – Antony tirou algumas libras do bolso e deixou na mesa. – Pode ficar com o troco, pegue para você e não conte para eles. – Apontou para dois homens que estavam no caixa.

Estava chovendo extremamente forte naquela noite. Antony teve que sair correndo para entrar no carro sem se molhar muito, mas mesmo assim ficou encharcado. Alguns segundos depois que já havia ligado o carro, o rádio da polícia emitia um som.

– Carro preto suspeito próximo ao Burger and Mustaches... número... rodovia... – Estava muito ruim a chamada, mas Antony sabia muito bem onde era o BM. Não pensou duas vezes e acelerou o carro rumo ao local. Enquanto corria pela estrada de Miracle seu telefone tocou, era Hunter. Antony atendeu o telefone e deixou no viva voz.

– Antony! Onde você está!

– Hunter eu estou bem, deixa comigo. Estou próximo!

– Antony! Não faça nada! Eu estou a caminho!

Quando chegou ao restaurante, Antony pôde avistar o carro parado de frente para um matagal que tinha atrás do restaurante, próximo à vaga mais distante do estacionamento. Ele parou o carro e ficou por alguns segundos olhando atentamente para o suspeito. O carro era moderno e parecia perfeitamente com o veículo das filmagens da casa dos Gordon. Ele poderia estar totalmente enganado, afinal ninguém tinha absolutamente certeza de que aquele era o suspeito. Antony esperou outras duas viaturas da polícia chegarem para abrir a porta de seu carro e finalmente sair. A neve estava ainda mais forte, o que dificultava qualquer reflexo ou movimento rápido. Se por acaso houvesse alguém ali dentro pronto para matá-lo, Antony precisaria ter uma mira perfeita para caso precisasse atirar. Aproximou-se bem lentamente, já com a arma na mão. Sinalizou para os outros quatro homens que estavam com ele para que não atirassem. À medida que foi chegando mais próximo do carro pôde ouvir um barulho. O veículo havia sido ligado. A mão de Antony apertou ainda mais a arma que estava carregando e instantaneamente deu alguns passos para trás e sinalizou para que os homens fizessem o mesmo.

– Polícia! Saia do carro, agora! – Antony gritou.

O carro não fez nenhum outro movimento ou sinal de alguma porta abrindo. Antony sinalizou para que os dois oficiais que agora estavam do lado direito se aproximassem por trás do carro. Os outros dois se juntaram a Antony e caminharam para o lado esquerdo. Quando Antony abriu a boca para dar outro aviso, o carro deu ré.

– Merda! – Antony gritou, mas não deu tempo. O carro foi para cima dos dois oficiais que estavam atrás do carro – Não atirem! Não atitem!

Por sorte, os dois homens caíram no chão e o veículo não continuou. Esmagar dois policiais não era o plano da pessoa que dirigia aquele carro. Enquanto um dos homens avançava para ajudar os policiais que estavam no chão, Antony e outro policial que estava ao seu lado iam em direção ao carro, que agora se movia para frente rumo ao matagal.

– Não atire! – Antony gritava para o colega do lado enquanto viu o veículo entrar mato adentro e bater em uma árvore imensa.

Os dois correram para a lateral do carro, enquanto os outros o cercaram pelo lado do motorista. Não havia ninguém ali. Quando Antony se aproximou do vidro do passageiro, viu algo apontado em sua direção. Ele se jogou para trás com tudo e dois tiros foram ouvidos. O homem que dirigia o veículo abriu a porta do passageiro e saiu correndo para o mato enquanto Antony gritava para não atirarem. Era tarde demais. O policial que estava com Antony havia dado dois tiros nas costas do suspeito, que caiu no chão antes de chegar muito longe.

– O que você fez?! Não! – Antony levantou e foi em direção ao homem que estava caído no mato em meio às folhas. Verificou a pulsação e percebeu que ele estava vivo. – Chamem uma ambulância! Ele está vivo! – Antony gritou para os policiais enquanto segurava o pulso do homem e empurrava sua arma para longe.

Chegou ao hospital às presas, o suspeito ainda estava vivo e Antony não queria o perder. Ele estava na frente da maca com os enfermeiros. Ficou reparando na fisionomia do homem que estava deitado e agonizando para não morrer. Tinha um cabelo escuro, e uma barba tão escura quanto. Deveria ter uns 40 anos. Usava uma roupa toda preta e tinha um colar que lembrava uma serpente, mas como a maca estava mexendo muito, Antony não conseguiu focar nos detalhes do colar. Ficou com a ideia de era uma serpente mesmo. Estava torcendo para que aquele fosse o mesmo carro que havia seguido Bonnie Gordon, caso não fosse ele estaria metido em uma enorme confusão, pois os policiais haviam atirado e quase matado um inocente. Mas pelo seu conhecimento e sua experiência, ele sabia que nenhum inocente iria atirar e tentar fugir para o meio do mato. Os médicos finalmente chegaram a uma sala de emergência a qual Antony não podia mais passar e teve que ouvir dos médicos que iriam chamá-lo em breve. Voltou para uma sala de espera e ficou sentado se recuperando. Sentiu a sua mão arder e percebeu que estava com um arranhão na mão e que precisaria de um curativo o mais rápido possível.

– Estou bem. – Antony disse para uma enfermeira que insista em lhe ajudar.

Tentou com o tato procurar mais algum machucado na cabeça ou na perna, mas não sentiu nada. Saberia que quando acordasse no dia seguinte iria sentir muita dor, então resolveu não se preocupar muito. A dor seria inevitável naquele caso. Antony estava acostumado a acordar com dores. Fazia anos que acordava com alguma dor diferente, que diferente daquela, não era física e vinha de um lugar onde nem ele mesmo sabia. A dor é inevitável para todos que querem viver.

– Detetive. – Ficou esperando por algumas boas horas até um médico aparecer e lhe dar a notícia. Antony estava quase caindo no sono. – Infelizmente não obtivemos sucesso.

– Não... – Antony colocou as mãos na cabeça, frustrado pelo ocorrido. Olhou para o final do corredor e viu Hunter vindo em sua direção. Com dor, cansado, com sono e agora fracassado, aguentar Hunter era a última coisa da qual ele precisava.

– Antony. – Hunter se aproximou – O que houve?

– Não conseguiram salvar ele. – Antony sentou-se novamente.

– Eu já sei o que aconteceu. Acho que você deveria descansar.

O dia amanhecia e Antony era acordado pelo alarme. Sentia dores no corpo todo, mas principalmente na coluna. Deveria ter batido as costas quando caiu. Pelo menos estava com dores leves e não com duas balas enterradas na cabeça. Nunca havia chegado tão perto da morte pelas mãos de alguém e sentia-se um pouco estranho de ter tido aquela experiência. A primeira vez que experimentou essa sensação havia sido por conta própria, quando tentou se matar na banheira de sua casa. Foi no seu aniversário do ano anterior, quando havia feito 31 nos. Ele havia se embebedado a noite toda e depois tomou alguns remédios. A combinação foi tão forte que Antony apagou por horas e só foi encontrado porque Hunter havia resolvido passar na casa dele para lhe entregar alguns documentos e notou que havia algo suspeito. Antony ficou quase vinte dias internado no hospital e quando voltou ainda precisou de acompanhamento por alguns meses até gerar total confiança nos médicos e em Hunter. Antony achou que sua carreira terminaria naquele momento, pois Hunter jamais o aceitaria de volta e mesmo que aceitasse era bem capaz que cargos superiores ao colega barrassem seu retorno. Por sorte, Hunter passou por cima de todos os superiores e colocou Antony de volta ao trabalho, mas combinou com ele que as coisas teriam de ser muito diferentes desde então.

Antony abriu a porta de sua casa e avistou alguns jornalistas que surpreendentemente já estavam ali. Nunca havia visto tantos jornalistas desde que sua irmã havia decidido passar quase todo o Natal na casa dos pais. Toda data importante para a família fazia com que se reunissem jornalistas do mundo todo e só corroborou para a decaída na sanidade mental de Antony. Respirou fundo algumas vezes para não ter a mesma sensação de quando sua casa virou o centro das atenções de Miracle e do mundo. Passou pelos jornalistas e fingiu não estar ouvindo nada do que eles estavam falando. Falaram e perguntaram de tudo, mencionaram até mesmo coisas desagradáveis sobre seu passado. Enquanto passava por eles pôde ouvir perguntas sobre Anne Rose e sobre Violet Mitchell, sua irmã mais velha. Entrou no carro e fez questão de acelerar o mais rápido que podia em direção ao trabalho. Para a sua surpresa, já havia um isolamento para nenhum jornalista se aproximar mais do que devia, isso deu para ele certo sossego para entrar em paz no departamento. Andou lentamente pelo corredor e se recusou a dar qualquer bom-dia. Pôde ver os olhos de Robena e de todas as outras pessoas seguindo cada movimento que ele fazia. Parecia que todos queriam saber se Antony iria se matar logo em seguida ou se aguentaria continuar no caso. Quando Antony chegou perto de sua sala, Hunter apareceu inesperadamente e o abordou.

– Tenho um presente para você. – Ele parecia sarcástico.

– Não me diga que Anne Rose estava escondida todo esse tempo embaixo da cama. – Antony se esforçou para dar uma resposta em vez de simplesmente ficar em silêncio.

– Não, é um presente direto de Londres. Na sua sala, acabou de chegar. – Hunter sinalizava para a porta da sala de Antony que caminhava em direção a ela sem entender o que estava acontecendo.

Antony abriu a porta de sua sala e deparou-se com um belo rapaz de costas largas e cabelo preto olhando para fora da janela. Fechou a porta lentamente e respirou algumas vezes antes de abrir a boca. Ele sabia muito bem quem era. Antes de conseguir falar qualquer coisa, foi novamente teletransportado para a visão daquela mulher. Dessa vez ela estava petrificada com a figura de um rapaz. Não era uma boa sensação, ela parecia surpresa e com medo daquele reencontro.

– Olá... – Com uma voz suave e tímida Antony conseguiu soltar algo.

– Ouvi dizer que você precisava urgentemente de mim. – O homem virou lentamente até ficar de frente para Antony. – Jack Porter, prazer em te conhecer.

II

Antony estava surpreso. Depois de todas as emoções que havia passado ainda teve que encontrar Jack Porter na sua sala. Não imaginou que ele voltaria tão rápido, aliás, nem estava mais se lembrando de Jack. Havia tantas outras coisas acontecendo que Jack tinha a menor importância no assunto relevância, apesar de ser uma figura intrigante e suspeita para o caso. Mas uma coisa Antony tinha que admitir, Jack era realmente um sujeito muito atraente e bonito. Logo quando voltaram da casa de Malvina, Antony ouviu Robena falando que Jack era o homem mais bonito da cidade e que ela havia encontrado ele no lançamento de seu primeiro livro. Um homem alto, forte e com cabelos pretos como a noite mais escura. O sorriso de Jack era encantador, mas Antony não conseguia sentir todo esse encanto, sentia apenas algo estranho cada vez que olhava diretamente para os olhos dele. Havia algo no fundo de seus olhos que deixavam Antony em alerta.

— Prazer em te conhecer. Me chamo Antony Mitchell — disse, apertando a mão de Jack.

— Soube que precisava de mim, então decidi vir o mais rápido que pude. — Jack não tirava os olhos de Antony.

— Na verdade eu não preciso de você. É a sua família que precisa, mas precisamente sua sobrinha. — Antony demorou um pouco para responder, porque ainda encarava aqueles olhos escuros. Afastou-se de Jack e foi para trás de sua mesa.

— O que estou fazendo aqui, então? — Jack continuou em pé observando Antony, que começava a ler algumas anotações.

— Dando suporte para sua família. — Antony sabia que Jack não se referia à cidade de Miracle, mas sim ao departamento. Mesmo assim decidiu provocar. — Sua sobrinha desapareceu, Porter. Acredito que sua família precise mais de você do que eu.

— Família... — Antony percebeu um tom de deboche na fala de Jack. — Eles não precisam de mim. Não há nada que eu possa fazer.

— Existe sempre algo que podemos fazer. Sua irmã parece bem abalada. — Antony insistiu.

— Minha irmã só pensa nela e em Ludovic. Não me admira que Anne Rose tenha fugido de casa.

— Não acho que uma menina de 7 anos tenha fugido de casa. Pelo jeito você não parece ser muito bom em descobrir coisas, partindo dessa teoria absurda da menina fugitiva...

— Todos deveriam fugir de Bonnie, detetive. Enfim, se já descartou essa teoria, creio que já é um bom primeiro passo, detetive. Soube que você é persistente nos seus casos.

— Dou o máximo que posso. — Antony não queria mencionar que o homem que dirigia o carro estava morto e que talvez o único suspeito possível houvesse sido morto a tiros pela própria polícia. – Às vezes até mais do que posso.

– É o que todos comentam por aí. Às vezes até demais. – Antony ficou surpreso com a fala de Jack e não sabia de fato o que ele queria dizer. Não sabia se aquilo era um elogio ou se era uma referência ao episódio da banheira, que com certeza havia virado fofoca na cidade.

– Aconteceram várias coisas ontem e eu realmente preciso ficar de fora disso por algumas horas. – Antony parou de mexer nos papéis e voltou a encarar Jack de volta. – Posso conversar com você mais tarde? Bom saber que está na cidade. De qualquer forma, obrigado por vir. Acho que sei onde te encontrar. – Antony queria dispensar Jack o mais rápido possível de sua sala.

– Você não sabe onde me encontrar. – Jack deixou seu cartão para Antony e saiu da sala. – Estarei em casa hoje à noite, fica à vontade para passar lá. Estou ansioso para colaborar com esse caso. Até mais, detetive.

Antony esperou a porta bater para respirar fundo e se acalmar. No cartão tinha o nome de Jack e um endereço que Antony não conhecia. Imaginou que Jack ficaria na casa de sua irmã, mas pelo jeito essa deveria ser a última coisa que faria. Não entendia por que havia ficado tão nervoso ou tão intimidado com a presença dele. Logo de cara a sua primeira impressão não era muito boa, mas tinha que concordar com o que falavam pela cidade. Jack Porter era realmente um sujeito impactante. Depois que ele saiu da sala de Antony, Hunter apareceu. Era como se fosse uma sequência de bombas da vida, uma atrás da outra, e cada uma fazia ainda mais estrago onde caía. A próxima bomba seria explicar para Hunter como que aqueles oficiais foram capazes de matar o único suspeito do caso até aquele momento.

– Sinceramente, eu tentei impedir. – Antony balançava a cabeça e estendia os braços mostrando seu descontentamento.

– Não duvido que tenha feito isso. Estou puto com tudo isso. Como aqueles imbecis conseguem fazer isso? Porra! – Hunter estava furioso.

– Eu sei, parece coisa de amador, mas veja bem, o cara tentou me matar. Ele deu dois tiros assim que eu cheguei perto da porta e saltou em cima de mim me derrubando com tudo. – Antony apontava para os curativos que tinha na mão e na cabeça.

– Eu te disse para não ir... Esse sujeito poderia ter te matado.

– Se não fosse eu seria outro. Você ou qualquer um dos oficiais que estavam lá. Alguém iria tomar esses tiros. Está tudo bem. – Antony parecia firme por fora, mas por dentro não conseguia parar de ouvir o barulho dos tiros. A música de Blair começava a tocar em sua cabeça e só parou quando Hunter falou mais alto seu nome.

– Tony!

– Desculpe, estava perdido nos meus pensamentos... – Antony tinha que bolar algo para que Hunter não desconfiasse de nada. – Estava pensando na identidade do sujeito.

– Que bom que tocou no assunto. – Hunter jogou um pacote em cima da mesa. – Aqui está. Lucius Amber. 39 anos, motorista da prefeitura de Miracle. Casado há 15 anos com Rhona Amber e pai de 15 gatos. Pois é, 15 gatos. – Hunter fez uma cara de nojo e fez questão de apontar com o dedo o número 15.

– Motorista da prefeitura? Do tipo particular de alguma autoridade ou um "faz tudo"? – Antony olhava atentamente para a foto de Lucius. Estava um pouco mais limpo em relação à imagem que tinha de Lucius deitado na maca do hospital.

– Motorista de todo mundo, pelo que eu entendi ele levava e trazia qualquer coisa e qualquer um que precisasse se locomover.

– Perfeito... Já temos dois lugares para ir ao longo do dia. Precisamos descobrir tudo sobre esse cara. – Antony pegava a foto e olhava mais atentamente. – Alguma notícia do carro?

– Nada. Os caras devem ter começado a fazer isso agora, devem ter algo para o final da tarde. Hoje será bem agitado, Tony.

– Hunter! – Antony gritou bem alto antes que ele saísse por completo. – Também precisamos falar com Jack Porter. Posso ir falar com ele sozinho caso precisemos nos separar.

– Perfeito. Preciso resolver algumas coisas para a Cynthia, seria ótimo se você pudesse ir sozinho em algum desses lugares. – Antony concordou com a cabeça e Hunter saiu de sua sala. Não entendeu por que ele havia pedido antes para que ficasse sozinho com Jack, mas sentiu que a presença de Hunter iria o intimidar um pouco. Não podia ser tímido ou inseguro perto de Jack, afinal, uma pessoa com uma personalidade marcante igual à dele não iria colaborar nada com uma pessoa tímida feito Antony. Para tirar algo de Jack, ele teria que ser igual Jack e a presença de Hunter o impedia disso.

Antony e Hunter dirigiram cerca de 20 minutos em direção ao norte da cidade. Lucius Amber morava com sua esposa ao norte de Miracle em uma região mais simples e próxima a um lindo lago. A neve ainda caía, mas não com tanta intensidade igual na noite anterior, em que Lucius acelerou contra os policiais e acabou sendo morto.

– É aqui? – Hunter esticava as pernas ao sair do carro.

– Aham. Deve ser essa aqui. – Antony apontava para uma casa azul que tinha bem ao lado de um terreno abandonado. – Nenhum gato para fora, então quer dizer que temos 15 gatos do lado de dentro?

– Cruzes. Já quero me mandar dessa droga. – Hunter respondeu.

Os dois passaram pela cerca e bateram na porta algumas vezes até uma mulher abrir a porta.

– Quem são vocês? – Rhona Amber tinha uma voz rouca que parecia que iria falhar a qualquer momento. O cigarro do lado direito da sua boca não ajudava nada para que sua voz saísse com mais facilidade.

– Polícia de Miracle. Detetives Antony Mitchell e Hunter Boid. Precisamos falar com a senhora. Deixe-me adivinhar, Rhona Amber? – Antony mostrava sua identidade junto a Hunter com a esperança de que aquilo fizesse com que a mulher abrisse um pouco mais a porta.

– Ah, sim. Não fizemos nada de errado. O que querem? – O rosto de Rhona podia ser visto com mais facilidade conforme ela abria a porta por completo.

– É sobre o seu marido. Creio que já entraram em contato com a senhora...

– Sim! Já estou sabendo que ele foi morto por vocês. – Rhona bateu a porta, mas era interrompida pelo pé de Hunter que impedia que a porta se fechasse por completo.

– Escute bem, Sra. Amber. Temos suspeitas de que o seu marido raptou uma garotinha e queremos conversar com a senhora para que não suspeitemos de você também. – A voz de Hunter estava suave e tranquila, o que fazia com que ela fosse ainda mais intimidadora.

– Podem entrar. Não tem nada aqui. – Rhona abriu a porta e os dois entraram na casa.

A casa era relativamente pequena. A cozinha era conectada com a sala, virando tudo uma coisa só. Foi impossível não reparar nos gatos que estavam por todo o lugar. Em cima da geladeira, deitados no sofá, saindo do quarto principal e até em cima da privada. Antony caminhou pela casa toda em alguns minutos, o que não era muito difícil, pois a casa era minúscula. Depois de se impressionar com a quantidade de gatos e de sujeira decidiu apressar as coisas para que pudesse sair dali o quanto antes.

— Sra. Amber, creio que está sabendo sobre o que aconteceu com seu marido. Infelizmente ele não sobreviveu. Eu sei que é um momento difícil e uma situação não muito agradável, mas os oficiais que estavam comigo ontem de noite agiram dessa forma porque o seu marido disparou dois tiros em minha direção. — Antony introduzia a história enquanto tirava um gato do sofá para que pudesse se sentar apropriadamente.

— Então quer dizer que ele é ruim de mira. — Rhona desafiou Antony.

— Sim, se não eu estaria morto. — Antony fez questão de olhar nos olhos da mulher. — O fato é que acreditamos que ele tenha seguido uma mulher e sua filha por alguns quilômetros e esperado a oportunidade certa para raptar a garota. Você sentiu sua falta na terça-feira, por volta das 18 horas?

— Hoje já é sexta-feira, não me lembro nem do meu café da manhã...

— Você pode se esforçar, não? Não gostaria de levar a senhora para a delegacia e ficar algumas boas horas te observando de uma janela de vidro enquanto recupera sua memória. — Antony perdeu a paciência. Hunter olhou para o colega e não acreditou no que estava ouvindo. — Se é assim que você quer, por mim não há problema. Você nos acompanha? — Antony levantou-se e esticou a mão para que Rhona o seguisse.

— Ele saiu de casa na terça de manhã. Era umas nove horas quando ele foi trabalhar e nunca mais voltou. — Rhona resolveu colaborar, fazendo com que Antony se sentasse novamente.

— Vocês não se falaram mais? — Hunter perguntou.

— Não. Não trocamos mensagens ou ligações, ele sempre voltava às sete da noite.

— Mas nesse dia ele nunca mais apareceu, não passou pela sua cabeça que ele poderia ter sofrido um acidente ou que tivesse acontecido alguma coisa com o seu celular? — Antony questionou a mulher.

– Ele me avisou que naquela terça-feira iria fazer uma viagem. Disse que voltaria na quarta de manhã. Eu me lembro de que ele me mandou uma mensagem dizendo que iria ficar até mais tarde onde estava e que não era para eu me preocupar. Disse que voltaria de madrugada para me buscar para uma viagem romântica. Ele nunca fez isso, então achei muito estranho. – Rhona parecia chateada à medida que contava mais detalhes sobre o ocorrido.

– Ele sempre faz essas viagens? E para onde vai geralmente? – Hunter perguntou.

– Ele nunca viaja assim... Digo, de ficar mais de algumas horas fora. Não entendi o que era e nem questionei. Ele sempre faz tudo na prefeitura, achei que era algo para alguma pessoa importante. Nunca aconteceu de ele dormir fora, ultimamente ele começou a chegar muito tarde, de madrugada, dizia que estava com os amigos. – Rhona acariciou o gatinho preto que deitou em seu colo no momento que sua voz parecia mais vulnerável.

– Esse carro é de vocês? – Antony mostrava a foto do veículo – É sim, ele ganhou da prefeitura.

– Então isso é um carro oficial da prefeitura? Vocês não têm carro, correto? – Hunter olhava para Antony que parecia ainda mais confuso.

– Não temos. Nosso carro quebrou faz anos e Lucius ganhou esse daí, desde então ele cuida e usa para trabalhar.

– Quem deu esse carro para Lucius? Ele não tinha uma placa que o identificasse como oficial? – Antony perguntou.

– O prefeito, senhor. Ele gostava muito de Lucius. E não sei te responder sobre essa placa que você falou.

A conversa se estendeu por mais alguns minutos, mas nada novo foi descoberto. O ponto mais importante que Antony anotou em seu caderno foi o fato de que Lucius mencionou que iria fazer uma viagem e que a placa do carro não correspondia às placas oficiais que os outros veículos da prefeitura usavam. Antony e Hunter saíam da casa, mas antes avisaram Rhona de que alguns policiais e peritos iriam entrar na casa para examinar e concluir alguns procedimentos da investigação. Os dois caminharam para perto da cerca e sinalizaram para que os outros homens pudessem entrar.

– O que você achou de tudo isso? Lucius é amiguinho do prefeito e usa o carro oficial da prefeitura sem o logo e a placa para poder

FILHO DAS ÁGUAS: O ETERNO RETORNO

andar por aí? Parece uma relação bem íntima, não? – Hunter perguntou para Antony.

– É muito estranho pensar que um carro oficial possa estar envolvido no desaparecimento de Anne Rose. E mais estranho ainda vai ser se tiver algo dentro desse carro... – Antony olhava para a casa e podia ver Rhona conversando com mais alguns homens. – Talvez ele estivesse tirando ela da cidade. Um favor para alguém que quer Anne Rose fora daqui.

– Não há nada na floresta, pelo jeito nada por aqui também. Vamos torcer para ter algo no carro. Há muitas perguntas sem respostas.

– Acabou de surgir mais uma. E se ele tivesse tirado ela da cidade e depois voltado sozinho, alguém teria que estar esperando pela garota em algum lugar fora daqui. – Antony deu uma pausa e continuou – Quem estaria esperando por Anne Rose fora de Miracle? Se Lucius era só um motorista, alguém pagou para ele levar a encomenda.

III

Antony e Hunter seguiram direto para a prefeitura da cidade, que ficava bem no centro de Miracle. O antigo prédio ficava próximo à escola em que Anne Rose estudava. Hunter foi dirigindo dessa vez, o que possibilitou Antony de observar o que havia na frente da escola da menina. Já fazia 48 horas desde o desaparecimento de Anne Rose e as primeiras rosas e cartazes apareciam na frente do portão da escola da menina. Havia desenhos, ursos e algumas outras coisas que Antony não conseguia visualizar. A cidade estava sentindo tudo aquilo. Uma garotinha de 7 anos sequestrada perto de uma floresta era algo intimidador. Antony ficou imaginando o que sua mãe faria se isso tivesse acontecido com algum colega dele. Com certeza Isla Mitchell iria proibir Antony de fazer qualquer coisa sozinho. Antony lembrou que sua mãe chegou até a inventar uma história sobre um homem que pegava criancinhas e que morava na rua de sua casa, tudo isso para que ele não saísse de casa sozinho. Acabou funcionando e Antony ficou uma boa parte da sua infância no jardim de casa com medo de qualquer pessoa que aparecesse no portão ou que entrasse na sua residência. Pensou se aquilo tudo não era uma tática e não uma proteção para que Antony jamais abandonasse a família ou a casa, que de certa forma ficasse sempre preso àquilo tudo.

Chegaram à sala do prefeito e tiveram que aguardar enquanto ele terminava uma importante reunião com alguns investidores estrangeiros. Antony e Hunter ficaram 20 minutos olhando para a secretária do prefeito que de vez em quando olhava para Antony e dava um sorrisinho. Isso fez com que constantemente Hunter cutucasse Antony como se ele não estivesse percebendo. Antony não via a hora que o prefeito os chamasse para que aquela situação nada confortável parasse de uma vez por todas. Esperou mais alguns minutos até que finalmente o homem saiu da sala e os convidou para entrar.

– Senhores! Que honra. – Um homem alto saiu da sala e foi em direção aos dois. – Venham, venham! Acabei de reformar a sala e quero mostrar para todos.

Antony e Hunter ficaram surpresos com tamanha animação do sujeito e o seguiram para dentro da sala. A sala era realmente muito bonita. Uma janela enorme quase do tamanho da parede concedia uma visão privilegiada de Miracle. A sala toda em madeira de primeira qualidade, o chão de mármore e os quadros pendurados todos pertencentes a artistas amadores de Miracle.

– Então é para cá que vem todo o dinheiro arrecadado em Miracle? – Hunter sussurrou enquanto observava a sala. Antony deu uma cutucada no colega e depois segurou o riso.

– É realmente muito linda. Me chamo Antony Mitchell e esse é meu colega Hunter Boid. Acho que nos conhece, não? – Antony estava meio sem jeito.

– Conheço Hunter, já o vi em vários eventos da cidade, mas você creio que ainda não. Pode me chamar de Carlo. Deixa o "senhor prefeito" para fora dessa sala. Olhe bem! – Ele gritou – Fiz uma sala mais moderna para que me aproximasse mais das pessoas, quero ser tratado igual um de vocês. – Antony não conseguia esconder sua expressão. O prefeito Carlo era muito esquisito. Antony achava estranha toda aquela felicidade e alegria, não entendia como alguém conseguia ser tão extrovertido.

– Como podemos começar, Hunter? – Antony imediatamente passou a bola para Hunter para que ele conversasse com aquela bizarra figura que dava alguns saltinhos de felicidade logo depois que falava algo sobre sua nova sala.

– Acredito que você tenha visto em algum lugar que uma garotinha sumiu na nossa cidade...

– Filha de um colega meu. Ludovic deve estar destruído! Ainda não consegui ligar para ele, vou ver se passo mais tarde na sua casa. – Carlo diminuiu o tom de sua voz.

– Sim, ele está abalado. Como todos nós. – Hunter respirou fundo e continuou. – Ela desapareceu perto de uma floresta ao sul de Miracle enquanto brincava com algumas amigas. Creio que essa parte você deve saber. Acontece que descobrimos que a mãe da menina foi seguida por um carro enquanto levava a garota para a casa de sua amiga. Esse mesmo carro foi visto pelos vizinhos no local onde a menina sumiu e ontem o encontramos. Infelizmente, o suspeito que dirigia o veículo acabou falecendo depois de uma troca de tiros com a polícia. – Antony ficou surpreso que Hunter aumentou um pouco mais os fatos da história.

– Que horror. E como posso ajudar? Precisam de algo?

– O motorista atirou duas vezes contra meu colega. – Hunter apontou para Antony. – Felizmente nada aconteceu, mas nossos policiais acabaram revidando e infelizmente nosso único suspeito veio a óbito ontem de noite. O seu nome era Lucius Amber e ele trabalhava aqui.

A expressão do prefeito mudou imediatamente quando ouviu o nome de Lucius. Parecia que estava em choque por descobrir que Lucius estava por trás do sumiço de Anne Rose.

– Meu Deus. – Carlo tomou um gole de água. – Lucius? Algumas vezes ele foi meu motorista. Não era sempre, mas houve algumas vezes que ele precisou me levar e sempre pareceu ser um homem simpático. Não posso crer que fez algo desse tipo com uma pobre garotinha.

– Ainda não temos nada que ligue Lucius concretamente ao sumiço de Anne Rose, a não ser o fato de que ele dirigia o carro que aparentemente seguiu a mãe da menina. – Antony resolveu falar. – Nem mesmo sabemos se há algo no carro que leve a Anne Rose. Temos uma suspeita pela reação de Lucius que além de atirar em mim jogou o carro contra dois oficiais e depois avançou o carro rumo ao matagal até bater em uma grande árvore.

– Eu sinto muito por ouvir isso, mas...

– E tem mais, senhor prefeito. O carro de Lucius é um carro oficial da prefeitura. O senhor sabia que Lucius tinha um carro oficial da prefeitura e que ele estava o usando por aí? – Antony questionou.

– Sim, claro que sabia. Lucius fez parte do primeiro grupo de motoristas que receberam um carro. Nosso projeto consiste em dar um carro para esses homens para que eles mesmos cuidem e zelem do carro. De certa forma não bancamos os cuidados com o carro e fazemos com que eles possam ter um veículo próprio além de trabalhar com ele. Faz sentido?

– Perfeito. – "Então é para aqui que o nosso dinheiro vai." Não havia mais nada para os dois ali e Antony já sinalizava para Hunter sua vontade de ir embora.

– Então o carro era de Lucius. Ótimo! – Hunter anotava as descobertas em seu caderninho. – Mas por que não havia nenhum logotipo ou nada que sinalizasse que o veículo era oficial? Antony questionou mais cedo que a placa do veículo também não tinha identificação da prefeitura. É frequente os seus motoristas tirarem a placa do carro?

– Não era um carro oficial, Hunter. Era um carro que foi concedido a Lucius e aos demais para que fossem usados durante o trabalho. Não era oficial, pois qualquer coisa que acontecesse com esse carro era de total responsabilidade dos motoristas. – Carlo tentou explicar melhor para Hunter. – Ele deve ter tirado a placa quando saiu daqui. É totalmente compreensível.

– E por que alguém trocaria a placa de um carro? – Hunter disse.

– Para disfarçar. – Antony respondeu.

– Para onde estamos caminhando? – Carlo interveio.

– Para o fato de que o motorista da prefeitura está envolvido com algo e que o carro dele pertencia a este lugar. – Antony bateu de frente.

– É o carro que está envolvido e não a prefeitura. – Carlo levantou-se. – Senhores, acho que meu tempo acabou. Se precisarem de algo, por favor, me comuniquem.

– Acho que nós devemos ir. – Hunter olhava para Antony para que ele concordasse em seguir em frente.

– Eu conheci o seu pai, Antony. – Carlo pegou Antony de surpresa ao introduzir o assunto. – Eu fui eleito este ano, mas durante um bom tempo frequentei o mesmo lugar que seu pai. Sinto muito pelo acontecido. Acho que não tive a oportunidade de lhe dizer isso, afinal, só nos conhecemos agora. Ele era realmente um homem... Fascinante, eu diria.

– Obrigado. – Antony não sabia o que responder, apenas encarou Carlo de volta e sentiu ainda mais vontade de sair daquela sala. Era sempre estranho quando alguém falava de seu pai. As pessoas falavam de seu pai com tanta felicidade e orgulho que Antony até suspeitava que não estivesse pensando ou falando sobre a mesma pessoa. Alan era agressivo, grosseiro e muitas vezes rude. Era engraçada a forma como que todos se lembravam de Alan. Bem diferente das características que Antony nutria do pai em sua memória.

– Espero que um dia o senhor descubra o que aconteceu. – Carlo encarava Antony. – Deve ser difícil viver sem respostas.

– Sim. – Antony sentiu o toque de Hunter em seu braço e percebeu que era hora de ir embora, mas decidiu que retribuiria para Carlo na mesma intensidade. – Você tem razão, está sendo difícil viver sem a certeza de que o seu motorista sequestrou Anne Rose com o carro que a cidade deu para ele de presente. – Antony continuou olhando para Carlo e admirou sua cara de surpresa. – É realmente uma bela sala, senhor.

Os dois voltaram para o departamento logo depois da conversa com o prefeito. Hunter havia ligado para os peritos a fim de descobrir algo sobre o carro, mas não havia nada ainda disponível. Antony ficou um bom tempo em sua sala tentando trabalhar, mas não conseguia focar em nada. Estava preocupado com Anne Rose, estava intrigado com o caso, pensava em Jack, Rhona e Carlo. Sentia medo do que poderia acontecer e quais seriam as próximas descobertas. E se Lucius não tivesse nenhuma relação com Anne Rose? E se o carro fosse de outro motorista? Não conseguia entender mais nada. Não havia nem um minuto sequer parado para pensar onde Lucius teria conseguido aquela arma. Um revólver bem antigo de algum modelo ultrapassado da década de 1960 foi parar nas mãos dele como? Certamente deve ter herdado de algum pai ou tio.

– Antony! – Hunter abriu a porta da sala de Antony.

– Que susto! Está louco? – Antony até tomou um gole de água.

– É sobre o carro. Precisamos ir! – Hunter fechou a porta e desapareceu em segundos, fazendo com que Antony saísse correndo atrás dele.

Chegaram até o local onde estava o carro, foram falar com o perito, e mais uma vez Antony se assustou com Hunter:

– Porra! – Hunter gritou enquanto chutava uma caixa de ferramentas que tinha próximo a ele. Antony imediatamente lembrou-se de seu pai.

– Isso quer dizer que não temos nada? Nem um fio de uma das roupas de Anne Rose? – Antony perguntava para o jovem perito que estava na frente dele.

– Preciso que vocês se acalmem. Encontramos uma fibra, mas não sabemos se é de alguma peça de roupa que a menina estava usando. Pode ser da esposa do suspeito ou até mesmo dele.

– O que mais temos? – Antony perguntou.

– Nada de mais, Sr. Mitchell. Não temos nada além das impressões digitais de Lucius.

– Ela estava de luva, pois estava frio e deve ter sido sedada quando entrou no carro. – Hunter resmungou. – Ele deve ter sedado a menina e entregado ela para outra pessoa fora da cidade. Dever ter limpado tudo ou se certificado de que não tinha restado nada. Filho da puta! – Hunter estava furioso.

– Ele não atiraria em mim se não tivesse feito algo de errado. Ele ainda tentou atropelar aqueles caras. – Antony estava chateado. – Precisamos saber os lugares que esse cara frequentava, o círculo de amizade dele. Deve ter alguma coisa que ligue ele com Anne Rose. – Antony não sabia mais para onde seguir. Anne Rose havia desaparecido por um crime muito bem arquitetado.

– Temos algo que deve interessar vocês, eu não achei muito importante, mas... Aqui está. – O jovem perito segurava uma placa em sua mão.

– Aqui está. – Hunter olhou para Antony. – Está aí o que você queria.

– Ele trocou a placa depois que saiu da prefeitura e guardou-a no carro. Esse cara sabia o que estava fazendo e sabia que não podia envolver a prefeitura.

– Filho da puta. – Hunter saiu andando e deixou Antony e o jovem perito sozinhos.

Hunter e Antony entraram no carro. Havia começado a nevar naquela hora e Hunter decidiu esperar um pouco a nevasca passar antes de dar partida. Ele queria ficar mais tempo fora do departamento para não ter que lidar com o fato de que não tinham encontrado nada.

– Vamos ter que encarar todos eles, você sabe disso, não é? – Hunter olhou para Antony.

– Sim. Não sei como faremos isso, Hunter. Ludovic, Bonnie, a imprensa e a cidade toda estão na nossa cola.

– A garota sumiu e Lucius está morto. Não tem nada que ligue os dois a não ser a filmagem de Bonnie.

– Já pensou na possiblidade de que Rhona Amber pode processar seja lá quem for por ter atirado no marido dela sem provas? – Antony passou a mão na cabeça como se não acreditasse no fato de que ainda poderia ser punido por tudo aquilo.

– Ela perderia, o cara tentou te matar!

– Vai ser uma grande briga. Vamos? – Antony não queria voltar para o departamento, pois também teria que encarar o fato de que não havia respostas para o desaparecimento de Anne Rose.

– Vamos. Eu falo ou você fala? – Hunter se referia à coletiva de imprensa que teria logo à noite na casa dos Gordon na qual anunciariam as recentes descobertas. – Pela sua cara eu vou ter que falar. Ótimo! Então eu falo.

Aquele dia havia sido terrível. Antony sentia cada vez mais um aperto no seu coração. Anne Rose estava longe de casa fazia mais de 48 horas. Não conseguia tirar aquilo da sua cabeça. Ficou imaginando se ela estava bem, se estava com frio e até se estavam dando comida para a garota. Antony sempre pensava que ela estava em algum lugar, não conseguia pensar que talvez Lucius tivesse dado um fim a Anne Rose em algum lugar afastado da cidade e deixado seu corpo apodrecendo lá para toda eternidade. Como poderia pensar que aquela garotinha adorável estava morta em algum lugar perto de Miracle? Antony ficou olhando a foto de Anne Rose por uns bons segundos enquanto pensava no tamanho da vontade que tinha de encontrar aquela garota. Os olhos de Anne Rose eram fascinantes, claros como mar que ele imaginava quando criança. Ficou imaginando como seria se ele tivesse sumido quando era pequeno. Será que Alan e Isla iriam atrás dele? Será que mobilizariam forças sem limites para ir buscá-lo onde quer que ele estivesse? Não tinha certeza de tudo isso. Quando era um pouco mais velho, logo depois de Violet sair de casa, Antony sofreu muito com todo o seu processo de amadurecimento. Começou a aprender a mentir, falava que ia para algum lugar, mas fugia para outro. Voltava sempre no mesmo horário, nunca deixava nenhuma pista do que fazia. Tudo que tinha que fazer era escondido, e sempre tinha que inventar a mais perfeita história para contar para os pais. Difícil era para ele lembrar-se de contar toda aquela história várias vezes, pois um bom mentiroso tinha que encarnar e incorporar tudo aquilo que estava contando e bancar suas mentiras. Enquanto olhava para a foto de Anne Rose pensou se ainda tinha que ser daquele jeito. Para quem mais ele teria que mentir? Estava cansando de atuar, de viver suas histórias só para ter uma chance de fazer algo. Antony sabia que precisava morrer. Não fisicamente, mas internamente. Precisava morrer e se libertar de tudo aquilo que ainda o machucava.

Antony tomou coragem e foi até a casa dos Gordon para a coletiva que ele e Hunter fariam juntos aos pais da menina. Hunter havia combinado com ele que falaria e que responderia a todas as questões possíveis e impossíveis. Antony sabia que seriam muitas e que mais do que nunca a mídia e a cidade toda ficariam no seu pé. O que seria da investigação depois do anúncio daquele dia? Nenhuma prova, nenhuma pista e um suspeito duvidoso morto pela polícia. Antony ficou um pouco afastado da multidão observando Bonnie Gordon e Ludovic Gordon falarem para a imprensa. Estava relativamente cheio, havia jornalistas de várias emissoras e portais.

— Estamos profundamente desesperados para que encontrem nossa filha. Peço para que nos devolvam Anne Rose. Faremos tudo que for possível, mas só queremos nossa filha de volta. — Ludovic praticamente conversava com a pessoa que estava com sua filha enquanto Bonnie não emitia nenhuma expressão sequer e Antony não conseguia parar de pensar no quão estranho aquilo era. Os episódios recentes de sua vida fizeram com que ele pegasse certo medo das câmeras e por isso ele afastava-se ainda mais. Antony concedeu algumas entrevistas e teve que enfrentar alguns jornalistas na porta de sua casa fazendo reportagens especiais sobre Violet Mitchell. Como sempre, Violet era o centro das atenções. O impacto que ela causava era avassalador, havia uma força na presença de Violet que ofuscava qualquer pessoa que estivesse ao lado dela. Antony se perguntava se Violet gostava de toda aquela atenção ou se era mesmo uma vítima dos sonhos de Isla e Alan Mitchell. Ludovic acabou de falar e logo veio Bonnie, que com algumas pequenas frases também fez um apelo e ofereceu uma recompensa por Anne Rose. A menina passava a valer agora 100 mil libras e o casal realmente acreditava que aquilo poderia trazer Anne de volta. Antony pensou quanto que seus pais anunciariam por ele. Talvez colocassem alguma peça de lingerie usada por Violet como recompensa de seu desaparecimento. Se Antony tivesse desaparecido, jamais voltaria, faria questão de ficar mais tempo com seu sequestrador. Qualquer pessoa que o tirasse daquela casa seria bem-vinda em sua vida. Não demorou muito para Hunter aparecer na frente das câmeras substituindo Ludovic e Bonnie. Antony foi junto e para sua alegria teve que se posicionar ao lado. Hunter disse tudo que tinha para falar e Antony não pôde deixar de reparar no burburinho em que a sala de Bonnie a Ludovic acabou virando. As pessoas estavam descontentes com tudo aquilo e pareciam indignadas com as recentes descobertas. Olhou para Bonnie e Ludovic e viu a decepção que havia no olhar dos pais da menina. Ludovic balançava a cabeça para o lado em negação e Bonnie olhava fixamente para Antony.

— Detetive! Detetive! — Uma mulher ruiva de algum portal chamou Hunter para que pudesse fazer uma pergunta. Hunter sinalizou com a cabeça e a mulher tomou a fala. — Vocês acreditam que Anne Rose possa estar viva ou morta?

— Estamos enfrentando qualquer possibilidade, mas estamos positivos com o fato de que ela ainda esteja viva. — Era a primeira vez que Antony ouvia que Anne Rose poderia estar morta. Ficou um pouco tonto e viu o entorno tremer e ficar um pouco distorcido. Demorou alguns segundos para se recuperar e foi surpreendido novamente com a jornalista ruiva.

— Detetive Mitchell, esse seria mais um crime sem solução em Miracle?

— Ah... — Antony sabia o que ela falaria depois.

— Será que mais uma vez a cidade de Miracle não conseguirá solucionar um crime terrível?

— Estamos fazendo nosso melhor. — Antony conseguiu responder algo não antes de ser surpreendido com outra fala que veio de alguém que estava no final da sala. Antony não conseguiu ver seu rosto, mas todos ouviram sua fala.

— Vocês ainda não encontraram os assassinos responsáveis...

Aquilo bastava. Antony estava abalado e nem precisou ouvir a frase inteira. Sua cabeça estava dentro de um furacão. Hunter imediatamente finalizou com algumas falas que Antony não ouviu, pois a música de Blair não saía de sua cabeça. Quando finalmente tudo aquilo acabou, fez questão de sair o mais rápido possível para o seu carro, deixando todo mundo para trás. Atravessou a rua correndo e entrou no veículo. Lá dentro Antony socou o volante e gritou sem parar até ficar quase sem voz. Passou alguns minutos ali até ligar o carro e resolver ir para casa. Estava exausto. Mais um dia estava acabando e ele iria dormir sem ter encontrado Anne Rose. Dirigiu para casa, mas antes parou em uma loja de conveniência e comprou uma garrafa de vinho. Ele sabia que aquilo poderia ser uma decisão ruim devido ao seu histórico com bebida. Depois do episódio da banheira, o médico de Antony havia proibido qualquer consumo de bebida alcoólica. Depois de um tempo, o médico liberou certa quantidade de álcool para ele, afinal Antony não era viciado, ele só havia bebido exageradamente naquela fase da vida. O acordo com o médico deu certo e Antony começou a se policiar em relação ao consumo de álcool, procurava nunca passar de duas ou três taças de vinho ou qualquer outra bebida que tivesse na sua frente. Chegou na frente de casa e, para sua alegria, não encontrou nenhum jornalista ou curioso. Nem mesmo Sra. Anderson estava por ali na frente da casa. Quando estava saindo do carro, já com a garrafa aberta, pois havia pedido para que a moça do caixa abrisse ali mesmo, Antony derrubou sua carteira e um papel saltou em direção ao seu pé.

Jack Porter

Jornalista e escritor.

Do outro lado do cartão tinha o número e o endereço de Jack. Antony deu mais uma olhada no cartão e decidiu entrar novamente no carro. Ficou pensando o que Jack pensaria de recebê-lo em sua casa naquele horário, mas já estava de saco cheio do que as pessoas iriam pensar dele. Decidiu ir mesmo assim. Dirigiu por alguns minutos em direção às montanhas. Durante o percurso teve que esconder a garrafa algumas vezes para que o carro do lado não percebesse que ele estava tomando vinho e dirigindo. Quando chegou à casa de Jack, cerca de 20 minutos depois, a bebida estava com menos da metade e ele já podia se sentir um pouco mais tonto. Comemorou o fato de finalmente chegar ao endereço, pois a conversa o faria ficar longe da garrafa. Afinal, Antony ainda precisava voltar para casa.

– Hey. – Antony não sabia como se introduzir.

– Detetive? – Jack estava surpreso de encontrar Antony na porta de sua casa. – Meio tarde, não?

– Sim, eu sei. Acabei de chegar, estava passando aqui perto. Resolvi parar um pouco. – Mais uma vez, Antony Mitchell mentia.

– Entre. – Jack abriu mais a porta e sinalizou. – Não repare na bagunça, não tive tempo de arrumar.

– Tudo bem. – Antony entrou e se sentou em um balcão que havia no meio da cozinha. Precisava urgentemente se sentar ou iria tropeçar a qualquer momento.

– Acabei de ver você na TV.

– Talvez eu seja famoso agora. – Enquanto Antony falava, Jack servia um copo d'água para os dois e também se sentava.

– Água? – Jack entregou o copo para Antony – Não acho que você gostaria de ser famoso.

– Por que diz isso?

– Estou escrevendo um livro e às vezes penso como seria lidar com a fama se fizesse sucesso. Como poderia continuar morando em uma casa na montanha em meio à natureza e fazer compras de pijama? Sou esse tipo de cara. – Jack apontava para o pijama que estava vestindo. Antony nem havia reparado, ele estava com uma camiseta branca e uma calça de moletom cinza.

– Minha irmã adorava tudo isso. – Era inevitável não tocar no assunto Violet Mitchell quando se falava de fama.

– Ah... Sinto muito por tudo isso. Esqueci que... – Jack havia ficado sem jeito.

– Tudo bem. Não precisa se preocupar. – Antony havia tomado toda sua água de tanto nervosismo.

– Você está bem? Parece que andou bebendo.

– Sim, os eventos de hoje exigiram uma boa garrafa de vinho.

— Eu acabei de ver a coletiva, realmente as coisas não estão muito boas para o caso. — Jack abriu um pacote de salgadinho e ofereceu para Antony, que recusou com a cabeça. — O único suspeito morto? Uau.

— Está um caos e até agora não há nenhuma ligação entre o homem que dirigia o carro e Anne Rose.

— Coitada. Anne é um doce. — Era a primeira vez que Jack falava de Anne Rose e podia-se de fato sentir algo em sua fala.

— Eu vi os seus desenhos e dei uma olhada no seu quarto. Parece ser uma menina muito doce. Vocês tinham uma relação boa? — Antony não perdeu a oportunidade de introduzir o assunto, apesar de preferir conversar sobre outras coisas, mas não podia desviar-se de seu objetivo aquela noite.

— Não. Eu via a menina muito pouco. Mal frequento a casa de minha irmã. Você sabe... Nenhuma família é perfeita e a minha não é diferente. Acho que devo ter visto Anne algumas vezes e acho que ela nem deve saber quem eu sou, afinal, Bonnie proibiu que a menina tivesse contado comigo.

— Sim, eu sei. Reparei que até o nome de vocês são diferentes. — Antony não havia entendido o porquê de Jack ter colocado "Porter" e não "Gordon" no seu cartão pessoal.

— Porter é o nome de minha mãe. Bonnie é filha apenas de meu pai, Murray Haxton Gordon, que foi prefeito da cidade. Minha mãe morava ao norte da Escócia, próximo às High Lands. — A voz de Jack suavizou um pouco e Antony pôde sentir o amor dele pela mãe. — Meu pai a abandonou e fugiu com a mãe de Bonnie para cá. Infelizmente, quando decidi morar em Miracle, não sabia que a nova família dele residia aqui. Acho que você pode imaginar o caos que foi quando nos reencontramos novamente.

— O destino é mesmo surpreendente.

— Não sei se é surpreendente, detetive. Acredito que esses encontros servem para nós aprendermos algo. — Jack era muito bom com as palavras. — Por mais que eu ainda não tenha aprendido nada.

— Mas como é sua relação com a sua irmã? Pelo jeito não é nada boa.

— É péssima. — Jack tomou um gole d'água e colocou mais alguns salgadinhos na boca. — Bonnie me odeia. Acho que isso esclarece muitas coisas. Ainda não sei o que preciso aprender com tudo isso.

— O que você já aprendeu? — Antony estava curioso.

— Ainda estou tentando descobrir o propósito de tudo isso. — Jack não tirava os olhos dos de Antony. — Às vezes me sinto um completo idiota por estar aqui ainda e por nunca conseguir algo melhor.

— Posso imaginar que você estava tentado conseguir algo melhor no dia em que ela sumiu. — Antony mudou de assunto para garantir que sairia de lá com as informações que queria.

— Estava pegando dicas de Londres com Malvina. Tinha uma reunião para vender os direitos autorais de um dos meus livros.

— Deu certo?

— Não, eles queriam mudar toda a história para alcançar mais público. Eu recusei. Não vai ser dessa vez que eu vou sair dessa cidade. Quem sabe eu não conheço alguém que me tire daqui e me leve para longe, ou que pelo menos que acredite em meu potencial. Parece que algo sempre me puxa de volta, sabe? Como se tudo fizesse parte de uma conspiração para que você ficasse aqui.

— Talvez a minha conspiração seja eu mesmo. — Antony se referia ao fato de que nunca havia deixado a cidade depois de mais velho ou mesmo sua casa. Algo o fazia ficar, mas talvez fosse ele mesmo, e sabia disso.

— Você está bem com tudo isso que aconteceu?

— Sim. — Mais uma mentira de Antony. — Estou bem.

— Aquele jornalista que estava na coletiva foi um completo idiota.

— Ele estava certo. Não foi encontrado nada ainda sobre esse episódio. Só algumas filmagens da vizinhança que não levaram a nada.

— Foi algo perfeitamente executado? — Jack ficou sem jeito ao perguntar aquilo para Antony.

— Exato. Foi algo profissional. Assim como vem sendo com Anne Rose. Tudo muito bem coreografado, planejado e pensando.

— Fico pensando o que Anne fez para merecer isso.

— Ultimamente venho pensando o mesmo sobre ela. Tão inocente e tão frágil. — Antony não escondia o quanto estava sentindo com tudo aquilo que estava acontecendo.

— Aquele dia eu vi o carro. Acho que deveria ter te falado hoje mais cedo. — Jack realmente havia visto o carro, mas não imaginou que Anne pudesse estar dentro dele.

— Você viu? — Antony ficou surpreso.

— Sim. Ele passou por mim. Achei estranho um carro passar tão rápido naquela rua. Questionei as garotas onde estava Anne e acreditei mesmo que ela estava só brincando mais para baixo. Me sinto culpado.

— Você não desceu para ajudar Malvina quando ela sentiu a falta de Anne Rose? — Malvina havia contado que Jack havia ido para o aeroporto com medo de perder o voo e aquilo havia deixado Antony e Hunter furiosos.

— Não. Deve ser por isso que me sinto tão mal agora. Estava com medo de perder o voo e perder a oportunidade de vender um dos meus mais ambiciosos projetos e no fim deu tudo errado. Aqui estou, sem livro, sem dinheiro e com Anne Rose desaparecida. Não sei se vou conseguir seguir em frente com tudo isso, me sinto culpado com essa situação. Se ao menos eu tivesse comunicado Malvina sobre o carro...

— Eu vou encontrar Anne Rose e você vai vender seu projeto. Não sou a melhor pessoa para acreditar em milagres, mas talvez as coisas estejam a meu favor.

— Como você consegue? — Era a segunda pessoa que perguntava aquilo para Antony. Primeiro havia sido Donna Hason e agora Jack Porter. Antony sabia sobre o que aquela pergunta se tratava.

— Não sei, Porter. — Antony sabia muito bem ao que Jack se referia. Apesar de não ter culpa de nada, sempre surgia algo relacionado em sua cabeça. — Às vezes fico esperando eles voltarem, mesmo sabendo que se foram para sempre. É difícil aceitar uma mudança drástica em nossa vida. Sinto que quero aquilo de volta mesmo sabendo que é minha chance de ser... — Antony estava falando mais do que devia e sabia que já estava falando meio enrolado por causa da bebida, mas mesmo assim continuou — livre. Talvez encontrar Anne Rose seja o primeiro sinal dessa liberdade.

— "Liberdade é viver sem medo." — Jack interrompeu falando uma de suas frases favoritas.

— Acho que preciso ir, Porter. Amanhã preciso acordar cedo. — Antony estava falando demais e começou a se sentir angustiado com todo aquele assunto. Enquanto caminhava em direção à porta ouvia o chamado de Jack para que ele parasse.

– Antony. – Ele já estava na porta quando se virou para olhar Jack. – Eu posso te ajudar a encontrar Anne Rose. Deve ser por isso que estou aqui ainda. Podemos ser livres de tudo isso juntos. Pelo jeito essa cidade e a sua história também te prendem aqui.

Antony apenas concordou com a cabeça e deu um sorriso de agradecimento. Na volta para casa jogou a garrafa ainda com vinho em uma caçamba que encontrou no meio do caminho. Ainda estava levemente alcoolizado quando chegou a sua residência. Havia dirigido com muito cuidado. A estrada onde ficava o acesso para a casa de Jack era no alto de uma montanha, isso necessitava que o motorista fosse extremamente habilidoso com o carro. Antony era um excelente motorista, mesmo embriagado ele havia voltado para casa sem sequer um arranhão no carro. Quando chegou em casa foi direto para o chuveiro. Tomou uma boa ducha quente, não passou nem perto da banheira. Voltou para o quarto e tentou dormir, mas continuava pensando no que Jack havia falado e por isso tomou o remédio amarelo que Emília odiava, afinal, era o único jeito de se sentir melhor.

"Liberdade é viver sem medo."

Antony não sabia se poderia enxergar-se nessa frase. Havia tanto medo dentro dele. De certa forma ele estava longe de garantir sua liberdade. Tinha 32 anos, recém-completos, e ainda morava em uma casa gigantesca e nem usava todos os cômodos, vivia relembrando o passado que nunca superara e não conseguia sequer ficar alguns minutos conversando com alguém sem parecer estar tendo um ataque cardíaco. Apesar de sentir muita dificuldade de conversar com as pessoas e de fazer amigos, Jack não parecia alguém com quem Antony tivesse tido problemas. Suas opiniões sobre Jack ainda não haviam mudado, mas, sobretudo, havia algo de especial nele. Talvez pelas coisas que Jack lhe contou, ele também parecia ser vítima de uma criação turbulenta e de uma infância traumatizante. Jack parecia estar fazendo de tudo para conseguir sua liberdade, mas ao mesmo tempo estava preso àquela cidade. Acabou por encontrar Bonnie, a nova família de seu pai, e não conseguia de jeito nenhum mudar de vida.

Em meio aos seus pensamentos, depois de alguns minutos sem conseguir pegar no sono, levantou-se. Ainda meio tonto, colocou sua roupa e saiu no quintal em direção à casa dos fundos. A última vez que havia feito isso fora dois anos antes, mas como ele estava sozinho ali, não havia nada de mal ir para a casa. Nada poderia acontecer. Caminhou durante todo o percurso repetindo para si mesmo que estava tudo bem e que nada aconteceria. Na metade do caminho a música de Blair ameaçou começar tocar em sua cabeça, mas ele fez questão de se concentrar no barulho do vento para que fugisse daquela canção. Deu certo. Ele chegou em casa e começou a abrir as caixas. Antony estava com vontade de ver fotos, de ver as coisas antigas da casa, de lembrar-se de algumas coisas que haviam ficado no passado. E isso envolvia procurar registros de toda sua família. Um livro rosa chamou a atenção dos seus olhos e ele imediatamente o escolheu. Era um álbum de fotos de quando Antony era criança. Centenas e centenas de fotos. À medida que ia vendo as fotos fazia uma força muito grande para lembrar-se de tudo aquilo. Fotos na neve, fotos na capital, fotos na floresta etc. Quem visse aquelas fotos logo acreditaria que aquela criança era extremamente feliz. Antony sabia fingir bem, sempre sorria e depois quando estava sozinho em seu quarto chorava igual um bebê.

Segurou algumas fotos de quando começou a frequentar um acampamento de verão nos Estados Unidos e sentiu um arrepio por todo o seu corpo. Sentiu novamente uma sensação de estar preso, de estar sendo torturado psicologicamente e de sofrer. Lembrou-se do quanto naquela época desejava ser livre. Quando voltou para a realidade percebeu que seu desejo havia se realizado. Eles não estavam mais ali e ele não precisaria mais sofrer por algo que estava no passado. Pegou todas as caixas que guardavam as recordações de sua família e tirou-as da casa. Demorou alguns minutos para que pudesse carregar tudo para fora. Quando chegou ao jardim, fez um grande amontoado com fotos, pertences e lembranças que encontrou. Despejou sobre o monte toda a garrafa de álcool de limpeza que tinha e jogou quase uma dúzia de fósforos para que o fogo finalmente pegasse. Quando a chama estava alta e já consumia todas as coisas, ajoelhou-se em frente e a música de Blair começou a tocar em sua cabeça. Alguns outros milhares de flashes das agressões, brigas e dos castigos de sua infância voltaram à sua mente. O porão da casa, onde chegara a passar dias trancado, ainda lhe perturbava. Quando suas mãos tocaram o chão e seu joelho já gritava de dor, Antony ficou olhando as chamas e ouvindo a música de Blair. Pediu para que se libertasse de tudo aquilo. Antony sabia que para que virasse cinzas e renascesse, ele deveria primeiro encarar as chamas da transformação. Afinal, transformar-se é necessário para seguir em frente. Mas o medo do processo o paralisava por completo e mal conseguia pensar naquilo.

5.

Dois anos antes.

A campainha tocou e Antony correu para abrir a porta. Só poderia ser uma pessoa.

– Sentiu minha falta? – Violet cumprimentou Antony e entrou na casa. – Assombrosamente familiar.

– Gostei do seu casaco. – Antony ajudou Violet a tirar o casaco. – Só espero que isso não seja pele de animal. Devem ter matado uma dúzia só para você usar isso.

– Você também anda aderindo a essa onda de proteger os animais? Quer que eu use o quê? Eu hein. Onde está mamãe?

– Está na cozinha com Magda. Parece que estão fazendo o almoço juntas. – Antony apontou para a direção da cozinha.

– Blair?

– Ainda não chegou, disse que chegaria mais tarde.

– Papai? – Violet parecia de saco cheio.

– Serve aquele ali?

Alan Mitchell descia as escadas e Violet correu ao seu encontro dando-lhe um caloroso abraço. Antony achou aquilo tudo muito estranho, afinal, a relação dos dois não vinha sendo muito boa para um abraço daquele.

– Como você está? – Alan conduziu Violet para o sofá e os dois se sentaram juntos. Antony também sentou próximo aos dois.

– Cansada. – Violet prendeu os cabelos. – Eu já tinha esquecido o quão longe era esse lugar. Não mudou nada né? Tentei ver se achava alguma coisa para comer e nada estava aberto.

– Hoje é domingo, Violet. – Antony interrompeu a irmã.

– Em Nova York as coisas nunca fecham.

— Você está em Miracle. — Antony arrumou-se no sofá. — Aliás, você nasceu aqui. Deveria estar acostumada já.

— Não posso esperar para voltar para casa. — Violet encarou Antony e logo depois se voltou para Alan. — Me conte como andam as coisas...

Magda, uma das funcionárias da casa, e Isla serviram o almoço pontualmente no horário marcado. O almoço não começou nada bem, afinal, Blair estava atrasada e Isla não gostou da ideia de que a filha iria perder o tradicional almoço de família. Antony e Violet trocaram várias farpas, constantemente Isla ou Alan intervinham e mudavam imediatamente de assunto. Depois do almoço, cada um foi para o seu quarto e Antony aproveitou para ler seu livro em paz. Estava quase pegando no sono quando uma batida em sua porta o despertou. Por um segundo achou que seu coração iria parar, mas logo se acalmou.

— Pode entrar.

— E aí, irmãozinho. — Violet abriu a porta. A irmã de Antony era exatos 10 anos mais velha, portanto tinha 40 anos de idade, mas Violet ainda parecia uma garota de 25 anos e falava como uma garota de 25 anos. — Posso entrar? — Violet resolveu confirmar se podia mesmo entrar no quarto dele.

— Pode. — Antony não parecia muito animado.

Violet entrou no quarto, mas antes fez questão de olhar cada detalhe dele. Parecia interessada nas coisas que via, apesar de Antony pensar que ela provavelmente estaria odiando tudo aquilo.

— O que está lendo? — Violet sentou-se na cama ao lado de Antony.

— Shakespeare.

— Uau. — Violet fez uma cara de surpresa. — Então é por isso que mamãe fala que você nunca tem encontros amorosos?

— O que isso quer dizer? — Antony não ficou nada animado com a declaração de sua irmã.

— Eu digo... É uma obra muito... Como posso dizer? — Violet entrou em um caminho sem volta. — As pessoas devem se assustar quando você abre a boca para falar desse livro. Entende?

— As pessoas se assustam por causa de minha inteligência e de meu amplo repertório ou se assustam por serem burras demais e não conhecerem nada sobre o autor? – Antony fez questão de olhar nos olhos de Violet.

– Por pessoas burras eu devo entender modelos?

– Como quiser. – Antony respondeu.

– Tudo bem, pequeno príncipe. Eu sei que não fui a melhor irmã do mundo e que talvez não seja por essas qualidades que você se lembre de mim, mas eu estou querendo tentar pelo menos ser alguém legal. Posso não conseguir logo de cara isso, mas acredite que estou disposta a pelo menos tentar.

Antony levantou-se e guardou o livro. Não disse uma sequer palavra e Violet apenas ficou o encarando.

– Interessante o seu discurso – ironizou a irmã.

– Você não está tentando. – Violet deu um leve riso.

Antony puxou uma cadeira e colocou próximo à cama em que Violet estava sentada e olhou atentamente para os seus olhos.

– Eu te conheço há muito tempo, e você nunca teve essa conversa comigo, por que isso hoje?

– Nunca tivemos, mas ultimamente venho querendo ter. Preciso marcar na agenda agora? – Violet levantou-se. Parecia irritada. – É o seguinte, eu cansei disso. Ok? Eu cansei dessa minha vida, cansei de tudo isso e de certa forma me lembrei de você. Ando meio sentimental demais esse tempos. – Violet parecia esconder algo.

– Você cansou de ser rica e famosa? – Antony também se levantou. – Essa não é a Violet que eu conheço.

– É porque você não me conhece. Uau! Palmas! – Violet era uma pessoa bem escandalosa. Quanto mais atenção, melhor era para ela. – E é por isso que eu estou aqui falando com você. Eu ando refletindo que na verdade eu vivi o sonho de nossos pais, e que não era nada do que eu queria. Eu gosto do que faço, mas nunca quis isso de verdade. Eu sempre fui mediana, você sabe disso. Acontece que nossos pais sempre colocaram na minha cabeça a imagem de que eu era imbatível. Só que hoje não consigo mais nada, ninguém me quer, sou velha e ando pensando se realmente sou boa mesmo no que faço. Penso até se um dia já fui tudo isso que acreditei.

– Eu acho você boa. – Antony sentiu certa vulnerabilidade de Violet.

– Obrigada, senhor "super educado". Agora pode parar de mentir, eu sei que você também pensa que eu sou mais do mesmo. – Violet sentou-se novamente. Pegou um cigarro e acendeu.

– Ei! – Antony tentou pegar o cigarro da mão de Violet. – Eu odeio isso e você sabe.

– Não enche. – Violet acendeu mesmo assim. – A vida é uma merda, sabia. Chega um momento que você simplesmente olha para trás e bum! Você vê o tanto de merda que acumulou e que agora não consegue lidar. É um buraco, sabe? Você vai, vai, vai, desce, desce, achando que está tudo lindo e perfeito. Até a hora que chega um momento que você olha para trás e não tem mais para onde ir. Prazer, Violet Mitchell. História da minha vida, está feliz?

– Feliz com quê?

– Em saber que não é o único fodido dessa família? – Violet baforou na direção de Antony e saiu do quarto.

Já era bem tarde para o seu horário usual e Antony ainda estava dormindo. Aproveitou que estava de férias e ficou lendo até literalmente dormir com a cara em cima do livro. O clima entre ele e Violet não estava nada bom. O alarme estava desligado, mas Antony lembrou-se de que Isla havia marcado um horário para que todos tomassem café da manhã juntos, já que Blair havia perdido o almoço. Antony colocou uma roupa às pressas, pois sabia que estava atrasado.

– Me desculpe! – Entrou correndo na sala de jantar. – Não me olhe assim. – Antony disse para Isla.

– É impressionante como nenhum de vocês respeita regras. – Isla mexeu ainda com mais força seu café. – Desaprenderam?

– Mamãe, nós estamos meio grandinhos, não é? – Violet falou com um pão na boca e deu um sorriso.

– Engula antes de falar! – Isla parecia irritada. – Blair, querida, eu sei que você perdeu o voo, isso não é para você. Fique tranquila.

– Obrigado, mamãe. – Blair agradeceu, mesmo sabendo que aquilo servia para ela. – Olá, irmãozinho.

– Bem-vinda de volta, Blair. – Antony se serviu com suco de frutas que Magda havia feito.

— É sempre bom voltar.

— Bom? — Violet olhou para a cara de Antony, que não entendeu nada. — Eu diria que é ótimo.

— Reuniões em família são sempre boas. — Alan deu uma mordida em seu sanduiche. — Não vejo motivos concretos para tal discordância. Não acham legal estarmos aqui todos reunidos para amanhã comemorar o aniversário de Antony? Afinal, 30 anos é uma data muito simbólica.

— Então quer dizer que Antony finalmente vai sair de casa? — Violet provocou.

— Antony está aqui para cuidar de mim. Ele sabe que essa será sua função, não é? — Isla acariciou o rosto de Antony que respondeu com um sorriso forçado.

— É muito gratificante, papai. — Blair sempre se posicionava no meio e agia como uma espécie de conciliadora.

— Fez uma boa viagem, Blair? — Antony perguntou e mudou de assunto.

— Tirando o fato de que fiquei um século presa no aeroporto de Roma... Foi tudo bem, sim.

— E como está a universidade?

— Cheia de alunos. Acho que nunca tive uma turma tão boa! Esse ano ganhamos um prêmio importante, mas foi para meu colega que dá aula de artes. Foi inevitável não se lembrar de você.

— Os quadros de Antony não eram tão bons assim. Ainda bem que ele entendeu isso. — Isla segurou a mão de Antony como se estivesse sendo muito amigável.

Antony não recebeu muito bem a fala de sua mãe. Foi inevitável que não se lembrasse da repreensão que sofreu por causa de seus quadros. Jurou que naquele momento pôde sentir o cheiro do porão de sua casa, não era algo que gostaria de se lembrar.

— Acho que estou satisfeito. — Antony levantou-se. — Com licença.

— Aonde vai? Fica, Antony! Vai ter torta! Eu sei que você gosta de torta! — Violet provocou.

— Violet! — Isla falou bem baixinho para Antony não ouvir.

— Eu disse que reuniões de família são sempre boas! — Violet também saiu da mesa. — Não vou comer mais, afinal preciso ser magrinha.

Antony entrou furioso em seu quarto. Andou de um lado para o outro e sua mão foi inúmeras vezes para o rosto, como se fosse possível se acalmar. Não acreditou no que sua mãe havia falado, mas já esperava que isso viesse dela.

– Perdeu a fome ou o gato comeu sua língua? – Violet entrou e acendeu outro cigarro.

– Tira essa droga da minha frente. – Antony pegou o cigarro de sua mão e jogou para fora da janela. – Eu odeio isso. Consegue entender?

– Consigo! E sabe o que eu mais eu consigo entender? Que eu não sou a única de saco cheio aqui. Olha para sua cara, pequeno príncipe. Parecia que iria matar a nossa mãe ali mesmo. – Violet apontou para Antony.

– Não ouse afirmar isso! Você viu o que ela falou?! – Antony estava indignado.

– Eu ouvi. Eu ouço isso a vida inteira, mas olha só, eu nunca acreditei nela. Bizarro, né? Eu vir aqui te falar isso é um tanto estranho, mas advinha só, estou tentando reparar o que eu fiz. – Violet se sentou. – Eu te disse que eu tenho a plena certeza de que não fui a melhor pessoa do mundo com você, mas agora eu posso ser...

– Porque você precisa de mim. – Antony interrompeu a irmã. – Tudo isso porque você perdeu tudo que tinha, não tem mais amigos, não tem em quem confiar e se sair por aí falando que quer abandonar essa vida vão te taxar de louca. Advinha só quem não vai atirar uma pedra em você? – Antony estava ficando nervoso.

Os dois ficaram em silêncio. Violet apenas encarou Antony até criar coragem de abrir a boca.

– Você me pegou. – Violet levantou os braços. – Bang! – Violet sentou-se e prendeu os cabelos. – Me desculpe por tudo que fiz contra você e pelas coisas que falei. Eu não queria que você tivesse ficado enfiado naquele lugar. – Violet abaixou o tom de voz e pela primeira vez não se importava se não estava chamando atenção. – Aquilo foi horrível.

– Aquilo foi tenebroso! – Antony gritou. – Eu entendo que agora você recorre a mim como a única pessoa que sobrou para ouvir suas reclamações e se identificar com você, mas onde você estava quando eu precisei de você? Onde você estava? – Antony apontou para Violet.

– Eu não estava aqui. Eu não estava aqui por você. – Violet olhou para baixo, não conseguia encarar Antony. – Mas sabe de algo... – Violet levantou-se. – Eu estou aqui agora e sei que você não está feliz. Eu sei que você ainda é aquele garotinho preso no porão, eu sei que você ainda é aquele garotinho que fingia ir para um acampamento nos Estados Unidos e eu estou aqui para te dizer que eu também me enfiei em um porão tão escuro quanto esse. – Violet abriu a porta do quarto. – Talvez a gente possa achar a saída juntos, mas é você quem decide, pequeno príncipe. Me procure quando tiver decidido e se não quiser enfrentar isso comigo, ótimo! Eu dou um jeito de sair dessa.

Já era de noite quando todos se reuniram na sala de estar. O aniversário de Antony havia virado tradição, todos se reuniam e esperavam a virada da noite para comemorar a data logo no primeiro minuto. Naquele dia completaria 30 anos. Antony nunca gostou da comemoração, sempre morria de sono e toda vez tinha que beber um pouco a mais para manter-se acordado. Violet e Blair sempre enchiam a cara para não ter que aguentar os papos de Isla e Alan. Já era tarde quando Magda terminou de servir a família e anunciou para todos que iria se recolher. Alan e Isla agradeceram imensamente a ajuda da mulher, assim como Antony, Violet e Blair.

– Quando é que vamos começar a tocar esse piano? – Violet já estava sem sapatos. – Opa! Vou cair não, meu bem. Estou sóbria ainda. – Violet apoiou-se na janela ao lado do piano. – Blair... Onde está você?

– Ah, não... – Blair se escondeu atrás de uma almofada. – O Antony sabe! – Blair apontou para ele.

– Não sei, não. – Antony riu. – Eu consigo chegar só até a metade da música.

– Vamos filha! – Alan gritou. – Você toca tão bem!

– Isso! – Isla vibrou. – É tão lindo te ver tocar.

Blair não resistiu à pressão de tocar para toda a família bem no momento que o relógio estava prestes a marcar meia-noite, o que resultaria em um festival de parabéns para Antony.

– Tudo bem! – Blair sentou-se ao piano. – Todos comigo?

Antony encarou Violet, a conversa dos dois havia mexido um pouco com ele. Afinal, nunca recebeu nenhuma ajuda de Violet, era natural que ele estranhasse. Acenou para ela, que levantou o copo em sua direção e deu um sorriso. Isla e Alan também olharam para Antony e levantaram suas taças em direção a ele. Antony finalmente olhou para Blair e fez um sinal com a cabeça para que ela começasse. Blair tocava com tanta maestria e paixão que era impossível pegar no sono ou sequer tirar os olhos daquilo tudo. Era algo lindo e ao mesmo tempo angelical. Antony ficou apenas parado, admirando sua irmã. Já estava na terceira parte da música quando se lembrou de uma fotografia em que todos estavam juntos. Imediatamente pensou em pegar a foto para mostrar para o restante dos membros de sua família, pois havia pouco tempo limpando algumas coisas velhas e tinha encontrado aquela relíquia de sua infância. Afastou-se do grupo corredor adentro. Percebeu que ninguém havia entendido nada e que Blair não havia parado de tocar. Cruzou a cozinha, abriu a porta dos fundos e saiu pelo jardim. Fazia um frio congelante, mas nada de neve, apenas um vento cortante e violento. Entrou na casa dos fundos e foi direto para a sala mais afastada, onde guardavam uma quantidade enorme de caixas cheias de coisas antigas da família. Podia ainda ouvir a música de Blair ao fundo. Era uma de suas preferidas. Era uma composição tão longa que não podia imaginar como Blair havia decorado todas aquelas notas. Finalmente, achou a fotografia e admirou a pose de cada um nela, mesmo sabendo que aquilo era puro encantamento e que não refletia a verdade. Pegou a foto com cuidado e saiu pelo jardim. Na metade do caminho reparou que a música havia parado, ficou ali estagnado, petrificado como uma rocha. Foi nesse momento que ouviu sons que pareceram de tiros. Jogou o porta-retratos no chão e atravessou o longo jardim. Entre o local em que estava e a porta da cozinha ouviu mais dois tiros. Depois disso houve um silêncio absurdo, que só era interrompido pelo barulho que o vento fazia. Por alguns segundos ficou ali parado, encarando a porta dos fundos enquanto ouvia alguns gritos e alguns passos. Mais um tiro. Alguém estava vindo. Antony saiu correndo pelo jardim e se escondeu atrás de uma grande árvore de tronco grosso que havia próximo à casa. Ficou ali por alguns minutos apenas segurando sua respiração. Lembrou que não estava com sua arma e não quis arriscar sair dali. Estava vulnerável e corria riscos também. Quantos poderiam ser? Três, quatro, cinco homens armados? Ouviu um barulho de porta abrindo e viu que um homem alto com uma máscara saiu por ela. O homem estava todo de preto e carregava um revólver na mão. Antony se abaixou ainda mais para não ser visto. Depois de alguns segundos, ouviu alguém chamando por ele, o que fez com que voltasse correndo para dentro de casa. Antony esperou mais alguns minutos até ouvir o barulho de carros saindo da propriedade. Quando finalmente o silêncio se instaurou, ele voltou à realidade e entrou pela casa, atravessou a cozinha e chegou ao corredor. A luz estava acesa, era impossível não enxergar o que estava vendo ali. Isla Mitchell se arrastava no final do corredor, seu vestido branco estava vermelho de sangue e ela agonizava como um animal. Antony correu em direção à mãe e agarrou seu rosto.

– Mãe! Mãe! Fique comigo! Fique comigo! – Antony olhou para trás. Olhou em direção à sala de estar onde todos estavam reunidos ouvindo a música de Blair. Ali ele pôde ver o que tinha acontecido. O corpo de Blair estava a três passos do piano, provavelmente ela havia tentando fugir quando os assassinos chegaram. Seu pai estava caído perto de um móvel em que ficavam alguns vasos e porta-retratos. O cenário era pesado, mas o mais chocante foi ver Violet Mitchell apoiada perto da janela com tiros no peito. Quando Isla parou de gemer, tudo ficou em silêncio. Antony olhou para baixo e viu que sua mãe estava morta. Por um minuto ficou olhando para aquela cena toda, sua mão tremia como as janelas da casa do fundo, que eram desestabilizadas pelo vento forte que soprava. Admirou o silêncio que percorria a casa. Só conseguia ouvir o barulho do vento, que agora tocava sua própria música e era interrompido por Magda, que chegou correndo à sala. Antony mal conseguiu dizer nada, apenas apontou para a direção de seu celular. Seus olhos não conseguiam parar de olhar para Violet. Ele apenas lamentou que jamais poderia encontrar novamente Violet e desejou que naquele momento pudesse voltar no tempo apenas para aceitar sua ajuda. Ele precisava de ajuda

PARTE 2

O ESCRITOR

6.

Antony teve outra visão com aquela mulher quando fez força para abrir a janela de seu quarto. No começo veio uma sensação de tontura e náusea, mas depois conseguiu ver as imagens com mais nitidez. Dessa vez ela não estava lutando contra o homem careca que lhe chutava para conseguir tirar a menina de seus braços. Pelo contrário, ela estava feliz. Parecia até mais nova, o que fez Antony deduzir que era algum momento anterior ao daquela visão horrível que tivera. Havia conhecido um belo homem, o mesmo de antes, mas dessa vez eles pareciam mais novos, o que fez Antony perceber que aquela cena era realmente em uma época anterior àquele possível reencontro. Antony pôde sentir todas as borboletas que se formaram em seu estômago quando o jovem entrou na casa dela e a cumprimentou. Os olhos negros do rapaz encararam a moça e também encararam Antony, que voltou à realidade quando aqueles olhos chegaram cada vez mais perto dos seus. Quando conseguiu abrir a janela de seu quarto, viu que no lugar do amontoado de coisas queimadas em seu quintal só havia restado cinzas. A grande mancha preta que havia no centro do quintal antes era uma fogueira que consumia algumas das mais dolorosas e mais felizes lembranças de Antony. Mesmo depois de algumas horas aquela mancha ainda era parte do quintal de Antony, e ele não pretendia fazer nenhum esforço para limpar tudo aquilo. Já se passavam mais de 60 horas desde que Anne Rose havia desaparecido. Antony estava em um completo vazio em relação ao caso da menina, não havia evidências muito claras no carro, nem na casa de Lucius, e muito menos na floresta. Antony queria suspeitar de Ludovic e Bonnie, pois na maioria dos casos que envolvem desaparecimento de crianças os pais ou parentes mais próximos são possíveis suspeitos, mas nem para isso havia qualquer indício. Sem contar Jack Porter, que poderia facilmente se encaixar no arquétipo do tio assassino.

– Bom dia, Sra. Anderson.

– Antony... Bom dia. – Sra. Anderson estava varrendo próximo ao carro de Antony. Como de costume, o filho dela nem sequer moveu os olhos e fez a mesma cara de sempre. Ela parecia surpresa em ver Antony, talvez tivesse pensado que Antony havia morrido queimado em mais uma tentativa de suicídio.

Antony chegou antes de todos à igreja onde seria realizada a missa para Anne Rose. Ele e a cidade toda ainda alimentavam a esperança de encontrar a garotinha com vida. As pessoas estavam começando a chegar à igreja, que era relativamente pequena, e Antony imaginou que seria mesmo algo mais restrito e não muito espalhafatoso. Aquilo era surpreendente, Ludovic e Bonnie haviam dado várias entrevistas e até Malvina Dalais havia aparecido em um programa de TV para dizer o quanto estava arrependida por ter deixado as meninas sozinhas na rua. Malvina estava sendo crucificada pela cidade toda, o seu restaurante tinha cada vez menos movimento e sua reputação recém-conquistada perante os ricos da cidade já era quase inexistente. Um claro exemplo de como funciona uma cidade comandada pela oligarquia. Quando viu a reportagem, Antony sentiu pena, mas depois não sentiu mais nada, porque no fundo Malvina sabia onde estava se metendo quando decidiu querer entrar para a alta sociedade de Miracle. Antony começou a andar pela igreja, não era nada religioso, mas estava fascinado com toda aquela arquitetura e com as pinturas. Na verdade, estava intrigado com as pinturas e por um momento sentiu vontade de voltar a pintar. Passou por um quadro em que havia várias crianças bem gordinhas e sorridentes e deu um leve sorriso. Todas elas estavam pegando comida de uma linda cesta que uma mulher nua segurava. Antony ficou admirado com os desenhos e quis pintar alguma coisa novamente. Havia parado de pintar quando fez 18 anos, pois seus pais o obrigaram a começar a se preparar para fazer qualquer outra coisa de sua vida que não fosse ligada às artes. Isla e Alan acreditavam que por mais belos que os quadros de Antony fossem, as artes plásticas só o aproximavam de ideais que eles não concordavam. Isla e Alan achavam que se dedicar a uma vida artística era algo para as mulheres e isso deveria ser restrito apenas a Violet e Blair. E por mais que os quadros de Antony fossem surpreendentemente bem-feitos, Isla e Alan jamais admitiram que o filho tinha talento. A única alternativa foi seguir o pai, mas trabalhar com direito não era algo que lhe interessava, precisava de algo mais radical. Talvez para que na verdade reforçasse o estereótipo que Alan esperava dele.

— Detetive. — A voz rouca de uma mulher fez com que Antony virasse abruptamente e encontrasse a figura de Donna Hason parada o encarando.

– Você por aqui? – Antony estava surpreso que a velha bruxa, apelido carinhoso que ele lhe concedeu depois daquele dia na floresta, poderia estar em uma missa dedicada a Anne Rose. – Pensei que detestasse sair da floresta.

– Me senti tocada pela história da garotinha. Lembrei-me de quando você era mais novo.

– Ando fazendo isso todos os dias. Essa garotinha faz com que eu me lembre de tudo que aconteceu. – Antony começava a caminhar e era acompanhado por Donna.

– Interpretando um papel... – Donna apontou para um quadro que mostrava Jesus Cristo. – Você acha que ele fazia um papel também?

– Acho que tem algo de muito sincero nele.

– Sincero?

– Sim. – Antony respondeu. – Não acho que ele fingia ser tudo o que era. As pessoas o transformaram ao longo do tempo, mas não creio que ele queria virar o que acabou se tornando.

– Nunca acreditei nisso tudo. Como ele pode nos amar e nos fazer sofrer ao mesmo tempo?

– É um processo natural, por mais que eu também não saiba lidar com isso. – Antony franziu as sobrancelhas. – Às vezes saio dizendo isso da boca para fora, mas por dentro ainda luto em entender essas palavras.

– Luz e sombra. – Donna completou.

– Como assim? – Antony questionou.

– Todos nós temos nossa sombra, Antony. É como se julgássemos algo que na verdade e no fundo também somos, mas apenas não foi trazido ainda para a luz. Algo que ainda está submerso no inconsciente ou qualquer outro nome que você queria dar.

– Não sabia que você era tão inteligente.

– Limpar sua casa não significa que eu não estudava quando chegava à minha. Como acha que eu me livrei da sua família?

– Me desculpe. – Antony ficou sem jeito. – Achei que o contrato tinha terminado.

– Não. Apenas subi na vida e pude começar a estudar.

– Eu preciso te falar que ando ouvindo por aí as pessoas colocando a culpa em você. Acho que não vai demorar muito para venderem a história da bruxa.

— A cidade toda já me olha estranho. A velha da floresta onde a menina sumiu... Quem acredita no tal do carro? Alguns imbecis acham que ela está na barriga de Thor.

— As coisas não andam muito boas para o caso. — Antony lamentava a falta de notícias sobre Anne Rose.

— Não sei como consegue. Na verdade não sei como consegue várias coisas que faz.

— Um dia eu deixarei tudo isso. — Antony nunca havia pensado em sair de Miracle, mas naqueles dias estava pensando em vender a casa dos pais e comprar uma casa para ele perto da praia ou de um grande lago. — Sinto que preciso encontrar a garota antes.

— Ainda pensa em encontrar ela viva? — Como sempre, Donna soava bem amarga e nada esperançosa.

— Sei que posso encontrar a menina, Donna. É só uma questão de tempo. — Antony não podia dar o braço a torcer, realmente acreditava que poderia encontrar Anne e era só ter um olhar mais atento.

— Escute, posso parecer chata, mas tenho que te alertar. — Donna segurou o braço de Antony e diminuiu o tom de voz. — Todas as pessoas que estão aqui são pessoas muito importantes, sejam aqui ou em outro lugar. São pessoas grandes, me entende? Tome cuidado em fazer promessas para essa gente, eles realmente serpenteiam por aí e é provável que coloquem toda a culpa disso tudo em você, menino.

— Você ainda se preocupa comigo. — Antony ficou contente em ouvir as palavras de Donna.

— Eu queria ter salvado você, mas não havia nada que eu pudesse fazer e eu espero que você entenda isso.

— Eu sei. — Antony engoliu em seco. — Fique tranquila.

— Conte comigo. Eu posso ter me tornado uma velha chata, mas aquela doce mulher que limpava sua bunda fedida e te fazia suco de frutas ainda mora aqui em algum lugar. — Donna apontava para o seu coração. — Eu nunca parti. Lembre-se disso.

— Obrigado.

A velha Donna soltou um tímido sorriso e se afastou. Antony ficou parado no mesmo lugar por alguns segundos, tentando entender o que aquilo tudo significava. Quando percebeu que Hunter já havia chegado à igreja decidiu se aproximar para que pudessem prestigiar a cerimônia juntos.

— Falando com a bruxa comedora de criancinhas... — Hunter seguia Donna com os olhos. — O que a velha queria?

— Não sei. Veio conversar, tentou ser legal. Disse que preciso tomar cuidado caso não encontre a menina. Ela acha que os poderosos da cidade vão me pressionar muito por alguma solução. O que isso significa? — Antony sussurrava, pois não queria que ninguém ouvisse.

— Creio que ela só quis dizer que se você não encontrar essa garota, logo vai acabar virando comida de leão.

— Você acha que eles culpariam o detetive? Não faz sentido. Quem culpa a pessoa que está tentado ajudar? — Antony balançava a cabeça de um lado para o outro.

— Aqueles que não se importam com a verdade. Eles vão culpar qualquer um que encontrem para culpar. Sem suspeito, sem corpo, sem nada, só vão poder alegar falta de capacidade e inteligência de sua parte. Eu te disse, você vai ter que ser muito forte para aguentar tudo o que vem por aí.

— Eu serei. — Antony estava nervoso.

— Afinal, quem é ela? Vocês parecem muito próximos.

— Eu não a conheço. — Antony mentiu. — Nunca a vi antes na minha vida. — Ele sabia que era melhor não tocar no assunto, se havia algo que ele poderia fazer para Donna se livrar da história da bruxa comedora de criancinhas, era preservar a relação que os dois tinham e manter isso o mais longe possível dos olhares alheios.

— Ótimo! Melhor assim, Tony. — Hunter e Antony se encaravam e a missa começava.

Depois da missa, os dois se sentaram com alguns colegas para repassar tudo o que estava acontecendo no caso, mesmo que não houvesse nada de novo e nenhum caminho a seguir, a dupla precisava conversar e reanimar a equipe para que algo fosse encontrado. O único fato que intrigava Antony era que Lucius sempre realizava viagens para fora da cidade a pedido da prefeitura, mas naquele dia em específico ele não tinha nada para fazer e mesmo assim havia dito para sua esposa que iria chegar tarde e que talvez nem voltasse para casa, como o fez. Depois que Hunter e Antony repassaram o caso para os demais oficiais e membros do departamento, Antony confrontou Hunter sobre a viagem de Lucius.

– A prefeitura não o mandou ficar fora aquele dia. E nem a esposa dele entendeu para onde ele ia, se isso não é suspeito, fico imaginando o que é.

– Não podemos nos basear no simples fato de que ele mencionou que ficaria fora. – Hunter retrucou.

– A única imagem que temos foi de quando ele parou para ir ao banheiro e depois ficou lá dentro do carro por horas até que eu chegasse. E mesmo assim, não dá para tirar nada dali. – Antony parecia indignado. – Olha esses relatórios da prefeitura, não tinha nada aqui que o tirasse da cidade. Ele foi por conta própria porque alguém pediu para ele fazer isso. Não tem nada no histórico do cara que o ligue com pedofilia ou qualquer outra coisa. – Antony fechou a pasta. – Nada no seu computador, nada suspeito relatado por amigos e pessoas próximas... Estou sem rumo.

– Antony, desiste. Precisamos esperar. Precisamos de um corpo, de uma peça de roupa ou de qualquer outra coisa. Temos aquela fibra de roupa que pode ser de Anne Rose. – Hunter estava cansado. – Vai ver a menina está morta em algum lugar de Miracle que ainda não fomos.

– Não posso concordar com você que Anne Rose esteja morta. – Antony realmente acreditava que Anne ainda poderia ser encontrada viva.

– Você não pode descartar que possa ser um crime sexual, Lucius pode ser um pervertido. Deve ter se livrado do corpo da menina, é só uma questão de tempo para descobrirmos algo.

– Hunter, não há nada que ligue os dois. Você consegue entender isso? Não temos muita coisa para suspeitar de Lucius. Ele estava no local segundo algumas testemunhas, e a própria mulher confirmou que ele estava fora por um tempo, ele reagiu mal com nossa presença e tentou fugir, mas mesmo assim não temos um sequer fio de cabelo de Anne Rose naquele carro. – Antony andava de um lado para o outro da sala e passava as mãos nos longos fios encaracolados.

– Senhores... – A secretária de Hunter abriu a porta depois de dar algumas batidinhas que nenhum dos dois ouviu. – Jack Porter está aqui e quer falar com vocês.

– Jack Porter? – Antony respirou fundo enquanto encarava a ideia de que veria Jack novamente depois de ter aparecido na sua casa um pouco bêbado. Hunter sinalizou para que ela deixasse Jack entrar na sala e encarou Antony, que se afastou em direção à janela para tomar um ar enquanto preparava-se para reencontrar Jack.

– Detetives. Obrigado por me receberem. – Jack entrou e Antony apenas levantou as sobrancelhas como sinal de que ele era bem-vindo.

– Jack Porter. – Hunter foi em direção a ele. – Ou seria Haxton? Ainda fico confuso com tudo isso.

– Antony não te contou? – Jack encarou Antony, que desviou o olhar e fingiu estar distraído. – Comentei com ele que prefiro o usar o nome que veio de minha mãe. "Porter" é mais elegante, detetive Boid.

– E como podemos te ajudar, Jack Porter?

– Queria conversar sobre Anne Rose. Quero ajudar na investigação. – Jack fez questão de observar a reação de Antony, que imediatamente arregalou os olhos, sem acreditar que Jack cumpriria o que havia falado em sua casa. – Sinto que como jornalista investigativo posso contribuir para algo. Eu não trabalho mais com isso faz anos, mas ainda creio que posso contribuir com alguma coisa.

– Não temos nada, Porter. Não há nada que possa fazer. – Antony atropelou a fala de Hunter.

– Achei que depois de três dias vocês tivessem encontrado algo.

– Não é tão fácil assim. – Antony retrucou.

– Nem um fio de cabelo. – Hunter acendeu um cigarro.

– Se você não tivesse deixado o carro escapar ou tivesse visto a placa dele, nós poderíamos ter algo. – O próprio Antony não entendeu de onde veio tanta grosseria. Fez uma pausa e tentou consertar sua fala – Afinal, demoramos muito para perceber que estávamos procurando no lugar errado. Sua ajuda teria sido essencial, mas creio que você foi para Londres.

– Os seus colegas poderiam ter deixado Lucius vivo ao invés de atirarem nele. É Lucius o nome dele, correto? – Jack aceitou a provocação de Antony e não perdeu tempo em rebater.

– Ele tentou me matar, é diferente. Não atiraram de propósito.

– Claro que não. Afinal, a polícia sempre tem uma desculpa para matar.

– Estamos com algum problema por aqui? – Hunter fitava Antony e Jack se encarando enquanto previa uma guerra atômica entre os dois. – Estou sentindo certa tensão.

– Não. Está tudo bem. – Antony finalmente saiu da janela em que estava apoiado e foi em direção à porta da sala. – Só quero deixar claro que não vou levar todo o peso da falha comigo. – Antony apontou na direção de Jack. – Malvina Dalais é outra que também deveria estar ouvindo essa conversa.

Antony saiu da sala e deixou os dois sozinhos. Estava furioso. A cidade toda pronta para crucificar ele se Anne Rose não aparecesse nos próximos dias e agora Jack, que deixou o carro escapar e não contou o que havia visto, pois preferiu ir para Londres, veio até ele oferecer ajuda. Antony sentia que não precisava da ajuda de ninguém. Aquilo tudo era algo dele com Anne Rose e somente deles. Naqueles tempos não estava aceitando muitas interferências. Foi para sua sala, e não demorou muito para que seu silêncio fosse interrompido com alguém abrindo a porta.

– O que foi aquilo? – Jack Porter entrou rapidamente na sala e bateu a porta. – Vai me atacar?

– Eu não estava te atacando. Só te disse que não temos nada.

– Eu pensei que você quisesse minha ajuda para encontrar Anne. Eu te disse que queria te ajudar. Quer dizer... Ajudar todos vocês. – Jack fez questão de dar uma entonação maior para o "todos vocês".

– Agradeço sua ajuda, Porter, mas não posso compartilhar muitas coisas com você. Afinal, você estava lá. Você é uma testemunha. Eu não deveria nem ter ido à sua casa tão tarde aquele dia... Eu estou me julgando por isso, porque sei que foi impulso da minha parte. Não deveria mesmo ter ido.

– Mas foi. – Os dois se olharam. – Você foi e eu pude ver algo maior que um simples investigador tentando achar uma garota. Tem paixão no meio disso tudo, pois você está sentindo por ela, você quer encontrá-la, protegê-la e tudo mais. E Anne nunca recebeu algo assim de Bonnie e Ludovic. Você acha que eles são a família perfeita? Você está errado, Antony. Aqueles dois só pensam no trabalho e mal se preocupam com Anne. A menina é criada pelos empregados da casa. Não existe essa merda de família perfeita!

FILHO DAS ÁGUAS: O ETERNO RETORNO

– Chega, Porter! – Antony estava exausto. – Não é isso que parece ser. Eu só quero fazer o meu trabalho e Anne Rose agora é meu trabalho.

– E eu quero te ajudar. Ela é parte de minha família, mesmo que tenha problemas com os outros, ela não merece ser deixada de lado. Por mais que eu não tenha contato com Anne Rose, ela não merece isso. Ela é inocente!

– Mas ela foi deixada de lado! – Antony aumentou o tom da voz pela primeira vez. – Você deixou aquele carro escapar e eu fiquei o dia todo procurando por ela achando que tinha desaparecido e não sido levada por alguém. Eu poderia ter encontrado ela antes! Eu poderia ter ido atrás daquele carro bem antes do que fui e talvez Anne Rose estivesse aqui, e não nas mãos de Lucius ou sei lá quem agora.

– Lucius está morto! Eu estou me julgando até agora, você acha que é único que é julgado por aí? Eu tenho mágoas e me arrependo disso. Eu mal consigo dormir, comer ou escrever! Eu estou pensando nisso o tempo todo. Você acha que não me sinto mal por isso? Quem você acha que eu sou? – Jack retribuía o tom de voz de Antony. – Como vou publicar meu livro depois de toda essa história do carro?

– Ah, o seu livro... – Antony pareceu debochado, pois entendeu que Jack na verdade só se preocupava com o livro. – Escute... Eu realmente estou tentando encontrar Anne Rose. – Antony percebeu que aquela conversa havia ido longe demais e que os dois estavam exaltados.

– Estão faça melhor. Até agora não está funcionando. – Jack saiu da sala sem antes soltar suas últimas palavras. – Se ainda quiser minha ajuda, sabe onde me encontrar. – Antony ficou paralisado com o que havia acabado de acontecer. Empurrou algumas pilhas de papéis que estavam em sua mesa e deu um leve grito de raiva.

II

Antony não conseguiu trabalhar pelo resto do dia. As últimas frases que Jack havia lhe dito não saíam de sua cabeça. Se esforçar mais? O que ele poderia fazer? Não havia nada em lugar nenhum. Anne Rose desapareceu sem deixar rastros. Antony tentou desenhar, escrever e

113

elaborar tudo o que havia acontecido desde o desaparecimento da menina, e nada levava a lugar algum. Ela se foi. Depois de horas tentando entender a rotina de Lucius, de ler as entrevistas com os colegas de trabalho dele e o depoimento de sua mulher, chegou ao seu limite. Estava cansado, não aguentava mais olhar para o caso. E toda vez que fechava os olhos podia ver aquela maldita mulher. Eram flashes que apareciam sempre que ele cedia ao cansaço. A casa antiga, as roupas, o cabelo, os olhos negros do homem... Pensou que estava ficando louco e decidiu ir para casa mais cedo.

– Antony. – Sra. Anderson estava na calçada passeando com seu cachorro.

– Sra. Anderson. – Antony ficou surpreso, já era tarde para uma senhora estar na rua com o seu cachorrinho. – Cuidado com a neve.

– Ah, estou bem! Vim trazer Grace para tomar um ar. Só estou torcendo para que ela não congele. – Nora Anderson soltou uma leve risada.

– Anda fazendo muito frio, não? – Antony não via a hora de entrar logo em sua casa.

– Muito! – Nora aproximou-se de Antony. – Você até fez uma fogueira para se esquentar, não é? – Antony sabia do que ela estava falando.

– Ah, sim. – Ele entendeu onde Nora Anderson estava prestes a chegar. – Andei jogando algumas coisas fora.

– Eu reparei, fez uma grande fumaça. – Nora tirou algo de uma sacola. – Olhe, Grace furou um dos sacos que você jogou fora e eu encontrei isso. Não sabia se era algo para ser descartado... Talvez tenha caído por engano.

– Deixe-me ver. – Antony pegou a pequena foto e foi positivamente surpreendido – era um retrato dele com Donna fazendo bolo. – Muito obrigado, Nora. Acho que vou ficar com isso.

– É a sua mãe? – Nora Anderson forçou a vista para enxergar com mais nitidez a foto. – Não me lembro de sua mãe ser tão magrinha assim.

– Não... Não é minha mãe. – Antony no fundo sentiu que queria que aquela fosse realmente sua mãe. – Muito obrigado, Sra. Anderson. Cuidado com a neve!

Antony sentou-se no sofá da sala e ficou alguns minutos admirando a fotografia. Pensou que não seria uma ideia tão ruim ir procurar pela velha Donna Hason. Depois de alguns minutos, estacionou o carro próximo à casa de Malvina, que estava rodeada de flores e cartazes que as pessoas haviam deixado. Havia dois lugares onde as pessoas depositavam flores e cartazes para Anne Rose – sua escola e a casa de Malvina. Antony fez questão que não fosse notado pelos vizinhos e desceu o mais rápido que pôde para a entrada da floresta. Hesitou em entrar, mas seguiu mesmo assim. Ficou atento para que não fosse devorado por Thor nem por nenhum outro cachorro de Donna. Quando já havia caminhado por uns bons minutos pelo caminho que se lembrava de ter feito da primeira vez, ouviu um grito vindo de longe.

– Veio me matar, detetive? – A figura de Donna próximo a uma pedra chamou a atenção dele. Donna aumentava de tamanho à medida que Antony chegava mais perto. – Veio aqui para me matar ou para me prender?

– Vim aqui para beber.

– Eu sabia que nós tínhamos algo em comum. Pelo jeito eu te criei certinho! – Donna sinalizou para que ele a seguisse.

Os dois entraram na cabana de madeira de Donna e se sentaram um de frente para o outro. Donna ofereceu uma cerveja irlandesa que tinha em sua casa. Era uma de suas favoritas. Antony nem hesitou e tomou o primeiro gole.

– Não ouvi os seus cachorros dessa vez. – Antony começou a conversa.

– Os prendi na casa de cima. Estava arrumando o jardim e não queria que eles me atrapalhassem.

– De noite? Meio perigoso, não?

– Estava só colhendo alguns cogumelos e ervas para os meus chás.

– Quantos cachorros são? – Antony tomou mais um gole.

– Tenho cinco. São meus filhos. – Donna abriu sua cerveja. – Às vezes recorremos aos cachorros quando precisamos de companhia. Confesso que são melhores que humanos.

– Talvez eu precise de alguns.

– Você está bem? – Donna parecia preocupada. – Parece exausto.

– Estou muito cansado. Sinto que tem muita pressão em cima de mim e não deve nem ter começado ainda. – Antony estava realmente sentindo o peso da responsabilidade de ter assumido o caso de Anne Rose. – Fiquei pensando no que disse mais cedo.

– Seu trabalho não é muito fácil, detetive.

– Anne Rose é meu primeiro grande caso desde que... – Antony teve que se segurar, pois estava prestes a falar demais para Donna e não queria mencionar o episódio da banheira. – Minha família morreu.

– Por que decidiu vir aqui tão tarde? Jamais imaginei que quisesse tomar uma cerveja com essa velha rabugenta.

– Encontrei isso. – Antony deu a foto para Donna. – Lembrei-me de você e percebi que só queria alguém que compartilhasse da minha frustração. Alguém que entendesse tudo isso. – Desde que conversou com Donna pela primeira vez após anos sem se verem, ele não havia parado de pensar na mulher.

– Sou frustrada? Então é assim que você me enxerga?

– Não foi isso que quis dizer. Só queria alguém que...

– Falasse algumas verdades? Procurou no lugar certo. Não tenho paciência para essa cidade. –Antony soltou um riso tímido. – Fico andando pela cidade às vezes e vejo esse povo todo enjoado se exibindo. Hipó-critas, nojentos, são como ratos, sabia? Quando alguma coisa apodrece em algum canto, todos eles correm para lá e corroem tudo que sobrou e se vangloriam de tudo que conseguiram tirar daquilo que já estava definhando.

– Meu pai me levava a jantares com políticos. Era horrível, me sentia mal só por estar ali.

– Não sente falta deles? Eu sinto muita falta de minha família, mas principalmente de minha irmã. – Donna e Mary eram bem próximas.

– Não. – Era a primeira vez que Antony falava sobre o assunto desde o ocorrido. – Para mim, eles haviam ido muito antes... Não tínhamos uma relação boa.

– Eu me lembro de tudo. Por isso quer encontrar Anne Rose? Parece-me que você está tentando encontrar sua própria criança, rapaz. – Donna tomou mais um gole.

– Minha criança? Eu só... Eu sinto algo com ela. Não sei explicar, sinto que temos alguma ligação. Quero salvá-la. – Os olhos de Antony se encheram de lágrimas e ele tomou um longo gole.

– Você está tentando encontrar sua criança que ainda pede ajuda. Eu nunca esqueço os seus gritos. Toda vez que seu pai te colocava naquele porão meu coração se despedaçava. Posso sentir que você ainda está lá. Mas pelo menos hoje tem alguém para recorrer. – Donna soltou um leve sorriso. – Gostaria de poder te ajudar mais, talvez com algum chá? Não sei se seria uma boa ideia.

– Como posso ajudar essa criança? – Antony estava curioso com o assunto.

– Você deve se permitir... – Donna tocou no peito de Antony, que recuou alguns centímetros. – Permita que essa criança seja livre.

– E isso trará Anne Rose de volta? – Antony parecia não querer entender.

– Talvez ela nunca volte. Talvez volte amanhã ou daqui a anos. Essa menina já está te ensinando que não há mais como ser o mesmo. – Donna se afastou e tomou mais um gole. Antony recuou até suas costas encontrarem o sofá e tomou mais um gole como se precisasse esconder o rosto atrás do copo.

– Você tem razão. Hoje mesmo me exaltei e discuti com o tio da garota. Sinto que minha vontade de achar Anne Rose está me levando para lugares dentro de mim que nunca quis visitar. Lugares bons e lugares ruins. Ando vendo coisas cada vez que fecho os olhos. Estou ficando louco.

– Jack Porter? Já ouvi falar dele. Uma vez o vi com Malvina Dalais, acho que eles têm algo. Vivem grudados. – Donna falou.

– Ela me disse que eles são apenas amigos. Não importa, desde que ele pare de aparecer do nada me perguntando sobre Anne Rose já seria uma boa coisa. – Antony ficava desconfortável toda vez que via Jack e não sabia o motivo.

Os dois haviam conversado bastante sobre a vida de Mary, irmã de Donna, e de como Donna se sentia com a morte dela. Mais tarde, ela fez um prato típico escocês e os dois comeram tudo, não deixaram nem raspas para Thor, que se juntou a eles alguns minutos depois. Quando Antony saiu da casa de Donna naquele dia, ele já era amigo de Thor, e isso o tranquilizou. Toda a imagem que tinha da mulher se desfez em algumas horas de conversa e Antony percebeu que realmente aquela pessoa doce que um dia fez suco de frutas para ele jamais havia partido. Antony sentiu que Donna sofria tanto como ele em relação à sua família, e pôde imaginar de perto o quão difícil deve ter sido para ela viver com sua personalidade e seu jeito esquisito, porém encantador de ser.

– Acredito que tenho que ir. Está tarde para eu voltar por esse caminho. – Antony se despediu de Donna.

– Toma, rapaz. Leve isso. – Donna lhe entregou um pacote. – Fiz um bolo hoje de tarde e sobrou muito. Coma amanhã cedo, vai estar uma delícia.

– Obrigado, Donna. – Antony estava sem jeito. Não sabia o que falar para ela, aquela noite havia sido muito divertida e ele não sabia como transparecer tudo aquilo que estava sentindo. – Muito obrigado por me receber. Não imaginei que mesmo depois de anos nós poderíamos ficar horas conversando.

– Temos muitas coisas em comum. – Donna sorriu – Posso ter me tornado uma velha rabugenta que come criancinhas, mas posso sentir tudo isso que você sente, rapaz. Somos vítimas desse mundo. Compartilhamos da mesma dor. Encontre as pessoas que compartilham da mesma dor que você e formará sua nova família. Juntos podem se ajudar. Juntos podem ser livres.

Antony deu um abraço em Donna e saiu pela floresta. Olhou para trás e ficou vendo a figura da velha ficando cada vez menor. Com Thor sempre ao seu lado, Donna foi sumindo da visão de Antony lentamente até desaparecer por completo. Chegou ao seu carro e fez questão de entrar o mais rápido que pôde, estava ventando muito e fazia muito frio. Nada de neve naquele dia, mas ainda tinha bastante acumulada no chão, o que dificultava qualquer coisa. Colocou o bolo de Donna no banco do passageiro e acelerou. Inesperadamente, Antony teve de frear bruscamente quando a figura de um homem surgiu na frente do carro. Jack Porter estava diante dele. Antony emitiu um leve grito de susto. Os dois ficaram longos e intermináveis segundos se encarando, até Jack andar lentamente até o vidro do motorista e bater com a chave do seu carro para que Antony abaixasse o vidro.

– Achei que fosse me atropelar. – Os olhos escuros de Jack ficaram encarando Antony, que desligou o carro e abriu a porta.

– Quase me matou de susto, Porter. – O coração de Antony ainda estava acelerado.

– O que faz aqui? Me espionando?

– O mundo não gira em torno de você. – Antony fez questão de dar um sorriso sarcástico. – Estava falando com Donna Hason.

– Não sabia que era amigo da velha. Sempre a achei tão estranha. Toda vez que venho aqui ela aparece do nada. Sujeita esquisita, me parece meio drogada.

– Não fale assim. – Antony repreendeu Jack. – Sinto que as pessoas não a entendem. Ela é legal, me deu até um bolo para levar para casa. – Antony apontou para o pedaço de bolo que estava no banco do passageiro.

– Poderíamos tomar um café juntos. Você leva o bolo e eu faço o café. – Antony estava surpreso com a proposta de Jack, ainda mais depois da discussão que eles tiveram mais cedo. – Escute, eu sei que fui grosso hoje cedo e realmente gostaria que pudéssemos ser amigos. Quero muito encontrar Anne Rose e sei que você pode me ajudar. É pedir demais para que tomemos um café juntos?

– Não sei se esse é o melhor jeito, podemos apenas deixar as coisas de lado... E... – Antony gaguejou.

– Não vai comer esse bolo inteiro. É muito grande. – Jack começou a se afastar. – Bom, se sobrar algum pedaço podemos tomar um café e conversar sobre o que você tem do caso, de repente posso te ajudar com algo que não entendeu ainda. – Jack já estava na porta de seu carro quando soltou suas últimas palavras. – Sabe onde me encontrar, não é? – Antony não respondeu. Ficou apenas observando Jack se afastar.

– Você sabe que eu não posso compartilhar nada com você. – Antony seguiu Jack.

– Você pode ter um ombro amigo pelo menos.

– Por quê? – Antony perguntou.

– Não deve estar sendo fácil para você. Talvez precise de alguém que lhe dê suporte.

– Pelo jeito Malvina precisa de bastante suporte seu, já que está aqui na casa dela. – Antony olhou para a janela de Malvina, que estava acesa. Jurou que havia visto alguém os espionando.

– Ela está arrasada. – Jack aproximou-se de Antony. – Assim como você.

– Eu não estou arrasado, Porter.

– Não é o que parece. Posso ver nos seus olhos o quanto isso anda mexendo com você. – Jack encarou Antony.

– Alguém tem que se sensibilizar com Anne Rose, não é mesmo? – Antony virou-se de costas e caminhou para o seu carro e depois de um tempo deu a partida. Jack ficou no mesmo lugar, observando o carro de Antony se afastar.

Naquela noite não teve nenhum sonho. Dormiu tranquilamente e despertou até antes do escandaloso alarme. O celular tocou segundos depois que Antony abriu os olhos. Ainda sonolento, ele pegou o celular e sem nem ver quem era do outro lado da linha, disse as primeiras palavras do dia.

– Olá...

– Antony! Você está me ouvindo?! – Hunter gritou do outro lado da linha.

– O que foi? Estou sim. – Antony passou a mão no rosto e se sentou em sobressalto na cama enquanto se preparava para ouvir o que Hunter tinha para falar.

– É sobre Anne Rose. – Hunter fez uma pausa. – Você precisa me encontrar o mais rápido possível.

– Não me diga que...

– Estou na frente da casa de Malvina. Você precisa ver isso... – Antony levantou correndo. "Na frente da casa de Malvina?", repetiu para si espantado. Antony estivera lá no dia anterior e a única pista do desaparecimento de Anne Rose apareceria exatamente ali. Foi inevitável não se lembrar imediatamente de Jack Porter. Afinal, o que Jack realmente estava fazendo na casa de Malvina?

– Donna... – Antony estava confuso. Donna havia dito algo sobre Anne Rose aparecer no dia seguinte. – Jack... – Jack também estava lá. Antony estava se sentindo mal, saiu de seu quarto e foi para o corredor. Começou a se desequilibrar e se segurou na parede para não cair.

Olhava para o final do corredor e podia reviver o dia do assassinato de sua família. A música de Blair começou a tocar em sua cabeça. O corpo ensanguentado de Isla Mitchell estava do outro lado do corredor, ele fechou os olhos para que tudo voltasse ao normal. Não conseguia parar de pensar que poderia ter sido Donna ou Jack. Quando Antony se abaixou por completo e encostou-se à parede, viu novamente aquela misteriosa mulher levando um chute e gritando quando a menina era tirada de seus braços. Colocou a mão na barriga como se tivesse sentido o impacto da pancada e deitou-se no chão por alguns segundos.

– Anne... – Antony soltou suas últimas palavras antes de sua visão se apagar por completo.

Antony chegou depois de uma hora que recebera a ligação de Hunter pedindo que ele fosse até a casa de Malvina. Quando chegou ao local, viu que a rua estava interditada e que nenhum morador estava autorizado a entrar enquanto a polícia ainda estivesse lá. Quando chegou à porta da casa de Malvina, pensou como não era uma época de sorte para a mulher, primeiro a garota sumia, e agora algo aparecia na porta de sua casa. O que mais poderia acontecer com Malvina Dalais?

– Onde você estava? – Hunter estava furioso com a demora de Antony.

– Desculpe, passei mal antes de vir para cá. Tive que tomar um remédio. Devo ter comido algo estragado.

– Venha cá. – Hunter pegou Antony pelo braço e o levou para frente da casa, onde havia cartazes, velas, presentes e até ursinhos. – Olhe.

Antony forçou os olhos atentamente para observar o que Hunter estava tentando mostrar. Quando de fato enxergou o que estava ali, deu um pequeno grito de espanto.

– Meu Deus. – Antony deu um passo para trás.

– Ei, você! – Hunter chamou o oficial que segurava a luva na mão – Antony chegou, pegue para nós, por favor.

O policial pegou a peça e colocou em um saco plástico e depois colocou sobre o capô do carro. Antony e Hunter se aproximaram para ver. Um pequeno dedo havia sido deixado na porta da casa de Malvina em meio aos presentes e cartazes para Anne Rose.

– Não posso acreditar que isso está acontecendo. – Hunter foi o primeiro a conseguir falar alguma coisa.

– Que tipo de pessoa seria capaz de fazer uma coisa dessas? – Antony estava chocado. O dedo polegar de uma garotinha de 7 anos estava na sua frente e provavelmente o atormentaria pelo resto de sua vida. Era uma imagem horrorosa e ninguém merecia ver algo daquele tipo.

– Quem deixaria isso aqui? Faz dias que essas coisas estão aqui, mal sabemos quando foi colocado. Pode ter sido quando os primeiros cartazes e ursinhos chegaram. – Hunter parecia preocupado com o fato de que eles poderiam ter deixado uma importante pista passar despercebida.

– Onde está Malvina? Precisamos falar com ela. Mas isso deve ter sido deixado aqui ontem mesmo, está intacto.

Antony e Hunter entraram na casa e encontram Malvina Dalais sentada no sofá chorando enquanto Lilly consolava sua mãe. A casa não estava tão arrumada, afinal os policiais haviam entrado e feito algumas buscas pela casa antes de Antony chegar. Malvina mais do que nunca estava no meio de um grande furacão.

– Malvina... – Antony se aproximou.

– O que esses homens estão fazendo aqui?! – Ela se levantou e começou a gesticular.

– Sra. Dalais... – Hunter tentou dizer algo, mas foi surpreendido por uma Malvina furiosa.

– Olha o que vocês estão fazendo com minha filha! Olhe para ela, detetive! – Malvina apontou para Liliy, que também estava chorando no sofá. – Ela está assustada, ela quer ir embora de Miracle! Quem vocês acham que são para suspeitar de mim? Eu sou uma mãe solteira que está tentando ganhar a vida nessa droga de cidade e agora sou suspeita de matar Anne Rose?!

– Não estamos falando que você é suspeita de nada, Malvina. – Hunter interveio.

– Então o que eles estão fazendo aqui?! Tire todos daqui! Eles estão entrando em todos os quartos, abrindo tudo, mexendo em tudo! Eu não tenho nada a ver com isso! Pelo amor de Deus!

– Malvina! Malvina! Me escute, ok? Gritar e impedir esses homens que façam o trabalho deles não é a solução. Não estamos suspeitando de você. Isso é procedimento comum, não sabemos se há outras coisas na sua casa, se deixaram ou se plantaram mais provas aqui dentro ou do lado de fora. – Antony tentou acalmar Malvina e aparentemente estava funcionado. – Escute, eu sei que as coisas não estão sendo fáceis desde que Anne Rose desapareceu sob os seus cuidados, mas precisamos fazer de tudo para que esse pesadelo acabe. Não podemos esquecer que se nós estamos enfrentando algo terrível, ela com certeza deve estar enfrentando algo bem pior a cada dia que passa longe de casa.

– Vou dizer tudo que quiserem, mas quero que todos vocês saiam daqui o mais rápido possível. – Malvina se sentou novamente, passou a mão nos cabelos e enxugou algumas lágrimas. – Eu estava aqui na sala quando começou a nevar e pedi para a moça que trabalha aqui em casa que fosse lá fora e visse o estado das coisas. Acontece que ela estava muito ocupada e...

– Antony. – Jack Porter desceu as escadas da casa de Malvina, para a surpresa de Antony e Hunter – Hunter Boid.

– Porter... – Antony estava em choque com a aparição de Jack. Parecia que ele estava em todos os lugares, cercando todos e sempre pronto para aparecer em cena. Pela primeira vez, Antony sentiu medo na presença de Jack, ainda mais porque o via do alto da escada, o que salientava sua imagem imponente.

– Jack Porter. – Hunter foi mais consistente na sua cara de espanto, mas não conseguiu disfarçar muito bem. – O que faz aqui?

– Eu ia dizer exatamente isso. Jack passou essa noite aqui, estava me ajudando com Lilly. Foi ele que encontrou o dedo de Anne Rose. – Malvina se adiantou.

– Sim, fui eu. Veronica estava muito ocupada então corri lá fora para ver o que podia fazer para salvar alguns ursinhos e presentes que haviam recém-chegado. Foi nesse momento que encontrei aquilo e liguei para a polícia. O resto o senhores já sabem. – Jack estava tranquilo e falava com bastante propriedade. – Desculpem a demora, estava no banho.

– Sempre eficiente. – Hunter cumprimentou Jack. Nesse momento Antony revirou os olhos e saiu da casa de Malvina. Foi para o lado de fora sem acreditar no que havia acontecido.

– Ei, você! – Antony chamou um policial que estava próximo aos presentes. – Tome cuidado com isso, quero uma investigação minuciosa em todos esses presentes.

Antony se afastou mais ainda da casa, quase chegando próximo do outro da rua. Olhou para trás e viu pela janela da sala, que estava aberta, que Malvina havia começado a chorar novamente e que Jack havia se sentado ao seu lado. Antony olhou para onde Jack havia aparecido de surpresa na frente de seu carro na noite anterior e ficou confuso. Quando Antony encontrou Jack, ele estava deixando a casa, e agora Malvina havia falado que Jack passara a noite lá.

— Antony. — Depois de alguns minutos, a voz de Jack pôde ser ouvida, e Antony sabia que ele estava atrás dele. — Sei o que está pensando agora.

— Como é possível você saber tudo, Jack Porter? — Antony nem fez questão de se virar para encarar Jack.

— Eu posso te explicar...

— Como é possível você estar em todos os lugares? — Antony continuava olhando fixo para frente, praticamente ignorando a presença de Jack.

— Antony, eu...

— Como é possível?! — Antony virou de vez e encarou Jack. Sentiu sua respiração de perto. Nunca havia chegado tão perto de Jack e naquele momento só sentia que queria dar um soco na cara de Porter. Os olhos escuros de Jack encararam Antony, que se afastou rapidamente quando se lembrou dos olhos negros que também o encaravam em sua visão.

— Naquela hora eu estava indo ao mercado, não havia nada para comer no café da manhã e Malvina está tão abalada que não consegue fazer nada. Por isso eu saí tão tarde e quase fui atropelado por você. — Jack se afastou um pouco — Agora o que você fazia aqui? Me espionando?

— Por que você sempre acha que eu estou te espionando? Não sou eu que apareço em todos os lugares que você está. — Antony soou meio sarcástico.

— Você suspeita de mim?

— Não é da sua conta. — Antony não sabia o que pensar de Jack.

— Malvina é uma de minhas melhores amigas. Faz parte do que eu sou como ser humano ajudar as pessoas.

— Não foi isso que sua irmã me disse. Como foi quando você achou aquela coisa? — Antony estava com tanta raiva que mal conseguia raciocinar direito.

— Eu corri para dentro e tentei achar um jeito de contar para Malvina da melhor forma. — Jack apontou para os presentes — Encontrei bem ali, quando você chegou estava exatamente do jeito que eu havia achado. Eu só estou aqui para ajudar.

— Jack... — Antony respirou fundo. — Não sei se você sabe o que está fazendo.

– Eu sei! – Jack puxou Antony de volta quando ele tentou se virar. – Eu estou ajudando em algo terrível que aconteceu com Anne Rose. Eu estou me redimindo, consegue ver isso?

– Você não está se redimindo! – Antony se soltou e percebeu que Jack havia logo se arrependido por ter segurado Antony. – Você está se complicando! O que acha que vão pensar ao saberem que você estava exatamente no local onde o dedo de Anne Rose apareceu? Que você passou a noite aqui e que nunca se deu bem com a mãe da menina? Você diz que é melhor amigo de Malvina, mas não é isso que Bonnie anda falando por aí. É solteiro, mora sozinho em uma casa no meio das montanhas e foi para Londres quando a menina sumiu bem na frente de seus olhos! – Antony gritou, mas logo abaixou o tom de voz para que ninguém ouvisse o que ele estava falando.

– E o que você acha de tudo isso que acabou de falar? – Jack fez questão de olhar bem fundo nos olhos de Antony. – Seu silêncio disse tudo. Eu sabia... Até mais Antony, você sabe onde me encontrar.

– Eu não sei onde te encontrar! – Antony fez questão de gritar.

– Aqui! – Jack deu meia-volta e jogou mais um daqueles cartões para Antony.

Jack voltou para dentro da casa e deixou Antony do lado de fora da casa. Antony ficou pensando em sua resposta, mas não queria pensar naquilo. De certa forma acreditava em Jack, mas sua cabeça sabotava essa ideia e o fazia pensar totalmente o contrário. Depois de alguns segundos, Hunter abriu a porta da casa e caminhou em direção a Antony, que respirava fundo para não entrar em outra briga com quem não tinha nada a ver com aquilo tudo.

– Você está bem? Eu te vi gesticulando bastante, ele fez alguma coisa?

– Estou bem. Só fiz questão de dizer bem alto o que eu achava de toda essa proatividade dele. – Antony fez um sinal com a cabeça para que Hunter o acompanhasse até um lugar mais distante.

– Você não acha que...

– Não. Eu só acho muito estranho ele estar em todos os lugares ao mesmo tempo. – Antony abaixou o tom de voz, quase que sussurrando para que ninguém ouvisse. – Ontem eu estava aqui conversando com Donna e encontrei Jack perambulando na frente da casa de Malvina e achei muito estranho.

— Você e Donna? — Hunter estava surpreso.

— Por favor, não vamos entrar nesse assunto. — Antony tentou disfarçar. — Vou para a casa de Bonnie e Ludovic. Vou acalmar eles enquanto você acompanha tudo aqui. — Antony se despediu de Hunter e entrou no carro. Conforme dirigia não conseguia parar de pensar no que Donna havia dito sobre algo de Anne Rose aparecer naquele dia e no fato de Jack começar a se enquadrar como suspeito do caso.

Logo depois que saiu da casa de Malvina, teve que convocar Ludovic e Bonnie para o reconhecimento do polegar que havia sido encontrado. Não foi nada fácil dar a notícia de que eles tinham encontrado o suposto dedo de Anne Rose, mas Antony teve que ser forte o bastante para encarar a responsabilidade de seu emprego. Bonnie foi a que reconheceu primeiro e afirmou que realmente era o dedo de sua filha. Bonnie e Ludovic estavam arrasados e praticamente convencidos de que Anne Rose estava morta, coube a Antony contornar a situação e dar uma voz de esperança para o casal. Antony sentiu que Bonnie parecia apavorada e com muito medo, pensou que talvez ela estivesse com medo de dar de cara com os sequestradores de Anne Rose na porta de sua casa. Depois que eles saíram Antony andava de um lado para o outro e constantemente ligava para o perito responsável para saber o andamento do teste de DNA. Não conseguiu fazer mais nada naquele dia, ainda pegava-se pensando em suas visões e nos flashes que apareciam em sua cabeça. Nunca havia sentido aquilo, o chute que a mulher levou foi sentido por ele, ali, prestes a cair em seu corredor. Ficou pensando o que seria tudo aquilo e se não estaria ficando louco. A música de Blair já era algo que ele estava acostumado, mas imagens de pessoas, dores realistas e todo aquele desespero que a mulher sentiu sendo sentido por ele de olhos abertos, era tudo muito exagerado para Antony. Quando a sua família toda foi brutalmente assassinada, Antony entrou em um longo e profundo trauma. Não conseguia ir trabalhar, não falava com ninguém e até chegou a fazer xixi na cama como se tivesse regredido para um estado quase infantil de sua consciência. Demorou alguns meses para que ele esquecesse aquela cena toda e de vez em quando ainda acordava confundindo o suor que saía de sua pele com o sangue de sua mãe. Às vezes, enquanto caminhava pela casa podia ouvir vozes, e constantemente se sentia seguido e vigiado. Demitiu os três funcionários da casa e decidiu tocar por conta própria tudo aquilo. Era como se ele não quisesse dividir a família com mais ninguém e só ele tivesse o direito de ficar naquela casa. A casa ficou suja, imunda. Demorou bastante para que Antony contratasse alguém que fosse uma vez por semana ajudar ele na limpeza. Depois de um tempo se acostumou com a ideia e passou a conviver melhor com outro ser estranho em sua casa. Nem Antony entendia o apego que tinha pela casa. Sabia que na verdade estava ali porque se lembrava de sua família e porque tinha esperança de que um dia os assassinos voltassem para lhe matar. Não se preparou para um embate, pelo contrário, durante muito tempo desejou que fosse morto também. Antony não entendia o motivo pelo qual havia ficado e constantemente acreditava que era o culpado de tudo aquilo. De que se ao menos estivesse na sala no momento da invasão poderia ter matado algum dos homens e salvado algum membro de sua família. Ficou se perguntando quem teria salvado e a resposta nunca chegou à sua cabeça. Nunca pôde saber quem ele salvaria. Suspeitou de que alguma força maior havia o salvado quando decidiu inusitadamente partir para a casa dos fundos e, sem saber, se safou dos assassinos. Antony depois de quase um ano percebeu que ele havia sido salvo e que sua vida havia começado a melhorar, se sentia preso ao passado, mas já sonhava e ambicionava novos projetos com mais frequência. A voz sabotadora que habitava sua cabeça não permitia que ele fosse muito longe com a imaginação, mas pela primeira vez na vida adulta começava a pensar em de fato seguir o campo artístico e voltar a pintar. Durante aquela época Antony sentia que algo havia sido roubado dele, não só a vida de sua família, mas como sua vida. As investigações não colaboraram muito para a solução do crime, algumas câmeras haviam pegado o carro que os assassinos usaram, mas logo a polícia encontrou o carro abandonado e sem nenhuma impressão digital ou algo do tipo. Apenas um homem suspeito apareceu morto em um lago próximo a Miracle e a polícia, por pressão da cidade e da mídia, escolheu esse sujeito para ser o principal suspeito e assim dar o caso como arquivado. Antony nunca teve forças para ir atrás de mais informações sobre o caso, nunca teve cabeça para buscar quem havia sido o responsável, pois estava sofrendo mais do que ninguém e pensar nisso naquele momento apenas o fazia se afundar ainda mais.

Mais tarde naquele dia o primeiro resultado da perícia saiu e os peritos puderam confirmar que o dedo realmente era de Anne Rose. Além disso, entre os objetos que estavam ao lado do dedo, foi encontrada uma touca rosa que continha o sangue da menina e saliva de cachorros. Quando Antony recebeu o relatório da perícia, ficou paralisado por minutos. Seria possível que Donna estivesse envolvida nisso? Todos sabiam que a anciã tinha cachorros e ela mesma os disponibilizou para participar das buscas. A cabeça de Antony estava confusa, primeiro Jack e agora Donna. As últimas duas pessoas interessantes e diferentes que Antony havia conhecido poderiam agora se encaixar em possíveis suspeitos do caso. Não chegava a enquadrar Jack na categoria de interessante, mas havia algo nele que Antony gostava, só não sabia o quê. Por mais que fosse muito cedo e houvesse muitas poucas provas, Antony temia qual iria ser a postura da cidade e da imprensa com as recentes descobertas. Àquela altura do jogo, ele sabia que sua inteligência e falta de habilidade poderiam ser culpadas pelo sumiço de Anne Rose, mas agora ele havia ganhado dois outros concorrentes nos quais a cidade poderia colocar a culpa pelo sumiço da garota: Jack Porter e Donna Hason. Devido à recente descoberta, não hesitou em orientar a sua equipe a começar a tratar o caso como sequestro. Alguém havia colocado o dedo de Anne Rose na porta da casa de Malvina, e essa pessoa claramente estava mandando uma mensagem para Bonnie e Ludovic de que não aceitaram a quantia oferecida por eles.

Quando chegou à casa de Bonnie e Ludovic Gordon, a imprensa toda já sabia que haviam encontrado o dedo da menina, mas nenhum deles aparentemente sabia detalhes da perícia ou sobre quem seria o principal suspeito.

— Detetive. — Ludovic abriu a porta para Antony entrar. Os flashes iluminavam toda a entrada da residência e produziam um cenário caótico toda vez que a porta era aberta.

— Detetive Mitchell! — Bonnie correu em direção a ele. — Você está bem? Está um caos aí fora.

— Sr. e Sra. Gordon. Estou bem, não se preocupem.

— Ficamos sabendo por Hunter que você estava a caminho trazendo notícias. — Ludovic serviu um copo d'água para Antony.

— Sim, tenho notícias. Logo depois que vocês reconheceram o dedo acabei recebendo o resultado do exame, e infelizmente comprovamos que pertence à filha de vocês. — Antony percebeu que os olhos de Bonnie já se enchiam de lágrimas. — Além de encontrarmos o sangue de Anne Rose em outros objetos que estavam lá, também encontramos saliva de cachorro. — Antony respirou fundo.

– Oh, não! Não! Não! Não! – Bonnie se afastou, gritando repetidamente a mesma palavra.

– O que isso quer dizer, detetive? – Ludovic, aparentemente mais calmo, perguntou a Antony.

– Não sabemos, Sr. Gordon. Mas creio que precisamos tratar esse crime com sequestro. Mesmo com Lucius morto e o carro limpo, temos as câmeras e agora isso. – Antony até que estava se mantendo calmo, apesar de sua vontade interior ser de correr de volta para sua casa.

– Não pode ser. O sangue... Será que ela está morta? – Ludovic friamente perguntava para Antony, que não conseguia tirar os olhos de Bonnie, que chorava sem parar.

– Ela pode estar ferida, senhor. Ela pode ter caído enquanto fugia ou se machucou quando tentou escapar. Não sabemos ainda, mas o dedo realmente é dela.

– E o cachorro? – Bonnie gritava – Quem explica a saliva do cachorro, detetive? Eu quero a verdade!

– Bonnie, se acalme! – Ludovic gritou.

– Sra. Gordon, o dedo estava exposto ao ar livre, qualquer cachorro pode ter ido farejar lá e ter deixado um pouco de saliva ali. Não podemos nos apressar tanto e... – Antony foi interrompido por mais um grito de Bonnie.

– E achar que ela virou comida de cachorro! A minha filha, Ludovic! A minha Anne foi morta e virou comida de cachorro! – Bonnie estava desesperada. Subiu correndo as escadas e se retirou para o segundo andar da casa. Antony ficou sem jeito com a reação dela.

– Sr. Gordon, faremos o possível para fornecer mais respostas. – Antony disse. – Preciso te dizer que foi o irmão de Bonnie quem encontrou a touca que pertence à sua filha.

– Jack Porter?! – Bonnie reapareceu no topo da escada e foi descendo os degraus enquanto apontava o dedo na direção de Antony. – O que ele estava fazendo lá? Jack não tem o direito de ser chamado antes de nós! Ele não faz parte dessa família. – Ludovic teve que segurar a mulher, que partia em direção a Antony com certo tom de agressividade.

– Sra. Gordon, nós não o chamamos, também ficamos surpresos ao encontrá-lo lá, ele passou a noite na casa de Malvina e pela manhã encontrou o dedo de sua filha.

— Isso é patético. Ludovic, o que está acontecendo? — Bonnie se virou para o marido. Nem deixou o homem falar e voltou a atacar Jack para Antony. — Nós não somos próximos, detetive, Jack renegou essa família, ele abandonou nosso pai nos últimos anos de sua vida e eu não quero saber de encontrar ele em lugar nenhum.

— Bonnie... — Ludovic tentou falar, mas logo era interrompido pela esposa.

— Ele está fazendo o que sempre faz! Ele está cercando tudo e todos porque ele quer ver de perto a nossa dor. Eu sei disso, Antony.

Dessa vez Bonnie subiu de vez para o segundo andar. Antony e Ludovic puderam ouvir a porta do quarto bater forte.

— Sr. Gordon, eu farei o meu melhor para fornecer todas as respostas.

— Eu acredito, detetive. Você acredita que Anne possa estar morta?

— Não. Ela pode estar ferida, mas não acredito que esteja morta. Quem depositou isso na porta de Malvina sabe que estamos desesperados para encontrar a menina, e de alguma forma quer mandar alguma mensagem. Estamos oficialmente tratando o caso como um sequestro. Existem outras pessoas com Lucius, ele deve ter entregado Anne Rose para alguém fora da cidade ou em algum lugar mais afastado. — Antony claramente via aquele ato macabro como uma reposta à oferta de recompensa que o casal havia feito por qualquer informação crucial que levasse à Anne Rose.

— Uma mensagem para nós? Eu e Bonnie? — Ludovic parecia assustado.

— Sim. — Antony foi frio. — Acredito que seja uma reposta ao dinheiro que o senhor ofereceu. Vocês têm certeza que não possuem inimigos ou pessoas que de alguma forma fariam mal à sua família? Isso me parece pessoal, Sr. Gordon.

— Não temos inimigos, detetive. Quem faria isso com uma criança? — Ludovic não pareceu muito convincente. — Se quisessem algo poderiam vir aqui facilmente e pegar, ou se querem fazer o mal por que não entram em minha casa e assassinam todos nós? — Ludovic se afastou. Agradeceu Antony e subiu para o segundo andar.

Antony ficou chocado com as últimas palavras de Ludovic. Ele não sabia se Ludovic havia dito aquilo para citar o caso de Antony como exemplo ou se era algo usual para ele alguém entrar na casa de outra pessoa e assassinar toda sua família. Antony se sentiu mal ao ouvir aquelas palavras. Como sua história poderia sair tão fácil da boca de alguém que nem se preocupou em encontrar outra maneira de falar aquilo? Para Antony, por mais forte que fosse sua dor, as pessoas jamais a respeitariam da maneira que ela merecia ser respeitada. Para as pessoas que não vivem nossa dor diária é muito fácil a elaboração. Quando sentimos algo, aquilo nos pertence, e não adianta esperar que as pessoas à nossa volta possam sentir o mesmo, mas acima de tudo devemos exigir que nossas dores sejam respeitadas. Antony ficou observando Ludovic subir os degraus enquanto se preparava para encarar os jornalistas e fotógrafos que estavam do lado de fora esperando um momento oportuno para se aproximarem. Ainda estava confuso com tudo que havia ouvido sobre Jack e cada vez mais colocava sua desconfiança no escritor.

Mais tarde naquele mesmo dia, Antony convidou Emília, que havia acabado de voltar de viagem, para um jantar em sua casa. Fazia alguns dias que ele não via a amiga e não sabia se ela estava por dentro de todas as novidades do caso de Anne Rose. Depois que fez o jantar ficou pensando em tudo que estava acontecendo. A sua desconfiança de Jack e agora de Donna não fazia sentido para ele. Ele se sentia culpado por estar desconfiando dos dois sem absolutamente nenhuma prova realmente convincente. Por mais que tivesse essa suspeita, ainda sentia vontade de conversar mais com essas duas pessoas e de conhecê-las melhor. Donna era uma velha conhecida que morava em uma casa na floresta, mas que havia chamado a atenção de Antony pela personalidade e, sobretudo por se revelar uma pessoa incrivelmente doce mesmo depois de tantos anos. Jack era diferente, ele tinha um ar sedutor e misterioso. Por mais que Antony tivesse algumas desavenças com o escritor, aquela frase que ele havia dito sobre a liberdade ainda voltava constantemente em sua cabeça e os seus olhos eram difíceis de serem esquecidos. Durante o dia, Antony pegava-se repetindo aquela frase várias vezes em pensamento, e até em voz alta· Não sabia responder para si mesmo se a frase de Jack havia sido o estopim para que ele queimasse as coisas que estavam guardadas na casa do fundo ou se ele já estava de alguma forma propenso a fazer aquilo. O detetive sentia que Jack, assim como ele, era julgado por pessoas à sua volta e que nada mais queria além de liberdade. Jack parecia ter tantos sonhos dentro dele e Antony perguntou-se para si mesmo onde estavam todos os seus sonhos e desejos naquele momento. Os anseios mais profundos de Antony haviam sido enterrados na camada mais escura de sua alma, sendo difícil até para ele pensar neles. Durante muito tempo quis ser pintor, quis viver para a arte e explorar o mundo. Nunca quis ficar preso em Miracle nem casar e ter filhos ali mesmo. Sentado, esperando Emília, Antony pôde reviver e buscar os seus maiores desejos. Queria um amor livre, queria encontrar alguém que o aceitasse e que o empurrasse para frente, ao contrário de seus pais, que sempre o limitaram. Logo ele, o menino sonhador. Antony relembrou das vezes em que foi elogiado na escola pelo seu talento de pintor e o dia em que teve de desistir de tudo e guardar todos os quadros no porão. Os seus sonhos impedidos, agora escondidos no porão de sua alma, assim como os quadros no porão da casa do fundo. Enterrou seus mais escuros e proibidos desejos, a aspiração de ter experiências novas, seus sonhos e até mesmo sua vontade de formar outra família um dia. Antony sentia que tudo havia sido tirado dele e que ele deveria um dia recomeçar para que recuperasse tudo aquilo que havia sido enterrado ou guardado no porão de sua alma e nunca mais acessado. Durante anos Antony sonhou com uma família, com seus filhos e um amor. Um dos seus quadros mais bem recebidos pelas pessoas foi o em que ele retratou uma rosa, na qual cada pétala, conforme ele explicara, era um membro de sua família, e uma rosa jamais seria completa se uma pétala tivesse caído. Por isso quando a primeira pétala caísse, todas as outras seguiriam e a rosa se desmancharia. Todos por todos. Antony chamou o quadro de *Todos por todos*, que era algo que nunca teve em seu lar. A família de Antony sempre foi muito distante e desconectada emocionalmente. Nem mesmo Violet recebeu o apoio de que precisava quando resolveu arriscar um pouco mais na carreira. Blair foi reduzida às sombras de Violet e Antony totalmente excluído por ser uma criança criativa, emotiva, sensitiva e livre. Antony percebeu que fazia tempo que essa liberdade que costumava acompanhá-lo não aparecia, mal poderia lembrar a última vez que arriscou um corte de cabelo novo ou dançou em uma festa até o dia amanhecer. Sua inocência e sua essência foram agredidas durante tantos anos que foram se escondendo até sumirem de vez. Sumiram tanto que criaram na cabeça de Antony diversas para-noias e questionamentos sobre se do modo como ele era antes era realmente errado e desprezível. Antony percebeu que durante muitos anos passou a viver uma realidade que Isla e Alan haviam imposto para ele e que se esquecera de sua própria verdade, duvidando até mesmo de sua singela existência.

– Oi, princesa! – Emília abriu a porta de Antony e o assustou. – Pensando no quê? Certeza que fez um prato horrível e agora está bolando uma desculpa para me levar a um restaurante.

– Idiota. – Antony brincou. Fez questão de ajudar Emília com suas malas e lhe servir um vinho. – Fiz algo incrível, peguei do livro de receitas de minha mãe.

– Deve estar ótimo. Acredita que acabei de chegar? – Emília tirou o cachecol do pescoço e se jogou no sofá. – Estava em Paris. Estou com alguns projetos por lá e fui a uma reunião que durou quase o dia todo. Talvez eu faça minha estreia na TV.

– Meu Deus. – Antony tomou um gole. – Você gostou? Posso imaginar como deve ser voltar para Miracle.

– Eu amei! – Emília fez questão de gritar. – Mas é sempre um saco voltar para essa cidade, apesar de que gosto do clima daqui. Quer dizer, não desse tempo horrível, mas sim de ser uma cidade relativamente não muito grande. Cresceu bastante em 20 anos. Acredita que conheci um rapaz de minha idade que nunca eu tinha visto em nenhuma escola de Miracle? Pelo menos não nas que frequentei. – Emília falava de mais um dos seus fracassados encontros amorosos.

– Eu conheci uma pessoa também. – Antony mal concluiu a frase e Emília pulou do sofá.

– Você conheceu alguém?! O que isso significa? Estou em êxtase! – Emília estava pulando e se segurando para não derrubar a taça.

– Não é isso! Você está louca? Estou dizendo que conheci uma pessoa, mas não é algo amoroso. – Antony jogou uma almofada na amiga.

– Poxa, achei que iria conhecer a pessoa responsável por quebrar esse coração aí.

– Não. – Antony fez questão de falar bem alto. – Eu conheci o tio de Anne Rose. Ele se chama Jack Porter, mas nunca tinha o visto na minha vida. Ele mora aqui faz tempo e eu nem sabia da existência dele.

– Jack Porter? – Emília parecia chocada. – Jesus. O cara é um idiota.

– Desde que quando você conhece Jack?

– Trabalhou por dois meses no jornal e foi demitido por ser insuportável. Na verdade, rola um boato que ele ficou com a mulher do meu diretor e então juntou com a história de ele ser meio, você sabe, mala, com o fato de ele ter colocado um chifre na cabeça de Mark...

– Mas o que você acha dele? – Antony parecia curioso.

– Tudo bem, eu exagerei. Ele é legal, mas deu em cima do departamento todo e por isso acabei pegando certa implicância do sujeito. – Emília colocou mais vinho na taça.

– Ele parece ser legal. Eu ando bem desconfiado dele esses dias, ele aparece em todos os lugares e parece me seguir, sabe? E eu juro que dessa vez não é coisa da minha cabeça. – Antony se lembrou da fase em que achou que a cidade toda o perseguia. Foi mais uma sequela que o trauma da sua família deixou.

– Ele é um garanhão. Um pavão! Parece que ele namorou por um bom tempo uma garota que faleceu em um acidente de carro. Depois disso nunca soube mais nada. Falam por aí que ele fazia de tudo pela menina e ela simplesmente o ignorava. Vai ver a morte dele o libertou de certa forma.

"Liberdade é viver sem medo", Antony imediatamente lembrou-se da frase de Jack quando Emília contou a história de sua ex-namorada. Teria Jack estado tão preso ao amor que sentia pela garota que perdeu sua própria liberdade e vivia com medo de que algo acontecesse? Medo talvez de perdê-la ou qualquer outra coisa. Antony ficou pensando no que poderia ter acontecido. Jack falava muito de liberdade e pelo jeito também havia passado por um grande trauma.

– Deve ter sido um baita baque para ele, não? – Antony engoliu em seco e ficou com vontade de ir atrás de Jack para perguntar mais sobre seu passado. – Enfim, ele parece ser legal, apesar de a gente ter brigado nas últimas vezes que estivemos juntos. Tem algo nele que me chama atenção, mas não sei o quê. Sinto raiva por ele ter estado tão próximo de Anne Rose e ter a deixado ir. – Antony se lembrou do olhar de Jack. – Além também de ele querer de qualquer maneira ajudar no caso de Anne Rose. Isso me incomoda.

– Ah, sim! Como está isso? Meu Deus! Fiquei fora por um dia e não estou sabendo de mais nada.

Antony contou tudo que havia acontecido para Emília. Ela ficou perplexa com a história de Lucius e principalmente pelo fato de Lucius ter atirado duas vezes na direção de Antony. Ficou mais em choque ainda quando ele contou que não havia nada no carro e que havia aparecido o dedo de Anne Rose com a baba de um cachorro.

– Saliva de um cachorro? Alguém jogou a menina para um cão? Meu Deus. – Emília interrompeu toda a história que Antony estava contando.

– Não sei, é tudo muito novo ainda.

– Você suspeita de alguém? Deve haver algum cão na rua, sei lá, de um vizinho talvez.

– Pelo que me lembro ninguém naquela rua tem cachorro. – Antony sabia que estava mentindo. Ele sabia que mais cedo ou mais tarde Hunter chegaria até Donna Hason e não havia nada que ele pudesse fazer, pois até mesmo Antony às vezes duvidava da inocência da velha. Naquele momento, Antony sentia que poderia desconfiar até mesmo de sua melhor amiga. O caso de Anne Rose estava o deixando mais sensível e desconfiado. Ele não conseguia confiar mais em ninguém, era como se todas as pessoas estivessem contra ele e contra sua capacidade de encontrar a menina.

Emília e Antony conversaram por um bom tempo, mas pela primeira vez Antony não se sentia à vontade. Ficava constantemente pensando no que poderia ter causado o ferimento de Anne Rose. Se havia sido na cabeça, se havia sido em outra parte do corpo ou se de fato aquilo correspondia a um ferimento causado para machucar a garota. Pensou que poderia ser facilmente uma tentativa de forjar um machucado e de deixar a cidade toda ainda mais agoniada para encontrar a menina. Antony ficou um bom tempo pensando que poderiam estar fazendo isso para que a cidade dormisse menos e ficasse cada vez com mais medo de encontrar a menina sem vida. Depois que Emília foi embora, Antony sentiu certo alívio, não estava se sentimento bem e queria ficar sozinho por um longo tempo. Quando caminhava em direção ao seu quarto, teve de encarar o corredor onde mais cedo havia caído. Desde o episódio da banheira, Antony nunca mais teve algo tão estranho ou preocupante. Ao passar pelo corredor lembrou-se das cenas que apareceram em sua cabeça e mais uma vez do chute que a mulher levou e foi sentido de forma tão real por ele. Deitado na cama e pronto para dormir, ficou, no entanto, com medo de pegar no sono. Nunca havia presenciado algo do tipo. Aqueles flashes e as cenas que apareciam subitamente em sua cabeça eram como se fossem sonhos acordados, visões ou algo do tipo. Os gritos da mulher eram parecidos com os gritos que ele ouviu quando sua família foi morta a tiros na sala de sua casa. A única diferença era que não tinha barulho de carros acelerando. Contudo, o grito da mulher e o grito que ouvira no jardim eram tão parecidos que dava arrepios. Os dois tinham uma camada de medo e terror em cada nota vocal. Eram músicas. Tocavam uma melodia. Antony sabia que era a melodia da dor, da perda e do desespero. Esfregou rapidamente os olhos, pois estava pegando no sono. Por fim, apesar de temer o que seus sonhos trariam, adormeceu.

No dia seguinte, acordou antes do alarme, dessa vez havia sido despertado não por um pesadelo, mas pelo grito de uma mulher, que vinha direto de seu corredor. Antony se levantou rapidamente e acendeu a luz. Não havia nada ali, era sua só cabeça o atormentando mais uma vez. Mais tarde naquele dia, com olheiras imensas e cara de cansado, Antony encontrou Hunter em um café perto da casa de Bonnie e Ludovic.

— Algo novo? — Antony se sentou na frente de Hunter.

— Nada. — Hunter parecia desapontado. — Na casa de Malvina não tem nada além de suas próprias coisas. Procuramos nos vizinhos do lado também, e nada foi encontrado.

— Fizemos três testes depois que Bonnie e Ludovic reconheceram o dedo, e todos deram positivo. Você tinha que ver a reação de Bonnie quando contei que Porter estava na casa de Malvina e que foi ele que encontrou aquilo. — Antony se lembrou do grito no seu corredor e tomou um grande gole de café para se acalmar. Dentro de sua cabeça, ele repetia sem parar "Respire, Antony".

— O que ela fez?

— Gritou bastante e disse que Jack não era bem-vindo ali e uma série de outras coisas. Parece que ela o odeia.

— Então ele se vingou da irmã e pegou sua filha. Pronto! — Hunter não parecia estar brincando.

— O quê?! Você está louco. — Antony fez uma cara de espanto.

— É claro que eu estou brincando. Mas já pensou se o seu caso terminasse assim? — Hunter riu.

— Jack só está tentando ajudar. Mas nesse momento eu acho que ele deveria ficar mais na casa dele e parar de se meter onde não é chamado. — Antony não queria pensar que Jack seria capaz de fazer aquilo com Anne Rose.

— O cara é estranho, mas é inteligente. Não acredito que faria algo do tipo e depois ficaria tentando bancar uma de justiceiro por aí. Casos assim aconteceram em outros lugares, os caras davam entrevista e tudo, e no fim eram eles que tinham matado. Pelo menos nosso garanhão aí ainda não apareceu dando entrevista na porta de casa. – Hunter tomava um gole de café. – O que você acha que está rolando entre ele e Malvina?

– Não sei. Ele disse que é a melhor amiga dele. – Antony estava cansado de ouvir sobre Jack. Não queria ficar falando dele, não se sentia bem fazendo isso. Não entendia o que sentia quando ouvia Hunter falando aquelas coisas. Só queria acreditar que Jack era uma pessoa boa. Não encontrava dentro dele o motivo pelo qual queria acreditar em Jack e o motivo pelo qual suspeitava do escritor. – Hunter, esquece o Porter. O que você acha do lance do cachorro?

– É muito estranho.

– Quantas casas têm na rua? Você decorou? Não consigo lembrar. – Antony fazia esforço para lembrar-se da rua de Malvina, mas tinha medo de ver algo que não desejava. Sua cabeça não andava funcionando bem.

– São oito. E adivinhe só, nenhuma tem cachorro. Pode descartar a ideia de que algum cachorro foi lá meter a fuça nas coisas que deixaram para a menina. – Hunter balançou a cabeça com ar de descontentamento.

– Na verdade...

– Eu sei o que está pensando. Pode me dizer se sabe de alguém que tenha um cachorro? Quero ouvir isso de você para depois não dizer que é implicância minha. – Hunter sabia as palavras que sairiam da boca de Antony.

– Hunter, não me faça fazer isso· – Antony não teve coragem de falar que Donna tinha cinco cachorros.

– Você sabe o que fazer, garoto. – Hunter levantou-se da mesa. – Não foda essa caso por amor, ouviu? Eu sei quem é essa Donna, levantei a ficha dela e não me parece nada gente boa. Você sabia que seus pais a acusaram de roubo? Vai dar uma olhada nisso depois. – Quando já estava perto de seu carro já do lado de fora do restaurante, Antony correu em sua direção.

– Isso não é sobre amor. – Antony fez Hunter fechar a porta do carro.

– É sobre o quê? É sobre você proteger aquela velha estranha só porque ela te deu de mamar quando você era bebê?

– É sobre não sair por aí acusando qualquer um. Donna tem cinco cachorros, mas ela mora a quase 15 minutos da entrada da floresta e eu duvido que ela deixaria aquele cão imenso andar pela rua sozinho. Eu conheço essa velha e ela jamais faria isso.

— A garota estava na floresta.

— Como você é ridículo. Qual motivo Donna tem para colocar o dedo de Anne Rose na porta de Malvina?

— Acusar Porter? Ela está se safando dessa história toda só porque é sua amiguinha.

— Ela não é minha amiguinha e eu não estou sendo imparcial nesse caso. — Antony virou-se e deixou Hunter falando sozinho. Era a primeira vez que sentia que havia falado o que queria para Hunter. Sua coragem havia voltado e ele se sentia firme dessa vez.

— Antony! — Hunter puxou o braço de Antony com muita força e o trouxe de volta. — Quem você acha que você é? O que deu em você? A velha tem um cachorro enorme e claramente se enquadra como suspeita. — Hunter soltou Antony.

— Quem eu acho que eu sou? Quem *você* acha que é? — Antony empurrou Hunter. — Você acha que sabe de tudo e que tudo está ao seu alcance. — Nesse momento, Antony apontava o dedo na cara de Hunter e nada podia o segurar. — Você não se preocupa com as pessoas, você só se preocupa com você e não está nem aí em acusar uma velha que sofreu a vida inteira e que mora isolada em uma floresta! Olhe para o que você está fazendo! É você que não pensa, Hunter. — Antony o empurrou.

— O que deu em você? Está louco? Anda tomando aquelas merdas de novo?

— Você age como se não se importasse com ninguém. — Antony voltou a gesticular.

— Eu te salvei! — Hunter revidou. — Você se esqueceu?!

— Eu não pedi para você me salvar, ou você realmente acha que eu fiz aquilo para ser salvo por alguém? — Antony foi em direção ao seu carro, entrou e acelerou o mais rápido que pôde encarando pela janela Hunter, que ficou parado no mesmo lugar tentando entender o que havia acabado de acontecer.

— Ei! — Uma funcionária do café gritou. — Alguém precisa pagar a conta. — Hunter foi em direção à mulher e jogou algumas notas.

— Não enche!

Antony chegou à casa de Donna alguns minutos depois. Dirigiu o caminho todo chorando e não pôde segurar alguns gritos que saíam de sua alma cada vez que o carro parava em um semáforo. No caminho, acabou parando e comprando uma bebida, sabia que estava entrando em um caminho sem volta, mas não podia mais sentir aquilo. Hunter parecia seu pai, não se importava com ninguém e não estava nem aí em colocar a culpa naquela senhora. Antony começou a ouvir a música de Blair, que tocou em sua cabeça durante todo o caminho pela floresta.

– Donna! – Antony se aproximou da cabana gritando para a senhora.

– Antony? Thor, saia daí! Silky, vá para a casinha! – Donna havia sido pega de surpresa e estava desesperada tentando segurar os dois cachorros. Thor acabou escapando de seus braços e foi em direção de Antony. Para a surpresa dos dois, o cachorro não fez nada além de abanar o rabo.

– Acho que ele me reconheceu. – Antony tomou coragem e passou a mão em Thor. – Hey! Você se lembra de mim?

– Entre! – Donna deu um abraço tímido em Antony e o convidou para entrar. – O que está fazendo por aqui? Você andou bebendo? – Donna cheirou a jaqueta preta que Antony usava.

– Eu precisava conversar. – Antony se sentou. – Bebi um pouco, precisava de algo que me relaxasse.

– Então deveria ter te esperado para fumar algo. Você quer? – Donna parecia feliz que finalmente arranjaria alguém para fumar com ela.

– Não. Estou bem, aliás, tomei uma garrafa inteira daquela cerveja que você me apresentou. – Antony havia tomado na verdade três, pois ficou no bar por um bom tempo antes de voltar para a estrada.

– Pode começar a falar, rapaz. Está com cara de quem estava chorando. – Donna tinha uma capacidade grande em sentir qualquer coisa em qualquer pessoa.

– Briguei com Hunter. Você se lembra dele? Acho que contei um pouco a respeito.

– Aquele cara que estava com você na igreja? Ele ficou me olhando estranho aquele dia.

– Posso imaginar bem ele fazendo isso. É a cara dele. Hunter me lembra meu pai. Vivem desprezando os outros.

– E como você saiu assim, menino? Tão gentil. Lembro-me bem de quando você me viu pela primeira vez, logo veio me abraçar e depois fez um desenho para mim. Deixou-me três quilos mais gorda, mas tudo bem. – Donna também se sentou. – Estou com dor de cabeça, preciso sentar.

– Eu lembro que vivia te dando desenhos. Mas não sei como fui ser assim, Donna. Às vezes acho que sou uma aberração. – Antony engasgou um pouco e sentiu algumas lágrimas se formando em seus olhos. A bebida não estava ajudando a se segurar.

– Você é um rapaz tão bonito. Por que está pensando isso?

– Às vezes sinto que tenho muitas emoções dentro de mim e as pessoas se assustam com isso. – Antony derramou a primeira lágrima. – Eu me preocupo com as pessoas. Eu quero o bem delas, eu gosto de ajudar. É por isso que escolhi isso aqui. – Antony apontou para si mesmo fazendo referência ao seu trabalho como investigador. – Mesmo que não tenha sido a carreira certa.

– Não se julgue por sentir muito. Jamais se julgue por ser quem você é. Você deveria abraçar sua essência de todas as formas, tenho pena daqueles que te julgam pelo tamanho do seu coração.

– Isso tudo está mexendo muito comigo. Donna, eu não sei o que fazer. Eu ando ouvindo coisas, vendo coisas, sentindo uma série de coisas ruins se aproximando e boas ao mesmo tempo. Eu estou perdendo minha cabeça. Por favor, me ajude com tudo isso. – Antony desabafou.

– Antony, me escute. – Donna sentou-se ao seu lado e passou seu braço pelo ombro de Antony. – A minha vida toda eu fui julgada. Olhe para mim! Eu paguei um preço por isso, mas eu não fingi um papel que não era meu. Eu sempre fui fiel ao que eu tenho aqui dentro. – Donna apontou para o seu peito.

– Eu tenho medo de ser fiel a mim mesmo. – Antony não conseguia parar de chorar. – Eu preciso encontrar Anne Rose. Eu não sei o motivo, mas eu sinto que preciso buscar isso dentro de mim.

– Do que você tem tanto medo? Você tem medo de quem? Eles se foram, as pessoas que te machucaram se foram. Você está livre. Você não é mais aquele garoto que ficava dias preso dentro de um porão igual a um cachorro. Olhe para nós, eu não preciso mais descer até aquele porão para te dar comida. Você cresceu e virou um homem lindo, não tenha medo do passado, eu sei que isso ainda te prende. – Donna sabia sobre o que os pais de Antony faziam com ele.

– Você perdoou as pessoas durante sua vida? – Antony levantou a cabeça e encarou Donna. – Eu fiquei sabendo que meus pais te acusaram de roubo. Você não saiu de casa porque quis, mas sim porque foi acusada. Hunter me disse isso.

– Eu já perdoei todos eles. Eu não quis te contar isso para não piorar a memória que você tem de seus pais, mesmo sabendo que não são as melhores lembranças do mundo. Mas eu me safei dessa e eu tive que perdoar para viver tranquila e sem culpa. E saiba que eu realmente não fiz isso, sua mãe tinha uma implicância comigo, achava que eu tinha um caso com seu pai ou que eu queria tomar o lugar dela e te roubar inteiramente para mim. – Donna enxugou uma lágrima que escorria dos olhos de Antony.

– Eu sinto que não consigo perdoá-los. Ainda moro naquela casa, ainda vivo aquilo, os mesmos móveis, as mesmas coisas, tudo permanece. – Antony não havia mudado nada de lugar. – O cheiro do porão, aquele acampamento horroroso...

– Acampamento? O que aconteceu com você, rapaz? Conte-me se conseguir. Pode confiar em mim. – Donna pegou na mão de Antony.

– Eu não consigo perdoá-los nem me perdoar porque desejei que eles fossem levados. Eu gostaria de ter dito que amava eles, mas nunca consegui. Eu nunca disse nada para eles e só desejei que pudesse me ver livre de tudo aquilo e do que eles faziam comigo. Eu sou tão culpado quanto as pessoas que os mataram. Eu os matei, Donna. E isso me assombra até hoje. – Antony se deitou no colo de Donna e não segurou mais as lágrimas. – É como se você desejasse que outra pessoa te libertasse de algo que te machuca, pois você sozinho não tem coragem para fazer isso.

– E então você começa a se arrepender porque foi salvo e não teve a capacidade de mudar aquela situação antes que a salvação viesse. – Donna também derramou uma lágrima. – Você ainda acreditava que poderia mudá-los, não é? Você se sente como se tivesse falhado. Essa dor é a dor de não ter conseguido salvar quem no fundo você sempre amou.

– Eu sinto que queria mudá-los e introduzi-los em minha vida, mas não lido bem com essa falha. Não lido bem com o fato de que me sinto livre depois da morte dos meus próprios pais. Que tipo de pessoa eu sou? Quem sou eu?

– Escute-me, menino. – Donna puxou Antony para perto e segurou seu rosto. – Você é especial, e você sabe disso. Eu sempre soube quem você era e sempre vi que um dia você iria se livrar de tudo isso, mas é um trabalho só seu. É algo que você tem que ir atrás, assim como anda indo atrás dos responsáveis por essa coisa horrorosa que aconteceu com Anne Rose.

– Eu...

– Você precisa se libertar e essa menina anda te mostrando isso, não é à toa que você se identifica com ela. Ela está presa em algum lugar por aí, e você também. – Donna abraçou Antony, que não conseguiu responder nada e apenas retribuiu o abraço da velha de volta.

III

Antony chegou para trabalhar e não deu nenhum bom-dia para os colegas de trabalho. Dormiu bem, se comparado com as noites anteriores, no fim a bebida acabou o ajudando a não sonhar ou de ser acordado com gritos pela casa. Quando entrou na sua sala, reparou que a porta de Hunter estava aberta e vazia. Ficou pensando onde ele poderia estar, mas decidiu não se importar muito com aquilo. Não queria mais se ocupar com Hunter, na verdade queria que ele sumisse ou desaparecesse por aí. A conversa com Donna havia sido muito forte para Antony e ele foi dormir pensando mais ainda no que ela havia falado para ele. Aquilo que despejou em Donna havia saído da camada mais profunda de sua alma. Antony jamais havia dito aquelas coisas nem em voz alta. Tentou a vida toda se adequar aos padrões de comportamento de Alan e Isla. Tentou vestir o que deveria vestir, ouvir o que deveria ouvir, gostar e até se relacionar com quem os pais queriam. Antony teve medo a vida inteira de perder o amor dos pais ou de ficar sozinho. Não conseguia imaginar um mundo onde viveria sozinho. Estranho para ele era olhar para o lado naquela casa imensa e saber que havia se tornado tudo o que ele sempre temeu. Cavou tão fundo tudo que sempre sonhou, sentiu, quis e ambicionou que em determinado momento vivia, se comportava, pensava e agia naturalmente uma vida e uma realidade que não lhe pertenciam e só pertenciam a Isla e Alan Mitchell. Antony havia cortado os longos cabelos que tinha, guardado os quadros, posto para secar as tintas que sobraram, nunca mais dançou pela casa ou brincou de ser um mágico. Antony se escondeu de si mesmo e virou alguém que nem mesmo ele podia reconhecer mais no espelho. Um abraço, um beijo, uma palavra de carinho, um toque e o até o cheiro de um belo perfume. Nada mais podia ser sentido por Antony, era tudo sentido por outra pessoa que habitava seu corpo e que havia tomado o seu lugar. O verdadeiro Antony permanecia caído na escuridão do porão encolhido, chorando e implorando por ajuda. Por fora se desenvolvia um lindo homem e por dentro uma criança solitária, desesperada por um amor verdadeiro. Durante sua vida se questionou se poderia gostar de alguém, se poderia amar alguém. Não sentia que estava sendo fiel aos seus desejos e sentimentos mais profundos. Antony era muito apegado a Isla, sempre fazia tudo que sua mãe queria e morria de medo de um dia ser deixado por ela e ser obrigado a viver apenas com suas irmãs e Alan. Isla era muito fechada e parecia que sofria uma dor imensa. Antony tentou por anos fazer com que a mãe se abrisse para ele, mas Isla sempre achava um jeito de arrumar alguma briga que terminava em agressão. Antony foi agredido durante muito tempo pelos pais. Alan e Isla pararam de agredir fisicamente Antony apenas quando ele entrou na faculdade e claramente já poderia revidar de alguma forma. No fundo, ele desejava ter revidado.

— Antony, onde está Hunter? — Robena apareceu de surpresa em sua sala.

— Não sei. Ele não está por aqui? — Enquanto Antony falava, Robena era empurrada para o lado e a secretária de Hunter, aquela que Antony não sabia o nome, entrou na sala e interrompeu a conversa.

— Ele saiu daqui ontem tarde de noite. Ficou esperando sair um mandado de busca, mas só saiu agora há pouco. Ele saiu correndo faz uma meia hora. Disse que finalmente temos alguém para acusar.

Antony fez uma cara de espanto e emitiu um pequeno grito antes de empurrar as duas mulheres e sair correndo pelo corredor do departamento. Entrou no carro e dirigiu o mais rápido que pôde para a rua de Malvina Dalais. Quando chegou ao começo da rua, já podia ver as faixas que interditavam a passagem e o amontoado de jornalistas que se reunia ali. Antony desceu do carro gritando que era da polícia e furou as faixas e os jornalistas. Quando passou correndo pela frente da casa de Malvina, viu Jack próximo à porta da casa. Os dois se olharam por um longo tempo até finalmente Jack sair da visão de Antony. Os olhos negros de Jack, como sempre, eram o grande destaque de seu rosto, que parecia sério, mas misterioso. A imagem de Jack o encarando congelou seu corpo e o fez dar uma pequena pausa para se recuperar. Uma breve visão voltou, mas Antony balançou a cabeça e recuperou sua sanidade. Chegou até a entrada da floresta e viu uma dezena de oficiais reunidos com peritos e outros especialistas.

– Joff! – Antony foi em direção a ele – O que está acontecendo?

– O juiz aceitou o pedido de Hunter e estamos investigando a velha. Parece que o cachorro dela comeu Anne Rose.

– Não acredito que Hunter foi capaz de fazer isso! – Antony estava ofegante. – Onde está ele?

– Entrou. Está lá com a velha, parece que estão colocando pressão nela. – Joff mal terminou de falar e Antony já estava adentrando a floresta.

– Sai! Sai! Sai! – Antony gritou para alguns homens que estavam fazendo o mesmo caminho que ele, só que mais lentos.

Quando chegou à casa de Donna, viu o que estava acontecendo. Todos os cachorros estavam sendo levados à força pelos policiais. Thor ainda resistia e puxava a coleira para o lado oposto. Silky estava sedada e era carregada por dois homens. Antony ficou dando voltas no entorno, tentando visualizar a cena toda. Havia homens escavando as ervas de Donna, outros jogando algumas coisas de seu depósito no chão, sem o menor cuidado com seus objetos pessoais. Antony começou a ouvir a música de Blair, os gritos daquela misteriosa mulher, a sentir o chute, veio-lhe a frase de Jack e o sorriso de Donna, tudo ao mesmo tempo.

– Não! – Antony gritou para o policial que levava três lindos filhotes dentro de uma caixa. Lembrou que Donna havia dito que tinha cinco cachorros, mas não fazia ideia de que três deles eram filhotes.

Antony virou-se para a casa e viu Donna sendo levada por dois homens. Ela não estava algemada, mas claramente estava sendo conduzida. Ao passar por ele, os dois se encararam e Antony viu lágrimas nos olhos de Donna e sentiu as suas caindo logo em seguida.

– Me desculpe. – Foi a única coisa que conseguiu dizer a ela.

Antony ficou vendo Donna sendo levada até que sumisse de vez e foi surpreendido pela voz de Hunter, que chegou por trás dele.

– Se ela não for presa por ter dado a garota para os cachorros, ela com certeza vai ser pelo tanto de drogas que estão plantadas ali atrás.

– Seu filho da puta! – Antony correu em direção a Hunter e empurrou o detetive, que caiu com tudo no chão. – Como você pôde? Olha o que você fez! – Antony já estava em cima de Hunter, suas mãos puxavam com força a jaqueta dele. Os dois estavam rolando no chão. Antony, então, foi arrastado para longe por três homens que chegaram correndo à cena.

– Qual o seu problema?! – Hunter gritou na direção de Antony antes de ser levado para longe dele.

Após Hunter ter sido escoltado para longe da casa, Antony finalmente pôde ficar sozinho sem qualquer policial do seu lado. Sentiu-se culpado e sabia que Donna seria mantida como suspeita do sequestro de Anne Rose simplesmente pela necessidade que Hunter tinha de encontrar alguém. Antony sabia que nada iria ser encontrado na casa e que a saliva de Thor seria incompatível com a encontrada, mas sabia que Donna usava algumas substâncias ilícitas e que enfrentaria alguma coisa pequena. Ficou algum tempo apenas observando o cenário todo que havia sido montado por Hunter. Ajoelhou-se, segurou firme em um montinho de terra e neve e deixou algumas lágrimas caírem, mas dessa vez não eram lágrimas de tristeza, eram de raiva. Ele jurou que terminaria de uma vez por todas com tudo aquilo.

7.

Mais tarde, Antony conseguiu ficar frente a frente com Donna sem a presença de mais nenhuma outra pessoa. Os dois estavam numa salinha escondida quase no final do departamento. Na mesa, havia algumas fotos da casa, dos cachorros e de Anne Rose. Antony empurrou tudo para o lado e começou a falar com a senhora.

– Donna... Me desculpe.

– Não precisa se preocupar, rapaz. Não irão achar nada. Você sabe disso. – Donna enxugou algumas lágrimas. Antony não sabia se de fato não iriam encontrar nada mesmo. Por mais que acreditasse em Donna, ele ainda se pegava constantemente desconfiando de todas as pessoas à sua volta.

– Eu não acho que você fez isso. Mesmo que a saliva seja de Thor, ele apenas deve ter passado por lá e... Não sei. Vai dar tudo certo. – Antony estava tenso.

– Thor jamais iria para a rua sem mim.

– Eu acredito, mas, Donna, é o meu trabalho te perguntar algumas coisas.

– Você não acha que eu realmente dei aquela pirralha para o Thor, não é? Não posso acreditar em todo esse circo que está sendo montado.

– Eu não acho que você fez isso, eu acredito nas teorias que envolvem Lucius e mais alguém que está solto por aí.

– Então me tire daqui e acabe com todo esse teatro. – Donna bateu na mesa.

– Não posso. Hunter tem um mandado, tem suas teorias também, e agora tudo já está sendo investigado.

Antony queria que Donna saísse o mais rápido dali, por outro lado queria ter certeza de que ela era inocente. Ele queria que encontrassem logo um culpado que levasse até Anne Rose, mesmo que o culpado fosse Donna. Sua vontade era acabar de uma vez por todas com aquele caso que havia tomado grandes proporções, ele só pensava o quão queria acabar com aquilo e encontrar a menina viva.

— Ele acabou com a minha vida. Como vou seguir daqui para a frente? Minha cara já está na TV! Eu nunca fui tão humilhada na minha vida, Antony. — Donna estava realmente nervosa.

— Donna, por favor...

— Escute bem! — Donna levantou-se e apontou para o vidro escuro que havia na sala, sabendo que atrás dele estavam Hunter e mais alguns oficiais. — Você não tem o direito! Você está me ouvindo?!

— Donna! — Antony levantou-se e puxou-a de volta para a mesa para que ela se acalmasse. — Não vai adiantar nada se ficarmos nervosos!

— Eu não sei onde ela está! — Donna soltou o braço de Antony e não segurou as lágrimas. — A minha vida toda eu lutei para que fosse respeitada e agora quando tenho paz na minha vida por ter feito tudo da maneira como queria, me encontro aqui sentada nessa sala sendo taxada como assassina.

— Donna... — Antony não conseguiu dizer mais nada além disso. Nunca imaginou que Donna, aquela figura tão forte, pudesse cair no chão de tanto chorar, ainda mais na sua frente.

— Eu perdi o amor da minha vida... — Donna começou. — O homem que me amava e que me entendia e eu não posso ter o direito de um momento de luto em paz? É muito fácil trabalhar com deduções, apontar o dedo e julgar, mas eu quero que um dia vocês trabalhem com o coração de vocês, e só assim vocês vão encontrar qualquer criança que tenha sumido nessa cidade! — Donna empurrou as fotos para o chão e sentou-se novamente, ainda chorando.

Antony estava impactado pela vulnerabilidade que Donna havia revelado. Achou que apenas ele vivesse naquele mundo de luto, de dor e de tristeza. Jamais imaginaria que uma figura forte, sem filtros e impulsiva como Donna pudesse esconder uma dor profunda dentro de si. Na cabeça de Antony muitas coisas começavam a se desconstruir, agora ele podia entender que as pessoas não são perfeitas. Observando Donna chorando, Antony percebeu que mesmo por trás de um sorriso existe um choro contido muitas vezes. Uma lágrima mantida e aprisionada no sorriso mais belo é uma pessoa desesperada para sair de um lugar no qual ela mesma se colocou e do qual só ela pode se tirar.

— Eu sempre quis ser mãe. — Donna continuou a falar. — A vida inteira eu quis ser mãe. Olhava minha mãe costurando e fazendo roupas para suas clientes e sonhava com o dia que iria ensinar algo para meus filhos. Ficava correndo pela casa, brincando nas roupas e me vestindo com qualquer coisa que eu encontrasse por lá. Minha mãe sempre chamava minha atenção, só que sempre me convidava para aprender a costurar. Quando ela morreu, eu cuidei da pequena loja que ela montou, enquanto Mary escrevia textos e ensinava as crianças. Depois de um tempo, conheci Jay e me apaixonei loucamente. Vivi algo que nunca havia vivido e pude ver o mundo de outra forma, um mundo que ia além de uma maldita loja de roupas e clientes chatas e mesquinhas que queriam seus vestidos prontos em segundos. Conheci coisas que ninguém havia me mostrado, nenhum dos outros que vieram antes. Experimentei de tudo, dancei e me esbaldei de cada pedaço da vida que passei ao seu lado. Descobri que a vida era mais colorida e que não tinha apenas branco e preto para usar no tecido, mas que havia outras milhares de cores e que cada uma combinada com outra poderia formar algo totalmente novo. Eu vivi um mundo de possibilidades, vivi um mundo em que descobri que liberdade não é sinônimo de submissão. Não nasci para agradar e corresponder às expectativas, nasci para ser isso. – Donna respirou fundo e continuou. – Quando abandonei o negócio, eu já era uma mulher-feita, mas ainda sem dinheiro para estudar e mesmo assim trabalhei na casa dos seus pais para pagar minha faculdade e depois que saí da sua casa me dediquei inteiramente à psicologia, ao esoterismo e a coisas que esses olhos jamais poderão ver e que apenas o coração poderá sentir. Me senti realizada. Descobri mais uma vez que as coisas vão além do mundo racional que criamos para nós mesmos. Há beleza nesse mundo. Há beleza que a mente é incapaz de enxergar e que apenas o coração pode sentir, tocar, experimentar e ver. Jay partiu depois de um bom tempo e deixou todo esse legado para mim. Eu sou feita disso e me orgulho por isso ter me construído. Antes de Jay partir eu engravidei quatro vezes, nenhuma deu certo. Na última tentativa, eu perdi a criança quando faltava um mês para seu nascimento. Jay já estava doente e depois disso não resistiu e também partiu. Perdi meu filho e meu amor na mesma semana. Logo eu, que sempre quis ser mãe e sempre quis ensinar o que a vida me ensinou. Sempre quis ter a oportunidade de dizer que o mundo vai além de duas cores e que mais podem ser criadas. Sempre quis ensinar que a vida é feita de surpresas e que se precisa ter muita compaixão para mergulhar dentro de si mesmo e depois voltar para a superfície, bater no peito e mostrar o que descobriu. É preciso ter coragem para viver. Eu jamais mataria, pegaria ou faria mal para uma criança. Quem sabe agora vocês possam acreditar em mim...

— Eu... — Antony estava sem palavras.

Antony e Donna foram interrompidos por um oficial que pediu para que Antony o acompanhasse para fora da sala. Antes de sair, Antony olhou para os olhos de Donna quase como que se tivesse pedindo permissão para que saísse da sala.

— Vá em paz, rapaz. Ficarei bem.

Antony saiu da sala e deu de cara com Hunter. Estava tão comovido e impactado com o que acabara de ouvir que nem se importou em encarar Hunter pela primeira vez depois do episódio da casa de Donna. Observou que sua jaqueta ainda estava suja.

— Ela está limpa. Não encontramos nada. — Hunter virou-se de costas e começou a se afastar quando Antony o chamou.

— Depois de quase 10 horas sentada nessa sala imunda agora ela está livre para sair? — Antony ainda estava indignado com a postura de Hunter. Donna não precisava ter sido conduzida para a delegacia e muito menos ficado tanto tempo assim sob custódia.

— Vai começar de novo? — Hunter aceitou as provocações de Antony e voltou-se de frente para o colega. — Não deu nada com o cachorro dela e não tem nada na casa também. Vamos continuar de olho nela e ainda temos alguns testes para fazer, porém são mais demorados. Tire ela daqui antes que eu perca a paciência. Lembre-se que o caso é seu, mas você responde a mim.

— E as drogas? — Antony lembrou que Donna tinha uma plantação de cogumelos e drogas ilícitas. — Ela pode enfrentar alguma coisa por isso, não tem como isso passar despercebido.

— Quando ela voltar para casa, terá algumas horas para dar um fim naquilo. É o máximo que posso fazer. — Hunter se afastou.

Antony ficou esperando o advogado de Donna chegar para explicar o que havia acontecido. Depois que tudo havia sido acertado os três encararam uma série de fotógrafos e jornalistas que faziam plantão na porta do departamento. O caso de Anne Rose ficara animado pela primeira vez, segundo a mídia local. Donna havia sido a primeira pessoa depois de Lucius a ser investigada. Antony acompanhou Donna até o carro e correu dos jornalistas para não ter que dar nenhuma declaração. Ainda estava mexido com a história de Donna, mas mesmo por trás de toda comoção ele sentia algo estranho dentro dele. Por mais que pensasse positivo, sempre aparecia um pensamento negativo que dizia totalmente o contrário daquilo que ele realmente sentia. Ele não entendia como aquilo era possível. Como um pensamento tão ruim pode ganhar espaço dentro de sua cabeça e o fisgar de um jeito assustador? Era como uma armadilha na qual Antony sempre caía, mas nunca tinha forças para sair dela. Quando pensou na história de Donna sentiu um aperto no coração, mas também se perguntou se por acaso Donna não seria responsável pelo sumiço de Anne Rose devido aos traumas que passou com os filhos que perdera. Julgou-se por tamanha negatividade e fez esforço para pensar em outra coisa. Balançou a cabeça e pensou em qualquer outra coisa para que aquele pensamento parasse de vir à sua mente. O caso de Anne Rose estava mais agitado do que nunca, e mais uma vez nada havia sido encontrado e a garota continuava cada vez mais distante de Antony e agora sem um dos polegares.

Quando chegou a sua casa mais à noite, Antony viu a repercussão que o caso havia ganhado. O rosto de Donna Hason estava em todos os canais e a história da bruxa que morava em uma floresta começou a fazer sentido pela primeira vez em Miracle. O suposto roubo que ela teria cometido na casa dos pais de Antony foi revelado e obviamente o familicídio dos Mitchell foi relembrado em pleno horário nobre, assim como sua ligação com Donna e foi quando as primeiras acusações de sua incompetência surgiram devido ao fato de ele e Donna terem uma ligação no passado. Apesar de a história ser uma estranha bizarrice que a mídia local fazia questão de começar a produzir, as pessoas passavam pela primeira vez a acreditar que realmente havia uma velha que pegava criancinhas e as oferecia para os seus cachorros. Durante o dia Antony percebeu que alguns cartazes apareciam pela cidade e todos eles faziam questão de enfatizar o fato de que os moradores deveriam proteger suas crianças. Pela primeira vez na vida Antony via o quanto a cidade estava realmente assustada com a repercussão do caso de Anne Rose. De volta para o escritório, já no dia seguinte, Antony teve que furar uma barreira de jornalistas que impedia sua entrada no departamento.

– Tenho novidades. – Hunter e Antony agora se tratavam assim, nenhuns dos dois diziam mais nada além do necessário para o caso.

— O que foi dessa vez?

— Encontramos o cachecol da menina nos presentes deixados na frente da escola da garota. A fibra encontrada no carro de Lucius bate com a fibra rosa do cachecol de Anne Rose. Malvina disse que a menina usava um cachecol rosa e branco quando desapareceu. Os peritos acabaram de ligar. A menina realmente esteve naquele carro.

— Quem fez isso anda por aí deixando pistas pelos lugares. Como isso foi aparecer na escola? Pelo menos não deixaram outra parte do corpo dela...

— É aí que você se engana. — Hunter parecia tenso. — O cachecol escondia um pedaço de cartilagem.

— O quê?! — Antony não conseguiu esconder o espanto.

— Olhe. — Hunter mostrou uma foto para ele.

— Um brinco? — Antony forçou a vista para focalizar melhor. O brilho da tela estava quase o cegando. — Não estou entendendo.

— Onde você acha que esse brinco foi encontrado? — Hunter olhou seriamente para Antony. — É exatamente o que você está pensando.

— Como direi isso para Bonnie e Ludovic? — Antony não conseguia tirar os olhos da foto que mostrava um pedaço da orelha de Anne Rose.

— É o nosso trabalho. — Hunter se afastou, mas parou quando ouviu o chamado do colega.

— Hunter! Qual a razão de eles terem te contatado primeiro? Acho que ninguém ainda entende que esse caso é meu e eu deveria ser o primeiro a ser informado sobre essas coisas. — Antony não perdeu a oportunidade de dar as costas para Hunter e entrar na sua sala. Bateu a porta tão forte como sinal para que ninguém ousasse ir atrás dele. Mais uma reviravolta esquisita no caso de Anne Rose. A fibra encontrada no carpete do carro batia com a fibra do cachecol de Anne Rose, e isso comprovava mais que tudo a inocência de Donna, além do fato de Lucius ser definitivamente o grande suspeito daquele crime, mas ele já estava fora do jogo. Quem mais estaria envolvido? Quem seria capaz de cortar um pedaço da orelha da menina e deixar na frente da escola dela? Por mais que Antony acreditasse que Lucius era um grande suspeito e que a garota de fato esteve no carro, entretanto uma coisa ainda não fazia sentido em sua cabeça. Quem havia ordenado a Lucius que pegasse Anne Rose? Para Antony ele havia claramente transportado a menina para algum outro lugar, entregado para outra pessoa e voltado para a cidade o mais rápido possível. Antony leu todo o caso e as declarações de Rhona Amber para tentar encontrar algo e foi fisgado pelas constantes viagens que Lucius fazia para fora e que não eram solicitadas pela prefeitura da cidade. Segundo o depoimento de Rhona, naquele mesmo dia em que Anne Rose havia desaparecido, Lucius havia ligado e contado para a esposa que faria uma viagem e que talvez ficasse fora por um dia ou mais. Antony teve um estalo quando leu aquilo. Claramente era perceptível que Lucius havia levado Anne Rose para alguém naquele mesmo dia ou a deixado em algum lugar, o que levantava a possibilidade de Anne Rose ainda estar viva. Antony decidiu fazer uma visita para Rhona, a fim de contar a mais nova descoberta e encerrar de vez o boato de que Lucius seria um inocente morto pela polícia. Antes de ir, ordenou para os membros da sua equipe que vasculhassem as imagens da câmera de segurança do portão da escola.

Mais tarde na casa de Rhona Amber, a viúva de Lucius, Antony teve de pressionar a mulher para que conseguisse qualquer outra nova informação sobre o caso.

— Rhona, nós encontramos algo que finalmente coloca Lucius como o principal suspeito.

— Eu achei que vocês estavam acusando aquela porca velha. — Rhona resmungou.

— Donna Hason apenas foi conduzida para a delegacia. Ela está limpa.

— Não é isso que a mídia está falando por aí. — Rhona parecia zangada. — Engraçado, detetive, ninguém sequer fala de Lucius. Como ele pode ser tão suspeito assim?

— Encontramos uma prova concreta dentro do carro dele que liga Lucius e Anne Rose. — Antony parecia seguro. — Temos uma fibra da touca de Anne Rose no carpete do carro, o que aponta Lucius como responsável por pegar a menina.

— Isso me parece uma grande conspiração. — Rhona empurrou um gato do sofá, que caiu com tudo no chão.

— Não acredite em teorias da conspiração que envolvam detetives, não é esse o caminho que deve seguir. — Antony sabia que estavam todos tão desesperados para encontrar Anne Rose que muitos especulavam sem provas. — Todos nós só queremos encontrar a menina. — Antony sentia que apenas ele estava de fato procurando Anne Rose e se preocupando com a vida da garota.

— Eu não quero. – Rhona surpreendeu Antony. – Meu marido não era um assassino de crianças! – Rhona gritou. A voz rouca da mulher assustou Antony, que fez uma cara feia quando sentiu o cheiro de cigarro que saiu de sua boca.

— Não estou dizendo que seu marido tenha matado Anne Rose, acredito que ele apenas participou de algo.

— Quer dizer que ele segurou a menina enquanto os cachorros daquela raposa velha comiam a garota? Saia da minha casa detetive, e isso não é um pedido. – Rhona levantou-se e abriu a porta para Antony sair.

— Sra. Amber, apenas quero dizer que tenho tudo para acreditar que Lucius tenha transportado Anne Rose para alguém ou para algum lugar e recebido por isso. – A mulher fechou a porta. – Preciso saber dos contatos de Lucius, as pessoas sobre as quais ele falava, os seus amigos e principalmente os lugares que frequentava... Todos que fazem parte do círculo de amizades dele podem estar envolvidos nisso.

— Não encontrou nada no celular? Vocês já foram melhores.

— Rhona! – Antony estava perdendo a paciência. – O celular dele estava destruído. Não temos nada. Algumas notas fiscais, embalagens de comida, carteira com alguns documentos, a arma e um colar de serpente.

— Pronto detetive. Você já tem tudo que precisa. – Rhona parecia debochada. Pegou dois gatos no colo.

— Como assim? – Antony estava confuso.

— Lucius começou a frequentar um lugar cheio de gente rica. Só ele frequentava, nunca fui junto. Não é nada religioso, mas ele dizia que era a sua terapia. – Rhona soltou um dos gatos. – Esse colar de serpente é a identificação deles. Se você tem esse colar, então pode entrar no lugar.

— E onde fica isso? – Antony estava surpreso.

— Qual a parte de "só ele frequentava" você não entendeu? Eu não tenho ideia, ele começou a ir a esse lugar faz pouco tempo e voltava sempre no dia seguinte. Dizia que jogava golfe. – Lyda soltou o outro gato. – Você deveria perguntar para Alexander. Eles trabalhavam juntos na prefeitura e viviam no bar enchendo a cara.

— Esse Alexander é amigo dele? – Antony perguntou.

— Você é mesmo muito lerdo, não é?

Antony saiu da casa de Rhona ainda mais motivado a encontrar Anne Rose. O colar de serpente que havia chamado sua atenção na noite em que Lucius foi baleado, que notou quando ele estava na maca do hospital, poderia agora virar uma grande pista para o desaparecimento da menina. Se todos os membros do lugar tinham aquele colar, era possível que Antony conseguisse conhecer algum amigo de Lucius. Rhona passou o endereço do bar que Lucius frequentava para Antony e disse que Alexander sempre estava lá. Segundo a mulher, Alexander era um homem grande e forte. Tinha algumas tatuagens e aparentava ter seus 50 anos. O caso de Anne Rose estava mexendo com a sanidade mental e emocional de Antony. Ele havia agredido Hunter e tratado algumas pessoas com certa grosseria. Não conseguia mais encontrar aquele homem tímido e altamente envergonhado que um dia já habitou seu corpo. Donna estava certa em algumas partes, Anne Rose estava mudando Antony mesmo sem nunca tê-lo visto na vida. Sentia-se mais forte e ao mesmo tempo cada vez mais triste. Estava falando mais sobre seu passado e isso o fazia acender uma chama de tristeza muito grande que habitava seu ser. Era como se Antony, para se recuperar de tudo que havia vivido, precisasse ver e reviver tudo aquilo de novo, chorar por uma última vez até o momento que transcenderia e poderia fugir de toda aquela culpa, mágoa e tristeza que vivia. No caminho para o bar, Antony começou a se sentir mal. Agora ele andava sempre com uma bebida ao seu lado no carro. Tomava vodca pura cada vez que seu carro parava, disfarçou o líquido em uma garrafa de água mineral para ninguém suspeitar. Parou o carro próximo a uma árvore e fechou os olhos. Foi quando teve novamente uma visão com aquela bela mulher. Dessa vez, ela estava andando, indo de porta em porta mostrar o retrato da menina que havia sumido. Antony sentiu que ela também estava procurando uma criança, e identificou-se mais ainda com tudo aquilo. Viu a mulher procurando em todo o canto que podia. Seu longo vestido branco voava com o forte vento que passava por ela. Quando a mulher estava quase desistindo, cansada e ainda mais triste, ela reencontrou aquele rapaz que havia aparecido em outra visão de Antony. Os dois pareciam antes tão felizes, mas Antony não sentiu essa felicidade. Sentiu algo pesado quando os dois se encontraram, era como se ela não confiasse mais no homem ou tivesse raiva dele. Quando os dois se encontraram, Antony sentiu a lágrima escorrendo no rosto da mulher e percebeu que na verdade o seu olho estava soltando aquela lágrima e foi nesse momento que despertou com uma grande pontada no coração. Sentiu uma vontade muito grande de desistir, pois podia se ver sozinho e sem a ajuda de ninguém naquela jornada.

Antony chegou ao bar amarelo e fedido que ficava ao lado da prefeitura já perto do pôr do sol. O bar era relativamente pequeno, mas cheio de homens velhos e bêbados que não tinham o menor respeito ou a preocupação de fumar fora do local. Quando Antony entrou, todos pararam rapidamente de falar e o encararam quase que prontos para voar em seu pescoço.

– Olá. – Antony se aproximou do balcão, mostrou sua identidade e pediu uma água com gás. Recebeu um olhar estranho da única mulher que trabalhava naquele lugar. – Você conhece algum Alexander? Trabalha na prefeitura como motorista.

– Alexander Sargar? – A mulher apontou para a figura de um homem bigodudo que estava sentado fora do bar fumando um cigarro. – É aquele ali.

– Obrigado. – Antony pegou a sua garrafa de água, respirou algumas vezes e foi em direção a Alexander. O homem gigante era estranho esteticamente, o grosso bigode em seu rosto só o deixava ainda mais bizarro. – Posso me sentar aqui? – Antony puxou uma cadeira e sentou-se na frente de Alexander.

– Faça o que quiser. – Alexander baforou e nem sequer olhou para Antony. Ignorou completamente a existência do detetive.

– Antony Mitchell. – Antony mostrou sua identificação. – Polícia de Miracle.

– Eu não fiz nada. – Alexander direcionou os olhos bem lentamente para Antony e baforou mais uma vez, só que dessa vez em sua direção. – Como posso te ajudar?

– Estou procurando uma garotinha, tenho certeza que ouviu ou viu em algum lugar algo sobre Anne Rose.

– Não vi nada. – Alexander encarou Antony. – O bigode dele se mexia de uma forma bem estranha conforme falava.

— Pelo jeito o senhor é muito desligado. — Antony provocou, estava cada vez com mais raiva daquele cheiro de cigarro. De certa forma tudo aquilo lhe lembrava de Hunter e lembrar-se dele não era algo bom.

— Pelo que me parece é Lucius quem está desligado. Ou seria melhor dizer morto? — Alexander baforou mais uma vez na cara de Antony. — Eu vi o que vocês fizeram com ele.

— Você não sabe de nada. — Antony levantou-se e deu um tapa na mão de Alexander, fazendo com que o seu cigarro voasse longe. — Tire isso da minha frente.

— Vocês mataram Lucius porque acham que ele pegou a garotinha e agora estão atrás de mim. — Alexander pegou outro cigarro do bolso e irritava ainda mais Antony. — Se veio aqui para tirar algo de mim, você está perdendo o seu tempo.

— Perdendo meu tempo? E se eu te contar que tenho provas suficientes para colocar Lucius como culpado? Se eu procurar mais a fundo ainda, coloco muito mais gente atrás das grades. Ou você acha mesmo que eu estou convencido de que ele fez tudo isso sozinho? — Antony bateu na mesa e jogou um saco que continha o colar de serpente que havia encontrado no pescoço de Lucius e que aparentemente era o passe de entrada para o clube de golfe que ele frequentava. — O que é isso?

— Um colar. Não está vendo? — Alexander segurou a embalagem nas mãos e olhou mais atentamente. — Uma serpente, eu acredito.

— Você é patético. — Antony riu. — Rhona Amber me disse que vocês frequentavam um clube de golfe. Esse colar é o passe de entrada, correto?

— Eu não sei de colar nenhum, detetive. Eu só joguei golfe uma vez na sexta-feira e voltei para minha casa. O que Lucius fez depois da partida eu não faço ideia. Eu sei que ele ficou lá com o prefeito e outros caras.

— Está dizendo que Rhona Amber está mentindo? — Antony se sentou novamente e parecia relativamente mais calmo.

— Estou dizendo que joguei golfe com Lucius e que não sei de merda nenhuma sobre colar de serpente. Essa é a coisa mais estúpida que eu já ouvi na minha vida. — Alexander empurrou o saco para longe.

— Me leve até lá. — Antony encarou Alexander, que retribuiu com um sorriso sarcástico. — Agora!

Antony seguiu Alexander até a porta do clube de golfe. Os dois dirigiram por um bom tempo até outra cidade, depois ainda seguiram por uma estrada vazia e longa. Depois de quase uma hora, Antony parou o carro atrás do carro de Alexander. A casa era imensa, estava longe ainda, pois ela se localizava no final do terreno e o que podia se ver era só uma imagem minúscula de como deveria ser mais de perto. O portão preto e imenso era protegido por seguranças que ficavam logo abaixo de uma placa com os dizeres "Crotalus". Antony de imediato não se sentiu bem ao ler aquilo e os olhos do homem que aparecera em sua visão voltaram em sua mente, assim como a música de Blair.

– É aqui. – Alexander bateu a porta do carro e apontou para o portão.

– Crotalus... – Antony sentiu um arrepio quando leu em voz alta o nome do lugar.

– Estou livre? – Alexander acendeu outro cigarro.

– Não pense em fazer besteira. Ainda vamos conversar mais. – Antony sinalizou para que Alexander desse o fora dali.

Antony aproximou-se do portão e não conseguiu parar de ler o nome do lugar. "Crotalus". Reparou que a letra "S" tinha o desenho de uma serpente e sentiu um arrepio grande em seu corpo. No mesmo instante, um grito de mulher pôde ser ouvido só por ele. Antony chegou mais perto da portaria e mostrou sua identificação.

– Antony Mitchell, polícia de Miracle. – O homem do outro lado pegou a identificação de Antony e depois de alguns minutos abriu o portão.

– Detetive. Seja bem-vindo, entre com o seu carro até o final desse caminho.

Antony passou pelo portão e andou bem lentamente de carro até se aproximar da casa. Parecia um grande museu antigo. Na frente da casa havia uma fonte enorme com estátuas de homens e mulheres. A obra parecia retratar uma grande orgia.

– Detetive. – Uma jovem mulher ruiva apareceu trajando um vestido curto vermelho. Seu cabelo estava todo preso em um coque e usava uma maquiagem forte que fazia com que seus olhos praticamente saltassem de seu rosto. – Seja bem-vindo ao Crotalus.

– Me chamo Antony...

– Sabemos quem o senhor é. – A mulher abriu um sorriso para ele, que não conseguiu retribuir com muita empolgação. – O nosso porteiro nos passou suas informações. Como posso te ajudar?

FILHO DAS ÁGUAS: O ETERNO RETORNO

– Estou buscando informações sobre Lucius Amber. – Antony respirou fundo. – Ele está envolvido no sumiço de Anne Rose. Acredito que viu a respeito em algum lugar.

– Oh! Anne Rose... Pobre garotinha. – A mulher olhou para baixo como se pudesse sentir algo pela menina. – Me chamo Fenella Johnson. Pode me acompanhar?

Antony seguiu Fenella e entrou na casa. O hall de entrada era gigantesco, com um longo carpete vermelho e imponentes lustres pendurados a metros de distância da cabeça de Antony. Do lado esquerdo do hall havia um balcão que parecia com a parte onde se faz check-in em um hotel, na verdade, Crotalus parecia um hotel de luxo. Uma longa escada levava para algum lugar que Antony mal conseguia imaginar. Fenella conduziu Antony até uma sala que havia ao lado dos balcões de atendimento e pediu para que ele se sentasse.

– Como estava te dizendo, senhor, me chamo Fenella Johnson e trabalho como gerente de atendimento aqui do Crotalus. – Ela se sentou e cruzou as longas pernas brancas.

– Tudo aqui é realmente fascinante. – Antony estava bobo com o que via. Não podia imaginar o que mais existia para ser visto naquele lugar. – Não sabia que vocês existiam.

– Estamos aqui há quase 75 anos, detetive. Somos um clube de golfe e um SPA que atende a mais alta sociedade escocesa e até mundial. Todos querem ser membros do Crotalus.

– Que tipo de pessoas frequentam esse lugar?

– Apenas atendemos a classe mais alta. Temos deputados, membros do governo, prefeitos e até presidentes. Temos um serviço muito luxuoso e exclusivo no Crotalus. – Fenella parecia entender muito bem do assunto.

– Fenella, alguma coisa não se encaixa em tudo isso.

– Me perdoe, senhor. Acho que não entendi seu ponto – disse a jovem.

– Me pergunto o que um motorista da prefeitura de Miracle fazia aqui. Um lugar tão exclusivo como esse não receberia um homem como Lucius. – A declaração de Rhona Amber já não fazia mais sentindo com a luxuosidade daquele lugar.

– Infelizmente não conhecemos nenhum Lucius Amber, senhor. O homem que vimos na TV nunca frequentou esse lugar. – Fenella parecia séria. – Não temos nenhum envolvimento no sumiço da menina, esse sujeito jamais passou por aqui, pelo menos não consta como membro do clube.

– Fenella, eu creio que realmente temos um desentendimento por aqui. A mulher de Lucius e o amigo dele mencionaram que ele frequentava *esse clube*.

– Olhe. – Fenella mostrou seu tablet e buscou pelo nome dos dois. – Não há nada aqui. Posso te garantir isso, detetive.

– Como você explicaria o fato de que duas pessoas mencionaram que em algum momento Lucius Amber passou por aqui? Ele vinha de sexta-feira, você deve ter algo registrado.

– Só há dois jeitos de entrar no clube. – Fenella pegou um anúncio do plano de sócios do clube. – O primeiro é pagando esse valor, que é um tanto quanto alto para o perfil que o senhor traçou de Lucius, e o segundo jeito é sendo convidado de alguém.

– Como posso ser convidado por alguém? – Antony perguntou.

– As pessoas que assinam o plano de Ouro do Crotalus têm o direito de trazer um convidado para o clube, mas só é permitido que esse convidado venha no máximo cinco vezes. – Fenella recolheu o anúncio. – Depois disso ele deve virar sócio, pelo menos é o que acreditamos que aconteça.

– Mas se há esse controle do número de vezes que um convidado veio, então certamente há um registro das pessoas que entraram como convidadas, não? Ou como saberiam quando seria a quinta vez de um convidado?

– Sim, temos essa lista, e como te mostrei, o nome de Lucius não consta dela também, dei uma busca geral em nosso sistema, ele não está em nenhum dos nossos registros. Creio que você esteja equivocado, senhor.

– Eu gostaria, então, que você liberasse para mim o nome de todas as pessoas de Miracle que frequentam esse lugar, alguma delas pode ter trazido Lucius, que talvez possa ter usado outro nome para entrar. – Antony lembrou que Lucius tinha até uma placa falsa de carro, poderia muito bem ter um documento falso, e acreditou que poderia estar chegando a algo importante sobre os amigos de Lucius. – Procure pelo prefeito da cidade, por favor.

— Me desculpe senhor, mas temos um contrato de sigilo de privacidade. — Fenella ficou séria. — Como lidamos com pessoas importantes e até mesmo famosas, mantemos um comprometimento em não divulgar a identidade delas.

— Aqui não está um curioso perguntando sobre as pessoas que frequentam esse lugar, aqui fala um investigador da polícia, e isso se trata do sumiço de uma garotinha. — Antony não podia sair de lá com as mãos vazias.

— A menos que o senhor comprove que temos qualquer tipo de envolvimento com o sumiço dessa garota é que poderemos fornecer esse tipo de informação. Pelo que eu vejo aqui, detetive, você não tem nada além da palavra de duas pessoas sobre um homem que jamais frequentaria nosso clube. — Fenella encarou Antony. — Não vejo sentido em expor meus clientes para algo que ainda se baseia em hipóteses.

— O fato de o suposto sequestrador de Anne Rose frequentar esse clube traz muita coisa para o caso. Quais são as amizades que ele fez aqui? Com quem ele andava? Por que ele fez isso? — Antony aumentou o tom de voz. — Você me entende? São muitas questões por trás, preciso conhecer esse homem antes de concluir qualquer coisa.

— Precisa conhecer o homem que matou? — Fenella surpreendeu Antony com sua alfinetada. — Pelo que li nas notícias, não há nada que leve a crer que esse homem cometeu tal ato. Como é matar um inocente? Como é suspeitar de um estabelecimento com mais de 75 anos de existência e nenhum sequer envolvimento polêmico em todos esses anos?

— Eu estou fazendo o meu trabalho. — Antony riu sarcasticamente.

— E eu estou fazendo o meu. Proteger a privacidade de meus clientes é meu dever. — Fenella se levantou. — Acredito que encontrar a menina deva ser o seu. Se tiver qualquer outra coisa que possa te ajudar, ficarei feliz. Alguma dúvida? — Fenella encarou Antony.

— Meu dever é encontrar os responsáveis que fizeram isso, e os seus 75 anos de história não vão me impedir de fazer o meu trabalho. — Antony também se levantou e foi em direção à porta. — O que significa Crotalus? — Aquela palavra ainda causava arrepios nele.

— É uma espécie de serpente, senhor. Uma das mais mortais que existem. — Fenella encarou Antony com seu sorriso enquanto ele apenas pensava que poderia estar entrando em um perigoso ninho de serpentes apenas para encontrar Anne Rose.

– E é assim que vocês se veem? Como serpentes?

– Como te disse, somos sigilosos em tudo que fazemos. – Fenella sorriu. – E, é claro, bem eficazes.

Antony estava irritado. Dirigiu mais de uma hora para chegar até o Crotalus e não tinha conseguido nada. Nada daquilo fazia sentido em sua cabeça, como um homem como Lucius poderia fazer parte daquele clube? Antony ficou imaginando Lucius chegando ao clube cheirando a urina de gato. Se Alexander havia mentido, Antony não sabia, afinal duas pessoas tinham afirmado que Lucius frequentava o clube. Ele ficou se perguntando quem poderia ter levado Lucius para o Crotalus e ficou confuso com as possibilidades. Dirigindo de volta para Miracle, lembrou-se do dia em que Alan fez questão de apresentar Antony para todas as pessoas importantes do governo de Miracle e de outras cidades.

No dia seguinte, Antony fez questão de levantar cedo e ir para a porta da prefeitura esperar a chegada de Alexander. Sentiu uma vontade forte de jogar Alexander contra a parede e lhe dar um belo de um soco. Pensou no que o pai dele falaria diante dessa situação. Será que se Antony esmurrasse a cara de Alexander na frente de todo mundo, Alan ainda o acharia frouxo e patético? Aquilo era um questionamento que arranjou para si mesmo. Ficou esperando por alguns minutos dentro do carro. Não era algo particular, mas todo mundo sabia que a maioria dos funcionários parava ali. Antony estacionou seu carro em uma vaga bem afastada e abaixou-se um pouco para que ninguém o visse. Alexander, que era uma figura bem chamativa, apareceu depois de um tempo carregando seu celular e sua carteira. Ele havia acabado de descer de um carro velho e estava próximo a uma van preta quando Antony saiu do carro a passos largos e o abordou por trás.

– Você vai mentir para mim, é? – Antony o segurou pelo pescoço e o jogou contra a van preta, fazendo um barulho bem alto. – Que merda foi aquilo?!

– Tira a mão de mim! – Alexander mal conseguiu gritar, sua voz saía ainda mais rouca.

– Como que um cara como Lucius poderia frequentar um lugar daquele? – Antony soltou Alexander, que tossiu compulsivamente por alguns segundos.

FILHO DAS ÁGUAS: O ETERNO RETORNO

– Do que você está falando? Eu fui junto com Lucius! Ele me disse que entrou outras vezes lá!

– Alguma coisa não está encaixando. – Antony apontou o dedo na cara de Alexander. – Eles me disseram que não tem nenhum registro de Lucius como membro do clube ou visitante, como você me explica isso?

– Não sei!

– Você sabe! – Antony empurrou Alexander – Quem o levou? Alguém muito importante o convidou para ir ao clube, e com certeza ele implorou para que você fosse junto. Quem fez isso?!

– Ele só me disse que tinha descolado uma diária! Eu preciso trabalhar!

– Olhe para mim! – Antony puxou Alexander para perto. – Olhe para mim! Eu vou te perguntar só mais uma vez! Quem convidou Lucius?!

– Carlo! O prefeito! – Alexander fez força para se soltar. – Lucius disse que foi o prefeito que o convidou para ir ao clube. Eu fui com ele a primeira vez, mas depois não fui mais. – Alexander conseguiu se soltar de Antony. – Depois de algumas vezes, ele veio me dizer que estava participando de uma festa que acontecia à noite.

– Como assim? – Antony perguntou.

– Não sei! Ele falou que tem homens, mulheres, bebida e acontecem umas coisas bizarras e que eles são tipo uma grande família. – Alexander estava ofegante. – Por favor, me deixe ir.

– Você tem dois segundos para desaparecer daqui. – Antony mal piscou e Alexander saiu correndo pelo caminho, sem olhar para trás.

Antony ficou um bom tempo parado ao lado daquela van tentando entender o que poderia ser uma festa em que aconteciam coisas bizarras. Ficou perdido em seus pensamentos quando tentou entender o motivo pelo qual o prefeito da cidade chamaria um motorista para frequentar algo tão luxuoso e seletivo. Segundo Fenella, Lucius só poderia ter ido cinco vezes, e Antony pensou se por acaso o convite nada mais seria do que um pagamento para seus serviços. Lucius não tinha o perfil do Crotalus e mal deveria saber como se comportar em um ambiente como aquele. Se Carlo havia chamado Lucius para ir ao Crotalus como seu convidado, era certo que ele fazia parte dos membros mais exclusivos do local e que com certeza tinha acesso a essa festa que Alexander havia citado. Antony ficou imaginando se Carlo tinha algo relacionado com serpentes ou se poderia até andar por aí usando aquele colar. Sentiu vontade de ligar para Hunter para contar as recentes descobertas, mas decidiu ir até o departamento para que se falassem pessoalmente. Durante o caminho se sentiu mal. Nunca havia usado de tamanha grosseria e rudeza ao falar com alguém antes. Deveria ser isso que Alan imaginava para o filho. Antony era alto e forte, mas sempre muito tímido e introspectivo. No entanto, naquele dia parece que algo despertou dentro dele e não houve hesitação nenhuma em quase agredir Alexander. Alan sempre dizia que Antony era um frouxo e que parecia uma garotinha, quem sabe dessa vez, onde quer que ele estivesse, ele pudesse ver o filho com outros olhos. Mesmo sabendo que o pai estaria feliz com sua nova postura, Antony sabia que aquilo era um distanciamento de si mesmo. Não gostava de agir assim e não queria ser assim. Estaria ele novamente se moldando? Estaria Antony perdendo o controle de suas emoções porque estava sendo movido pelo desespero e pela angústia de encontrar Anne Rose? Quando pensou em Anne Rose, viu a mulher andando novamente por uma pequena vila enquanto seus cabelos pretos voavam pelo seu rosto. Ela se virou lentamente para encarar Antony, e foi quando ele ouviu a buzina de um carro. Despertou rapidamente e percebeu que havia avançado em um semáforo vermelho. Abriu a janela e pediu desculpas.

– Tem um minuto? – Antony abriu a porta de Hunter.

– O que houve? – Hunter parou de escrever.

– Descobri algo importante. – Antony respirou fundo antes de contar toda a história. – Conversei com um amigo de Lucius e com sua esposa. Eles me disseram que ele frequentava um clube de golfe e então pedi para o amigo de Lucius me levar até lá. O lugar é muito luxuoso e não combina nada com o padrão de vida dele. E foi assim que eu descobri que foi Carlo, o prefeito, que o convidou para entrar no clube. Carlo é um membro VIP e por isso pode convidar pessoas de fora. O que acha de tudo isso?

– Uma amizade entre duas pessoas. – Hunter mal olhou para os olhos de Antony e já voltou a escrever.

– Francamente. – Antony não acreditou no que tinha acabado de ouvir. – O prefeito da cidade convida o sujeito que estava com Anne Rose no carro para frequentar um clube de golfe e você acha isso normal?

– Qual o problema de eles serem amigos? O próprio prefeito disse que já deu até um carro para Lucius, que é inclusive o carro em que Anne Rose estava. Você não suspeitou dele nessa época.

– Não consigo ver normalidade nisso tudo. Alexander ainda me disse que Lucius ficou para uma festa que acontecia de noite e que essa festa era um tanto diferente. – Antony não acreditava que Hunter poderia estar desprezando sua descoberta.

– Amigos que jogam golfe e frequentam uma festa. Onde isso leva ao sumiço da menina?

– Sequestro – interrompeu Antony.

– Por que você não acusa logo Lucius e termina com tudo isso? A gente continua buscando pela menina na região, mas cortamos um pouco os gastos e podemos voltar ao normal.

– Eu sinto que ela está viva. Eu sei que posso encontrá-la. – Antony falou firme.

– Você não tem nada além de uma touca, um cachecol e duas partes do corpo dela. Ela deve estar morta e enfiada dentro de alguma geladeira qualquer fora de Miracle. A teoria de que ela tenha sido plantada para ameaçar os Gordon é uma completa idiotice. Tudo que você tem nesse caso não te leva a lugar nenhum e todas as alternativas que eu tentei você desprezou. Agora quer acusar o prefeito?

– Prefiro prender o prefeito da cidade a uma velha aposentada que passa o dia cuidando do jardim e dos cachorros. Percebe a diferença?

– Você quer mexer com os poderosos, não é? Quer mostrar que está se sentindo bem e que pode fazer de tudo para encontrar a menina, até mesmo sair por aí fazendo associações imbecis apenas para o seu grande e largo ego. – Hunter levantou-se. – Eu vou dar um fim nesse caso se você não andar logo com isso.

– Não me estranha nada se você estiver protegendo eles. São seus amiguinhos, não são? – Antony perdeu a paciência. Ele sabia que Hunter tinha um lado político muito forte dentro de si e que frequentava alguns eventos apenas pela politicagem. – Por que você não quer associar Carlo com o sumiço de Anne Rose? O que te impede?

– Que patético. – Hunter riu. – Seu pai também era bem próximo deles e olha o que aconteceu.

– Você lave sua boca antes de falar da minha família. – Antony estava cada vez mais irritado.

– Essa sua louca obsessão pela garota está fazendo você perder a cabeça cada vez mais. Eu sabia que isso seria muito para você.

– Eu não estou obcecado por ela. – Antony sabia que na verdade Anne Rose estava mexendo demais com ele.

– As pessoas te olham por aí e sentem medo. Você tem esse olhar estranho e sempre desconfiado, você acha que ninguém viu que você anda bebendo? – Hunter de alguma forma sabia que Antony havia voltado a beber. – Não me faça perder meu tempo, garoto, é questão de tempo para você se perder por completo nisso tudo e eu ter que resolver tudo de última hora.

– Estou sozinho nisso! – Antony gritou.

– Então me deixe lidar com isso tudo. – Hunter enfrentou Antony. – Vá para casa, descanse e me deixa lidar com esse caso.

– Você está tão cego quanto eu, e não me diga que uma velha aposentada tem capacidade para fazer tudo isso.

– Não tão cego assim, eu consegui acesso às câmeras da escola. Esse sujeito aqui deixou o cachecol com o pedaço da orelha da menina na porta da escola. – Hunter mostrou a filmagem para Antony, que olhou atentamente para elas. – Não te lembra de ninguém?

– Eu... – Antony imediatamente pensou em Jack Porter. – Pode ser qualquer um. – Mentiu.

– De qualquer maneira estamos buscando esse sujeito. Alto, atlé-tico... Acredito que você possa me ajudar. – Hunter parecia debochado. – Mas eu sei que você não quer minha ajuda. Aliás, eu poderia te ajudar, mas confesso que depois do episódio da velha, prefiro ficar assistindo a você cavar sua própria cova. Na sua idade eu não era assim, eu nunca fui assim. Às vezes me parece que você não quer estar aqui, que você está pouco se fodendo para essa merda toda. Eu amo meu trabalho e eu me dedico a isso, ao contrário de você, que caiu de paraquedas nesse departamento e ficou aqui por causa do papai. Você realmente quer fazer isso? Porque eu te acho um moleque irresponsável e drogado que não sabe nem o que quer da vida. – A vingança de Hunter havia chegado, finalmente ele havia retribuído todos os insultos que recebera de Antony nos últimos dias. – O que você acha de te afastar e te mandar de volta para sua casa? Eu confesso que você anda fazendo hora extra aqui.

– Você não pode fazer isso! – Antony gritou.

– Não encoste em mim, rapaz. – Hunter rapidamente puxou a arma e colocou na cabeça de Antony. – Você entendeu o que eu disse? – Hunter abaixou a arma e saiu da sala.

Antony ficou paralisado por um tempo até sua respiração voltar ao normal. Hunter havia acabado de ameaçar sua vida, seu caso e sua busca por Anne Rose. Uma constante vontade de gritar o acometeu e Antony teve que se controlar para não destruir toda a sala de Hunter num piscar de olhos. Além de estar lidando com aquele caso que parecia nunca sair do mesmo lugar, ele agora teria que lidar com as ameaças de Hunter, que tanto eram para sua própria vida como para a vida de Anne Rose. Antony pela primeira vez viu Hunter como seu inimigo e principalmente como alguém que estaria atrapalhando sua busca pela garota. Sentiu raiva e um ódio crescente em seu peito. Decidiu que iria fazer de tudo para encontrar a menina, até mesmo passar por cima das pessoas que cruzassem seu caminho. Se a busca de Anne Rose viraria um jogo de sobrevivência, Antony estava disposto a jogar e lutar pela sua.

A mulher andava por uma pequena vila localizada na beira de um penhasco. Ela caminhou pelo rio, entrou em uma floresta, passou por um lindo cenário até chegar de volta em sua casa. Antony não sabia se aquela de fato era sua casa, mas sentiu que fosse. A mulher entrou na casa e ficou horas escrevendo cartas que diziam sempre a mesma coisa. Antony não pôde ler, mas soube que se tratava de uma criança. A criança que havia sido tirada de seus braços. Só podia ser aquela criança. Sentiu toda uma tristeza, mas a tristeza pareceu diminuir quando ela encontrou aquele belo rapaz de olhos negros que a acolheu. Antony sentiu um amor muito forte, mas ao mesmo tempo sentiu uma desconfiança muito grande. Quando finalmente despertou, percebeu que ainda era de madrugada e que faltava muito para a hora de acordar. Estava deitado no sofá com a garrafa de vodca numa mão e com os seus remédios na outra. Não acreditou que pudesse ter apagado no sofá e decidiu ir para sua cama. Tropeçou diversas vezes pelo caminho e, quando finalmente se deitou em sua cama, teve que sair correndo para vomitar. Tudo tinha sido tão real que pensou que tivesse realmente vivido aquilo. Voltou para a cama e sentiu um frio fora do normal, estava muito frio lá fora, mas dentro da casa parecia que estava ainda pior. Passou a mão nos cabelos enrolados e percebeu que já estavam mais longos do que o normal e que precisava cortá-los. Ficou parado na cama virando de um lado para o outro e percebeu a imensidão de seu quarto. Quando finalmente pegou no sono, ouviu um barulho. Sentou-se com pressa na cama e esperou atentamente pelo próximo barulho. Nada. Depois de alguns minutos, finalmente ouviu algo. Eram passos. Antony saiu cuidadosamente da cama e tentou procurar sua arma. Lembrou que havia deixado suas coisas na sala e sentiu raiva de si mesmo. Colocou na cabeça que não deveria ser nada, mas mesmo assim ficou parado esperando pelo próximo barulho. Ouviu mais uma vez um estalo vindo do corredor. Não esperou mais nenhum outro barulho para abrir a porta cuidadosamente e olhar para o final do longo corredor. Não havia nada, ou pelo menos não havia sinal de que algo estivesse ali. Tentou forçar a vista mais uma vez para enxergar alguma coisa, mas não viu nada e então decidiu acender a luz. Caminhou um pouco para frente, talvez fossem dois ou três longos passos até o interruptor. Passou a mão lentamente pela parede. Foi a tateando até chegar ao plástico do botão de ligar a luz. Não sabia o que poderia esperar, mas com certeza o que apareceu era algo que jamais esperaria. Quando acendeu as luzes, Antony deu de cara com Isla Mitchell. Sua mãe estava no final do corredor, exatamente da forma como estava quando morreu naquele mesmo lugar. Ela se arrastava e gritava por socorro. Quando Antony viu sua figura do outro lado do corredor, deu um pulo para trás e caiu no chão, meio desequilibrado. Soltou um grito que foi barrado pelo medo que sentia e pelo pavor da cena que estava ali bem diante de seus olhos. Levantou-se rapidamente e apagou as luzes. Ficou alguns segundos segurando o interruptor como se estivesse impedindo que as luzes se acendessem novamente. Respirou diversas vezes e percebeu que estava sem fôlego. Lentamente um som de piano começou a ser ouvido, e Antony não sabia se aquilo vinha da sala ou de dentro de sua mente. Olhou para o final do corredor e não havia mais nada, apenas um breu que impedia que qualquer coisa pudesse ser vista. Antony ficou ereto e voltou a respirar melhor. Ainda encarava o lugar onde havia visto sua mãe e que agora tocava a música de Blair. Começou a respirar cada vez mais devagar para que a música parasse de tocar dentro de sua cabeça. Quando ela de fato parou, Antony percebeu que já havia dado alguns passos para longe do interruptor em direção ao final do corredor. Mas algo estava estranho. Ainda havia um vulto ali, ele podia ver uma silhueta que parecia ser de alguém. Quando entendeu que aquilo que estava vendo não era mais uma construção de sua cabeça, voltou correndo e acendeu o interruptor. Do outro lado do corredor estava um homem com uma máscara de criança vestindo uma roupa branca. Antony se espantou com o que estava vendo e não pensou duas vezes antes de correr em direção ao sujeito. O homem do outro lado correu para trás, em direção à sala. Antony chegou à sala e viu que o invasor já havia alcançado a porta da sala e estava saindo da casa. Quando Antony chegou até a porta, viu que o sujeito não era tão rápido e por isso sentiu que conseguiria o alcançar. Os dois correram pelo jardim e, já próximos do final do terreno, Antony saltou nas costas do homem. Ele caiu em cima daquele homem mascarado e tirou sua máscara imediatamente.

– O que é isso?!

Antony soltou imediatamente o homem e se jogou para o lado se afastando. Era o filho da Sra. Anderson, que se levantou e ficou petrificado com a presença de Antony.

– O que você está fazendo na minha casa?! – Antony voltou a ir em direção ao menino e o segurou pelo ombro, o chacoalhando cada vez mais forte. – Como você entrou?! Fala!

– O que está havendo?! – Nora Anderson abriu a porta de sua casa e correu em direção a Antony. – O que você está fazendo?

– O que ele fazia na minha casa?! Como ele entrou? – Antony gritou na direção da mulher.

– Do que você está falando?! – Sra. Anderson se afastava cada vez mais de Antony.

– Eu vou te dizer apenas uma coisa, se ele entrar na minha casa de novo, eu vou... – Antony parou de falar e não teve coragem de dizer mais nada. Sabia que aquilo era algo que ele não faria. Ou faria? Não sabia mais quem estava se tornando.

– Você está me ameaçando? Vocês ouviram?! – Sra. Anderson apontou para os vizinhos, que já saíam na porta de suas casas para ver o que estava acontecendo. – Ele disse que vai me matar! – Sra. Anderson fez questão de gritar ainda mais alto. – Você é um doente! – Ela apontou em direção a Antony e voltou às pressas para sua casa.

Antony encarou de volta todos os vizinhos que apareceram para ver a cena e teve que tampar os ouvidos para parar de escutar os xingamentos que vinham em sua direção, assim como a música de Blair, que não parava de tocar em sua cabeça.

A vida de Antony havia se complicado, além de não querer contato com Hunter, agora tinha que fazer de tudo para evitar cruzar com a Sra. Anderson e seu filho, que ficara ainda mais esquisito depois de invadir a sua casa. Antony ficou horas pensando em como o menino havia entrado em sua casa e não chegou a nenhuma conclusão. A única possibilidade plausível era de que ele havia entrado na casa enquanto Antony tirava algumas coisas do carro. Deve ter se escondido e ficado lá a madrugada toda. Nos dias que se passaram, Antony pensou diversas maneiras de melhorar a segurança de sua casa e percebeu que já era hora de investir mais nisso. Os muros da casa eram pequenos e o portão, nem se fala. Uma casa antiga igual à de Antony não tinha muros tão altos e nem um sistema tão avançado de segurança. Antony estava bebendo mais do que deveria e apagou várias vezes no sofá antes mesmo de chegar ao seu quarto. Ele sabia que não estava fazendo algo certo consigo mesmo e que aquele caminho era arriscado e podia acabar em mais um episódio que envolvesse banheiras e remédios para depressão.

A misteriosa mulher que ele andava vendo voltava constantemente à sua mente. Percebeu que conseguia ver as imagens durante o dia quando acontecia algo que mexia com seu emocional. Antony sentiu que estava vendo um quebra-cabeça e cada vez mais sentia uma vontade de entender tudo aquilo, mesmo sabendo que ninguém iria acreditar nas suas novas paranoias que agora envolviam visões sobre uma estranha mulher.

Naquela manhã sentiu falta de Donna e resolveu dar uma passada na casa da velha antes de ir ao departamento. Sentiu que precisava de uma dose da sua espontaneidade e sinceridade antes de encarar mais um dia. Quando passou na frente da casa de Malvina Dalais, observou que ali não havia mais um memorial para Anne Rose e que a casa parecia estar vazia. "Jack." Antony pensou em Jack e mal soube dizer a si mesmo quando tinha sido a última vez que havia visto o escritor. Depois das recentes descobertas sobre Lucius e Carlo, o detetive sentiu que havia desconfiado muito de Jack sem motivos nenhum. Ou talvez existissem motivos, mas os recentes acontecimentos faziam com que ele saísse de sua lista mental de suspeitos. O homem das imagens da câmera de segurança poderia ser qualquer um, até mesmo Antony tinha um corpo parecido com o sujeito das filmagens. A única coisa que chamava sua atenção era a motocicleta em que o homem subiu logo após deixar o pedaço da orelha de Anne Rose. Hunter e Antony haviam passado as descrições da moto para todos os policiais e aguardavam ansiosamente alguma novidade do veículo. Durante o caminho, Antony reparou em alguns cartazes que acusavam Donna e ainda insistiam em vender a história da velha bruxa comedora de criancinhas.

— Donna! — Antony se aproximou de Donna, que estava abaixada fazendo carinho em um dos filhotes de Thor.

— Antony. — Donna levantou-se e deu um tímido abraço em Antony. — Quanto tempo, rapaz. Veio aqui para me prender? — Brincou a mulher.

— Não. — Antony riu. — Por que você sempre pensa isso? Trouxe uma torta de limão.

Os dois entraram na casa e Antony não resistiu e passou a mão em Thor, Silky e nos três filhotes, que agora andavam pela casa junto aos pais.

— Não sabia que você tinha filhotes. Reparei só naquele dia em que entraram aqui.

— São meus mais novos bebês. Essa aqui é Kyra. — Donna pegou um filhote marrom da cor de Silky. — Esse aqui é Lexy. — Um filhote branco com manchas marrons. — E esse aqui é o Ness. — Ness era totalmente branco e tinha apenas uma mancha marrom na parte traseira.

— Eles são muito fofos. — Antony pegou Ness no colo. — Como as coisas estão indo por aqui?

— Ah... Você sabe. Minha vida virou de cabeça para baixo depois que virei uma bruxa comedora de criancinhas. — Thor latiu. — Eu sei, Thor. Mamãe não fez nada e nem você.

— Eu estava andando pela cidade e reparei que as pessoas ainda insistem nisso tudo. É uma grande besteira. — Antony estava aliviado que a saliva não era de nenhum dos cachorros de Donna. Não sabia como enfrentaria o caso se tivesse tomasse aquele rumo.

— As pessoas querem alguém para culpar. Eles precisam alimentar esse espírito justiceiro. Agora pelo jeito estão atrás daquele homem? Fala sério... Um homem alto de capuz? Existem milhões por aí.

– Sinto que ainda estamos sem rumo. Se essa garota ainda estiver viva seria muita sorte. Por sinal, me desculpe por isso. – Antony ainda estava triste pela confusão que fizeram na vida de Donna. – Não sabia dos planos de Hunter e quando descobri, já era tarde demais.

– Tudo bem, rapaz. Eu sei que estou limpa e preciso acreditar em minha versão, senão jamais poderei viver em paz.

– Donna... Sobre o que você me contou... Eu só queria te dizer que... – Antony não conseguiu completar a frase. Era muito difícil para ele falar de qualquer vulnerabilidade.

– Não toque nesse assunto. Foi um momento de sinceridade que acho que precisava ter. – Donna pareceu meio tristonha. – Fico feliz em ter te contado.

– Tudo bem.

– Você quer cortar a torta agora? – Donna levantou-se.

– Como foi viver aquele amor? – Antony não se segurou. Donna já estava de costas quando parou para ouvir a pergunta de Antony.

– Bom... – Donna se virou. – Foi viver livre.

– Nunca tive algo assim.

– Só terá um amor livre quando se libertar do que te prende. Todo o amor que tiver enquanto estiver preso dentro desse coraçãozinho aí não será nada além de mais uma parede de sua prisão. O único amor que liberta é o nosso. E o mundo que tem lá fora é de liberdade. – Donna foi para a cozinha. – Chega de perguntas! Você não vem?

Os dois fizeram juntos um chá que Antony fez questão de escolher na caixinha de especiarias de Donna. Sentaram-se e comeram a torta em segundos. Thor e Silky constantemente faziam um barulho que era um pedido para que alguém lhes desse um pedaço da torta de limão. Donna não deixou Antony dar nada para os cachorros, mas mesmo assim ele forjou algumas vezes que havia derrubado algum pedaço e dava tempo o suficiente para Thor pegar antes dele. Quando já haviam terminado de comer tudo e de tomar o chá que haviam feito, Antony levantou-se para ir ao banheiro. Antes de chegar ao banheiro, olhou para dentro do quarto de Donna e reparou que havia algumas malas perfeitamente arrumadas.

– Você vai viajar? – Antony voltou para a cozinha e questionou Donna.

— Andou fuçando minhas coisas? — Donna retribuiu Antony com um olhar de reprovação.

— A porta do quarto está aberta. Não teve como não reparar nas malas recém-arrumadas. O que está acontecendo?

— Estou indo embora, menino. Preciso passar um tempo fora daqui. — A voz de Donna falhou e Antony pôde sentir que ela estava triste.

— E para onde vai? — Antony estava triste. Não queria que Donna fosse embora de Miracle.

— Jay herdou uma casa em Ford antes de morrer. Lá sempre foi minha rota de fuga. Eu e Jay sempre íamos para lá quando estávamos cansados de tudo isso.

— Eu queria poder sair também. Não posso deixar Anne Rose, tenho que resolver isso antes.

— Você ainda fortemente determinado em encontrar garota... — Donna deu um abraço em Antony. — Vai dar tudo certo, menino.

— Eu ando tendo algumas visões ultimamente. Não sei se esse caso está fazendo bem para mim. Deveria fazer igual você e ir para algum lugar longe daqui. — Antony sabia que os últimos dias não haviam sido muito bons para ele.

— Siga seu coração. — Donna colocou a mão no peito de Antony. — Eu estou seguindo o meu.

— Donna... Vou sentir sua falta. Não achei que poderia dizer isso um dia, mas eu gosto de você. Você é uma pessoa muito gentil. — Antony sentiu que o momento era aquele para dizer o que sentia por Donna.

— Rapaz... — Donna abriu um sorriso. — Posso ver um menino dentro de você. Um menino delicado, sensitivo, emotivo e carinhoso. A velha bruxa também gosta de você. — Donna fez uma pausa. — Queria que meu filho fosse igual você. O filho que nunca tive.

— Donna... — Antony estava sem palavras.

— Está tudo bem. Eu seria uma mãe orgulhosa se tivesse você como filho. Voe, menino. Liberte-se. — Donna abraçou Antony mais uma vez.

Antony pegou suas coisas e caminhou para fora da casa. Antes de sair, fez questão de passar a mão nos cachorros e de segurar Ness mais uma vez no colo.

— Não se meta em nenhuma confusão, velha bruxa. — Antony sorriu.

– O que eu mais gosto é me meter em confusão. – Donna e Antony deram um último abraço.

– Espero te encontrar novamente.

– O que é verdadeiro sempre permanece. – Donna acenou para Antony, que sumiu em meio à floresta. – Até mais, filho das águas.

<h1 style="text-align:center">II</h1>

Antony e Hunter mal se falaram naquele dia. Os dois se cruzavam de vez em quando no corredor do departamento, mas ambos desviavam os olhares e fingiam indiferença. Apesar de Antony estar magoado com Hunter, ele sabia que um precisava do outro e que a situação não podia permanecer daquele jeito por muito tempo. Não fez esforço nenhum naquele dia para melhorar as coisas e se isolou ainda mais em sua sala. A sua visita ao Crotalus ainda mexia com ele. O lugar era muito bonito, mas a atmosfera da casa não era muito boa. Antony não soube explicar nem para si mesmo o motivo pelo qual estava com um pé atrás em relação ao Crotalus. Ele sabia que na verdade tudo aquilo lembrava as festas e os eventos que o seu pai frequentava. Deveria ser por isso que ele se sentiu tão estranho em relação àquele lugar, tudo aquilo era a cara de Alan. Antony podia sentir o cheiro de Alan enquanto percorria o Crotalus com aquela mulher ruiva e magrela chamada Fenella.

Vasculhando as coisas do caso de Anne Rose, viu uma foto do colar de serpente e pegou-se intrigado com a tal festa diferente que Alexander havia falado para ele. A festa, o clube e a inesperada amizade entre Lucius e Carlo ficavam atormentando a cabeça do detetive toda vez que ele tentava fazer algo diferente e que não envolvia pensar em Anne Rose. A partida de Donna também mexeu com ele, sentiu que estava perdendo uma das melhores pessoas que havia encontrado recentemente e desejou que Donna mudasse de ideia. Antony parou tudo que estava fazendo e pesquisou algumas casas mais afastadas de Miracle e que de preferência tivessem acesso à praia. Entrou em vários links e pegou-se encantado por algumas delas. Era a primeira vez que de fato pensava em deixar sua casa. Os recentes episódios que aconteceram na residência deixaram sua cabeça um pouco atormentada. A figura de Isla Mitchell do outro lado do corredor ainda voltava na sua cabeça, assim como o filho da Sra. Anderson e a quase ameaça que Antony fez ao menino. Pensou que não seria tão ruim assim se mudar de Miracle e decidir novamente se dedicar à pintura, mas não queria deixar o caso. Antony não queria abandonar Anne Rose e pelo jeito nem a casa de seus pais, que de certa forma ainda os mantinha vivos. De algum modo aquela menina o prendia e o instigava a buscar cada vez mais.

Mais tarde naquele dia, parou em uma cafeteria e pediu um café colombiano e uma torta de maçã. Antony era apaixonado por tortas e poderia passar o dia comendo apenas isso. Sentou-se em uma mesa próxima à janela e ficou observando a rua. Depois de alguns minutos, a figura de um belo rapaz entrou no estabelecimento. Era Jack Porter.

— Antony. — Jack aproximou-se da mesa de Antony. — Faz tempo que não te vejo.

— Oi, Porter. — Antony sentiu certa timidez tomando conta de seu corpo. — Estava ocupado.

— Procurando Anne Rose, certamente. — Jack às vezes soava um tanto arrogante. — Posso me sentar?

— Procurando a sua sobrinha. — Antony retribuiu. — Se eu negar, você vai jogar o seu cartão e me dizer onde te encontrar, mesmo sabendo que não irei. Então creio que pode se sentar, sim. Pelo menos evito discutir com você mais uma vez. Já tenho alguns cartões e já não sei o que fazer com eles. Não quero mais nenhum. — Antony observou a cara de Jack ficar vermelha e os olhos negros se arregalarem. Antony riu por dentro.

— Foi uma bela resposta.

— Andei treinando esse tempo que sumi. Sabia que iria trombar com você mais cedo ou mais tarde. — Antony disse. — É o que sempre acontece.

— Isso é bom? Se for ruim, posso sair e te deixar em paz. — Jack provocou.

— Pode ficar. — Antony encarou Jack. — Quero dar uma chance para ouvir o que tem a falar, talvez você seja uma pessoa legal.

— Talvez?

— É o que parece. — Antony respondeu.

– Desde nossa conversa lá em casa, eu senti que deveríamos fazer isso juntos. Eu sei que parece que sou um babaca e que não estou dando a mínima para tudo isso. Não é isso que estava acontecendo. Eu realmente fiquei muito abalado com todo aquele lance de Anne Rose e eu pude ver nos seus olhos algo que nunca vi antes em ninguém. Já te disso isso, existe muita vontade dentro de você em encontrar a menina e eu acho isso muito bonito. Estou querendo me cercar de pessoas assim ultimamente.

– Creio que não seria uma boa companhia para você. – Antony timidamente respondeu. Não imaginava aquela resposta de Jack.

– Por que pensa isso?

– Simplesmente não consigo pensar em outra coisa. – Antony colocou um grande pedaço de torta na boca para evitar ter que falar novamente. – Não sou um ótimo amigo.

– Apenas disse o que sinto. Creio que podemos ser amigos, ou pelo menos deveria aceitar minha ajuda. Você parece sozinho nessa busca.

– Me pergunto de onde pode tirar essa conclusão. – Antony sabia que estava sozinho, mas não queria dar o braço a torcer para Jack.

– Talvez do fato de que esteja tomando um café sozinho. – Jack olhou para ambos os lados e fez sinal de que realmente não havia ninguém com ali com Antony. – Onde está seu parceiro?

– Não gosto de companhia. – Antony mal esperou Jack terminar de falar.

– Aceitou a minha.

– Por pressão.

– Porque quis. – Foi a vez Jack retribuir o corte rápido de Antony.

– Porter... – Antony riu. – Ok! Como pode me ajudar? – Antony estava cansado daquilo, pois parecia que eram dois adolescentes.

– Não sei. – Jack riu. – Na verdade, nem eu sei como posso te ajudar. Só sei que sei que posso. Confuso?

– Um pouco. – Antony não entendeu nada. – Escute, não pode me ajudar porque na verdade você é uma testemunha, e isso complica bastantes as coisas.

– Você pode compartilhar as coisas comigo. – Jack insistiu.

– Claro que não. – Antony revirou os olhos. – Isso é ilegal.

– Então posso te ajudar a não pensar em Anne Rose. Com certeza você não tem alguém para tomar um café ou comer algo no final de semana. – Jack apontou para Antony e sorriu. – Rá! E agora?

– Então você só quer me ajudar a sair de casa, e não a achar Anne Rose. – Antony comeu mais um pedaço da torta. – Um tanto quanto interessante.

– Quero fazer com que você se empenhe mais para resolver seus problemas. A vida é mais feliz ao lado de pessoas legais. Essas pessoas fazem com que a gente tenha mais vontade de viver.

– E como podemos virar amigos? – Antony era bem fechado. Se abrir com Donna havia sido um milagre e ele duvidava que aquilo pudesse acontecer mais de uma vez.

– Hum... – Jack pensou. – Podemos compartilhar coisas profundas.

– Coisas profundas? – Antony riu. – Que patético. Isso é demais para mim.

– Podemos começar assim... – Jack se aproximou. Os olhos negros de Jack Porter imediatamente lembraram Antony da visão que tivera mais cedo. Eram os mesmos olhos. Antony se assustou um pouco. – Qual sua estação favorita?

– Inverno. – Antony respondeu rápido. Não precisava nem pensar muito. – E a sua? – Resolveu perguntar de volta para que não fosse arrogante.

– Inverno. – Jack sorriu. – Está vendo! Temos isso em comum.

– Isso não diz nada.

– Não mesmo, mas pelo menos você me contou algo que não fosse sobre Anne Rose. Está vendo? Desligou-se por alguns segundos. Se fizer isso por mais tempo, vai ver que podemos falar de outras coisas sem precisar discutir toda vez que nos vemos. – Jack roubou um gole do café de Antony.

– Uau. – Antony fez uma cara de espanto. Mais pelo fato de Jack ter tido a audácia de roubar seu café do que pelo que havia acabado de dizer.

– Brincadeiras de lado. – Jack parecia mais sério. – Eu não gosto daqui e não tenho amigos. Não entendo por que elegi você, mas sei desde que conversamos em casa eu me pego frequentemente pensando em como seria bom se eu me abrisse e tivesse pelo menos alguém legal para que me fizesse esquecer das coisas por que passei.

— O que você quer esquecer?

— Perdi alguém que amava. Ou pensei que amava. — Jack diminuiu o tom de voz. — Minha namorada morreu em um acidente de carro. Ficamos por quase cinco anos juntos, e só depois que ela se foi eu pude descobrir que havia outro tipo de relação no mundo. Descobri que não precisava aceitar o jeito dela de ser comigo simplesmente por querer ter alguém. Sabe aquela frase? — Jack perguntou — Veio logo depois disso. Descobri que entendi que poderia ser livre, sem ter que me moldar ou me sujeitar pelo amor de alguém, descobri que poderia ser livre com alguém que de fato me ame do jeito que sou. Desde então estou tentando ser um cara mais legal, fazer mais amigos e aceitar realmente o que eu acredito que mereço.

— E você me escolheu? — Antony não sabia o que dizer.

— Eu acompanhei sua história e fiquei um tempo te observando por aí, sei que também passou por algo ruim e isso sempre volta à tona, principalmente agora com Anne desaparecida. — Jack realmente sabia quem Antony era. A cidade toda sabia. — Queria me cercar de pessoas como você. A gente pode ter a mesma estação como preferência, mas acima de tudo temos a mesma dor. Eu também perdi alguém que me assombra até hoje. Uma amizade começa quando há uma conexão, quando ela é feita pela mesma dor, você se sente compreendido, porque sabe que há alguém no mundo que sente e sentiu o mesmo que você.

— Jack... — Antony estava surpreso. Não sabia o que dizer. Quando Emília contou brevemente a história de Jack, sentiu esse tipo de conexão. Apesar de ter muita coisa na cabeça sobre Jack que constantemente voltava e o fazia duvidar do quão legal Jack poderia ser. — Eu sei de sua história. Sinto muito por ela.

— Não precisa. Só me dê uma chance de poder compartilhar isso com você. Como disse, podemos ser livres de tudo isso juntos. Parece que a liberdade é algo que também se busca, não é?

— Até mais que Anne Rose. — Antony demorou um tempo para responder.

Contrariando tudo que já havia falado e pensado de Jack, Antony acabou passando mais tempo do que deveria sentado naquela mesa. Jack pediu um café e Antony encarou mais dois pedaços de torta e quando finalmente a conversa acabou, Antony já desejava comer mais um pedaço, só que dessa vez menor. Antony não disse muitas coisas, mas deixou-se ouvir a voz de Jack por bastante tempo enquanto desejava que sua torta ficasse maior. Jack realmente era um sujeito falante e que adorava emendar um assunto no outro. Sempre falava com certa profundidade e suas palavras pareciam que vinham do fundo da alma. Antony pegou-se imaginando o que teria bem no fundo da alma de Jack e quais os segredos que ele poderia guardar a sete chaves. Jack falou sobre seus livros e contou para Antony que na verdade estava escrevendo um livro de poesias e isso ia contra tudo que já havia feito antes. Antony falou pouco, mas quando abriu boca, não pôde deixar de não falar de suas pinturas. Depois que Jack cansou de falar e percebeu que Antony estava apenas escutando e que raramente dizia algo, ele decidiu encerrar o assunto e ir para casa. No dia seguinte, Antony acordou mais cedo do que o comum e foi direto para casa dos fundos visitar algumas de suas obras. Chegou ao cômodo empoeirado e abandonado que antes era seu ateliê e começou a tirar alguns lençóis de cima de seus quadros. Olhou com satisfação todas aquelas obras expostas, mas sentiu que o lugar delas não era ali. Ou se era ali, que o quarto fosse mais limpo e mais apropriado para elas. Mexeu em algumas caixas que continham alguns quadros menores e deparou-se com um de seus favoritos. Era um rio que fazia centenas de curvas. Simples e belo. O rio era cercado por uma floresta tropical e bem no fundo jazia o mar. Antony fez questão de reparar em cada detalhe e se lembrar de cada minuto que havia passado pintando aquele quadro. E foi nesse momento que Anne Rose voltou em sua cabeça. Mas não era algo ruim, não era uma preocupação, era uma esperança. Olhou novamente para o rio e percebeu que naquele momento ele era um rio. Estava buscando o seu mar e fazia diversos caminhos, curvas e passava por centenas de obstáculos para chegar ao destino final. Por mais que olhasse para o mar e se lembrasse de Anne Rose, Antony ainda sabia que existia a possibilidade de nunca encontrar aquele mar. Talvez Anne Rose pudesse ser substituída por outra coisa, algo que ele também poderia passar a buscar incansavelmente. Ficou alguns minutos pensando o que mais poderia buscar e como poderia dedicar-se tanto para algo que não fosse Anne Rose. A liberdade que Jack e Donna falaram para Antony foi a primeira candidata que passou por sua cabeça. Liberdade. Qual seria sua liberdade? Já era um homem livre, mas segundo Jack, se ainda vivia com medo, era porque ainda estava aprisionado. Antony sabia que não era livre, sabia que tinha algo que lhe amarrava no passado e que não havia comentado com ninguém. Deixou o quadro de lado e pegou o próximo que estava logo atrás. Antony emitiu um som estranho e soltou o quadro com tudo no chão. O barulho foi alto, mas não superou a nuvem de poeira que levantou quando aquela obra atingiu o chão de madeira. Antony sentiu seu coração acelerar e reaproximou-se lentamente do quadro. Era a figura de um menino com uma roupa de formando. Uma beca. Era Antony pequeno todo caracterizado para formatura de sua escola. Nos seus olhos, Antony havia colocado uma faixa preta, como se não pudesse ver o que havia em sua frente. Nas mãos, carrega o diploma e nos olhos a venda. O conhecimento estava em suas mãos, mas o mundo como de fato era não chegava aos seus olhos. Antony sabia quando havia desenhado aquilo. Sentiu medo da lembrança e voltou para casa. Foi para o departamento e durante o caminho ficou tentando esquecer-se do que havia acabado de lembrar.

Antony tinha nove anos quando foi pela primeira vez ao consultório de Emma Foster. A psicóloga atendia sempre às segundas-feiras, e isso fazia com que Antony desejasse que o final de semana nunca chegasse, e depois que nunca acabasse. Sabia que veria a figura esquisita e nariguda de Emma logo no início da manhã de segunda. Naquele dia a neve não havia dado trégua e Alan gastou horas para tirar o gelo de perto da roda, isso fez com que ele ficasse ainda mais estressado. Isla ainda estava se arrumando quando Alan pediu para que Antony a chamasse. Quando finalmente sua mãe ficou pronta, os três foram juntos para a psicóloga, que ficava em uma cidade vizinha de Miracle. Durante o caminho todo, não houve sequer uma palavra de nenhum dos três, e era sempre assim. No almoço, no jantar e em qualquer outro lugar, jamais havia diálogo entre os três. Antony sentia bastante falta disso, sempre foi muito falante e sentia que estava perdendo até a vontade de falar. Dirigiram por horas até chegar a uma casa relativamente grande e antiga. Uma placa de bronze quase imperceptível anunciava que eles haviam chegado ao local de destino. Uma mulher já esperava Alan e Isla na porta da casa, e Antony de cara reconheceu que era a Dra. Foster.

— Doutora! — Isla saiu do carro e fez esforço para que não escorregasse na neve que havia caído.

– Isla, querida. Como vai? – Emma abraçou Isla. – Como anda Violet? Fiquei sabendo que conseguiu uma bolsa de estudos na Alemanha. Ela vai estudar moda?

– Violet está bem, sempre bela e cada vez mais magra. Ainda estamos pensando se ela realmente vai para a Berlim, ela tem tantos projetos nos Estados Unidos que achamos que ela deve ir para lá por definitivo em alguns anos.

– Doutora. – Alan se aproximou e deu um beijo no rosto de Emma.

– Antony! – Isla chamou Antony, que ainda lutava para sair do carro e enfrentar toda aquela neve. – Venha! – Isla parecia irritada.

Os três entraram na casa e Isla foi direto pegar um café na cafeteria que havia dentro do local e que ficava próxima a um jardim que era localizado bem no centro da casa. Antony achava aquilo lindo, um grande buraco no meio da casa onde havia um café e um belo jardim. Até parecia que aquele lugar era amigável e tranquilo. Isla e Alan ficaram no café enquanto Antony foi levado para dentro por Emma, que com a mão em seu ombro o conduzia para sua sala.

– Como vai, Antony? – Emma sentou-se na frente de Antony e abriu seu caderninho de anotações.

– Bem. – Antony não estava animado para falar com Emma. Nunca estava animado para falar com ela. Aquilo tudo era sempre uma tortura.

– O que você quer me contar sobre essa semana? – Emma encarou Antony. – Fez o que eu pedi?

– Sim. – Antony fez um gesto tímido com a cabeça.

– Como se sentiu?

– Bem.

– Bem? – Os olhos de Emma sequer se mexiam. – O que você fez no rosto?

– Caí. – Antony mentiu. – Escorreguei na escada. – Alan havia batido mais uma vez em Antony, e ele sabia o motivo.

– Antony, aconteceu algo que queira me dizer? Quero que saiba que estamos em um tratamento e qualquer recaída é um sinal de que precisamos trabalhar mais no que já trabalhamos.

– Eu... Estou bem. – Os olhos de Antony se encheram de lágrimas.

– Seu pai me deu algo que talvez reforce sua memória e você possa me dizer o que de fato aconteceu. Tudo bem se eu te mostrar?

– Sim. – Antony sabia o que estava por vir.

– O que acha disso? – Emma colocou na frente de Antony o esmalte azul-turquesa que pertencia a Isla. Antony começou imediatamente a chorar.

Abriu porta do departamento e enxugou uma gota de lágrima que já escorria em seu rosto. Passou mais uma vez por todo mundo e nem sequer disse uma palavra. Ouviu alguns cumprimentos, mas ignorou todos eles. Aquela lembrança havia abalado ele por completo e retirado tudo que poderia dizer naquela manhã. Quando já estava um pouco menos abalado com sua recente lembrança, levou um susto quando Hunter abriu sua porta sem avisar.

– Antony!

– Que foi?! – Antony soltou um grito. Sua cabeça estava longe demais.

– O telefone de Bonnie tocou esta manhã, ela disse que foi uma denúncia anônima sobre Anne Rose.

– Anne! – Antony respirou fundo. – O que falaram?

– Uma casa na Rua Belly Street n.º 356, próximo à saída da cidade, falaram que viram um homem sair daquela casa com uma garota que lembra Anne Rose.

– Vamos! – Antony imediatamente pegou suas coisas e correu para fora de sua sala.

Antony e Hunter saíram às pressas com mais dois oficiais e dirigiram por cerca de 20 minutos até a Rua Belly Street. A rua era localizada próximo ao um parque que havia em Miracle e era totalmente isolada de tudo, o que a deixava ainda mais suspeita. Hunter e Antony não trocaram uma sequer palavra no caminho. Quando chegaram à frente da casa, saíram do carro rapidamente e pararam para observar o local.

– Esse lugar é muito estranho. Parece-me abandonado. O que você acha? – Antony perguntou a Hunter, que fez que sim com a cabeça.

– Ei, vocês. – Hunter chamou os outros dois oficiais que foram com eles. – Verifiquem se há uma entrada pelos fundos. Cuidado ao entrarem.

Antony e Hunter pegaram suas armas e avançaram no terreno. A casa de madeira parecia estar caindo aos pedaços, e o mato que estava em volta dela parecia uma floresta, o que atrapalhava bastante os dois. Antony estava com medo do que poderia sair daquele matagal todo. Quando chegaram à porta da casa, Antony colocou os ouvidos na madeira para tentar de alguma forma ouvir algo. Não detectou nada e sinalizou para Hunter para que entrassem na casa. Hunter abriu a porta da casa com o pé e Antony imediatamente entrou. A casa estava toda vazia e não havia ninguém lá. Nenhum móvel, o local realmente parecia abandonado. Os dois se separaram e cada um se dirigiu a um cômodo diferente. Antony pegou a esquerda e entrou em um lugar que parecia um quarto e Hunter foi em direção ao banheiro, onde uma privada quebrada soltava água pelo chão. Os dois estavam bem atentos quando ouviram o barulho da porta dos fundos se abrindo e perceberam que os outros dois oficiais também haviam entrado. Antony e Hunter circularam pela casa toda e não encontraram nada.

– Não tem nada nessa merda. – Hunter estava furioso.

Antony não deu ouvidos ao que ele falou e seguiu pelo corredor, até perceber que havia um cômodo escondido próximo à cozinha que ninguém havia visto. Era um quarto relativamente pequeno e parecia ser algo como um quarto de empregada. Entrou e mais uma vez encontrou apenas um vazio tomado por uma quantidade de pó absurda. Notou que havia uma saliência no tapete e abaixou para sentir o que tinha naquele local e percebeu que se tratava de uma madeira levantada, como se fosse uma porta ou uma passagem. Levantou o tapete e viu o que já imaginava. Uma passagem que dava para algum cômodo localizado abaixo da casa, como se fosse um porão. Era inevitável que não se lembrasse do porão de sua própria casa, onde Alan o trancava por dias e até semanas. Antony jamais havia descido novamente no porão de sua casa, e agora se encontrava diante de algo muito parecido. Sua cabeça parecia que estava em um looping similar a uma montanha-russa. O coração de Antony batia rapidamente e sua respiração carregada cantava uma música aterrorizante. Tomou coragem e desceu as escadas daquele pesadelo. Com a lanterna iluminou o que estava à sua frente. Não acreditou no que estava vendo ali, no meio daquele velho porão. Uma pilha de caixas estava semiaberta e de dentro delas saíam dezenas de serpentes. Eram serpentes de diversas cores, tamanhos e tipos. Algo realmente assustador. Antony caiu para trás quando deu de cara com aquela bizarra cena. Todo o seu corpo atingiu em cheio a escada e Antony imediatamente levou as mãos ao rosto em sinal de horror.

Mas o pior ainda estava por vir, acima das caixas, escrito em vermelho parecido com sangue estava a seguinte mensagem:

SEU LUGAR FAVORITO

8.

Antony e Hunter ficaram algumas horas no local vendo todo o trabalho que estava sendo realizado pelos peritos. Pessoas da equipe entravam e saíam da casa constantemente e sempre perguntavam as mesmas coisas para eles. Antony até perdeu a conta de quantas vezes contou a mesma história para os policiais que passaram por ele. Obviamente, não contou o fato de que seu pai o trancava no porão de sua casa e que aquela mensagem era claramente um recado para ele. Aquilo era algo que ninguém poderia saber. Por sorte, não foi ele que foi encarregado de falar com a imprensa sobre o que havia sido encontrado dentro daquela casa. Horas se passaram e aquela frase não saía de sua cabeça. Quando Antony encontrou aquela cena no porão da casa, ele se abaixou por alguns segundos e fez uma força enorme para que não se lembrasse dos corpos mortos que atormentavam sua cabeça. Isla, Violet, Alan e Blair voltaram como flashes em sua mente e Antony teve que correr para fora do porão, deixando Hunter e os oficiais lidarem com a cena. Mas um corpo em específico o atormentou ainda mais e não entendeu por que justo aquele aparecera. Algo que o atormentava havia muito tempo, mas que ainda era difícil para ele tocar no assunto. Antony sabia que Hunter havia percebido que ele ficara em choque e que aquele assunto voltaria à tona muito em breve quando os dois ficassem sozinhos novamente.

— O que você acha de tudo isso? — Hunter perguntou a Antony já fora da casa.

— Oi? — Antony sacudiu a cabeça como se estivesse voltando para a realidade. — Nunca vi nada igual.

— Você acredita nesse lance de que alguém saiu daqui com uma garota?

— Duvido. Isso foi para mim, Hunter. — Antony decidiu contar a verdade para Hunter, mesmo sabendo que ele iria duvidar de tudo aquilo.

— Do que você está falando? — Hunter olhou para os lados para que ninguém ouvisse a conversa dos dois.

— Eu não sei. — Antony arrependeu-se de contar para Hunter, ultimamente ele andava duvidando muito da lealdade do colega de profissão. — Eu apenas sinto que é para mim.

– Que motivo o sequestrador de Anne Rose teria para te ameaçar com uma frase em um porão? Você está delirando.

– Lembra-se do tal clube de golfe? – Antony mostrou o colar de serpente de Lucius, que agora era uma peça-chave.

– Aquele que Carlo frequenta? – Hunter parecia forçar a memória para lembrar-se.

– Olha o símbolo deles. – Antony mostrou o colar de serpente para Hunter. – Agora acredita no que eu estou falando?

– E onde isso leva a Anne Rose? – Hunter perguntou. – Não me diga que acha que o tal do clube tem alguma coisa a ver com isso?

– Não sei mais o que pensar. – Antony sabia que o Crotalus tinha alguma coisa relacionada com Anne Rose, e quem estava por trás daquilo não queria que ele investigasse mais a fundo aquela história, e por isso de alguma forma estavam tentando fazer ele deixar a investigação.

– Você ainda não me contou porque acredita que aquela mensagem seja para você. Como algo como "Seu lugar favorito" é relacionado diretamente a você? E como esse cara sabe disso? Deve ser o cansaço.

– Eu não estou cansado. – Antony foi ríspido. – Eu passava dias e até semanas trancado no porão da minha casa quando era pequeno, meu pai me prendia lá. Cheguei até ser internado uma vez por causa disso. Quem quer que esteja fazendo isso com Anne Rose está brilhantemente ao mesmo tempo investigando toda minha vida e trazendo à tona coisas que deixei guardadas a sete chaves por muito tempo. Me entende agora? Com licença. – Antony deixou Hunter sozinho e atravessou a rua em direção à casa de uma velha senhora que fazia tricô na varanda. Ela usava um vestido amarelo que combinava com seus olhos claros e seu cabelo branco.

– Olá. – Antony subiu as escadas da varanda da mulher. – Me chamo Antony Mitchell e sou detetive aqui em Miracle.

– Como posso te ajudar? Me chamo Fox.

– Fox? – Antony fez uma cara de espanto. – Seu nome é um tanto quanto diferente, mas muito bonito.

– Eu tinha longos cabelos ruivos e era magra como uma tábua. Agora olhe para mim, pareço aquelas mulheres que fazem bolo na televisão.

– Tenho certeza que a senhora é mais bela que elas. – Antony sorriu e se aproximou de Fox. – Por acaso a senhora viu alguém saindo daquela casa hoje?

— Não vi nada, menino. Estou aqui desde que sol apareceu e não vi ninguém sair dali.

— Antes de o sol sair, a senhora por acaso não ouviu nada? Um carro, talvez? – Antony insistiu.

— Ah, sim. Eu levantei de madrugada para ir ao banheiro e percebi que tinha uma falação aqui na frente de casa. Olhei pela janela, eu nunca faço isso porque não sou uma velha fofoqueira, e vi que um carro tinha parado aí na frente e que alguns homens estavam do lado de fora da casa fumando. Até achei perigoso, vai que pega fogo nesse matagal todo? – Fox era uma senhora muito agradável e fez questão de imitar toda a cena dela abrindo a janela.

— Quantos homens ao todo? – Antony perguntou.

— Eu acho que eram uns cinco homens. Você quer entrar? Eu fiz uma torta de maçã e meus netos deixaram tudo aqui porque estavam sem fome e com muita pressa.

— Muito obrigado! Terei de recusar. – Antony queria muito entrar na casa e comer o máximo de torta que conseguisse. Tudo para que se esquecesse daquele porão. – Posso deixar meu contato? Se lembrar de mais de alguma coisa, por favor, entre em contato comigo.

— Tudo bem, menino. – Fox retribuiu o sorriso de Antony que voltou para onde Hunter estava.

— O que foi isso? – Hunter perguntou.

— Ela viu um carro com cinco homens chegando aqui de madrugada. Não tem nenhuma menina que saiu da casa sendo carregada por um homem. O que temos aqui é alguém descaradamente me ameaçando. – Antony estava sério.

— Antony...

— Eu sei o que tem adiante de mim. Você ainda acha que não devemos olhar mais atentamente para Carlo e para aquele clube?

— Você deveria tomar cuidado com suas conclusões precipitadas.

— Eu sei me proteger. – Antony sussurrou. – Eu fui o único que sobreviveu, correto?

Mais tarde naquele dia, Antony passou na casa do casal Gordon para saber mais sobre a ligação misteriosa que Bonnie havia recebido. A passagem pela casa deles foi rápida, Bonnie apenas disse para Antony que havia acordado de manhã com a ligação de um homem dizendo que havia visto alguém tirando uma garotinha de uma casa. Ela disse para Antony que o homem havia desligado o telefone sem dizer mais nada e que ela mal havia conseguido entender direito o que ele estava falando. Antony achou estranho o fato de a denúncia anônima ter sido feita no telefone particular de Bonnie e não no telefone da polícia. Antony começou a tentar entender que importância Bonnie tinha naquilo tudo, além de ser a mãe da menina, Antony não entendia qual outro motivo teria para Bonnie ter sido a escolhida a receber uma ligação denunciando algo que de fato nunca aconteceu e que o atingia diretamente. Qual a razão de não terem ligado para ele? Antony explicou para os Gordon que havia sido uma denúncia falsa, pois ninguém havia visto um homem saindo da casa com uma menina e que a única coisa que haviam encontrado eram caixas com serpentes e uma mensagem sem sentido na parede.

– Serpentes? – Bonnie estava pálida. – Como assim serpentes, detetive?

– Exatamente do jeito que vocês imaginam. Serpentes vivas. – Antony mostrou o celular para eles. – Em cima das caixas tinha essa mensagem, algum sentido para vocês?

– Nenhum. – Ludovic respondeu. – Não temos nem porão na nossa casa. Odiamos isso.

– Sim, não temos porão aqui e não parece fazer sentido com o que aconteceu com Anne... – Bonnie estava nervosa.

– Acreditamos que isso tenha sido um trote. Algum moleque resolveu fazer isso e... – Antony mentiu facilmente. – Enfim, não temos nada novo.

Mais tarde, ao se aproximar do departamento com seu carro, Antony viu um aglomerado de pessoas na frente da porta de entrada. Bem no centro, a figura de Hunter como um pavão chamava a atenção por sua imponência e postura ao falar para as câmeras. Antony não imaginava que a imprensa ficaria sabendo tão rápido sobre as caixas com serpentes encontradas na casa. Ao sair do carro, tentou passar despercebido pelo aglomerado de pessoas. Teve que parar quando foi atingido por um ovo bem na sua nuca.

— Assassino! — Rhona Amber avançou por trás da multidão e jogou outro ovo em Antony no momento em que ele estava se virando para ver quem era.

— Desgraçado! — Uma mulher gorda pegou Antony por trás e o empurrou com tudo em direção ao chão. — Eu vou te matar!

— Assassino! — Rhona avançou na direção de Antony e as duas mulheres caíram em cima dele dando-lhe vários tapas e arranhões.

— Tirem elas daqui! — Antony gritou desesperadamente.

— Você o entregou para as serpentes! — A mulher mais gorda agarrou a cabeça de Antony e sussurrou em seu ouvido. Ela era a esposa de Alexander, Vilma Sargar.

Alguns policiais que estavam perto da cena correram em direção a Antony. Mais pessoas, incluindo Hunter, se juntaram à cena e retiraram as mulheres de cima de Antony.

— O que você disse? — Antony gritou. — Repete o que você acabou de dizer! Você ouviu? — Antony olhou para Hunter. — Fala de novo! — Antony correu em direção à mulher e teve que ser segurado por Hunter enquanto gritou palavras de ordem na direção das duas.

— Cala a boca! Assassino! — gritou Vilma, que tomou a frente e quase escapou dos policiais que tentavam arrastá-la para longe. — Você matou Lucius e agora vai matar Alexander!

— Do que você está falando? Eu não matei ninguém! — Antony foi segurado por Hunter. Sua vontade era de ir na direção da mulher e continuar a briga. Antony estava com o sangue quente e queria mais que tudo brigar com aquelas mulheres.

— Você o deu de bandeja! Meu homem! — Ela e Rhona entraram em uma caminhonete caindo aos pedaços e foram para longe do departamento. Antony ainda podia ouvir os gritos das mulheres mesmo com o barulho insuportável do motor do carro.

— Do que ela estava falando? — Antony voltou-se para Hunter. — Eu não fiz nada! Merda. — Antony se afastou da cena e caminhou em direção ao departamento quando ouviu a voz de um jornalista.

— Detetive Mitchell, nós temos mais um inocente morto durante as investigações de Anne Rose? Alexander Sargar desapareceu ontem à noite e sua esposa nos disse que ele foi morto pelos policiais de Miracle.

— O quê? – Antony virou-se e encarou o jornalista.

— Lucius Amber e agora Alexander Sargar, senhor.

— Não tem sentido o que você está falando, não sabemos nada disso sobre Alexander. – Antony tentou entrar mais uma vez no departamento quando foi surpreendido por mais uma pergunta.

— O que você tem a dizer sobre o recente episódio que envolveu sua vizinha? Ela disse que o senhor tem um histórico de violência que precisa ser visto mais de perto. – O jornalista deu um passo para trás quando viu a expressão que Antony fez ao ouvir sua frase.

— O que você disse? De onde tirou isso? – Antony estava furioso.

— Ela reportou que o senhor teve comportamentos perturbadores na frente da sua casa e que parecia estar alterado. O que tem a dizer sobre isso? Está mesmo apto para continuar no caso?

— Saia daqui! – Antony avançou contra o jornalista e pegou o celular dele, com o qual ele gravava o diálogo entre os dois, e jogou no chão. O barulho do aparelho caindo no chão não fez jus ao estado deplorável que ele acabou ficando quando atingiu o asfalto. – Saia daqui! Saiam todos vocês! – Antony deu um empurrão no jornalista e apontou o dedo em sua direção. Pensou em dizer tudo que se passava em sua cabeça, mas decidiu simplesmente virar as costas e finalmente entrar no departamento. Quando chegou à sua sala, derrubou tudo que havia em cima de sua mesa com um simples empurrão. Sentou-se na cadeira, apoiou a cabeça sobre os braços na mesa e deu um grito de raiva.

Demorou algum tempo para que conseguisse tirar toda a gema de ovo que estava grudada no seu cabelo. Os cachos de Antony se juntaram com a gema e formaram uma estrutura homogênea. O cheiro era insuportável e Antony lavou o cabelo diversas vezes até conseguir não sentir mais o cheiro de ovo e saiu do banho. Não tentou lavar seu casaco e o jogou direto na lata de lixo. Quando se olhou no espelho, percebeu que estava com um arranhão no pescoço que parecia ter sido feito por um gato raivoso ou por qualquer outra fera mortal. Na verdade as mulheres que atacaram Antony eram como animais selvagens. Antony nem podia contar quantos tapas tomou, lembrou imediatamente de Alan e isso o deixou ainda mais chateado. Talvez não tenha ficado com raiva das mulheres, ou até mesmo triste, talvez tenha ficado mexido porque os tapas o lembravam de momentos muito particulares que envolviam ele e seu pai. Até mesmo Isla voltou a sua cabeça e as agressões verbais e físicas que a sua mãe lhe cometia toda vez que alguma coisa acontecia. Principalmente quando Antony entrava em seu quarto e brincava com suas roupas e com seus itens de beleza. Aquele momento na frente do departamento e o porão com a mensagem fizeram Antony se lembrar de seus pais, lembrar-se da Dra. Foster e trazer à tona mais memórias que estavam guardadas no fundo de seu inconsciente.

Antony já estava com 10 anos quando recebeu a ordem de fazer suas malas para que fossem viajar. Um milagre havia acontecido e Isla e Alan decidiram que iriam viajar, Antony arrumou sua mala com a maior felicidade e ficou imaginando onde iria passar as férias. Seriam quase 30 dias de viagem e ele mal podia esperar para saber o destino. Isla e Alan não falaram nada e avisaram Antony de última hora, simplesmente falaram de um jeito seco e rude que iriam viajar. Violet estava em algum lugar do mundo com Blair e obviamente nenhuma delas se juntaria aos três. Quando Antony terminou de arrumar sua mala, se esforçou para descer com ela para o hall de entrada da casa. Alan estava do lado de fora arrumando o carro e ajudou Antony a colocar a mala dentro do veículo.

— Para onde vamos? — Antony perguntou.

— Você vai ver, é um lugar bem legal. — Alan passou por Antony e sumiu dentro da casa. Não pareceu muito animado.

Antony não entendeu o motivo pelo qual ninguém falava nada para ele e todos gostavam de pegá-lo de surpresa. Ficou ainda mais contente com a ideia de que iria viajar porque pensou que nesse período de tempo não teria que olhar para a cara da Dra. Foster, e isso era um bom sinal. Antony correu em volta do carro e brincou no jardim durante algum tempo. Quando já estava suado e cansado, Isla e Alan saíram de casa e entraram no carro. Antony correu para entrar no carro e quase tropeçou em uma pedra.

— Mamãe, qual é o tamanho da sua mala?

— Não estou levando muitas coisas. Só o necessário. — Isla, sempre séria, nem sequer olhou para o banco de trás onde Antony estava sentado. — Coloque o seu cinto, ok?

— Isso mesmo. Coloque o cinto. — Alan ligou o carro.

Antony calou-se por um tempo e fez o que os pais pediram. Depois de poucos minutos já não aguentava mais ficar em silêncio e resolveu abrir a boca.

– Mãe... Pai... Como vocês se conheceram?

– Seu pai me chamou para ir ao cinema. – Isla olhou para Alan.

– O filme foi bom? – Antony sempre curioso.

– Sim.

– E foi só isso? Ele te chamou para ir ao cinema e vocês resolveram que se amavam? – Antony sempre muito curioso.

– Claro que não. A gente saiu por um tempo e depois acabamos gostando um do outro. – Alan abriu a boca pela primeira vez.

– Um dia quero conhecer alguém. – Antony olhou pela janela e ficou admirando a paisagem.

– Uma menina? – Alan parecia bravo.

– Alan... – Isla olhou para o marido com olhar de reprovação.

Antony ouviu o que pai havia falado, mas fingiu que não tinha prestado atenção. Soltou apenas um sorriso tímido e voltou a olhar pela janela. Depois de quase uma hora de viagem, ele resolveu puxar novamente assunto com os pais, que só falavam de trabalho.

– Um dia quero ser um pintor de sucesso. Ser famoso igual a Violet!

– Violet não pinta quadros. – Isla cortou Antony.

– Mas ela é famosa e todo mundo conhece ela na rua.

– Violet é diferente.

– Um dia eu também quero ser igual a ela. Quero pintar quadros e mais quadros e colocar eles no museu! – Antony gritou. – Se Violet pode sonhar, eu também posso. Um dia ela me disse que quer abrir sua própria marca de roupa e ter seu próprio desfile.

– A diferença é que Violet luta pelos seus sonhos – disse Isla.

Antony não teve reação. Nem sequer entendeu tamanha grosseria que veio de sua mãe. Antony se sentiu mal porque sempre pintou seus quadros e sempre sonhou que um dia poderia expô-los em um museu gigantesco como o de Nova York. Desde que havia visitado alguns museus em Nova York, Antony ficara ainda mais deslumbrado com a ideia de seguir carreira na pintura. Mesmo novo ele sabia que sua paixão era o desenho e a natureza. Depois daquela fala de Isla, Antony não falou mais nada. Ficou admirando a bela paisagem que passava diante de seu rosto. Resolveu ficar mais próximo dela e abrir a janela. Antes de fazer isso, certificou-se de que os pais estavam bem entretidos conversando entre eles e decidiu que o momento ideal seria aquele. Abriu a janela e colocou a mão para fora, fazia movimentos que lembravam a onda do mar. Seu braço subia e descia, como se fosse uma serpente, mas na cabeça de Antony se tratava de uma onda. A sensação do vento em seus cabelos era surreal. Parecia que algo estava o purificando. Demorou um tempo para que os pais percebessem e chamassem sua atenção. Quando finalmente o carro parou, Antony identificou onde estava. Aquilo não era um hotel ou outra cidade, e nem mesmo um aeroporto. Ele estava na clínica da Dra. Foster.

— Vamos?

— Não íamos viajar? — Antony perguntou para sua mãe, enquanto seu pai abria a porta do passageiro.

— Vamos, filho! — Alan estendeu a mão para ele. Nesse momento, Isla saiu do carro e cumprimentou Emma.

— Mas papai, não íamos viajar? — Antony sentiu um calor tomando conta de seu corpo. Seu coração acelerou ainda mais.

— Antony, estamos com pressa. Vamos! — Isla foi para a porta do carro e tentou ajudar Alan.

— Não quero ir! — Antony tentou se esquivar, mas já era tarde demais. Alan o agarrou e o tirou do carro. — Me solta! Me solta!

— É para o seu bem! — Alan gritou de volta.

— Mas eu estou bem!

— Antony! — Emma se aproximou. — Você está animado?

— Mamãe?! — Nesse momento Isla já estava dentro do carro e Antony reparou que ela estava chorando. — Não me deixe aqui com ela! Por favor! Papai?! — Alan também entrou no carro e logo dirigiu para longe. Antony não acreditou no que estava acontecendo.

— O que deu em você? Nunca fez isso e agora deu de fazer? — Emma realmente parecia estar se divertindo com aquela situação.

— Não encosta em mim, sua ratazana. — Antony empurrou Emma e saiu correndo.

Enquanto isso, dentro do carro Isla não hesitou em derramar algumas lágrimas. Nem se preocupou em disfarçar sua tristeza. Olhou para

Alan, que não disse uma palavra sequer e continuou a dirigir. Depois de alguns minutos, ela finalmente resolveu dizer algo a respeito de Antony.

– Não posso crer que você acredita que isso é o certo.

– É a única alternativa. – Alan não tirou os olhos da estrada.

– E se não tiver cura?

– Tem que ter.

– E se não tiver?! O que faremos! Vamos deixar ele na rua?! – Isla estava nervosa.

– Tem que ter! – Alan freou o carro com tudo e encarou a esposa, que chorava descontroladamente. – Ele está doente e você sabe disso.

– E se ele não estiver! E se nós estivermos doentes? – Isla começou a defender Antony.

– Olhe para o que ele anda fazendo! Emma relatou várias coisas sobre esse comportamento estranho dele. Como você não enxerga?

– Eu só quero que Antony seja feliz. Você acha que ele vai ficar feliz longe de casa? 30 dias nesse lugar? O que está acontecendo conosco? – Isla enxugou as lágrimas. – Estamos mandando nosso filho para uma reeducação rígida nos Estados Unidos! E se ele não ficar bem lá?

– Você deveria ficar com ele nessa clínica. Quem sabe melhora também. – Alan retrucou.

– Eu tenho certeza que você não hesitaria em me deixar lá.

– Igual você fez com ele? – Alan encarou Isla e voltou a acelerar o carro. Depois disso os dois ficaram em silêncio e seguiram viagem sem dizer mais nenhuma palavra, nem sequer relacionada ao trabalho.

II

Antony estava parado a alguns metros do cemitério onde estava ocorrendo o enterro de um senhor. Não havia muita gente no local, deveria ter algo em torno de 15 pessoas. Não conseguiu tirar os olhos da mulher do falecido, pelo menos ela parecia ser a viúva. Não tinha mesmo como não reparar na mulher, além de ela ser grande, usava um vestido preto que valorizava muito o seu corpo. A mulher era muito elegante, assim como sua mãe. Antony podia ouvir o choro mesmo de longe e com o rádio ligado. Sentado dentro de seu carro, se lembrou do dia em que chegou à clínica de Emma Foster com suas malas. A cara de Isla dentro do carro não saía de sua cabeça e ele sentia que sua mãe estava tão triste quanto ele.

De volta ao presente, saiu do carro depois que se sentiu mais seguro e que teve certeza de que não seria atacado por mais ninguém, pouco tempo havia se passado, mas ele ainda achava que estava prestes a ser atacado novamente. Atravessou a rua e foi em direção ao local onde estava acontecendo a cerimônia. Não chegava nem perto da cerimônia que havia sido feita quando seus pais e as irmãs foram mortos. Era o mesmo cemitério, mas a parte onde sua família estava enterrada era muito mais glamorosa. Antony chegou até o túmulo do velho e leu em voz alta seu nome. Norval Hamilton.

Não sentiu nada. Ficou imaginando o que Norval viveu e principalmente como morreu. Antony jamais saberia. Enquanto admirava o túmulo do velho Hamilton, lembrou-se do que a esposa do agora foragido ou desaparecido Alexander havia dito em seu ouvido quando o agrediu. "Você o entregou para as serpentes!" O sussurro da mulher que lhe atendeu no Crotalus também não saía de sua cabeça. "É uma espécie de serpente, senhor." "Uma das mais mortais que existem." Antony respirou fundo e saiu de perto do túmulo de Norval. Ele sabia que havia algo por trás e mais do que nunca o Crotalus estava envolvido. Se a esposa de Alexander sabia sobre a característica principal do clube, o que mais ela poderia saber? Por isso ordenou que sua equipe fosse atrás dela e que recolhesse um depoimento da mulher. Ele tinha que descobrir a verdade e se Vilma sabia de algo, Antony tinha que ir atrás. Alexander estava desaparecido e mais do que nunca isso não soava nada favorável para o seu álibi. Talvez ele soubesse de muitas coisas ou talvez apenas estivesse com medo de ser o próximo a perder os dedos ou a orelha. Depois de um tempo, Antony decidiu que iria até o túmulo de sua família, mas que não iria de carro. Preferiu caminhar pelo cemitério. Estava chovendo e ele queria aproveitar aquele momento sozinho. Andou por quase 10 minutos até encontrar a parte mais luxuosa que correspondia à parte mais rica da cidade e onde sua família estava enterrada.

– Violet...

Antony se aproximou do túmulo de sua irmã. Violet era linda, e realmente mereceu tudo que conquistou na vida. Antony se lembrou de um momento muito particular dos dois, quando ela confessou que não queria mais aquela vida que havia conquistado. Naquele dia Violet parecia abalada e confessou que acreditava que durante todos aqueles anos ela na verdade tinha vivido os sonhos de Isla e Alan e que pela primeira vez ela se arrependia amargamente daquilo. Pobre Violet. Antony sempre se perguntou se aquilo que ela havia dito era real mesmo ou se foi só um momento de vulnerabilidade. Antony imaginou se na verdade Violet havia sido tão vítima quanto ele de Isla e Alan Mitchell. Passou por Blair e só pôde se lembrar da música interminável que ela tocava no piano e que inúmeras vezes voltava à sua cabeça o assombrando mais ainda. Finalmente chegou ao túmulo de Isla e Alan e não conteve uma lágrima quando viu as fotos dos dois, ambas pregadas numa medalha de bronze. Antony não sabia nem o que estava sentindo. Mais uma vez, viu Isla dentro do carro e logo depois o carro bem longe.

– Antony. – Antony ouviu a voz grave de Jack Porter. – Está tudo bem?

– Porter? – Antony estava surpreso. Enxugou disfarçadamente algumas lágrimas.

– Já sei o que vai dizer. Não estava te seguindo. – Jack se aproximou dele. – Vim visitar o túmulo de meu pai. – Jack parecia abalado.

– Acho que tivemos a mesma ideia. – Antony apontou para o túmulo de seus pais.

– Sua mãe era linda. Você se parece com ela. – Jack sorriu.

– Você é a primeira pessoa que diz isso. Todos falam que pareço mais meu pai.

– Você tem os olhos de sua mãe. – Jack olhou mais uma vez para a fotografia e depois olhou para os olhos de Antony. – Vocês tem um olhar triste.

– Ela parecia muito triste mesmo. – Jack fez Antony se lembrar mais uma vez da cena do carro. – Novidades sobre Anne Rose?

– Nenhuma. Eu queria muito que esse pesadelo acabasse. Estou cada vez mais apreensivo com tudo isso. Fico imaginando como deve estar sendo para Bonnie e Ludovic.

– Que tipo de pessoa cortaria o dedo de uma menina como Anne Rose? [...] sem falar no que encontraram na escola... Eu estou sem palavras para tudo isso. Por mais que eu não seja tão próximo da menina, eu ando sentindo como se fosse pai dela.

— Somos dois. Faz muito tempo que está aqui?

— Não. Desculpe te atrapalhar, eu já estava de saída. — Jack começou a se afastar. — Até mais, detetive.

— Porter! — Antony o chamou.

— O que foi? — Jack se aproximou.

— Você quer tomar um café e comer um pedaço de torta? — Assim que Antony fez o convite logo se arrependeu. Mesmo assim continuou com a ideia. — Talvez possamos falar de qualquer coisa que não seja sobre isso. — Antony apontou mais uma vez para o túmulo.

— Ótima ideia. — Jack sorriu. — Acho que preciso muito desse café.

— Estou precisando de um pedaço de torta e de um café. — Antony lembrou-se de que sua última conversa com Jack não havia sido tão chata e que precisava de algo que fizesse com que pensasse menos nos seus pais, na Dra. Foster, no porão ou em Anne Rose.

Os dois foram para o mesmo café que haviam ido da última vez e se sentaram praticamente na mesma mesa. Antony pediu uma torta holandesa e Jack pediu apenas um café.

— Você realmente gosta de tortas, não é?

— Essa é a minha favorita. Faz-me lembrar de tia Donna, uma mulher que trabalhava na minha casa. Fazia todos os doces do mundo. — Era inevitável que Antony não se lembrasse de Donna Hason.

— Você era apegado a ela? — Jack pareceu lembrar-se de algo. — Tia Donna não seria Donna Hason?! A bruxa de Miracle?

— Eu não queria ter chegado a esse ponto, mas sim. Ela era minha fuga e talvez ainda seja. Na presença de Donna eu dançava, pintava, e fazia qualquer coisa que me desse na telha fazer. Ela jamais me repreendeu. Pena que hoje em dia ela não passa de uma velha rabugenta que precisa de alguns copos de cerveja para amolecer o coração.

— O que aconteceu com ela? — Jack estava curioso.

— Foi embora para Ford. Talvez eu vá visitá-la um dia desses.

— Jamais acreditei nesse boato. Uma bruxa comedora de criancinhas?

— Donna não faria isso. — Antony riu. — Estávamos tomando chá um dia desses e ela me chamou de Alan. Só para você entender, Alan era o nome de meu pai.

— Sei bem o que é isso. Minha mãe sempre confunde meu nome e me chama pelo nome de meu pai. Mas confesso que somos parecidos – disse Jack.

— Como o seu pai se chamava mesmo?

— Murray Haxton. — Antony pareceu surpreso quando ouviu o nome do pai de Jack.

— O seu pai foi prefeito na época em que meu pai trabalhava na prefeitura. Tenho quase certeza de que já ouvi esse nome.

— Meu pai é bem conhecido. Pena que as pessoas não conhecem o lado que eu conheci dele. — Jack pareceu chateado em tocar no assunto.

— Ei, não precisa falar sobre ele se não quiser. — Antony percebeu que o humor de Jack havia mudado de repente. — Não deveríamos estar falando disso. Combinamos que não íamos tocar no assunto família...

— Ele batia na minha mãe. — Jack pegou Antony de surpresa. — Minha mãe fugiu de casa várias vezes comigo no colo. Depois de quase matá-la, ele fugiu para Miracle e eu nunca mais o vi. Depois de anos vim para cá e dei de cara com ele. Ele havia formado uma nova família e desfilava por aí com sua fama de prefeito. Como alguém que fez isso com outra pessoa pode conseguir votos e ser amado pela cidade toda? Nunca entendi isso. Eu só fui descobrir que ele fazia isso muito tempo depois, viajei com ele o mundo todo e ele era praticamente meu melhor amigo.

— Muitas vezes não vemos o que tem por dentro e nos apegamos ao que tem por fora, na superfície, e assim somos enganados. Tenho certeza de que sua mãe não viu esse lado dele quando o conheceu. — Antony estava meio inseguro em dizer tudo aquilo. Não queria tocar em uma ferida muito grande de Jack.

— Tenho certeza que ela não fazia ideia do que tinha por trás daquela imagem de bom-moço. Ele era horrível. Me admira Bonnie idolatrar ele mesmo depois de eu ter contado para ela sobre isso.

— Vocês conversaram a respeito?

A torta de Antony e o café de Jack haviam chegado. Os dois esperaram a garçonete sair para continuar a conversa.

– Sim. Eu precisava tirar isso do meu peito, mas Bonnie disse que eu era apenas um impostor que estava tentando roubar dinheiro da sua família.

– Isso é o tipo de coisa que Violet falaria. – Antony se lembrou imediatamente de Violet.

– A sua irmã famosa? – Jack tomou um gole do café. – Ela parecia legal na TV.

– Violet? – Antony riu. – Ela era insuportável. Tinha alguns momentos legais, mas na maioria das vezes era muito chata.

– Vocês não tinham uma boa relação?

– Violet ficou realmente legal quando foi embora de casa. Quando estava morando aqui, ela era o próprio estereótipo da irmã mais velha.

Antony e Violet se gostavam, mas quando estavam perto um do outro era inevitável que não saísse alguma discussão ou provocação.

– Você quer dizer que ela era chata e maldosa? Às vezes me parece que você viveu aquelas histórias de contos de fadas.

– Só não limpei o chão de casa. – Antony e Jack riram.

O tempo passou e o que era para ser apenas um café e um pedaço de torta acabou sendo uma longa conversa. Antony já estava no seu segundo pedaço quando Jack começou a falar sobre seu livro.

– Eu te contei que estou escrevendo um livro? – Jack não se lembrava.

– Todos os cartões que você jogou na minha direção falavam que você era escritor. – Antony deu risada.

– Os cartões! – Jack riu. – Você tem quantos?

– Sei lá, o suficiente para não querer mais discutir com você e ter que ganhar mais um.

– Não vou mais jogar nenhum. – Jack tomou um gole do seu café.

– E sobre o que é seu livro?

– É um livro de poemas. Fala sobre amor e outras coisas do gênero.

– E de onde veio a inspiração? – Antony estava curioso para saber de onde surgira a ideia de escrever um livro de poemas que falam de amor.

– Depois que Jules morreu, eu senti que precisava escrever algo mais íntimo. Sempre escrevi sobre distopias, aventuras e romances policiais, mas dessa vez resolvi fazer algo diferente, e deve ser por isso que ninguém compra minha ideia. Você consegue imaginar alguém que sempre escreveu sobre futuro distópico começar a falar de amor em um livro de poemas?

– Não consigo imaginar. – Antony também sabia que Jack tinha esse lado mais profundo.

– Eu nunca falei muito sobre isso, você sabe, sobre amor. Eu sempre levei esse campo meio que... Como posso dizer? – Jack colocou a mão nos cabelos como se isso o ajudasse a pensar mais rápido.

– Afastado? – Antony interrompeu os pensamentos de Jack.

– Isso! – Jack parecia empolgado. – Sempre deixei esse assunto afastado de mim. Nunca entendi na verdade o que é amar.

– Eu acho que nunca entendi também. – Antony se lembrou dos pais.

– Lá vamos nós falar de família mais uma vez... – Jack se aproximou de Antony. – Acho que é hora de mudarmos de assunto! – Jack riu.

– Sim! Eu estava esperando você dizer isso. – Antony sentiu um alívio por não ter que entrar no tema. – E como anda o processo de escrita?

– Já terminei. Estou tentando vender, mas sempre recusam, e isso me faz toda vez voltar para o livro e adicionar mais algumas páginas.

– Alguém está lendo com você? Eu digo, te ajudando. – Antony colocou um pedaço de torta na boca.

– Não. Talvez esse seja o problema. Como ninguém lê o que eu escrevo, nunca sei se está bom ou não.

– Eu posso ler. – Antony surpreendeu Jack e si mesmo.

– O quê?

– Eu sei que não somos amigos e que é estranho você confiar o seu material para um desconhecido, mas pelo menos posso ler algum poema em particular que você esteja com dúvida. – Antony viu os olhos de Jack se arregalarem.

– Senhor Mitchell? Você está querendo ler meus poemas? – Jack deu um sorriso sarcástico. – Não esperava isso de você.

– Bom, estamos tentando ser amigos, correto? E eu também preciso que alguém veja os meus quadros. Podemos nos ajudar e assim tentarmos algo. – Antony sabia que tinha Emília para tal função, mas resolveu propor isso a Jack.

FILHO DAS ÁGUAS: O ETERNO RETORNO

– Achei que não queria minha ajuda.

– Estou considerando. Até que está legal tomar café com você de vez em quando. – Antony colocou o último pedaço de torta na boca. – Preciso ir. Até mais, Porter. – Jack não respondeu, apenas ficou parado observando Antony ir embora enquanto sorria levemente com o canto da boca.

Antony saiu do café e voltou para o departamento para encontrar Hunter, mas durante o caminho não conseguiu parar de pensar no que havia proposto a Jack. Ele não fazia ideia de como avaliaria os poemas de Jack e nem se Jack saberia dizer se alguns de seus quadros eram bons. Antony não entendeu direto o porquê de sua proposta para Jack, mas preferiu nem tentar entender. Apesar de sentir um pouco de arrependimento em ter feito tal trato, sentiu que deveria tê-lo feito mesmo assim. Lembrou-se do que Donna falara e percebeu que realmente deveria abrir-se mais para que as pessoas o conhecessem. Abrindo-se para as pessoas ele sabia que elas também se abririam para ele, e que dessa abertura mútua algo especial poderia ser construído. Antony se sentia muito bem, sentiu-se melhor que muitos outros dias. Ele sabia que na verdade seu humor variava de acordo com as coisas que iam acontecendo e se sentir bem logo depois de falar com Jack só lhe mostrava que de fato Jack parecia ser uma boa companhia. Quando chegou ao departamento, foi direto para a sala de Hunter, onde o encontrou fumando seu cigarro. Antony entrou e fez questão de tossir para que Hunter percebesse que o cheiro na sala já estava insuportável.

– Onde você estava? – Hunter parecia Alan.

– Estava no cemitério. Fui ver o túmulo dos meus pais. – Antony não contou toda a verdade, mas também não mentiu.

– Passei de carro na frente de uma cafeteria e vi você com Porter.

– Porter? – Antony não soube o que responder de prontidão. Sentiu o sangue subindo pelo seu corpo junto com um calor inexplicável.

– Gordon? Jack talvez? Não sei direito como posso chamar o tio de Anne Rose. – Hunter sabia muito bem como chamá-lo.

– Ah sim. Jack Porter. – Antony respirou fundo. – O encontrei lá e ele resolveu sentar na minha mesa.

– Ficando amigo do jornalista?

– Escritor. – Antony respondeu.

201

Nesse momento Hunter deu mais dois tragos no cigarro, abriu a janela e o jogou para fora. Sentou-se à mesa e abriu uma pasta onde havia algumas fotos do caso.

– Não me diga que temos outra parte do corpo de Anne Rose. – Antony estava nervoso com a possibilidade de receber a cabeça de Anne Rose via correio.

– O laudo chegou faz algumas horas. – Hunter pareceu desconfiado – Se você estivesse na sua sala, teria visto. – Pergunto-me de que forma esse caso acabou virando uma simples ameaça a você. Nós estamos correndo contra o tempo, se essa garota realmente está viva, ela está em sérios perigos e você aí tomando café com Porter para esfriar sua cabeça.

– Hunter... – Antony sabia do que ele estava falando.

– Antony, não me venha com desculpas. – Hunter empurrou as fotos para a frente de Antony.

– Eu deveria estar aqui antes, eu sei. – Antony fechou o documento e jogou de volta na mesa. – Então era apenas uma tinta vermelha e não sangue? Pelo menos não era o sangue de Anne Rose.

– Quem pode ter feito isso?

– Tenho quase certeza de que Lucius entregou a menina para alguém que frequentava junto com ele aquele clube de golfe. Aquele nome ainda me causa arrepios... – Antony sussurrou. – Crotalus.

– Crotalus? – Hunter não se lembrava do nome do clube.

– É uma espécie de serpente. O nome do clube que Carlo convidou Lucius para ir. Alexander foi junto com Lucius na primeira vez e depois disse que nunca mais apareceu no lugar. Não acha estranho? – Antony sabia que havia algo por trás de tudo isso.

– De novo essa história de investigar o prefeito? Antony...

– E o cara da moto? Não temos nada ainda sobre esse sujeito? Eu não posso acreditar que jogam um pedaço da orelha da menina na porta da escola e simplesmente desaparecem logo depois.

– Estamos fazendo nosso melhor. Miracle não é tão gigantesca, mas também não é tão pequena. – Hunter apontou para o mapa da cidade.

– É grande o suficiente para esconderem uma pequena moto em algum beco por aí. Já devem ter dado um fim nela. Nada nas câmeras de segurança? – Antony também se sentou.

— Temos algumas imagens dele passando pela rua, mas quem disse que o comércio todo tem câmera? Perdemos o cara 500 metros depois. E sobre o depoimento de Vilma Sargar, ela nos disse que jamais cochichou nada em seu ouvido. Falou mais um monte de asneira ao seu respeito, te acusou de assassinato e quase quebrou a sala inteira. Resumindo: jogou toda a culpa em você. Disse que não sabe onde está o marido e que acredita que ele esteja fugindo de você.

— Essa mulher é louca. — Antony passou a mão nos cabelos — Eu estou ficando nervoso com isso, Hunter. — Antony tomou um gole d'água. — Essa menina está por aí sendo torturada por alguém ou por um grupo de doentes e nós não podemos fazer nada. Quem consegue cortar o dedo de uma menina de 7 anos? — Antony sentiu um arrepio percorrer seu corpo por inteiro. — Estamos lidando com pessoas diferentes. Isso não é normal.

— Sabe o que não é normal? — Hunter mostrou uma foto para Antony. — Olhe.

— Bonnie? — Antony pareceu confuso. — Do que está falando?

— Bonnie estava fora de casa quando recebeu a ligação anônima, mas ela nos disse que estava em casa quando atendeu seu telefone residencial.

— Isso quer dizer...

— Não quer dizer muita coisa, mas pode ser que na verdade tenham ligado para o celular dela e não para o telefone, e se isso aconteceu, ela mentiu para nós.

— Temos outro ponto também... — Antony levantou-se e passou a mão nos cabelos. — Apenas ela ouviu o que disseram. Somente Bonnie Gordon ouviu a denúncia anônima que viria a me atingir diretamente com aquela ameaça no porão. Quem garante que falaram mesmo sobre uma garota sendo carregada para fora da casa?

Os dois ficaram longos minutos se encarando sem saber o que dizer.

A campainha tocou e Antony correu para abrir a porta para Emília. A amiga de Antony vestia um lindo casaco branco que combinava com as luvas e com o cachecol que estava usando. A neve havia voltado a cair intensamente em Miracle e Antony tinha mais um motivo para não querer sair de casa.

– Voltei para essa caverna. – Emília tirou o casaco e cumprimentou Antony. – Eu odeio esse tempo! Quando isso vai parar? Meu Deus.

– Está muito frio mesmo, nunca vi nada igual. – Antony lembrou-se dos desenhos de Anne Rose. A menina era fascinada pelo inverno. – Eu amo o inverno, mas esse ano as coisas parecem um pouco exageradas.

– Por falar em exagero, o que aconteceu com você? – Emília deu um abraço em Antony.

– Eu estou bem. Aquelas mulheres eram duas loucas e não temos que nos preocupar com isso.

– Mas o jeito que você falou com aquele repórter... Antony...

– Ele mereceu. – Antony estava irritado. – Depois daquilo tudo eu não consegui ser legal com ele.

– Você anda meio diferente. – Emília estava preocupada com Antony. – E eu não estou falando dos seus cachos e nem da sua barba. É o caso, não é?

– Eu estou bem.

– Não minta. – Emília interrompeu Antony.

– As pessoas constantemente me perguntam a mesma coisa. Por que vocês precisam perguntar se estou bem?

– Porque é nítido!

– O quê? – Antony desafiou Emília. – Que eu estou mal? Perdendo minha sanidade porque quebrei o celular daquele repórter? – Antony riu.

– Eu sei da história do porão. As outras pessoas podem não entender direito o motivo pelo qual fizeram aquilo dentro de um porão e te chamaram lá para ver, mas eu entendo perfeitamente e eu sei que aquilo foi para você.

– Não me lembre disso. – Antony passou a mão nos cabelos. – Eu ainda não acredito nisso. Como é possível?

– Eu que te pergunto isso. – Emília parecia furiosa. – Como isso é possível?

– Eu não sei! Eu não sei! – Antony gritou. – Alguém anda investigando sobre mim da mesma forma que eu venho investigando o sumiço da menina e não sei como, mas descobriram coisas sobre minha vida.

– Eu sabia que esse caso era demais para você. Eu nunca concordei com isso. Você precisa dar o fora daqui o quanto antes, já pensou se são as mesmas pessoas que...

– Não mencione isso. – Antony estava nervoso. – Eu já pensei nisso e apenas não quero me afogar nesse pensamento que anda me consumindo. Por favor, não colabore com isso. Deixe-o existir apenas nas minhas próprias paranoias.

Mais tarde, depois que Emília foi embora, ele decidiu andar pela casa. Como de costume, tomou o seu remédio amarelo e pegou uma garrafa de bebida e revisitou todos os cômodos da imensa casa. Quando chegou ao quarto de sua mãe, sentiu uma pontada no coração. Isla era linda e a única lembrança que Antony tinha dela era do seu corpo todo ensanguentado. Queria poder lembrar mais de sua mãe e não entendia o motivo de sua cabeça ter congelado a imagem dela naquela cena em que se arrastava pelo corredor da casa. Antony abriu suas gavetas e encontrou algumas de suas joias, foi inevitável não se lembrar da Dra. Foster e do que falavam durante as consultas e durante os períodos que ele frequentou o acampamento organizado pela clínica. Depois de abrir quase todas as gavetas de Isla, sentiu que havia algo de estranho bem no fundo de uma gaveta. Colocou sua mão até o fundo e percebeu que a madeira naquela região era diferente. Quando finalmente conseguiu puxar a madeira para fora, descobriu que tinha um buraco ali. Com os dedos, sentiu um objeto, era algo como um livro. Agarrou o livro com as mãos e o puxou para fora da gaveta. Um livro marrom e velho estava em suas mãos. Antony teve que segurar o espirro por algumas vezes devido à quantidade de pó que havia naquilo. Abriu a primeira página e leu a seguinte frase:

Isso não é um diário. – Isla Luthor M.

Antony ficou ainda mais intrigado com o que poderia ser. Folheou as primeiras páginas e descobriu que na verdade se tratava de uma caderneta em que Isla colocava todos os seus pensamentos. Literalmente, tudo que havia em sua cabeça. Não era uma narrativa de sua vida ou de como havia sido seu dia, mas era um espaço onde ela colocava todos os seus pensamentos para fora. Antony não imaginava que Isla, aquela mulher tão fechada e triste, pudesse ter algo tão sensível. Ele sempre quis saber o que se passava no âmago de sua mãe, agora tinha a chance, mas não sabia se deveria ler algo tão particular. Levou o livro para a sala e sentou-se no sofá. Respirou fundo e decidiu que abriria em alguma parte aleatória e que leria apenas aquilo e nada mais. Ele sabia que isso já seria o suficiente para lhe deixar com culpa de ter entrado tão fundo nos pensamentos de sua mãe.

Estou me sentindo estranha hoje. Acabei de deixar Antony na clínica de Emma Foster. Depois que o deixei, acabei discutindo com Alan no caminho. Eu disse para ele que tenho quase certeza de que ele me abandonaria também em algum lugar caso achasse que eu tenho algum defeito. Eu sei que eu tenho. Todos nós temos, não é? Não sei qual dos defeitos faria com que Alan me deixasse na beira da estrada ou em alguma clínica psicológica. Na verdade, nem sei para que serve uma clínica de psicologia. Eu sei para que serve, só não entendo os motivos pelos quais as pessoas querem ir para uma clínica. Não consigo me imaginar sentada na frente de um estranho qualquer dizendo tudo sobre minha vida e compartilhando minhas mais diversas frustrações. Me sinto culpada por ter feito isso com Antony. Ele não foi por contra própria, eu simplesmente o deixei lá. Fiz com ele algo que jamais faria comigo mesma. Me sinto um lixo. O que anda acontecendo comigo? Eu sei que Antony está doente, mas ultimamente me pego perguntando se na verdade não sou eu que estou doente. Se não somos nós. Se na verdade o mundo está doente. O que há de errado com meu filho? Nunca foi uma fase, pelo menos não até agora. Antony tem 10 anos e apresenta os mesmos comportamentos de sempre. Nada mudou! Às vezes fico pensando: e se ele for assim? E se eu for a pessoa que anda fazendo com que fique doente?

Antony não fazia ideia de que Isla e Alan havia discutindo e era mais estranho porque Antony sempre achou que Isla estava de acordo com tudo aquilo, mas no fundo a sua mãe estava se questionando e até se culpando por suas atitudes. Antony virou a página e continuou a ler.

Não queria ter feito isso com Antony. Me sinto culpada por ter feito isso com ele, mas não consigo dizer não para Alan. Não consigo ir contra ele. Eu amo Alan. Ele é meu grande amor e não posso ir contra o que ele diz para mim, mesmo às vezes pensando no absurdo que isso pareça. Eu sei que no fundo ele só quer o bem para meu filho. Para nosso filho. Alan tem um olhar diferente, ele vê as coisas de outro jeito. Às vezes eu acho que eu vejo as coisas pelos olhos dele. Eu me transformo nele. Eu sou ele. Isso me dói de vez em quando. É como se eu não fosse mais quem sou e virasse o que ele é e eu acabo não gostando dessa nova versão de mim mesma. Eu acabo não gostando do que ele me transforma. Eu tenho tanto medo de perder ele, sinto que preciso dele para viver e fazer qualquer outra coisa. Sou louca por Alan. Sou capaz de matar e morrer pelo seu amor. Eu não posso imaginar um mundo sem ele.

— Você o escolheu. — Antony disse. Fechou o livro e não quis ler mais nada sobre os pensamentos de sua mãe. Jogou o livro no sofá e não olhou mais para sua direção.

Antes de dormir, Antony leu algumas anotações sobre o caso e ficou ainda mais intrigado com tudo aquilo. Ele sabia que não tinha provas nenhuma contra Carlo e que a única coisa que associava ele com Anne Rose era o fato de que Carlo, como membro VIP do clube, havia convidado Lucius para frequentar o lugar e para participar de uma festa diferente, assim como Alexander a descreveu. Foi inevitável que Antony não escrevesse sobre Alexander e colocasse com uma letra bem grande a frase que sua esposa havia dito quando o atacou na porta do departamento.

"Você o entregou para as serpentes."

Antony sabia que aquilo era uma clara referência ao Crotalus, principalmente pelo simbolismo das serpentes. Pelo jeito, o clube estava atrás de Alexander e fez questão de desaparecer de Miracle. As serpentes no porão só podiam ter sido obra do clube, mas qual o motivo disso? E como eles sabiam disso? Mesmo não havendo muitas coisas concretas e mais suposições, ele soube que deveria investigar mais a fundo Carlo e o clube. Se Carlo se aproximou de Lucius e lhe ofereceu entradas para o Crotalus era porque de alguma forma ele necessitava de algum favor de Lucius, que parecia ser bobo e desesperado por dinheiro. Antony teve certeza de que qualquer proposta de Carlo faria com que Lucius realizasse qualquer tipo de trabalho. Antes de dormir, olhou no calendário e percebeu que o dia seguinte já seria sexta-feira e que a festa "diferente" no Crotalus acontecia exatamente nas sextas, porém Antony não sabia se eram em todas as sextas-feiras do mês que eram realizadas, no entanto decidiu mesmo assim que no dia seguinte iria para a porta do clube e ficaria lá esperando qualquer sinal de Carlo ou de algum outro membro conhecido de Miracle. No dia seguinte, levantou se sentimento mal e enjoado e logo culpou a bebida que havia tomado. Antony deu um empurrão na garrafa e ela voou para longe se espatifando no chão. Sua cabeça doeu quando fez força para levantar-se, ficou tonto e acabou vendo mais uma vez aquela misteriosa mulher. Era de dia quando ela se levantou. Os seus cabelos pretos faziam uma linda pintura no colchão. Formavam ondas, desenhos e até formas geométricas. Ela tentou sentir quem estava do seu lado, mas já não havia mais ninguém. Fez uma linda trança em seus cabelos e desceu as escadas. Passou pela sala, pela cozinha, por mais alguns quartos. Não encontrou nada. Do lado de fora da casa, o homem que Antony havia também visto antes estava lá, olhando para cima enquanto seus cabelos balançavam com o vento. A mulher chegou por trás dele e o beijou no pescoço. Os dois pareciam felizes. Antony sacudiu a cabeça e voltou a ver o seu quarto, o enjoo que sentia havia se intensificado e ele correu para o banheiro e vomitou na privada. Estava exausto, e mais uma vez aquela mulher apareceu em sua cabeça. Ela estava dando à luz, o homem estava o tempo todo segurando sua mão. Logo depois, quase em frações de segundos, Antony viu a criança correndo pela casa, era uma menina. A criança corria pela casa e, à medida que passava pelos cômodos, Antony a via crescendo. Ficou um tempo sem ver nada até que reviveu a cena do chute mais uma vez. Depois a mulher andava pela vila e parecia meio perdida. Antony pôde sentir a dor que ela sentia e a saudade que tinha de sua filha. Antony viu a mulher desenhando um retrato da menina e depois distribuindo de porta em porta e muitas vezes até o pregando em algum lugar. Algumas imagens passaram rápido demais e quando finalmente parou, ele viu o homem a abandonando. Os dois discutiam enquanto ele fazia as malas e depois partia. Ele a deixou sozinha e Antony sentiu uma dor ainda maior. Outras imagens passaram rapidamente e quando pararam, dessa vez apenas mostraram a mulher ferida à beira de um precipício. Em seguida, ela se atirava ao mar e afundava lentamente. Antony caiu no chão e sentiu seu coração quase saindo de seu peito.

III

Ainda era de tarde quando Antony saiu do departamento e foi para casa. Tomou um banho, pegou sua máquina fotográfica, algumas bolachas, uma garrafa de água e entrou no carro. Naquela sexta-feira, ele havia decidido que iria para o Crotalus vigiar a entrada enquanto buscava por Carlo ou por qualquer outro movimento suspeito. Ainda estava meio abalado com a sua visão e com o desfecho daquela mulher. Jamais imaginaria que aquele homem a abandonaria e que ela se atiraria de um penhasco. A imagem da mulher afundando lentamente no mar não saía da sua cabeça. O barulho dela atingindo a água e depois o silêncio. Um silêncio ensurdecedor. O azul do mar, o vestido branco que ela usava. Os cabelos pretos. Foi a primeira vez que Antony viu nitidamente o rosto dela. Era linda, tinha uma pele branca como a neve e um olhar profundo. Antony fechou a porta do carro com tanta força que até se assustou com o barulho que fez. Checou mais uma vez para ver se tudo estava pronto e acelerou o veículo. Ainda em Miracle, próximo ao pôr do sol, resolveu parar na cafeteria onde havia conversado com Jack para pedir uma torta de limão para viagem.

– Olá. – Era a vez de Antony ser atendido. – Quero uma torta de limão para viagem. – Antony terminou dando um leve sorriso.

– Vai viajar, detetive? – Jack Porter estava de costas, sentado em uma mesa próximo ao balcão onde Antony havia sido atendido.

– Vou dar uma volta. – Antony puxou a cadeira. – Posso?

– Claro. – Jack fez um gesto com a mão para que Antony se sentasse.

– Parece que você gostou mesmo desse lugar. – Antony não deixou de reparar que Jack havia pedido uma torta de maçã.

– Fiquei com vontade de comer torta. Culpa sua. – Jack sorriu. – Também pensei que poderia te encontrar aqui.

– Tem certeza que não está me seguindo? – Antony brincou. Apesar de ter brincado com aquilo, ele não sabia se Jack poderia estar realmente o seguindo. Ultimamente Antony andava nervoso com a possibilidade de alguém o seguir.

– O mundo não gira em torno de você. – Jack retribuiu da mesma maneira que Antony fizera antes. – Só vim pegar uma torta.

– Essa frase é minha.

– Estou frequentando o seu café, usando suas frases, e até te trouxe um poema. Como não sabia quando iríamos nos ver novamente, comecei a andar com ele para cima e para baixo com a esperança de esbarrar em você. – Jack tirou um papel do bolso. – Fiz esses dias.

Antony pegou o papel da mão de Jack. Sentiu a mão grossa e áspera de Jack enquanto pegava o pequeno papel. Antony se lembrou de sua visão que mostrava aquela mulher juntamente com um rapaz. Antony puxou rapidamente o papel, piscou uma ou duas vezes e sentiu que já estava de volta à realidade. Teve dificuldade para abrir o papel, pois ele estava dobrado em várias partes. Quando abriu, pôde ler um poema intitulado "Tentaremos de novo?".

juntos, somos um caos
separados, uma bagunça

com você me sinto
completo, preso

sem você me sinto
vazio, livre

uma mistura de explosões
que eu jamais rejeitaria

Tentaremos de novo?

JP.

"Tentaremos de novo?", Antony pensou. A mulher de sua visão novamente voltou à sua cabeça. Antony a viu conhecendo aquele rapaz, viu os dois juntos, a gravidez, a criança, o chute, o abandono e finalmente o seu fim trágico. Antony começou a tremer e sentiu que seu corpo estava quente e parecia que ele havia começado a flutuar. Os seus pés ficaram leves e depois suas pernas. Era como que se uma imensa energia estivesse entrando pelos seus pés, passando pelas pernas, chegando a sua barriga e subindo rapidamente até sua cabeça. Depois disso, veio um zumbido bem fino que começou lentamente e depois ficou mais intenso e forte. Estava olhando fixamente para o papel. Leu e releu várias vezes a frase final e viu novamente o fim trágico daquela mulher.

— Antony! — Jack o trouxe de volta para a realidade.

— É lindo. — Os olhos de Antony se encheram de lágrimas.

— Você está quase chorando. — Foi inevitável Jack não reparar.

— É porque... — Antony engasgou. — É forte.

— Você acha que é bom?

— É perfeito. — Antony viu novamente a mulher no mar.

— Então por que está quase chorando?

Antony não soube responder. Ou soube, na verdade não sabia nem o que estava se passando em sua cabeça e nem o motivo pelo qual seus olhos se encheram de lágrimas. Antony apenas sentiu algo muito forte dentro de seu peito e que imediatamente o fez produzir mais lágrimas.

— Jack... — A voz falha de Antony pôde ser ouvida. — Você quer me ajudar com o caso hoje?

— Antony... — Jack se afastou e colocou as mãos no rosto. — O que você está dizendo?

— Eu vou passar a noite toda vigiando um lugar. Você quer ir comigo? — As palavras saíam da boca de Antony de forma incontrolável.

— Você está com medo?

— Eu quero companhia. — Antony respirou fundo. — Quero companhia para me fazer esquecer. — Jack e Antony se olharam por alguns segundos até Antony se levantar, pegar sua torta e reforçar o convite. — Você vem?

Antony ficou olhando o carro de Isla e Alan se afastar e não fazia a mínima ideia do que tinha acabado de acontecer. Os seus pais haviam falado que eles iriam viajar, e de repente Antony estava nas mãos de Emma Foster, que tentava convencê-lo a entrar na sua belíssima clínica.

— Vamos, querido. Não tenha medo. Está tudo bem. — Emma conduzia Antony para dentro.

A clínica de Emma era incrivelmente bonita e luxuosa. Antony desejou por um instante que sua casa fosse como aquele lugar. Mas desejar que sua casa fosse como aquela clínica não lhe parecia uma boa ideia, já que aquele ambiente não trazia boas memórias para o garoto. Apenas o jardim no meio da construção era capaz de acalmá-lo. O menino correu para o centro da casa e escapou dos braços de Emma e de seus dois ajudantes.

– Está tudo bem! – Emma gritou para os seus ajudantes, que corriam atrás de Antony. – Deixem o garoto. Ele é só uma criança.

Antony correu para o jardim e se escondeu embaixo de uma árvore que havia bem no meio. Na verdade, não tinha muito como se esconder, mas na cabeça dele aquilo era o disfarce perfeito. Pelo menos ele sabia que ninguém chegaria perto dele, era nítido que ele queria ficar sozinho. Antony não escondeu o choro. Apesar do que Alan dizia sobre homens que choravam, de dizer que isso não era coisa de homem, Antony não deu a mínima para aquela ideia e deixou todas as lágrimas escorrerem. Uma por uma, lentamente, até se sentir mais aliviado. Nem se toda a água de seu corpo saísse, Antony poderia superar a dor que estava sentindo. Ver os pais o deixando logo depois de mentirem descaradamente para ele era algo que partia seu frágil coração.

– Ei. – Um garoto que aparentava ter a mesma idade de Antony surgiu detrás de um arbusto.

– Ei. – Antony enxugou algumas lágrimas.

– Me chamo Michael. – O garotinho tinha cabelos loiros bem claros e os seus olhos azuis saltavam de seu rosto.

– Antony.

– Por que está chorando?

– Quero ir embora. – Antony se encolheu ainda mais.

– Eu também. – Michael sentou-se do lado de Antony. – Posso sentar com você? – Antony não respondeu, mas cedeu um espaço para Michael, que se aproximou e sentou-se ao lado de Antony.

– Você chegou agora? – Antony perguntou.

– Faz algumas horas. Estou esperando a van.

– Van?

– Aham. – Michael fez que sim com a cabeça.

Antony não entendeu direito o que Michael estava falando. Achou que ficaria ali na clínica da Dra. Foster para sempre.

– Não é aqui que vamos passar as férias? – Antony ainda queria acreditar na ideia de que teria férias.

– Não. Ela me disse que uma van vai nos levar para o aeroporto e que depois vamos para os Estados Unidos. – Michael arrancou uma flor rosa que saía da grama e começou a despedaçar pétala por pétala.

– Achei que íamos ficar aqui para sempre.

– Não. – Michael despedaçou a flor inteira. – Estamos esperando outras pessoas. Eles vão nos levar para longe daqui. Eu ouvi falar que os Estados Unidos são bem longe, meu pai disse que fica do outro lado do mar.

– Os seus pais te deixaram também? – Antony sentiu que as lágrimas voltaram a cair de seus olhos.

– Meu pai.

– E sua mãe?

– Ela morreu. – o garoto respondeu. – Meu pai que resolveu me trazer aqui. Ele me disse que eu estou doente.

– Você está passando mal? – Antony perguntou.

– Não.

– Então você não está doente.

– E você? – Michael cutucou Antony na perna.

– Estou com uma dor na cabeça. Aqui. – Antony apontou para a sobrancelha. – Mas acho que não estou doente.

Os dois meninos foram interrompidos pela voz grossa de um funcionário da clínica, que os retirou do jardim e os levou para a recepção. Lá eles encontraram mais dois meninos. O funcionário disse que eles iriam ser levados para o Aeroporto de Edimburgo e que de lá eles iriam para Londres e depois para os Estados Unidos. Antony e Michael sentaram juntos na van, enquanto os outros dois meninos ficaram cada um em um banco separado. Os dois pareciam bem abalados e choravam muito. Antony já não chorava mais e passou a viagem inteira admirando a vista.

– Olhe. – Antony cutucou Michael. – É muito bom. Você deveria tentar. – Antony abriu um pedaço da janela e colocou suas pequenas mãozinhas para fora e imitou uma onda no mar.

– Minha vez! – Michael falou bem baixinho para que ninguém ouvisse. – É muito bom. Parece que eu estou voando! – Os dois riram baixo, mas não foi o suficiente para não chamar a atenção do funcionário da clínica que estava no banco do passageiro ao lado do motorista.

– Ei, vocês! Fechem a janela, seus boiolas!

Antony fechou rapidamente a janela e endireitou-se no banco. Depois de alguns segundos, Michael sussurrou no seu ouvido:

– Tony. O que ele disse?

– Não sei. – Antony respondeu.

– Ele disse baloias. O que é baloias?

– Ele não disse boluia? Não sei o que é. – Antony riu.

– Ele disse baleias. Você é uma baleia. – Michael deu uma risada alta que fez com que Antony colocasse sua mão na boca do menino para que não chamassem mais ainda a atenção do funcionário rabugento da clínica.

Quando a van finalmente parou, Antony e Michael já estavam dormindo fazia tempo. Antony foi o primeiro que acordou e fez questão de cutucar Michael no ombro. Michael despertou logo em seguida e enxugou a enorme quantidade de saliva que saía de sua boca. Os dois desceram no aeroporto e logo embarcaram para Londres, onde fizeram uma rápida conexão. Era de manhã quando a equipe da Dra. Foster chegou ao Aeroporto Internacional de Salt Lake City, em Utah. Foram horas de carro até o acampamento e o dia já começava a escurecer de novo. A princípio, estava tudo escuro quando eles chegaram ao sítio, e a única coisa que Antony pôde ver foi uma grande estrutura no meio do terreno. Os quatro meninos desceram da van e caminharam em direção à imensa casa. Quando Antony e Michael passaram pelo funcionário da clínica, os dois tomaram um tapa na cabeça bem de leve, mas provocativo. Antony encarou de volta o rapaz e fez uma cara de reprovação.

– Está tudo bem. – Michael disse. – Deixa o baleia de lado.

Antony e Michael pegaram suas malas e entraram na casa. A casa mais parecia um hotel. Passaram por um hall onde tinha algumas fotos e algumas informações e seguiram para os quartos. Michael e Antony ficaram no mesmo quarto, e isso fez com que os dois ficassem ainda mais felizes. Antony sabia que no fundo não havia como aquilo tudo ficar bem porque tinha acabado de ser largado pelos pais, porém a companhia de Michael fez com que toda a história mudasse e tudo ficasse mais divertido.

– Onde você mora, Tony? – Michael pulou na cama e caiu de barriga pra cima.

– Eu moro em Miracle.

– Meu pai fala que Miracle não tem nada.

– Miracle tem várias coisas. – Antony sabia que Miracle não tinha nada.

– Eu moro em Glasgow. – Michael virou de lado para olhar Antony. – Lá tem bastantes coisas.

– Tem baleia? – Antony riu.

– "Fiquem quietos, seus baleias!" – Michael levantou-se e começou a imitar a voz do funcionário da clínica que agora se chamava "Senhor Baleia".

– Quantos anos você acha que o Senhor Baleia tem? – Antony perguntou.

– Sei lá. Ele tem cara de uns 25 anos.

– Minha irmã tem 20 anos. Acho que ele deve ter 20 anos. – Antony comentou.

– Você só tem uma irmã? Eu não tenho irmãos. Deve ser legal ter irmãos.

– Violet e Blair mal falam comigo. Elas sempre me excluem de tudo. Deve ser porque sou novo, elas já beijam até na boca. – Antony uma vez pegou Violet atrás da casa deles com um garoto mais velho.

– Eca. Nunca beijei na boca. Nem quero beijar.

– Eu também não quero. Nunca vou me casar. – Antony imitou Michael e também ficou de barriga para cima.

– Por quê?

– Não sei. Meus pais são casados, mas parecem tristes. Será que casar é triste? – Antony olhou para Michael.

– Se eles estão tristes é porque eles não se gostam. Quando as pessoas se gostam, elas ficam alegres.

– É... – Antony pensou nos pais. – Acho que eles não se gostam tanto assim.

O dia amanheceu e os dois garotos foram acordados por um alarme ensurdecedor. A equipe do acampamento havia deixado Antony falar com Isla e Alan, mas Antony preferiu não realizar a ligação. Antony e Michael se vestiram rapidamente e ainda com a cara inchada de sono saíram do quarto e foram até o restaurante onde seria servido o café da manhã.

– Uau. – Michael estava impressionado com a quantidade de meninos que havia naquele lugar.

– Eu não sabia que tinha tanta gente assim aqui. – Antony também estava chocado.

Havia garotos de todos os tipos, cores, formatos e jeitos que poderia se imaginar. O restaurante não era tão grande, mas cabia um grande número de meninos. Todos eles falavam alto e alguns até brigavam, principalmente os mais velhos. Antony e Michael se serviram e sentaram em uma mesa onde havia mais alguns outros garotos que aparentemente tinham a mesma idade deles. Nenhum dos dois falou sequer uma palavra com os outros garotos que estavam na mesa. Quando terminaram de comer, foram até o pátio que se localizava na parte de trás da casa e esperaram as instruções. Todos os meninos se reuniram lá e aguardaram por algum tempo antes de serem conduzidos para outro lugar onde diversas filas se formavam montadas de acordo com a idade de cada um. Antony e Michael ficaram na terceira fila, que correspondia aos garotos de 10 anos.

– Pessoal de 10 anos! Vocês vão seguir esse moço aqui que se chama Will. Podem ir!

Antony e Michael pela primeira vez ouviram o nome do Senhor Baleia e descobriram que na verdade ele se chamava Will. Antony não perdeu a chance de sussurrar no ouvido de Michael.

– Will Baleião. – Michael segurou o riso, o que o fez emitir um som muito engraçado que fez Antony se lembrar de um porco.

Todos os meninos de 10 anos foram seguindo Will Baleião para uma sala de aula que ficava em outra casa. A casa era relativamente menor do que a casa onde Antony estava hospedado. Durante o caminho, Antony reparou que os meninos mais velhos estavam fazendo exercícios e que aquilo parecia um treinamento de exército.

– A gente vai ter que fazer exercício. – Antony apontou para os garotos que corriam e faziam flexão. – Olha lá.

– Credo. – Michael fez um cara de nojo.

Quando chegaram a casa, Will ordenou para que todos entrassem na primeira sala à direita do pequeno hall de entrada e que todos se sentassem nas cadeiras que estavam ali. Antony sentou atrás de Michael e ficou esperando as próximas instruções.

– Me chamo William Bills.

Antony e Michael se olharam, e mais uma vez os dois seguraram a risada.

– WB de William Baleião. – Michael fez de novo aquele ronco esquisito.

– Cala a boca! – Antony segurou a risada.

William apresentou toda a estrutura do que ele chamava de acampamento. Antony e Michael sabiam que aquilo estava longe de ser um acampamento, mas mesmo assim Will parecia convencido de que aquilo era mesmo um acampamento. William começou a escrever na lousa uma série de palavras e de frases. Colocou um título para lá de científico e começou a explicar a história da humanidade. Depois de algum tempo, ele adentrou em heróis masculinos da história mundial e terminou frisando a importância da figura do homem para a humanidade. Antony e Michael não entenderam nada.

– Acho que eu prefiro fazer exercícios. – Michael cochichou.

Depois da aula nada empolgante de William, a turma de 10 anos se dirigiu para um campo aberto onde encontraram uma figura masculina chamada Comandante Peters. O homem era alto, atlético e careca. Antony ficou impressionado com o tamanho daquele sujeito.

– Me chamo Comandante Peters. E hoje vocês estão aqui para conhecer mais sobre minha disciplina. Vocês irão aprender a falar, andar, correr e gesticular como *homens*. – Peters continuou. – Todas essas figuras masculinas, heroicas e imponentes que vocês viram durante a aula agiam de certo modo. É esse modo que aprenderemos hoje.

Antony estava tenso. Não fazia a mínima ideia do que estava acontecendo, mas sabia que teria que fazer várias coisas nos próximos instantes. Ele estava certo. A turma toda correu, pulou, carregou peso, correu novamente, carregou ainda mais peso e fez uma série de exercícios que envolviam abdominais e levantamentos de peso. Peters fez uma fila e obrigou todos os meninos a carregarem um saco muito pesado até uma marca que ele havia feito do outro lado do campo. Os garotos não podiam derrubar o saco no chão, eles tinham que carregá-lo no ombro ou de qualquer outra forma que não tocasse o chão. Antony ficou atento às instruções ao mesmo tempo que enxugava diversas vezes o suor no rosto. Ele reparou que Peters pegou uma prancheta e folheou várias vezes até encontrar algo que lhe interessasse. Quando o primeiro menino pegou o saco e foi em direção ao outro lado do campo, Peters saiu de sua posição e começou a falar diversas coisas no ouvido do menino. O garoto não aguentou nem quase um minuto e acabou derrubando o saco no chão. Antony ficou intrigado com o que Peters teria dito para o menino. Um por um, os meninos começaram a ir. Alguns deles caíam, outros derrubavam o saco, e muitos deles apenas desistiam no meio do caminho e corriam para a direção do grupo. Antony estava nervoso, pois cada vez chegava mais perto de sua vez. Só falta Michael, Antony e mais um garoto que estava na frente deles. Quando o menino saiu, Antony observou que Peters mudou a folha que estava lendo e, como fez com todos os outros meninos, seguiu o garoto gordinho falando algo em seu ouvido até que ele desistisse da tarefa. Quando o menino saiu correndo chorando, Michael virou-se para Antony.

– Estou com medo. O que ele está falando?

– Não sei. Acho que vou descobrir agora.

– Mitchell! – Peters deu um berro. – Sua vez.

Antony respirou fundo, olhou mais uma vez para trás, os seus olhos medrosos encontraram os olhos medrosos de Michael. Antony pegou o saco, que não estava tão pesado assim, e o colocou sobre o ombro. Começou a dar os primeiros passos. Daquele ponto todos os outros haviam passado. Antony viu que Peters aproximava-se lentamente dele com a prancheta na mão. Quando Antony estava na metade do caminho, Peters começou a falar em seu ouvido:

– Você gosta de pintar? Gosta?

Antony parou por alguns segundos e os seus olhos se arregalaram e naquele momento ele entendeu o que havia na prancheta. Antony tentou não dar ouvidos e continuou o caminho com o saco no ombro.

– Você gosta de desenhar é, mocinho? Oh, meu Deus, que coisa fofa. Você desenha o quê? Menininhos se beijando?

Antony continuou.

– Já sei! Você desenha coisas coloridas, paisagens e florzinhas, né?

Antony parou, respirou e continuou.

– Ah, entendi, você não quer desistir, não é? Quer mostrar que é homenzinho, não é mesmo? – Peters chegou ainda mais perto. – O que seus amigos vão achar quando eu mostrar a peruca loira que você usou para brincar de desfile com sua irmãzinha? Você gosta de garotos, não é mesmo florzinha?

Antony parou. O desfile que Violet fez veio à sua cabeça. Antony dançava feliz pelo quarto de sua mãe quando ouviu os passos. A porta se abriu e Alan entrou. Alan destruiu tudo que havia no quarto, empurrou as meninas para fora, gritou com Donna, jogou um vaso na direção de

Antony, tirou sua peruca à força, puxou o colar de pérolas e o acertou em cheio bem no rosto, e depois o trancou por semanas no porão. O barulho do tapa que Antony levou foi o mesmo barulho que o saco fez quando atingiu o chão.

— Menos um homem no grupo! — Peters gritou. — Dá o fora daqui, florzinha.

Antony parou o carro próximo à entrada do Crotalus. Estacionou o carro em uma rua isolada que ficava a alguns metros da entrada principal do clube. Olhou pela janela e conseguiu ver perfeitamente o portão e o logotipo do lugar. Viu também alguns homens na frente que deviam estar cuidando da segurança. Antony aguardava ansiosamente o momento em que o primeiro carro chegaria ao clube e o que descobriria naquela noite.

— Então é isso? — Jack perguntou.

— Agora temos que esperar. — Antony olhou para Jack e imediatamente lembrou-se de Michael.

— Esperar pelo quê? — Jack estava intrigado.

— Pelas serpentes. — Antony completou.

PARTE 3

AS SERPENTES

9.

Antony e Jack já estavam havia quase uma hora dentro do carro. Nada e nem ninguém tinha aparecido na porta do Crotalus. Antony começou a sentir sua lombar e percebeu que precisava mudar de posição, mesmo sabendo que todas as posições já haviam sido feitas.

— Tem certeza que é aqui? — Jack olhou de canto, como se estivesse com medo de fazer a pergunta.

— Absoluta.

— Será que eles não entram por outro lugar? Estou achando que deve ser isso.

— Talvez a gente só precise esperar mais um pouco. — Antony abriu um pacote de bolacha. — Pegue. Essa aqui é bem gostosa.

— Eu amo essa! É a minha favorita! — Jack pegou a bolacha da mão de Antony e desesperadamente colocou-a na boca. Jack fez uma cara de quem estava tento um extremo prazer e arrancou um sorriso de Antony. — Caraca, isso é muito bom.

— Às vezes você me lembra o meu amigo Michael. — Era inevitável que Antony não se lembrasse de Mike. — Ele fazia essas caras e bocas quando precisava se expressar.

— Está dizendo que faço caretas? — Jack estava com a boca cheia de bolacha.

— Sim. — Antony não mentiu. — Você fez uma cara engraçada quando comeu a bolacha.

— É porque isso é muito bom! — Jack colocou mais uma bolacha dentro da boca. — Isso aqui tem gosto de infância. Tem cheiro de criança. — Jack virou-se de lado. — Mas me conte, quem é Michael?

Como Antony poderia explicar quem era Michael sem mencionar o fato de que seus pais o largaram em uma clínica para reorientação sexual? Antony tentou formular a resposta perfeita, e a única coisa que veio à sua mente foi a velha desculpa que sempre deu quando lhe perguntavam sobre onde havia passado as suas férias.

– Um amigo que conheci no acampamento de verão em Utah. – Antony mentiu.

– Você foi uma dessas crianças privilegiadas que passavam as férias em um acampamento de verão? – Jack riu. – Um acampamento em Utah deve ser bem caro.

"Um belo privilégio", Antony pensou.

– Pois é. Fui beneficiado com isso. – Antony lembrou-se da voz nojenta de Peters. – Conheci Michael lá e imediatamente ficamos amigos.

– E por onde anda Michael hoje?

– Não sei. – Antony mentiu. – Perdemos contato e nunca mais nos falamos. Não sei por onde ele anda. – Mentiu de novo.

– Poxa, Antony. – Jack tomou um gole de água. – Hoje em dia é muito fácil encontrar alguém na internet. A não ser que ele esteja morto. Com certeza ele tem um perfil em algum lugar.

– Vai me dizer que você não tem nenhum amigo de infância que desapareceu por aí? – Antony tentou mudar o foco da conversa para Jack.

– Eu tenho vários! – Jack sempre ficava empolgado quando o assunto era contar experiências de vida. – Uma vez eu fui para o Japão com minha família, meu pai ainda morava com a gente, e lá no Japão conheci um menino muito legal que estava hospedado no mesmo hotel que eu...

Antony chegou ao quarto e atirou-se na cama. Já haviam se passado 20 dias que ele e Mike estavam no "acampamento de verão" e os dois estavam cada vez mais próximos um do outro. Michael e Antony ainda não tinham conseguido completar todo o caminho com o saco sobre o ombro e nunca aguentavam a pressão psicológica que Peters fazia em cada exercício que lhes era exigido. Durante o período que ficaram no acampamento, Antony aprendeu a como ficar parado e se parecer com um "homem de verdade", como apertar a mão de outro homem, como andar e até como treinar para que sua voz fosse ainda mais grossa. Durante todo esse tempo, Isla havia telefonado apenas duas vezes e a conversa entre os dois havia sido curta e melancólica. Antony não conseguiu nem perguntar para sua mãe o motivo pelo qual estava ali, só entendia que deveria aprender a se comportar como um homem porque era o que era ensinado naquele lugar. Antony e Michael ficaram muito amigos e diversas vezes apoiaram-se um no outro quando uma forte crise de choro vinha ou quando as coisas não estavam muito boas por lá, principalmente quando os meninos mais velhos resolviam bater em um deles. Michael era sempre quem sofria mais, com frequência apanhava e nunca deixava de arrumar briga com alguém mais velho.

— Eu não aguento mais! — Michael deu um chute na sua mala.

— Mike! — Antony agora o chamava sempre de Mike. — Cuidado para não fazer muito barulho.

— Não quero mais ficar aqui. — Michael sentou-se na beira da cama de Antony, que estava deitado de barriga para cima. — Eu quero sair daqui, Tony.

— Eu também quero. — Antony já não aguentava mais tudo pelo que estava passando. Xingamentos, torturas psicológicas e agressões por parte dos colegas mais velhos. — Será que ele quer isso mesmo pra gente?

— Ele?

— Sim. — Antony olhou para Michael. — Jesus.

— Não sei. — Michael estava muito chateado. — Ele tem cabelo grande, então também deveria estar aqui.

— Será que Peters cortaria o cabelo dele?

— Acho que sim. Peters fala que cabelo grande é coisa de menininha e que homem tem cabelo curto. — Michael começou a tirar os sapatos.

— Eu queria ter cabelo grande. É tão bonito. — Antony começou a imaginar como seria se tivesse um cabelo igual ao de Violet.

— Antony Baleião! — Michael pulou em cima de Antony e começou a fazer cosquinhas nele enquanto gritava "Tony, Tony baleião".

— Sai! Sai! — Antony tentou revidar, mas não conseguiu, pois estava dando muita risada. Os dois lutaram por alguns segundos, até que Michael cansou e ficou apenas deitado ao lado dele.

— Antony... — Michael estava olhando para o teto. — A gente não deveria estar assim.

— Eu sei. — Antony sabia que os meninos não podiam manter contato físico uns com os outros. — Não quero sair daqui.

— Do sítio?

— Não. Daqui. — Antony virou-se de lado e Michael também. — Ainda bem que eu te conheci. Pelo menos tenho um amigo.

— Nós somos um time, não somos? — Michael pegou na mão de Antony.

— Sim. — Antony segurou firme na mão de Michael. — Nós somos um time.

Os garotos dormiram juntos naquela noite e nenhum dos dois se mexeu ou sequer soltou a mão um do outro. De certa forma, ambos sabiam que precisavam da força um do outro para conseguir sobreviver ao acampamento. Jamais conseguiriam fazer isso separados e eles sabiam disso.

— Antony! — Jack gritou.

— Que foi?! — Antony estava perdido em suas memórias e nem ouviu a história que Jack estava contando sobre o Japão.

— Olhe lá! — Jack apontou para a entrada do Crotalus. — O que é aquilo?

— Uma comitiva? — Antony abaixou o vidro de Jack e olhou mais atentamente para o que estava vendo.

Cerca de quatro carros chegaram ao Crotalus. Cada um deles parou na portaria, falou com o segurança e entrou na propriedade.

— Que horas são? — Jack perguntou.

— Dez e quatro. — Antony pegou seu caderninho e anotou a hora em que os primeiros carros começaram a chegar. — A festa deve começar depois das 22 horas. Pelo menos agora a gente sabe o horário que as pessoas começam a chegar.

Depois que Antony e Jack viram aqueles quatro carros chegando, outros carros começaram a chegar. Entre as 22 horas e 23 horas, quase 75 carros apareceram na porta do Crotalus e fizeram o mesmo procedimento. Em determinado momento daquela noite, Antony e Jack não sabiam mais o número exato de veículos que chegaram ao local e depois da meia-noite nada mais apareceu no Crotalus.

— Acho melhor a gente ir indo. Já é uma hora e 20 e ninguém mais chegou. — Antony estava quase caindo de sono.

— Confesso que estou quase dormindo. Foram 82 carros ao todo — disse Jack.

– Você tem certeza que não foi mais que isso? – Antony acelerou o carro e pegou novamente a estrada.

– Antony... Eu sou um ótimo investigador. Você demorou muito para pedir minha ajuda. – Jack fechou o livro e fez uma careta. – Rá! Missão cumprida.

– Muito obrigado, Porter. Adorei saber sobre suas viagens com sua família, mas confesso que minha mente não acompanhou direito a história do Japão. – Antony nem sequer havia escutado a história de Jack no Japão. – Você vai ter que me contar de novo essa parte outro dia.

– Posso contar agora!

– Por favor, não. – Antony começou a rir e foi seguido por Jack, que também entrou na brincadeira.

Antony estava quase pegando no sono quando viu que um carro estava vindo na direção contrária da sua. A luz forte do farol fez com que mesmo de longe Antony sentisse uma ardência em seus olhos. Jack já estava dormindo fazia tempo e nesse momento havia começado a roncar. Antony e o carro se encontraram em um radar eletrônico que havia em uma pequena vila no meio do caminho, o que fez com que o carro diminuísse sua velocidade, e assim Antony pôde ver quem estava dirigindo o veículo.

– Merda! – Antony disse.

– O que foi?! – Jack despertou como um gato. – O que aconteceu?

Antony jogou o carro para o acostamento e olhou para o retrovisor e viu a placa diferente usada por veículos oficiais, que apenas podia sinalizar uma única coisa, o prefeito Carlo havia acabado de passar por Antony e seguia rumo ao Crotalus.

– Nada. – Antony mentiu. Estava ofegante. – Achei que eu ia bater naquele carro. Está tudo bem, Jack. – Antony o tranquilizou. – Pode voltar a dormir.

Depois que Jack fechou novamente os olhos, Antony voltou a acelerar o carro e ir em direção a Miracle. Seu sono já havia sumido e ele não sabia como reagir se realmente fosse Carlo que estivesse dirigindo aquele carro. Antony sabia que Carlo era uma pessoa importante na cidade e que se fosse investigar o próprio prefeito de Miracle ele teria que ser muito cuidadoso. Lembrou-se mais uma vez da mulher ruiva que o atendeu no Crotalus e na frase que ela disse. Se Carlo era uma das serpentes, Antony poderia estar mexendo com a pessoa errada.

No dia seguinte, Antony estava muito cansado. Acordou exausto e logo abriu o seu caderno para ler novamente suas anotações. Na verdade, leu novamente as anotações de Jack e ficou ainda mais surpreso quando lembrou que havia visto Carlo dirigindo em direção ao Crotalus. Ele sabia que as condições eram péssimas para que ele tirasse qualquer conclusão. Estava escuro, o farol do carro estava bem alto e ele já estava com muito sono. Antony sabia que havia uma pequena chance de aquela pessoa não ser Carlo. Teve que usar sua intuição para seguir em frente e anotar no caderno que realmente havia visto Carlo. Seguiu para o departamento e conversou seriamente com alguns peritos que estavam cuidando do caso, alguns resultados das amostras colhidas na casa de Donna Hason haviam saído e Antony ficou aliviado em saber que de fato Donna não tinha nenhuma relação com o caso de Anne Rose. Ficou imaginando qual seria a reação da mídia e principalmente de qual forma eles iriam tratar o caso, já que Donna era inocente. Aproveitou também para ler diversas vezes o depoimento de Vilma Sargar a fim de descobrir algo sobre o paradeiro de Alexander ou sobre a estranha ligação que os dois pareciam ter com o Crotalus. A frase de Vilma voltou repetidamente em sua mente durante o dia. O que as serpentes poderiam fazer? O quão longe elas iriam? Antony estava voltando para casa e já era tarde quando parou no café de sempre para pegar um pedaço de torta. Quando entrou, mais uma vez deu de cara com Jack Porter.

— Você gostou mesmo daqui. — Antony nem fingiu surpresa.

— Eu resolvi escrever aqui na cafeteria, é um lugar bom e me sinto bem aqui. — Jack empurrou a cadeira com os pés e fez sinal para que Antony se sentasse.

— Como passou o resto da noite? — Antony não sabia qual assunto puxar.

— Capotei igual uma criança. Acordei bem tarde e estou bem atrasado com a meta diária de escrita.

— Então é melhor eu ir...

— Não. — Jack chamou a atenção de Antony. — Você fica.

— Hum... — Antony não sabia o que falar.

— Você quer jantar em casa hoje? — Jack colocou um pedaço de bolo na boca para não ter que falar mais nada.

— Ah... – Antony queria colocar qualquer coisa na boca também para não ter que responder logo. – Jack, eu tenho algumas coisas...

— Por favor. – Jack insistiu.

— Tudo bem. – Antony engoliu em seco.

— Às nove da noite? Acho que seria bom falarmos sobre essa madrugada e eu poderia te contar de novo a história do Japão.

— Ah, o Japão... – Antony riu. – Ok, estarei lá às nove horas.

Antony saiu de casa quase em cima da hora, mas antes parou e comprou um vinho. Ele não entendeu o motivo pelo qual estava indo para a casa de Jack, mas não quis tentar entender. Pela primeira vez, ele deixou-se ser levado e seguiu seu coração. Jack era uma pessoa aparentemente legal e Antony deu bastante risada no carro enquanto eles esperavam na porta do Crotalus. Jack realmente lembrava Michael e qualquer pessoa que fizesse Antony lembrar-se de Mike era uma pessoa boa para ele.

— Hey. – Jack abriu a porta. Usava uma camisa branca e uma calça preta. A camisa meio aberta mostrava um pedaço do seu peitoral e um colar que estava por dentro da camisa, mas que não dava muito para ser visto.

— Oi. – Antony entrou e quase tropeçou no tapete de Jack. A casa de Jack estava arrumada, mas o destaque mesmo era para o cheiro que vinha da cozinha. – Meu Deus. Que cheiro é esse? – Antony fechou os olhos e a comida que Donna fazia veio à sua mente imediatamente. – O que é isso?

— Estou fazendo macarrão à carbonara. Eu amo os pratos italianos, são os melhores. Um dia ainda vou morar lá. – Jack entrou, pegou o casaco de Antony e colocou em cima de uma cadeira.

— Nunca fui para a Itália. Gostaria mesmo de ir para a França. – Antony sempre quis estudar História da Arte na França, mas Isla e Alan nunca apoiaram sua ideia. Restou para ele seguir a carreira do pai, mas em determinado momento conseguiu convencer os pais para que não fosse advogado e sim investigador.

— Ah! Deixe-me adivinhar! Você gostaria de estudar algo relacionado com artes, correto?

– Parece que você já me conhece tão bem. – Antony riu.

– Depois de ficar horas com você naquele lugar escuro, contando quantos carros entravam naquele clube, acho que já somos colegas.

Antony e Jack conversaram mais sobre a contagem certa de carros e nunca chegavam a um acordo sobre o número exato. Depois de tanto falar sobre o Crotalus, Antony teve que desviar várias vezes do assunto para não revelar nada sobre o que estavam investigando ou qual possível resultado aquilo teria para ele. Antony não podia dar muitas informações para Jack, e apenas pelo fato de Jack tê-lo ajudado com a vigília e com a contagem dos carros já seria um enorme problema caso Hunter ou qualquer pessoa da cidade descobrisse. Depois de alguns minutos falando sem parar, Jack finalizou o macarrão enquanto Antony abria um vinho. Jack serviu os dois e fez questão também de servir o copo de Antony, que estava observando atentamente o som que o vinho fazia quando se chocava com a taça de cristal. Antony lembrou-se da banheira e da poça de sangue que havia próximo a ele quando ele cortou seu pulso esquerdo. Teve de puxar a manga da camisa para que a sua cicatriz não aparecesse. Não era uma lembrança muito boa.

– Está realmente fantástico. – Antony terminou o seu prato e bateu palmas para Jack. – Já pode abrir um negócio.

– Eu apenas segui a receita... – Jack riu porque sabia que estava sendo convencido demais. – Preciso confessar que faço esse prato quase toda semana.

Os dois continuaram na mesa e beberam toda a garrafa de vinho juntos. Jack teve que procurar mais uma garrafa em suas coisas, porque ambos ainda estavam querendo beber mais.

– Você acredita?! – Jack caiu na gargalhada. – Eu estava lá no meio do parque todo sujo de fezes de pomba!

– Não acredito que você não procurou um banheiro para se limpar. – Antony estava rindo da história que Jack havia contado sobre uma viagem que fez para Roma. – Jack, por que você não viaja mais?

– Ah. – Jack até mudou o tom de voz. – Eu viajava muito com meu pai. Isso foi antes de ele abandonar minha mãe e vir para Miracle. Eu viajei o mundo todo com que ele, foi incrível. – Jack tomou mais um gole. – Hoje em dia consigo no máximo ir para Londres, e mesmo assim ainda tenho o livro recusado.

– Eu vou te ajudar com isso. Violet era amiga de várias pessoas famosas e com certeza ainda posso falar com algum deles e fazer com que o seu livro chegue até eles. – Antony havia conhecido várias pessoas importantes e com certeza uma delas poderia ajudar Jack.

– Você faria isso por mim?

– Por que não? – Antony encarou Jack. – Sempre quis que alguém fizesse isso por mim. Talvez se algo assim tivesse ocorrido comigo eu não estaria mais aqui.

– Quando vou ver seus quadros?

– Preciso voltar a pintar. Pensei bastante sobre isso hoje, sinto que o momento é esse. Estou me sentindo inspirado esses dias, talvez eu precise jogar algumas coisas para fora. – Antony realmente estava com vontade de voltar a fazer telas e sabia exatamente o que pintaria. A mulher de suas visões era a única coisa que aparecia em sua mente quando pensava em voltar a pintar. Ele precisava retratar aquela história.

Depois de terminar a segunda garrafa, Jack pegou alguns álbuns de fotos e fez questão de mostrar para Antony várias fotos de suas viagens com o seu pai, e Antony sentiu que tinha uma dor muito grande dentro de Jack em relação ao abandono de seu pai.

– Ele é um canalha. – Jack pegou uma foto e mostrou para Antony. – Mas olhe o quão bonito ele era. Agora eu sei por que minha mãe se apaixonou por ele.

– Ele era realmente muito bonito. – Antony não deixou de observar que em todas as fotos Jack aparecia sempre abraçado com o pai e nunca com a mãe. – Que lindo esse piano! – Antony reparou que havia um piano no fundo de uma das fotos e logo se lembrou de sua família. Lembrou-se principalmente de Blair.

– É do meu pai. Foi a única coisa dele que sobrou para mim. – Jack fechou o álbum de fotos e apontou para o fundo da casa. – Ele está lá atrás jogado e ocupando cada vez mais espaço.

– Você tem um piano? – Antony ficou animado. Não sabia se havia ficado animado pelo fato de Jack ter um piano ou pelo fato de que já havia bebido mais do que deveria.

– Sim. – Jack ficou desconfiado. – Você sabe tocar?

Antony nem respondeu e saiu correndo pelo corredor. Jack foi logo atrás dele e o orientou a seguir na direção correta. Os dois entraram em um quarto escuro e devido à bebida Jack teve problemas para conseguir acender a luz.

— Caraca. — Antony nunca havia visto um piano tão bonito em toda a sua vida. Ele chegou mais perto do piano e passou lentamente a mão por toda a sua superfície. A música de Blair voltou à sua mente assim como a estranha imagem da mulher de suas visões na beira de um precipício prestes a se jogar no mar.

— Você vai tocar? — Jack interrompeu as memórias de Antony.

Antony não respondeu. Fingiu que a voz de Jack era apenas um sopro em sua mente. Ainda estava preso à imagem daquela mulher de vestido branco e cabelos pretos. Era um lugar bem alto, o vento batia forte e cada vez mais ela ficava mais perto de Antony. Quando chegou bem próximo da mulher, ela virou-se e Antony viu um corte próximo a sua sobrancelha. O sangue escorria por todo o seu rosto, ela disse algumas palavras que Antony não compreendeu e se jogou. Nesse momento Antony sentou-se ao piano, colocou os dedos nas notas iniciais da música de Blair e começou a tocar. Enquanto tocava, viu a mulher e o homem que ela encontrou andando juntos por uma vila, se beijando, dormindo juntos e cuidando de uma criança. Antony pôde sentir o amor que eles tinham um pelo outro até o momento em que a criança sumiu e que o rapaz a abandonou sozinha na casa. Antony estava imerso na sua visão e não conseguia parar de tocar. Enquanto tocava, era transportado para o lado da mulher, que andava pregando cartazes com o retrato falado do homem careca que havia roubado sua filha. Mais uma vez, ela aparecia ferida e se jogava do penhasco.

— É o máximo que sei dessa música. — Antony virou-se para Jack.
— O que foi? — Jack estava paralisado.

— Não sei. Acho que fiquei emocionado. — Ele ficou meio sem jeito e saiu do quarto.

— Ei! — Antony correu atrás de Jack. — O que aconteceu?

— Memórias. — Jack enxugou uma lágrima.

— Seu pai?

— Não sei. Apenas senti algo que nunca tinha sentido... Estava olhando para você enquanto tocava e fechei os olhos. — Jack parecia confuso. — Eu senti uma coisa boa aqui dentro, acho que paz, talvez. Depois me lembrei de minha família e... Enfim! Não se preocupe, estou bem.

FILHO DAS ÁGUAS: O ETERNO RETORNO

– Eu também me lembrei deles. Essa música era de minha irmã, Blair. Naquela noite ela tocou antes de morrer. Me lembro do exato momento em que a música parou e os tiros começaram. Depois disso veio um silêncio e apenas minha respiração cantava uma canção. – Antony estava confortável em dizer tudo aquilo. Pela primeira vez, parecia seguro de si. – Depois desse dia, eu passei a ouvir essa música quase todos os dias dentro da minha cabeça, principalmente quando algo mexe com meu emocional. Talvez um dia ela se torne minha melhor amiga e eu pare de tentar expulsá-la de minha cabeça toda vez que ela começa a tocar.

– É uma música muito linda. – Jack ainda parecia estar abalado.

– Acho que é melhor eu ir andando. – Antony pegou suas coisas e começou a ir em direção à porta. – Jack... – Parou e virou-se para olhar mais uma vez para os olhos negros de Jack. – Podemos nos ver de novo na próxima sexta-feira? – Antony respirou fundo. – Eu gostei da sua ajuda.

– Tudo bem. – Jack foi em direção a Antony e o abraçou. Antony não retribuiu o abraço de imediato, depois de alguns segundos colocou lentamente seus braços em Jack. Naquele momento Antony desejou que pudesse passar a noite daquele jeito, igual havia feito com Mike havia muito tempo.

10.

Antony abriu a porta de sua casa e entrou correndo para o quarto. Arrancou toda a roupa e pulou na cama. Colocou a mão no peito. O abraço que Jack havia dado nele não saía de sua cabeça. Fazia tempo que não sentia um abraço tão bom e confortante. Antony não conseguiu dormir, então resolveu desenhar. Saiu correndo até a casa dos fundos, tirou seu material que estava dentro de uma caixa, pegou alguns papéis e começou a fazer os primeiros rabiscos. Sentiu-se leve, sentiu-se bem e mal pôde acreditar no que estava fazendo. Conforme fazia os traços de seus desenhos, lágrimas começavam a sair de seus olhos junto a um sorriso. Antony chorava e ria ao mesmo tempo. Chorava de tristeza e de felicidade. Não estava mais entendendo o que estava sentindo, apenas deixou as lágrimas saírem de seus olhos e servirem de tinta para o seu desenho ainda sem forma.

Na semana que se passou Antony não encontrou mais Jack em nenhum outro lugar. Pensou que Jack poderia ter ido para Londres tentar vender mais uma vez o seu livro, ou que estava apenas enfiado dentro de sua casa tentando ter mais alguma ideia em relação à sua obra de poemas. Antony, por razões que nem ele entendia ainda, livrou-se dos cartões de Jack e nem sequer tentou memorizar seu número de celular. Os dois não podiam ter contato de forma alguma e os encontros ao vivo e a cores já eram arriscados demais. Durante a semana, Antony deu fim a diversas coisas que estavam empilhadas na casa dos fundos e começou a fazer um mural sobre Anne Rose e sobre o Crotalus. Realizou diversas pesquisas na internet sobre a origem, história do clube, membros famosos que um dia já falaram abertamente do local e diversos outros fatores relacionados. A cada informação nova, Antony colava na seção correspondente e tentava traçar um perfil sobre o assunto ou até mesmo tentava cruzar os dados que obtinha. Naquela semana foi bem pouco ao departamento e avisou Hunter que trabalharia de casa, pois estava planejando algo grande e necessitava de espaço. Antony colou fotos de Anne Rose por toda a parede. Passou na casa de Bonnie e Ludovic e apanhou diversos desenhos da menina e investigou um por um. Chegou até a colar na parede uma série de desenhos da garota e fotos de todos os seus familiares. Quando colocou a foto de Jack, sentiu algo diferente.

Passou a mão sobre a fotografia, mas logo direcionou sua mente para outro lugar. Não podia ficar pensando nele, não naquele momento. Na seção do Crotalus, Antony havia desenhado uma serpente e abaixo dela colocou tudo o que havia descoberto sobre o clube, naquela mesma semana até chegou a ir para o clube mais algumas vezes e tirou fotos da entrada e de toda a lateral do lugar. Antony tirou mais fotos da floresta, da rua de Malvina Dalais e de tudo que pudesse estar relacionado com Anne Rose. Quando finalmente colou a última foto, que por sinal era a de Alexander e de sua esposa, já era sexta-feira. Antony havia esquecido que tinha marcado de encontrar Jack na sexta para continuar as investigações do Crotalus. Correu para o banho, trocou de roupa, passou no mercado para comprar algumas coisas para comer e finalmente estacionou o carro na porta da casa de Jack. Certificou-se de quem não havia sido seguido e de que ninguém estaria de olho nele. A casa de Jack estava toda apagada e Antony ficou com medo de que ele tivesse esquecido que eles iriam para o clube naquele dia. Insistiu mesmo assim e tocou a campainha. Um desarrumado e descabelado Jack Porter abriu a porta.

— Antony! — Jack deu um abraço em Antony.

— Hey, Jack. — Antony retribuiu o abraço meio sem jeito. — Você está pronto?

— Oh, meu Deus! Já está na hora? — Jack saiu correndo para dentro de casa, tropeçando em tudo e gritando que iria se arrumar em poucos segundos. — Eu prometo! Vai ser rápido!

Antony deu risada. Jack correu de um lado para o outro da casa tentando encontrar uma calça que ele havia usado um dia antes, mas que não fazia ideia de onde estaria. Enquanto Jack estava correndo pela casa, Antony começou a olhar com mais detalhes o local.

— Não se preocupe. Está tudo bem! — Antony gritou. A sua voz saiu estranha, pois ele havia gritado e rido ao mesmo tempo. Bem naquela hora Jack havia tropeçado e falado um palavrão.

Antony começou a andar pela sala. Sentou-se no sofá de Jack e reparou que uma gaveta próxima à TV estava semiaberta. Antony olhou para trás e percebeu que Jack ainda estava se arrumando. Puxou a gaveta com muito cuidado. Os álbuns de fotos que Jack havia lhe mostrado estavam todos ali. Eram grandes e grossos e continham muitas fotos. Antony pegou um álbum cor de laranja e abriu em qualquer página. A

FILHO DAS ÁGUAS: O ETERNO RETORNO

foto que apareceu era de Jack e sua antiga namorada. A menina que havia morrido no acidente de carro e que pelo jeito Jack era perdidamente apaixonado. Fechou o álbum e reparou que algumas fotos estavam soltas. Com a curiosidade à flor da pele, Antony pegou uma foto de uma mulher loira. Ela era linda e alta, parecia que fazia parte de alguma realeza. Na parte de trás da foto, estava escrito: "Feliz em poder te apoiar nesse projeto. Saiba que tentarei de tudo. Beijos, Victoria". Antony achou estranho, mas decidiu não pensar muito naquilo. Imaginou que se tratava de alguma pessoa importante no ramo editorial.

— Acabei! — Jack gritou de dentro do banheiro e começou a caminhar para a sala.

— Hey! — Antony guardou rapidamente a foto e fechou a gaveta com tudo. — Vamos? — Antony levantou-se e Jack já havia chegado na sala.

— Vamos! — Jack e Antony saíram da casa e entraram no carro rumo ao Crotalus.

Aquela noite nada demais aconteceu. Antony e Jack ficaram falando a noite inteira sobre suas vidas e não houve um sinal sequer de qualquer movimento na entrada do Crotalus.

— Pelo jeito hoje não tem festinha... — Jack bocejou.

— É, pelo visto a gente perdeu a viagem.

— Que horas são? — Jack estava caindo de sono.

— São quase meia-noite e meia. Já passou do horário, eles não vão vir.

Antony e Jack decidiram voltar para Miracle, e como sempre Jack havia dormido no caminho de volta e Antony teve que colocar alguma música mais animada para que não houvesse risco de dormir também. Antony dirigiu esperando que Carlo aparecesse, mas nada aconteceu. Quando estacionou na porta da casa de Jack, Antony fez um barulho com a garganta para que Jack acordasse.

— Jack... — Antony sussurrou.

— Meu Deus. — Jack abriu os olhos. — Eu capotei.

— Como sempre. — Antony riu.

— Acabou?

— Sim. — Antony achou engraçado — Nos encontramos na próxima sexta.

— É... — Jack deu um sorriso tímido. — Até a próxima sexta então.

A semana passou rápido e já era sexta-feira de manhã quando Antony havia acabado o livro que estava lendo. Naquela semana Antony havia decidido mergulhar mais a fundo na história do Crotalus e até chegou a fazer uma visita guiada no clube. Durante a visita guiada ele conheceu cada pedaço do clube, na verdade conheceu as partes que eram permitidas, mas observou que mesmo assim ainda faltava muito daquele lugar para ser descoberto. Pôde admirar cada pedaço daquela luxuosidade toda e observou cada detalhe da estrutura para depois colocar na seção de seu painel que denominou "Serpentes". A princípio ficou com muito medo, pensou que poderiam fazer algo contra ele, afinal, as caixas de serpentes não eram um fator a ser ignorado. O clima da visita não foi muito bom, Antony estava totalmente em alerta e tomando nota de tudo que via. A mulher ruiva que lhe atendeu da última vez, fez questão de mostrar para ele cada detalhe do que internamente Antony andou chamando de "ninho das cobras". Para sua sorte e para seu alívio, nada aconteceu e ele pôde sair de lá intacto, mesmo que seu corpo constantemente se arrepiasse e produzisse calafrios que só lhe transmitiam medo. Antony também analisou mais precisamente todos os detalhes das câmeras de segurança da rua da escola de Anne Rose, mas não obteve muitas respostas. O misterioso motoqueiro ainda continuava desaparecido, e com isso as chances de Anne Rose estar viva pioravam ainda mais. Ludovic e Bonnie pareciam cada vez desesperados e a tensão na cidade aumentava com a possibilidade de outra parte do corpo da menina aparecer. Antony e Hunter tiveram que acalmar Bonnie e Ludovic várias vezes na semana e chegaram até reforçar a segurança na rua onde moravam. Antony também havia pedido para que alguns oficiais o escoltassem, mas logo desistiu da ideia. Ele acreditava que estava sendo seguido e colocar policiais na sua cola apenas o deixaria ainda mais ansioso e inseguro, por mais que Hunter garantisse que aquilo tudo era paranoia dele. Mais uma vez, chegou à casa de Jack e ele estava ainda se arrumando. Antony esperou alguns minutos até que Jack finalmente anunciasse que estava pronto para seguir.

– Como foi sua semana? – Antony inesperadamente puxou uma conversa com Jack. – Eu pintei alguns quadros, além de trabalhar bastante.

– Sério? – Jack parecia animado. – Eu escrevi muito essa semana. Eu ultimamente ando escrevendo bastante. Não vejo a hora de te mostrar o que fiz. Algo sobre Anne Rose? A cidade pareceu agitada essa semana. Está todo mundo achando que ela vai aparecer morta por aí. Estou nervoso.

– Quero ler os seus poemas. – Antony sorriu com o canto da boca e lembrou-se do primeiro poema que ele lera de Jack, intitulado "Tentaremos de novo?". – Eu só queria que Anne estivesse escondida naquela maldita floresta. Acordo todos os dias pensando na possibilidade de seu corpo aparecer jogado por aí. Não sei mais para onde ir, mas sinto que estou no caminho certo. – Antony suspeitava mais do que nunca do Crotalus e do prefeito da cidade, por mais que não tivesse apoio o suficiente de Hunter. – Jack, o que você acredita que acontece depois da morte?

– É o fim, não?

– Mas só isso? – Antony desviou os olhos da estrada. Eles estavam quase que perto do Crotalus.

– O que você acha quem tem depois disso tudo? – Jack riu. – Deve ser tudo preto e acabou.

– Não faz sentido. – Antony balançou a cabeça. – Você passa a vida toda sofrendo e depois tudo acaba. Isso é muito chato.

– O que você esperava?

– Não sei. Às vezes me pergunto se nós não temos outra chance. – Antony olhou novamente para Jack. – Uma chance para *tentarmos de novo*.

– Mesmo que seja permitido tentar de novo, como que você iria se lembrar daquilo que já foi um dia? – Jack coçou a cabeça. – Isso fez sentido? Não sei nem formular essa ideia.

– E se...– Antony gaguejou. – Se pudéssemos nos lembrar? O que você faria se lembrasse de um passado mais distante?

– Eu iria atrás de cada menino que fez bullying comigo no colégio.

– Jack... – Antony riu. Era impossível ele não se lembrar do jeito de Mike. Aquilo era o tipo de coisa que Michael faria.

– Que foi?! – Jack deu um soquinho na perna de Antony. – É sério isso. Eu era gordinho e todo mundo fazia piada comigo. Teve uma vez que...

Antony e Michael se encontraram na clínica da Dra. Foster novamente nas férias da escola. Já era julho, e mais uma temporada começaria. Dessa vez, tanto Antony quanto Mike sabiam exatamente o lugar para onde iriam.

– Lá vamos nós de novo para a grande merda chamada Foster's Land. – Mike jogou sua bolsa e deu um abraço em Antony, mas antes se certificou de que ninguém estava olhando. – Senti sua falta, Tony.

– Mike! – Antony retribuiu o abraço de Mike. – Eu preferia estar indo para a Disneylândia.

– Vamos juntos um dia?! – Mike jogou sua mochila para cima, que caiu com tudo no chão do jardim da Dra. Foster.

– Vamos! – Antony estava animado. – Violet vai sempre para os Estados Unidos, quem sabe eu posso convencer ela um dia de levar a gente.

– Seria irado!

– Garotos! – Uma mulher que era funcionária da clínica chamou Antony e Mike. – Vamos!

Os dois não estavam nada animados para irem a Foster's Land novamente, mas sabiam que iriam poder passar longos 30 dias juntos e que mesmo estando naquele acampamento infernal eles poderiam estar juntos. Antony e Mike ficaram muito amigos na primeira vez que foram ao acampamento e mesmo sabendo que aquele lugar os trazia lembranças ruins, era a chance que eles tinham de ficarem ainda mais amigos e de se apoiar um no outro. Dessa vez, quando chegaram ao acampamento foram direto para a fila dos garotos de 11 anos. Mike e Antony faziam aniversário no começo do ano, bem quando o pico do inverno começava a chegar à Escócia. Antony e Mike foram surpreendidos com o novo quarto que ganharam, dessa vez tinha uma pequena banheira, mas que já foi o suficiente para arrancar um enorme sorriso do rosto dos dois.

– Caraca, Tony. – Mike entrou na banheira mesmo sem água. – Isso é genial!

– Eu também quero! – Antony entrou na banheira e sentou-se do lado oposto de Mike. Os dois esticaram suas pernas de modo que cada um deles era obrigado a cheirar o chulé do outro. – Eca! Seu pé tem cheiro de sovaco do Peters. – Antony caiu na gargalhada e saiu da banheira.

– E o seu tem o mesmo cheiro da bunda do Will. – Mike gritou.

Logo no primeiro dia de acampamento os meninos de 11 anos foram obrigados a estudar ainda mais. Dessa vez foram introduzidos a mais trechos da Bíblia e até tiveram que fazer grupos para que representassem cenas clássicas de Jesus Cristo. Antony e Mike sempre se olhavam e reviravam os olhos para mostrar indignação com tudo aquilo. A primeira semana estava tranquila, até o dia que Mike resolveu arranjar briga com o pessoal mais velho.

– Olhe lá para ele. – Mike apontou para um garoto apelidado de Cara de Raposa. – Toda vez que ele passa por mim, ele faz questão de mexer comigo. Vou dar um murro na cara dele.

– Mike... – Antony falou bem baixinho. – A gente não pode brigar com ninguém.

– E se ele ficar me zoando a vida toda? Eu não posso nem revidar? – Mike estava bravo – Olhe lá! Ele está me encarando desde a hora que cheguei.

– Minha mãe disse que a gente tem que ignorar quem nos faz mal e ficar perto de quem faz bem. É só ficar comigo.

– Antony... – Mike sentiu que algo havia atingido sua cabeça. – Ai! O que é isso?! – Mike virou-se de costas e viu que um caroço de maçã havia sido jogado contra a cabeça dele e que o Cara de Raposa estava rindo.

– Mike, não! – Antony segurou o braço do amigo.

– Me solta! Eu não sou uma menininha!

Mike avançou em direção ao Cara de Raposa, no meio do caminho pegou uma bandeja de metal que estava na mesa ao lado.

– Ei! Você vai jogar uma maçã em mim? – Mike levantou a bandeja bem no alto. – O que acha disso, seu merda?!

Mike atingiu em cheio a cabeça do Cara de Raposa. O menino caiu com tudo no chão. O barulho foi tão grande que todos do refeitório pararam para ver a cena. Antony levantou-se e começou a gritar, pois sabia o que aconteceria depois.

– Mike!

O primeiro golpe veio de trás. O menino que estava sentado ao lado do Cara de Raposa levantou e segurou Mike por trás usando o antebraço para enforcar o menino. Os outros dois que estavam na frente do Cara de Raposa deram vários golpes na barriga de Mike até ele perder toda a sua força e cair de joelhos. Nesse período de tempo, Cara de Raposa se levantou. O menino ruivo pegou uma tigela, ergueu bem alto e acertou com tudo a têmpora de Mike, que caiu no chão desacordado. Do outro lado do corredor Antony era segurado por outros colegas enquanto gritava desesperadamente pela vida do amigo.

Antony passou quase o dia todo na enfermaria com Mike, que levou vários pontos e teve que tomar vários remédios para a dor insuportável que estava sentindo. Antony chegou até pegar no sono enquanto esperava Mike ser liberado. Quando os dois voltaram para o quarto, foi inevitável não tocar no assunto.

– Eu quero ir embora daqui. – Mike, ainda com muita dor, deitou-se na sua cama. – Não tem nada de errado comigo. Ou tem?

– Não tem. – Antony na verdade não sabia se tinha. – Na verdade, eu não sei. Todo mundo fala que tem alguma coisa de errado comigo. Acho que estou começando a acreditar nisso tudo.

– Eles podem me bater mil vezes que eu não vou acreditar nessa porcaria. – Mike, como sempre, estava revoltado. – Eu não quero ficar aqui para sempre. Achei que iria morrer hoje.

– Eu também achei. – Antony estava triste. Ver o amigo daquele jeito era difícil para ele. – Temos que fazer as coisas certas daqui para frente, ou vamos sempre acabar na enfermaria.

– O que você acha que tem depois que a gente morre? – Mike surpreendeu Antony com sua fala.

– Não sei... Will fala que...

– Não quero saber o que Will falou. – Mike cortou Antony. – O que você acha?

– A gente morre. – Antony estava confuso. – Quer dizer, a gente morre de verdade... Fica tudo preto e acabou.

– Hum... – Mike ficou pensativo. – Talvez eu esteja desejando que tudo fique preto.

– Mike! – Antony sabia do que aquilo se tratava. – Não fale assim!

– Não fale assim? Olhe para o que estão fazendo com a gente! – Mike gritou, e Antony fez sinal para que ele falasse mais baixo – Eu não quero saber se eles estão ouvindo! Eu não estou doente! Eu não sou doente! Eu cansei de apanhar na minha casa! Eu cansei de apanhar aqui! Eu quero ir embora! – Mike desabou a chorar. – Ainda não te falaram por que você está aqui?

– Eu acho que eu sei... – Antony estava assustado.

– Então diga.

– É porque... – Antony não conseguia dizer.

– É porque a gente gosta de meninos. É por isso que estamos aqui. Não é para aprender a crescer ou qualquer coisa do tipo, estamos aqui porque gostamos de garotos.

Antony sabia de tudo aquilo, mas não queria dizer em voz alta e nem para si mesmo. Ele sabia que era esse o motivo de as pessoas falarem que ele estava doente. Ele tinha vergonha de falar porque no fundo sabia que era verdade. Antony achava que estava mesmo doente, mas naquele momento ele tinha Mike para lutar com ele. Sentado, observando Mike chorar, Antony se imaginou num mundo sem o amigo. Será que ele seria forte o bastante para continuar lutando sobre não estar doente?

– Eu sei...

– Então comece a se orgulhar disso, porque é quem você é de verdade. – Mike levantou-se e foi ao banheiro. Bateu a porta tão forte que Antony deu um pulinho na cama.

Um farol bem alto passou pelo carro de Antony, trazendo-o de volta à realidade. Jack ainda estava contando uma de suas histórias de infância de quando sofria bullying por ser gordinho. Antony ajeitou-se no carro e fingiu que estava prestando atenção. Até fez um ou dois comentários para que Jack não percebesse. Os dois voltaram mais cedo do que da vez anterior. Nada havia acontecido na frente do Crotalus, e mais uma vez a viagem dos dois havia sido perdida. Isso aconteceu na semana seguinte, e na outra semana também. Já fazia 35 dias que Anne Rose estava desaparecida, e Antony continuava no mesmo ponto de sempre, sem saber nada sobre o paradeiro da menina, mas pelos menos mais nenhuma parte de seu corpo havia aparecido, o que lhe dava certa esperança, mas que ao mesmo tempo poderia reforçar a ideia de que a menina estava de fato morta. Alexander e o cara da moto ainda estavam desaparecidos e cada vez mais Antony passava a suspeitar de que na verdade Alexander estava fugindo do Crotalus, pois temia pela sua vida. Naquela semana ordenou que alguns policiais ficassem de olho em Vilma para monitorar sua rotina. Nas semanas em que Antony e Jack se encontraram para investigar o Crotalus e monitorar a entrada do clube, as visões de Antony haviam se intensificado, porém elas apenas mostravam a mesma cena. A mulher na beira do precipício prestes a se jogar. Antony não sabia como ela havia chegado até aquele lugar e nem qual era o motivo de a mulher estar com um corte tão grande na cabeça. Nas últimas vezes em que a vira ele estava fazendo tarefas do dia a dia, e mesmo assim não conseguia ver nada mais que isso. Durante as semanas que se passaram Antony havia tomado mais doses ainda de seus remédios antidepressivos e alguns outros medicamentos que nem ele mais lembrava para que serviam. O consumo de bebida alcoólica havia se intensificado e ele já não dormia mais direito. Por um lado, Antony estava se sentindo bem, mas a tristeza ainda tomava conta de seu corpo e constantemente ele presenciava dentro de si uma gigantesca mudança de humor, além de com frequência achar que estava sendo seguido ou vigiado por alguém. Antony acordou diversas vezes gritando o nome de Anne Rose, Mike e Isla. A vontade de sair de sua casa era ainda maior, mas ele sabia que só poderia deixar Miracle depois que encontrasse a menina e se livrasse de todo o peso que ele sentia. As coisas para ele não estavam nada tranquilas, e na cidade as pessoas falavam cada vez mais de sua falta de capacidade, da sua falta de preparação e levantaram na mídia os acontecimentos de sua vida, como a morte de sua família, o seu trauma, o seu quase suicídio e até mesmo o episódio de loucura relatado pela Sra. Anderson. Não estava sendo nada fácil para Antony e em determinado momento ele teve que confessar para si mesmo que se não fosse pela aproximação dele com Jack, ele provavelmente não aguentaria segurar por muito tempo o caso de Anne Rose.

Antony estava se sentindo cada vez mais íntimo de Jack. Os dois se encontravam toda sexta-feira para ir até o Crotalus, mas no final de semana sempre comiam algo juntos. Antony pediu a Jack para que ambos guardassem segredo sobre a amizade deles. Devido a isso, Antony sempre encontrava Jack em sua casa e sempre se certificava de que não havia ninguém o seguindo. Para ele, era inevitável que não se lembrasse de Mike. Mike foi um das pessoas que faziam com que Antony fugisse de sua realidade cruel e principalmente da realidade cruel que era estar na Foster's Land. Assim como o caso de Anne Rose, a Foster's Land representava um momento obscuro na vida de Antony. No acampamento, Mike havia aparecido em sua vida e a deixado mais feliz e agora no caso de Anne Rose, Antony sentia que o mesmo estava acontecendo.

Às vezes ele contava os dias para que pudesse sair de casa e ir comer algo na casa de Jack, ele representava para Antony uma sublimação de sua realidade e de tudo que estava passando dentro de sua cabeça. Durante o mês todo que os dois se encontraram, Antony e Jack trocaram diversas vezes as suas obras. Jack mostrou vários poemas para Antony, que algumas vezes chegou até a ajudar Jack a reescrever alguns deles. Em contrapartida, Antony levava os quadros para a casa de Jack e pedia sua opinião, que sempre era muito válida.

— É sério, esse quadro está incrível! — Jack fez questão de bater palmas quando Antony mostrou seu mais recente trabalho.

— Obrigado. — Antony estava muito feliz com o resultado. A pintura estava o ajudando bastante.

— Mas quem é essa mulher? — Jack chegou mais perto. — Ela parece que está querendo ficar sozinha.

— Eu ando sonhando com ela desde que Anne Rose desapareceu. — Antony havia desenhado a mulher de costas, prestes a se jogar do precipício. — Eu sempre a vejo sozinha andando em uma pequena vila. Não sei explicar quem ela é.

— Eu acho que está muito lindo. — Jack sorriu. — Mas sabe o que está mais lindo do que isso? — Jack abriu os braços. — A lasanha que eu fiz! Dê uma olhada nisso! — Jack pegou a lasanha do forno e colocou-a sobre a mesa. — Isso aqui sim é uma obra de arte.

Enquanto eles comiam, Antony explicou como seria a próxima ida deles ao Crotalus.

— Jack, dessa vez as coisas vão ser meio diferentes. Eu andei olhando pela região e vi que tem um prédio abandonado próximo ao clube. Eu subi até quase que o topo dele e consegui ter uma visão muito boa do interior do clube. A gente pode esperar pelos carros naquela pequena vila que tem um radar. — Antony continuou. — Ali naquela vila tem um pequeno morro, quero tirar fotos dos carros e ver se conseguimos ver as placas, a luz naquele lado é muito boa. Acho que vai dar certo. Depois disso a gente sobe no prédio para tentar ver algo do lado de dentro do clube.

— Parece que você fez uma intensa pesquisa na região. — Jack colocou um pedaço de lasanha. — Você que manda, chefe! — Jack ainda estava comendo, o que fez com que sua voz saísse meio estranha.

Os dois terminaram de comer, pegaram as coisas e, como de costume, entraram no carro de Antony e seguiram rumo ao Crotalus. No meio do caminho, Antony estacionou o carro na vila e seguiu com Jack para cima do morro.

– Acho que não te contei um detalhe... – Antony não sabia como abordar o assunto. – Mas preciso que você fique aqui sozinho para mim.

– Como assim? – Jack ficou surpreso. – Achei que faríamos isso juntos.

– Nós vamos, mas agora não. Enquanto você tira as fotos dos carros, eu vou ficar no prédio tentando ver alguma coisa e depois, quando todo mundo chegar, por volta da meia-noite, você pega suas coisas e me encontra lá. O meu carro fica com você, mas preciso que você me leve até o Crotalus.

– Você tem certeza disso?

– Absoluta.

Antony e Jack voltaram para o carro, e dessa vez foi Jack que conduziu o veículo. Ele deixou Antony na entrada do prédio que ficava em uma pequena viela próximo ao clube. Antony havia exagerado quando disse que era um prédio, na verdade era apenas uma construção grande que mais parecia um estacionamento abandonado, mas que servia mesmo assim para espionar o que acontecia dentro do clube.

– Jack. – Antony o chamou na hora em que ele estava voltando para o carro.

– O que foi?

– Te vejo à meia-noite? – A voz de Antony falhou.

– Claro. Nós vemos meia-noite. – Jack deu um abraço em Antony, que dessa vez não demorou muito para retribuir.

Jack foi se afastando da visão de Antony até sumir completamente. Não demorou muito para que Antony lhe mandasse uma mensagem no rádio que ele havia comprado.

– Está na escuta? – Antony disse.

– Já com saudades? – Jack respondeu. – Tudo certo com o rádio, não se preocupe. – Do outro lado do rádio Antony havia sorrido.

As horas estavam passando e Antony começou a sentir os primeiros sinais de sono. Estava olhando atentamente com um binóculo para o interior do clube, e a única coisa que via era que a casa estava toda iluminada. Porém, o grande campo que cercava o terreno parecia mais um enorme buraco negro. Não havia nenhum sinal de carro ou de pessoas dentro da propriedade. Antony ficou imaginando qual seria o motivo de se ter tanta luz acesa no local.

— Hey. — A voz de Jack foi ouvida no rádio. — As primeiras cobrinhas estão chegando.

— Ok — Antony estava quase dormindo quando o rádio emitiu a voz de Jack. — Tome cuidado para ninguém te ver.

— Você também. — Jack respondeu imediatamente.

Antony levantou-se e foi ainda mais perto da sacada. Ele estava quase no último andar do que poderia ter sido um grande estacionamento. Quando chegou à sacada, decidiu que seria mais fácil se conseguisse subir até o telhado. Não hesitou muito e logo estava subindo correndo as escadas em direção ao último andar. Quando chegou ao topo, correu em direção à sacada e pegou o seu binóculo.

— Jack. — Antony estava segurando o binóculo com uma mão e o rádio com a outra. — Estou vendo!

— Perfeito. — Jack logo respondeu. — Prepare-se! Eu nunca vi tanto carro assim.

Antony ficou curioso com a fala de Jack. Sua curiosidade logo acabou, quando uma fila de carros parou na entrada do Crotalus. Um por um, eles iam entrando e percorrendo o longo caminho até a entrada da casa. O primeiro carro parou e uma linda mulher trajada num vestido prateado e com uma máscara preta desceu do carro. Ela esperou alguns segundos até o seu par, um homem alto, também com uma máscara, sair do carro e acompanhá-la até a entrada do clube. Enquanto isso, alguém do clube levava o carro para trás da casa, onde Antony deduziu que seria o estacionamento. Isso acontecia com todos os carros que chegavam. Em alguns deles desciam apenas mulheres, outros apenas homens, mas a maioria deles portava um casal. Todos muito bem arrumados e mascarados. Não eram máscaras assustadoras, mas máscaras belas e elegantes e que cobriam todo o rosto do convidado. Antony ficou encantado com a elegância das pessoas que estavam chegando ao clube.

— Acho que acabou. — A voz de Jack surgiu no rádio. — Estou voltando. Você está aí?

— Estou descendo.

Antony terminou de fazer algumas anotações em seu relatório, guardou seu material, fechou a bolsa e correu para a porta que havia do outro lado. Desceu as escadas rapidamente até chegar ao térreo. Correu até uma porta velha, deu um empurrão e saiu do edifício. Esperou alguns poucos minutos e resolveu chamar Jack no rádio.

– Jack?

Nenhuma voz foi ouvida do outro lado, nem mesmo um ruído ou um chiado. Antony bateu com o rádio na coxa e tentou mais uma vez. Chamou pelo nome de Jack e não obteve resposta.

– Você está aí?

Antony pegou o celular e reparou que estava sem sinal. Procurou na sua carteira algum dos cartões de Jack, mas não encontrou nenhum. Arrependeu-se amargamente por não ter salvado o número e decidiu que iria fazer isso o mais rápido possível quando Jack aparecesse.

– Jack! Que droga! Onde está você?

– Antony. – Jack finalmente respondeu. – Preciso que você se acalme e faça exatamente o que eu vou falar. Contorne o prédio pelo lado esquerdo, entre na primeira rua estreita à direita e vá até o final.

– Jack! O que aconteceu? Do que você está falando?

– Antony! – A voz de Jack parecia tensa. – Agora!

Antony saiu correndo pelo lado esquerdo do prédio e deu de cara com um farol alto vindo em sua direção. Correu para dentro do prédio novamente e se escondeu atrás das paredes. O carro passou por Antony em alta velocidade e quando fez a curva um barulho de pneu cantando pôde ser ouvido. Antony olhou para os lados e saiu de seu esconderijo. Com a arma na mão Antony entrou na estreita rua que Jack havia indicado e deu de cara com a figura de um homem parado do outro lado. Antony rapidamente apontou a arma na direção do sujeito. Estava tenso. O suor da sua testa escorria pelo seu rosto. A respiração ofegante de Antony podia ser ouvida a centenas de metros dali.

– Parado! – Antony gritou. – Não se mexa!

A figura daquele homem alto começou a andar lentamente na direção de Antony com os braços para o alto.

– Hey! Eu disse não se mexa! – Antony carregou a arma. – Filho da puta! – Antony sussurrou quando percebeu que o homem vinha em sua direção.

Antony também avançou em direção ao homem e gritou mais algumas vezes para que ele parasse imediatamente. Quando o homem finalmente parou, Antony estava com o dedo no gatilho, sabia que teria que fazer algo. Jack parecia tenso e teve que parar o carro em outro lugar, Antony tinha certeza de que algo acontecera com Jack e que aquele sujeito tinha alguma relação com aquilo. Ele não conseguia ver com muitos detalhes o homem, ainda estava escuro e a luz não favorecia nada para que os detalhes de seu corpo e de seu rosto pudessem ser vistos.

– Tire a mão do bolso! – Antony gritou insanamente quando viu que o homem procurava algo no bolso. – Agora!

O homem rapidamente tirou algo do bolso e colocou na direção de sua boca. A voz de Jack apareceu no rádio.

– Sou eu!

Antony demorou a perceber que a voz de Jack havia saído do rádio que estava pendurado no seu cinto. Quando encontrou o rádio, Jack já estava correndo em sua direção.

– Jack! – Antony abaixou a arma. – O que foi isso?! Por que não me avisou que era você! Eu ia te matar! – Antony estava ofegante.

– Você não me deixou falar! Me desculpe! Está tudo bem. – Jack abraçou Antony. – Estou bem.

– Eu achei que você estava morto. – Antony mal conseguia falar. – Achei que tinham te matado. – Antony segurou fortemente Jack.

– Escute. – Jack soltou Antony. Suas mãos seguraram a nuca de Antony e Jack olhou atentamente para seus olhos. – Preciso que você me escute. A gente tem que sair daqui o mais rápido possível. Eles me viram e me seguiram!

– Jack... – Agora Antony havia entendido o motivo de aquele carro ter passado tão rápido por ele. Eles estavam atrás de Jack.

– Antony, vamos! – Jack o puxou.

Os dois correram para o final da rua e viraram à direita. O carro de Antony estava estacionado de qualquer jeito. Jack e Antony entraram no carro e Jack pisou fundo no acelerador.

II

Antony abriu os olhos, naquela noite teve um longo sono. Virou-se de um lado para o outro e tentou pegar no sono novamente. Não conseguiu. Abriu novamente os olhos, passou os dedos sobre as pálpebras e reparou que Mike não estava mais ali.

– Mike? – Antony saiu da cama. – Mike?!

Abriu a porta do banheiro e não havia ninguém. Chegou perto da banheira que tinha no quarto, passou a mão nela e percebeu que estava seca. Antony lavou o rosto e saiu pelos corredores do dormitório. Ainda era cedo e o alarme do dormitório não havia soado. Antony andou pelo corredor vazio até chegar à porta de vidro que havia no final dele. Olhou para fora e nenhum sinal de Mike. Ficou assustado. Mike andava tendo alguns comportamentos estranhos e falava que não aguentava mais e que queria morrer. Antony tentou tirar aqueles pensamentos negativos de sua cabeça. Voltou para o quarto e quando abriu a porta deu de cara com Mike, que segurava um rolo de papel higiênico.

– Mike! – Antony fechou a porta e foi na direção do amigo. – Eu achei...

– Tony. – Mike mal percebeu o desespero de Antony. – Fui pegar papel. – O sonolento Mike entrou no banheiro, mas antes deu um abraço em Antony.

Antony esperou Mike fechar a porta, deu um leve sorriso e voltou para sua cama. Ficou esperando o alarme tocar para que o seu dia de fato começasse. O barulho do alarme foi tão alto quanto o barulho da porta do carro de Antony batendo.

– Ei, dorminhoco. – Jack já estava do lado de fora. Deu uma batida com a chave no vidro do passageiro e despertou Antony. – Vamos?

Antony e Jack entraram na casa e jogaram-se no sofá. Cada um de um lado. Os dois estavam exaustos e o pé de Jack doía de tanto que ele havia acelerado para que voltassem o mais rápido possível para casa.

– Podemos falar sobre o que aconteceu? – Antony bocejou.

— Você quase me matou. — Jack disse sarcasticamente.

— Cala a boca. — Antony jogou uma almofada em Jack. — É sério, o que foi aquilo?

— Sou eu quem te pergunto. — Jack endireitou-se. — A sua voz... Eu nunca vi algo assim. Você praticamente se transformou! Eu fiquei com medo.

— Eu me surpreendi comigo também. — Antony estava impressionado com a postura que havia tido. Jamais havia ficado tão tenso como naquela noite. — Devo ter exagerado um pouco.

— Você fez o certo. — Jack agarrou a almofada. — Quando eu liguei o seu carro, percebi que um carro logo atrás também acendeu os faróis. Depois percebi que ele imitava todos os movimentos que eu fazia. Até a hora que tentei despistá-lo, mas não caiu na minha tática. Foi só quando eu cheguei perto do prédio que consegui tirar ele da minha cola, e o resto você já sabe.

— Será que ele anotou minha placa? — Antony ficou tenso com a possibilidade de descobrirem de quem era o carro.

— Estava muito escuro e ele não estava tão próximo assim.

Antony estava muito cansado e só conseguia pensar em ir para sua casa.

— Ei, é melhor eu ir indo. — Antony levantou-se. — Apesar do susto, valeu a pena. Acho que conseguimos algo bom, vou ver as fotos que você tirou e a gente se vê por aí.

— Não vamos mais fazer isso? — Jack estava meio sem jeito.

— Bem... Depois de hoje, acho melhor não nos arriscarmos mais.

— Tudo bem. Te vejo por aí, detetive. — Jack parecia meio chateado.

— Até mais, Porter.

Antony saiu da casa de Jack e entrou no seu carro. Quando já havia ligado o veículo, Jack saiu correndo pela porta e foi em direção ao carro. Antony fez uma cara de espanto e abaixou o vidro para que ouvisse o que Jack tinha para falar.

— Antony. — Jack estava ofegante — Desculpe, vim correndo.

— Tudo bem. — Antony fez sinal para que Jack falasse.

— Um amigo meu me emprestou seu barco. Eu estava querendo ir passar uma tarde no meio do mar e tirar um tempo livre e pensei que talvez você topasse ir comigo. – Jack respirou fundo. – Você me disse que é apaixonado pelo mar, pensei que talvez gostasse de ir comigo.

– Jack...

– Por favor. – Jack interrompeu Antony.

– Tudo bem, eu te ligo amanhã e combinamos como faremos. Pode ser? Acho que ainda tenho um de seus cartões. Acho que está na hora de nos falarmos por celular, vai que o rádio não funciona mais. – Antony sorriu para Jack e acelerou o carro para longe.

Durante o caminho, colocou uma música clássica tocada somente no piano. Sentiu as primeiras lágrimas se formando em seus olhos. Lembrou-se de sua família e de Mike. Ali, dirigindo de volta para casa, Antony pensou no quanto aquilo tudo estava mexendo com ele, sentia que cada vez era consumido por dentro. Sentia que estava morrendo por dentro e era ele mesmo que estava fazendo aquilo com seu ser. Estar com Jack era como estar com Mike, era sinônimo de sobrevivência de uma vida difícil e triste. Jack e Mike traziam momentos felizes e reais para Antony, em um mundo onde ele acreditava que só pudesse haver momentos tristes e ruins. Antony pensou no mar, pensou na mulher de suas visões e por fim entendeu que sua escolha havia sido porque ela precisava de paz. Só aquela situação que ela criou poderia lhe tirar da dor que ela estava vivendo, e Antony sabia que de alguma forma ele também precisava de paz. Mas será que essa é a melhor maneira? Pensou em como poderia arranjar paz. Sentiu que não queria que sua história terminasse na beira de um penhasco. Chegou a sua casa e sentou-se no sofá. Estava tão cansado que poderia dormir a qualquer momento. Demorou minutos para que tomasse coragem para se levantar do sofá e arrumar a bagunça em que sua casa se encontrava. Colocou algumas roupas para lavar, guardou algumas garrafas e limpou o chão, que estava grudento e cada vez mais sujo. Antony carregou o saco de lixo para fora, passou pelo jardim, depois pela casa dos fundos até chegar na rua de trás de sua casa, onde deixou o lixo perto de uma placa de "PARE". Voltou correndo, pois o frio estava mais intenso do que o comum e a neve caía fortemente naquela noite. No meio do caminho, parou e observou seu terreno, aquela imensidão toda só para ele. Não se sentiu muito bem, culpou suas lembranças e acreditou que apenas era mais uma paranoia de sua cabeça. Já dentro de sua casa novamente, limpou a cozinha e lavou a louça enquanto cantava uma música que ouvira na rádio mais cedo. Odiava ter que limpar o ralo da pia, toda vez que tinha que fazer aquilo segurava a respiração e fechava os olhos. Mas foi o barulho que ouvira do lado de fora que o fez imediatamente despertar. Deixou o ralo e a sujeira ali mesmo e olhou atentamente para fora da janela. A janela de vidro acima da pia mostrava todo o quintal por onde Antony havia acabado de sair. Não havia nada ali, não tinha como ter alguma coisa. Estava muito escuro e a neve atrapalhava ainda mais a sua visão. Antony balançou a cabeça e desistiu da ideia boba que havia inventado. Jogou a sujeira do ralo no lixo e devolveu o ralo para a pia, encaixando-o facilmente no buraco. Outro barulho. Dessa vez o coração de Antony havia acelerado um pouco mais, não estava tudo bem. Estava nervoso, pensou na possibilidade de o filho de Nora Anderson estar mais uma vez andando pela sua casa, mas também se lembrou do maldito porão com aquela frase e as caixas transbordando serpentes. Antony puxou a pequena cortina para o lado e espiou mais uma vez para fora da casa. Caminhou lentamente para a porta e olhou para o vidro que compunha a estrutura. Ficou mais tranquilo quando de novo não enxergou nada. De costas, afastou-se da porta, mas imediatamente seu corpo congelou e um arrepio percorreu-o inteiro. Era claramente o barulho de passos. Alguém estava naquele instante subindo a pequena escada que levava à porta da cozinha. O barulho da madeira rangendo havia entregado tudo. Alguém realmente estava ali. Antony virou-se abruptamente para encarar a porta e viu o pequeno vidro pelo qual havia espionado se espatifar no chão. Uma mão entrou pelo buraco e abriu a fechadura. Antony gritou e correu para detrás da mesa da cozinha e agarrou a primeira faca que havia visto. Era uma faca gigantesca que havia acabado de lavar, coincidência ou não, havia a deixado na pia e agora ela era a sua única chance de sair vivo dali. A porta se abriu e o sujeito deu um chute na estrutura, fazendo-a ser escancarada. Antony conhecia aquele homem. Alexander estava do outro lado da cozinha o encarando. Ele estava sujo, parecia bêbado ou drogado e, obviamente, estava transtornado de raiva.

— Dá o fora daqui! — Antony apontou a imensa faca para a direção de Alexander.

Alexander não se abalou com a ameaça de Antony. Os seus olhos estavam arregalados e pareciam que iriam explodir a qualquer momento. Alexander empurrou a mesa que estava no centro da cozinha, a qual era a única coisa que separava os dois, e avançou em direção a Antony.

O barulho da mesa junto às coisas que caíram dela foi tão alto que por si só assustou Antony, que também correu na mesma direção de Alexander e o golpeou duas vezes. Para o seu azar, Alexander conseguiu desviar dos golpes e mais uma vez se posicionou entre a mesa, agora em perpendicular, e Antony continuou apontando a lâmina para ele.

– Sai! – Antony gritou. – Saia da minha casa!

Antony olhou para o lado e pensou que talvez pudesse correr para o corredor que dava na sala e lá pegar sua arma, que como de costume estava no sofá. Era uma decisão que deveria ser tomada rápido, mas que se falhasse poderia significar sua morte. Olhou para os olhos de Alexander, depois para o corredor e tomou sua decisão. Correu ainda com a faca na mão para o lado esquerdo de onde estavam a fim de chegar ao corredor antes de Alexander, mas seu plano deu errado, pois Alexander teve a mesma ideia e com um reflexo rápido correu atrás de Antony até ficar cara a cara com ele e chutar com muita força seu peito, jogando-o para longe. Antony se desequilibrou por completo e derrubou a faca, afinal, Alexander era um sujeito imenso. Quando se recuperou, era tarde demais, outro chute o pegou de surpresa. Antony atingiu em cheio a geladeira para depois cair no chão. Não restava mais nada, a faca estava muito longe e seu corpo doía, assim como sua cabeça. Alexander posicionou-se na frente de Antony e tirou uma pequena faca do bolso.

– Não! Não! – Antony gritou.

Alexander correu em sua direção e tentou golpeá-lo com a faca, Antony se defendeu com as mãos. Em centésimos de segundos, Alexander puxou a faca para o lado, cortando a palma da mão de Antony, que segurava fortemente a lâmina. Antony gritou de dor e o sangue de sua mão começou a escorrer imediatamente. Alexander o puxou pela perna e retirou uma fita isolante do bolso, Antony gritou insanamente. A fita tampou seus lábios e abafou seu grito. Alexander, com um só golpe, puxou Antony para cima e o jogou contra o balcão. O seu corpo mais uma vez atingiu em cheio a superfície, e a dor agora era ainda mais insuportável. Alexander imobilizou os braços de Antony, que se debatia e gritava mesmo com a fita isolante em seus lábios. Antony não entendeu o que estava acontecendo, mas quando Alexander abaixou sua calça, ele entendeu o que estava prestes a acontecer. A camiseta que Antony estava usando foi rasgada por completo com a faca que Alexander portava e sua calça estava na altura dos joelhos.

— Você quis me entregar de bandeja para aqueles caras, não foi? Fique sabendo que é você que vai ser entregue para eles, e eu desejo que todos eles te fodam até você morrer. — Alexander sussurrou no ouvido de Antony, que se debatia ainda mais. — Você acha que vai se safar dessa? Eu vou te dar de presente para eles, mas antes vou fazer questão de te comer por inteiro, seu detetive de merda. — Alexander tirou a cueca e começou a puxar a cueca de Antony para baixo. O braço de Antony estava formigando, então ele teve que usar sua perna e com um golpe certeiro atingiu a virilha de Alexander, que imediatamente se afastou. Antony virou-se de frente e com uma panela acertou duas vezes a cabeça de Alexander, que caiu com tudo no chão. Antony retirou a fita dos seus lábios, colocou de volta sua calça e correu em direção à sua faca, que ainda estava no chão, afastou-se alguns passos de Alexander e apontou a lâmina mais uma vez para a sua direção.

— Não se mexa! — Antony gritou. — Seu porco imundo!

Alexander parecia não ouvir. Levantou-se lentamente ainda com as calças arriadas e com o pênis à mostra, olhou atentamente para Antony e disse:

— Eu sei que você gosta disso.

Foi um súbito de emoções. O olhar de Alexander, a fala, a sua assustadora e perversa expressão, tudo aquilo fez com que Antony revivesse todos os pesadelos dentro da Foster's Land. Não houve como parar o seu corpo, e quando se deu conta avançava rapidamente contra Alexander, enfiando a faca dentro de sua barriga e o derrubando no chão. Antony tirou a faca e mais uma vez a colocou dentro de Alexander. Antony repetiu o mesmo movimento diversas vezes, até seu corpo ceder ao cansaço.

11.

O cheiro de sangue era diferente. Nada do que havia cheirado na vida tinha o mesmo cheiro de sangue. Durante muito tempo aquele cheiro o assombrou e jamais imaginou que estaria sentindo-o novamente. Sentado a metros de distância de Alexander, Antony viu um rio de sangue que abria caminho no piso da cozinha, cada vez mais chegando ao seu encontro. Água vermelha, rio de sangue e mar de morte. Antony ainda tremia. Estava tudo em silêncio e até sua respiração parecia ter parado, o seu corpo e os batimentos de seu coração não emitiam um sequer som. Antony apenas encontrava-se imerso no pensamento de que agora havia se tornado um assassino. Depois de horas apenas encarando o corpo de Alexander, decidiu livrar-se de tudo aquilo, o que não seria difícil, visto sua experiência na polícia e seu contato com os peritos. Antony estava ofegante, arrastou o pesado corpo de Alexander para o porão no qual havia passado dias e até semanas trancado quando era criança. Jamais pensou que fosse descer aquelas escadas novamente, e muito menos com um corpo. Jogou o corpo de Alexander, que havia enrolado em uma lona, no fundo do porão. Não sabia o que faria com aquilo e nem queria imaginar o que poderia acontecer. Se ao menos tivesse parado na primeira facada, Antony claramente poderia alegar legítima defesa, mas com todas as outras facadas, era inegável que ele agora se tornara um assassino. Tremia como nunca, seu coração estava mais acelerado do que o comum, e não sabia o que fazer. Correu para a lavanderia e jogou todas as roupas na máquina. Enquanto as roupas batiam, tomou um banho e limpou todo o sangue que havia em seu corpo. Depois voltou e esfregou a cozinha por horas. Já era de manhã quando Antony decidiu ir comprar o que precisava para dar um fim no corpo de Alexander. Quando voltou, jogou todo o líquido ácido sobre o corpo, que agora estava dentro de um imenso barril que antes guardava alguns produtos, era questão de tempo para que aquele corpo desaparecesse de uma vez por todas. Depois de horas de muito trabalho, Antony ainda teve de dar uma desculpa para Hunter, que obviamente estava sentindo sua falta no departamento. Antony saiu correndo de casa e foi para o encontro de Hunter. Chegou às pressas em sua sala e deu de cara com o colega e chefe.

– Por onde andou? – Hunter estava sentado na cadeira de Antony.

– Fiquei doente. – Antony sentiu que seu corpo estava se desfazendo. A imagem de Alexander morto em sua cozinha ainda remanescia em sua mente.

– Parece que viu um fantasma. – Hunter provocou.

– Na minha casa tem vários, você deveria ir lá vê-los.

– Trago novidades. – Hunter tirou o celular do bolso. – Acabaram de me ligar e encontraram a nossa moto. Estava jogada em um terreno abandonado próximo à saída de Miracle. Já fiquei sabendo que não tem nada nela e que está mais limpa que a cena de um crime hollywoodiano. – Hunter parecia saber o que Antony havia feito, o que o fez ficar ainda mais nervoso.

– Como sempre, suas novidades não nos levam a lugar algum.

– E como anda seu trabalho secreto? Acho que vou passar em sua casa para dar uma olhada. Talvez você goste de minha visita. – Hunter sabia que Antony estava trabalhando em algo diretamente de sua casa.

– Muito bem, obrigado. – Antony estava nervoso. – Prefiro guardar segredo por enquanto. Quando eu concluir algo te trarei tudo pronto e você não precisará fazer mais nada.

– É o que eu espero. – Hunter levantou-se e saiu da sala. – Espero que você encontre essa menina antes que o seu corpo amanheça na porta da casa dos pais.

– Confie em mim. – Antony respondeu.

– Ah... – Hunter voltou para a sala. – Por falar em segredos, ultimamente me parece que você anda guardando vários.

Antony esperou a porta se fechar por completo para soltar todo o ar que havia dentro de seu pulmão. O que aquela frase de fato significaria? Será que Hunter sabia da amizade entre Jack e Antony? Ainda estava nervoso e não conseguia parar de pensar no que havia acontecido menos de 24 horas antes daquele momento. Olhou para baixo e percebeu que ainda não havia feito um curativo em sua mão.

– Droga! – Antony bateu na mesa.

Jack e Antony se encontraram cinco dias depois. Já fazia 41 dias que Anne Rose estava desaparecida. A cada dia que passava, Antony sentia uma ansiedade grande tomando conta de seu corpo. E agora sentia ainda mais um nervosismo crescente dentro de si, afinal, havia matado Alexander na cozinha de sua casa e constantemente pegava-se espionando na janela. A frase de Hunter voltava quase sempre no fundo de sua cabeça e Antony cada vez mais sentia medo de ser investigado. Não conseguia parar de pensar no tipo de pessoa que ele havia se tornado e o que estava acontecendo com ele. Jamais imaginou que poderia fazer o que fez, ainda por cima da forma como fez. Anne Rose também não dava trégua para os pensamentos de Antony, e o fato de que não havia nem sinais do paradeiro da menina apenas reforçava ainda mais ser nervosismo. Todas as pistas levavam sempre a lugar nenhum. O surgimento do Crotalus só trouxe mais dúvidas para Antony. A suposta presença de Carlo no lugar não foi confirmada e Antony já não sabia mais o que era realidade e o que estava sendo fabricado por sua cabeça. Chegou de manhã em uma cafeteria que ficava próximo da saída de Miracle. Conforme combinado, Jack e Antony não podiam ser vistos juntos e então resolveram marcar o ponto de encontro em um lugar que ninguém conhecido pudesse frequentar. O café era bem esquisito e Antony apenas pediu uma água. Era um lugar relativamente simples e nada aconchegante. Não via a hora de Jack aparecer para que ele pudesse sair dali. Odiou ainda mais a cafeteria quando sentiu o cheiro de Alexander.

– Ei. – Jack entrou no estabelecimento. – Dormi mais do que deveria. – Antony apenas retribuiu com um sorriso. – O que houve com sua mão?

– Derrubei uma garrafa no chão e me cortei tentando limpar. Nada demais, não se preocupe. Vamos?

Os dois entraram no carro de Jack e foram em direção ao litoral do país. Miracle era relativamente perto do mar, o que deixava a viagem menos cansativa. No começo, Antony estava quieto. Estava se sentindo mal por deixar o caso de lado e ir passear de barco com Jack. Não se sentia nada bem e sabia exatamente os motivos. Estava cada vez mais nervoso e naquela semana havia bebido mais do que o normal. Não sabia entender de onde vinha tamanha vontade de sair com Jack, mas sabia que naquele momento era o que lhe fazia bem, e fugir um pouco de Anne Rose e de sua casa era o que ele mais precisava. Antony disse para Hunter que estava se sentindo mal e que ficaria em casa. Ele sabia que aquilo seria motivo para mais uma nova discussão entre os dois.

– Você está bem? – Jack foi o primeiro a introduzir o assunto.

– Sim.

– Está quieto demais. – Jack reparou que Antony parecia triste. – Seus olhos estão iguais aos da sua mãe hoje.

– Ainda mais tristes? – Antony olhou para Jack.

– Não foi isso que eu quis dizer.

– Eles estão mesmo. – Antony voltou a olhar para o caminho. – Ir ao mar me remete a algumas lembranças, e isso acaba mexendo comigo. Além do que esse caso anda me deixando cada vez mais louco.

– Sua família?

– Sim. – Antony concordou. – Eu sempre me lembro deles quando penso no mar. Lembro-me da minha infância, de Mike e de diversas outras coisas.

– Você realmente era amigo de Mike. – Jack comentou. – Tem certeza que não sabe por ele anda? Podemos tentar encontrar ele depois que encontrarmos Anne Rose.

– Mike se foi. Está em algum lugar por aí. – Antony deu um sorriso tímido. – Estamos chegando?

– Sim! Você vai amar.

Depois de algumas horas, Antony e Jack finalmente chegaram a uma cidadezinha praiana. Jack dirigiu até um condomínio em que entregou na entrada para o porteiro os seus documentos e logo em seguida puderam entrar no lugar. Enquanto Jack contava mais sobre o seu amigo, Antony observou as casas e ficou impressionado com a beleza de cada uma. Quando pararam o carro, ele surpreendeu-se mais ainda com a casa do amigo de Jack. Uma casa retangular, branca e cheia de partes de vidros, era impossível não ficar de boca aberta com a magnitude do lugar.

– Lindo, não? Luke é muito rico. – Jack foi na frente, abriu uma porta que dava direto na areia e chamou por Antony.

Enquanto os dois caminhavam, Jack ia explicando que só tinha a chave daquele corredor e do barco e que por isso eles não conseguiriam ver a casa por dentro. Quando chegaram à praia, Antony ficou ainda mais impressionado. Era uma areia branca, linda e nem mesmo o tempo nublado fazia com que aquele cenário ficasse menos paradisíaco.

Estava ventando bastante e os cabelos de Antony voavam, fazendo um movimento interessante.

– Gostou?! – Jack estava bem animado. – É lindo demais!

– Estou sem palavras! – Antony correu em direção a Jack, que caminhava em direção a um grande barco branco e amarelo já atracado no mar.

Jack correu na frente de Antony já com os sapatos nas mãos e com a barra da calça dobrada. Entrou na água e foi direto para o grande barco que estava parado em frente.

– Aqui. Segure minha mão. – Jack estendeu a sua mão para Antony, que a segurou com força.

– Caraca. – Antony estava impressionado com a estrutura do barco. Ficou bem animado e não via a hora de ele e Jack irem para alto-mar.

Foi inevitável para Antony não se lembrar de sua infância. Ele era perdidamente apaixonado pelo mar e a maioria das coisas que ele desenhava tinha relação com o mar. As pessoas à sua volta sempre o perguntavam sobre sua estranha intimidade com o mar, mas Antony nunca soube responder. Simplesmente dizia que era algo que gostava muito e nunca conseguia investigar dentro de si mesmo de onde vinha tamanha conexão. Jack e Antony pareciam duas crianças quando o barco começou a ganhar velocidade. Era inverno, então não havia sol e o vento estava ainda mais congelante naquela região. Os dois estavam bem agasalhados, mas mesmo assim ainda tremiam de frio cada vez que o forte vento levantava os seus cabelos. Pouco tempo se passou até o barco estar bem longe da costa. Jack disse que iria pegar a direita de onde eles estavam e que iria mostrar uma série de formações rochosas que havia perto dali. Antony não conseguia esconder a felicidade e o alívio. Sair de Miracle nunca havia sido tão bom, e a companhia de Jack fazia com que o momento fosse ainda melhor. Antony observou Jack olhando para o horizonte e questionou a si mesmo sobre o que estava sentindo ultimamente. Os momentos sombrios que ele passou na Foster's Land perturbaram toda a sua vida, e todos os ensinamentos que ele havia aprendido voltavam em sua cabeça constantemente o policiando em cada gesto, fala e maneira de agir. Era tão difícil para Antony ir contra o que havia aprendido por anos na Foster's Land. Ele havia ficado sete temporadas seguidas no acampamento. Todas as férias de verão ele passava no acampamento aprendendo a se reorganizar e a se formar como um "homem de verdade". Ele entrou com 10 anos e saiu somente com 17 anos de idade. Depois disso nunca mais foi o mesmo.

– Hey. – Antony aproximou-se de Jack.

– Detetive. – Jack riu.

– Você não precisa mais me chamar assim.

– Já somos amigos?

– Não sei. Acho que somos. – Antony respondeu com um tom de sarcasmo.

– Me sinto muito feliz, sabia? – Jack não conseguiu esconder a felicidade de estar ali. – Olhe esse lugar. Às vezes me pego sonhando alto demais quando estou no mar.

– Não consigo sonhar tão alto assim. – Antony nunca havia parado para pensar no que realmente tinha como sonho maior.

– Você não sonha com algumas conquistas? – Jack o questionou.

– Eu só quero salvar Anne Rose e dar o fora de Miracle. Talvez seja a única coisa que estou pensando no momento. – Antony se sentiu mal por não estar procurando Anne Rose, mas ele sabia que não tinha muito para onde ir. – Queria apenas que tudo isso acabasse.

– Eu admiro a forma como você se comprometeu com esse caso, é algo muito bonito.

– Procurar Anne Rose me faz lembrar muito de minha infância, às vezes me pego pensando como seria se fosse eu no lugar dela e se alguém teria tanta compaixão assim comigo. – Antony passou a olhar fixamente para o horizonte.

– E por que não teriam? – Jack olhou atentamente para o perfil de Antony.

– Eu sempre senti que eu era uma erva daninha na plantação. Algo fora do lugar e que não se encaixava nos moldes de como as coisas deveriam ser. A vida não foi muito boa comigo. Eu sempre tive tudo que quis, mas ao mesmo tempo nunca foi suficiente.

– O que faltou? – Jack estava curioso e podia sentir a emoção na fala de Antony.

– Amor verdadeiro.

Antony estava olhando atentamente para o horizonte. A música de Blair lentamente tocava em sua cabeça, quase que imperceptível, tocando bem no fundo de sua alma. Antony não conseguia parar de pensar em Mike e não entendia o motivo de essas lembranças terem voltado no momento em que ele se aproximou de Jack. Durante a vida toda Antony teve que se esquecer de Mike e se policiou a ponto de não se lembrar de nada que envolvesse o amigo. Antony tentou apagar Mike de sua memória, mas naquele momento era inevitável que ele não se lembrasse do seu último encontro com o amigo.

— De volta ao inferno. — Mike jogou a mala no chão e atirou-se na cama.

— Você acredita que esse é o nosso sexto ano? — Antony colocou a mala do lado da cama e sentou-se levemente na mesma.

— Não é o sétimo? Nem sei mais em que ano estamos. E pensar que a gente chegou aqui achando que era um acampamento de verão. 16 anos de idade e ainda preso a essa porcaria.

— Eu ainda falo para as pessoas que na verdade isso é um acampamento de verão. Elas não precisam saber que isso é uma clínica. — Antony deitou-se.

— Isso aqui é um inferno e as pessoas deveriam saber. Você sabe o que o vizinho disse para o meu pai? — Mike perguntou. — Ele disse para o meu pai que eu ando diferente e que até meu aperto de mão está mais forte. Isso é patético.

— Mas a gente está mudando mesmo. Parece que está dando certo.

— O que você disse? Você está ficando louco? — Mike levantou-se. — E aquele papo de que não tem nada de errado com a gente? O que houve com você?

— Mike, talvez eles estejam certos. Vejamos nós, já conseguimos nos dar bem aqui e ninguém mais enche nosso saco. Pelo menos ano passado ninguém foi parar na enfermaria.

— Antony! — Mike apontou o dedo na direção de Antony. — Nós estamos fazendo de tudo para sobreviver, mas não quer dizer que temos que virar um deles! A gente só precisa fazer o necessário para dar o fora daqui. — Mike estava bravo. — O plano nunca foi virar um deles.

— Que plano? — Antony também se levantou. — Você sabe o que minha mãe me disse? Ela disse que está feliz comigo porque eu estou me tornando quem ela sempre quis.

– E quem você sempre quis ser? Você está perto disso? – Mike questionou Antony. – Eu sabia! Sempre quando você fica em silêncio fazendo essa cara aí é sinal de que não sabe o que falar.

– Ei! – Antony puxou o braço de Mike. – Pela primeira vez na vida meus pais estão fazendo minhas vontades e me dando tudo que eu sempre quis. Você acha que eu vou abrir mão disso?

– Então é isso? Você vai virar outra pessoa só para ir viajar todo ano? Para ganhar um carro daqui um tempo? Fala sério, Tony.

– Eu não estou virando outra pessoa. Eu continuo o mesmo!

– Tem certeza? Daqui a pouco você vai estar pregando por aí e falando que Deus é isso e Deus é aquilo e mais um monte de asneira. – Mike imitou a voz de Will.

– Por que você está com tanta raiva?

– Porque eu não esperava isso de você. A gente começou junto e decidimos que faríamos de tudo para que saíssemos daqui e que não fôssemos corrompidos por essa porcaria toda, e agora você surge dizendo que seus pais estão dando tudo o que você sempre quis. Eles te jogaram aqui igual um animal! Você não vê isso?

– E se eu for mesmo?! Você nunca parou para pensar que talvez eu e você estejamos mesmo errados e que eles falam a verdade quando dizem que estamos doentes? – Antony acreditava mesmo no que estava falando.

– Então me diga o nome da sua doença.

– Eu... – Antony não conseguia falar. – É que...

– Consegue ver? – Mike apontou para Antony. – Nem você acredita no que diz porque mal consegue dizer para si mesmo a sua própria verdade, que no fundo você sabe muito bem qual é. – Mike continuou. – Não tem nada de errado comigo, com você e nem com nenhum desses meninos que estão aqui. Nós somos vítimas, e esse sistema só funciona porque nós permitimos. Nós colaboramos com isso! A gente vem pra cá e faz tudo que eles querem, nós dormimos todas as noites pensando no que poderia ser e no que fazer, mas nunca acordamos com vontade de mudança. Essa mudança está aqui dentro da nossa cabeça, e ela nunca vai ser real se nós não fizermos nada. Qual a diferença de nós para os nossos pais? Nenhuma! Nós somos tanto vítimas quanto os vilões da história, porque a gente aceita e trabalha para manter esse sistema cruel que esses caras montaram. Não há um único opressor quando o oprimido aceita a opressão por vontade própria. Você não entende isso? – Mike foi em direção à porta, mas antes foi interrompido pela fala de Antony:

– Pelo menos meus pais me amam e não ficam com vergonha de mim. – Antony sabia que havia exagerado um pouco. – Dane-se esse lance todo que você disse. Eu não quero mais viver em um lugar onde todo mundo me despreza e me trata como uma aberração. Eu quero ser feliz, Mike. E se é essa a condição para ser feliz, eu estou disposto a ir atrás dela. Quem eu serei sem eles? O que eu farei? Onde morarei?

– Existe um mundo muito mais bonito do que esse que te contaram. Existe amor verdadeiro por aí, e você só vai encontrar se for verdadeiro com você mesmo. Ao contrário disso, vai sempre viver em um ciclo de decepções e de abandono porque no fundo é você quem está se abandonando. Você tem razão, Tony. – Mike disse com uma voz calma. – Meu pai ainda acha que eu sou uma besta e morre de vergonha de mim. Mas pelo menos eu não vou lutar por algo que não é verdadeiro. Eu me rebelo. E você? Por que você não se rebela também? – Mike saiu do quarto.

Antony esperou Mike sair para chutar compulsivamente a mala que havia trazido, fazendo com que ela se espatifasse no chão.

Naquele dia, os meninos mais velhos tiveram o dia livre para assistir a um jogo que teria entre as turmas mais novas. Antony passou o dia todo lendo um livro de aventura e não trocou mais nenhuma palavra sequer com Mike. Enquanto ele estava lendo, Mike entrou algumas vezes no quarto, fez algumas coisas e logo saiu. Antony não estava com raiva, mas também não tinha mais vontade de conversar com o amigo. Pensou em pedir desculpas, mas não sabia o motivo pelo qual pediria desculpas para Mike, e por isso logo desistiu da ideia. Antony cansou de ler o livro e resolveu ceder à pressão de outros colegas para que fosse ver o jogo que teria entre as turmas de 12 e 13 anos. Antony caminhou até o campo de futebol, que estava lotado, todos os meninos estavam lá gritando e pulando enquanto torciam para o pior acontecer. Na verdade, o pessoal todo queria mais era ver as turmas menores passarem vergonha do que um jogo de sucesso. Antony teve de forçar a vista para encontrar o pessoal de sua turma que estava bem no alto da arquibancada. Mike não estava lá e Antony ficou pensando onde ele poderia estar.

– Philip. – Antony cumprimentou Philip, um menino que estava com ele desde a primeira temporada. – Perdi muita coisa?

– Antony! – Philip gritou. – Perdeu nada. Na verdade, teve um garoto que saiu chorando e foi muito engraçado. Ele tomou uma falta e não aguentou. É uma menininha mesmo, logo, logo Peters muda ele.

– Quase uma florzinha. – Antony sentiu-se mal em se comportar daquele jeito.

Passou o jogo todo morrendo de tédio e achando uma estupidez tudo aquilo que estava vendo. As piadas de Philip eram horríveis e Antony ria delas apenas para não causar má impressão ou simplesmente porque tinha que rir. Fazia parte de quem ele estava se tornando e se questionou sobre isso. Conforme o tempo passava, Antony ficou ainda com mais vontade de ir atrás de Mike. Quando não aguentava mais, resolveu descer da arquibancada e ir para o seu dormitório. Teve uma leve esperança de encontrar Mike por lá e foi movido por ela. Estava próximo ao dormitório, o lugar todo vazio e escuro, pois literalmente todo mundo estava no campo de futebol vendo o jogo que estava acontecendo. Antony estava passando por uma parte bem escura que tinha antes do dormitório quando ouviu algumas risadas. Parou imediatamente e esperou ouvir mais um pouco. Aproximou-se da parede e espionou para ver o que acontecia no fundo do prédio. Ele demorou um pouco para reconhecer quem era, mas logo percebeu que se tratava de Mike com um menino da sua turma. Os dois estavam abraçados e conversavam bem próximos. Mike estava com as mãos na nuca do menino e o menino estava com os braços na cintura de Mike. Antony respirou fundo e não acreditou no que estava vendo, segundos depois os dois se beijaram. Antony sentiu o sangue subir pelo seu corpo. Não tirou os olhos e ficou observando os dois se beijarem por um longo período de tempo. Parou de espionar quando os dois falaram sobre voltar ao jogo antes que alguém sentisse falta deles. Nesse momento Antony correu e se escondeu. Quando eles já estavam longe, Antony finalmente voltou correndo para o seu quarto. Enfiou-se debaixo do cobertor e fingiu que estava dormindo. Não queria nunca mais falar com Mike.

No dia seguinte, realizou todas as tarefas do dia, frequentou todas as aulas e não trocou nenhuma palavra com o amigo. Sentia raiva, decepção, ciúmes e mais uma série de coisas que nem sabia nomear. Quando estava quase perto do final do dia, Boris Foster, o diretor, chamou Antony para uma conversa em particular. Entrou na sala do diretor e logo sentiu uma tremedeira tomar conta de seu corpo. Boris era careca e tinha um nariz que parecia uma cenoura.

— Antony Mitchell, como vai? – Boris estendeu a mão para Antony.

— Vou bem, senhor. – Antony fez o mesmo e sentou-se.

— Fico feliz em saber. – Boris sorriu. – Como está sendo para você? Seus pais parecem bem felizes com nosso trabalho, mas hoje gostaria de ouvir o que você tem para me dizer.

— Ah, sim, senhor. Estou me sentindo muito bem, estou mais confiante e estou treinando bastante a minha postura e até o modo de falar, senhor. – Antony tremia.

— Muito bem. Eu gosto bastante de confiar nas pessoas, você pode ver por aqui, dou completa liberdade para os meus professores fazerem o melhor serviço e tento sempre conceder a eles o melhor ambiente possível de trabalho. Você entende que isso acontece porque confio neles, correto?

Antony concordou com a cabeça.

— Ótimo! Mas também creio que vocês sabem quem nem mesmo todos os olhos que eu tenho por aqui podem fazer com que eu saiba de tudo.

— Sim, senhor. São muitos alunos.

— Demais! Estamos crescendo cada vez mais. Todos querem participar disso. – Boris tomou um gole d'água. – Pois bem, como alguns dos meus olhos não acessam todos os lugares, eu preciso de alguns outros olhos que estão por aí. Você me entende?

— Está falando de nós, senhor? – Antony estava cada vez mais assustado.

— Exato, meu caro. Eu só peço isso para pessoas em que eu realmente confio. E você está me mostrando ser merecedor de tal confiança.

— Ah sim! Eu agradeço. – Antony forçou um sorriso.

— Você anda notando algum comportamento estranho com o seu colega de quarto? O senhor... – Boris procurou em suas anotações. – Michael Ross! Isso, Michael Ross.

— Michael... – Antony congelou e não sabia o que responder. – Não entendi a pergunta, senhor.

— Pois bem. O pai de Michael me procurou e me disse que ele anda tendo alguns episódios de pura rebeldia e que algumas pessoas que convivem com ele andam achando que na verdade ele anda fingindo algumas coisas. Como se fosse algo de faixada. Me entende? E se o senhor Michael anda fingindo que está progredindo, então quer dizer que nosso sistema está falhando.

— Sempre há uma falha no sistema. — Antony não soube de onde veio aquilo. Ficou ainda mais tenso quando viu a reação de Boris.

— Antony... — Boris colocou um biscoito na boca. — Você já pensou se esse garoto faz com que todas as pessoas daqui finjam uma melhora? O que seria disso tudo? Entraria em colapso em frações de segundos e tudo o que minha família criou se fragmentaria.

— O que sua família criou deve ser um sistema bem frágil. — Antony desafiou Boris.

— Não é. — Boris olhou fixamente nos olhos de Antony. — É por isso que eu estou contando com você. Esse garoto dorme do seu lado, é o seu amigo, vocês andam sempre juntos. — Boris se aproximou ainda mais. — O que me garante que ele não te corrompeu? Você consegue imaginar o que os seus pais fariam com apenas uma ligação? Como eles reagiriam se soubessem que você faz parte dessa encenação toda?

— Senhor... — Os olhos de Antony encheram de lágrimas. — Por favor...

— É simples, Antony. Conte-me o que sabe sobre Michael. Se não souber de nada, não precisa me contar. Eu apenas passarei a suspeitar de você também e com certeza mandarei alguém ficar de olho nos dois.

— Não tem nada de errado com ele, eu juro. — Antony estava cada vez mais nervoso.

— Você nunca ouviu ou viu nada suspeito? — Boris encarou Antony.

Nesse momento, Antony se lembrou do que havia visto. Michael e aquele menino magrelo da sua turma se beijando. Antony não podia fazer aquilo, mas e se Boris trocasse o garoto de turma? Se isso acontecesse, Mike teria mais tempo com Antony, e assim os dois poderiam se tornar ainda mais próximos.

— Está tudo bem, Antony. Se você não tem nada para falar...

— Senhor. — Antony interrompeu o diretor. — Eu...

Alguns dias haviam passado desde que Antony havia conversado com Boris e mesmo assim não havia tido coragem de falar com Mike. Os dois tentavam passar o máximo de tempo separados e quando frequentavam os mesmos grupos tentavam ao máximo não interagir. Naquele dia, Antony estava exausto e quando abriu a porta do quarto encontrou Mike chorando. A mala dele estava arrumada. Antony imediatamente sabia do que se tratava.

— Mike... — Antony sussurrou.

— Estou indo embora. — Mike demorou um tempo para responder.

— Por quê? — Antony aproximou-se de Mike pela lateral.

— Meu pai está vindo me buscar. — Mike virou-se para Antony, que viu os hematomas que tinham em seu rosto. — Ele disse que não tenho mais solução.

— O que fizeram com você? — Antony estava chorando. O olho esquerdo de Mike estava roxo e o lábio estava cortado.

— Eu estou apaixonado pelo Kyle. Eles descobriram. Os meninos me bateram com um pedaço de pau e Boris não fez nada. Eu conversei com ele e ele me disse tudo.

— Mike...

— Você contou para ele. — Mike derrubou uma lágrima. — Eu te vi aquele dia. E Boris confirmou que você dedurou o Kyle.

— Eu...

— Está tudo bem. Eu te perdoo. — Mike derramou mais algumas lágrimas. Os seus olhos estavam fixados nos de Antony e ele tremia de um jeito assustador. — Não sou eu quem viverá com essa culpa. Isso não vai me assombrar para sempre. Pelo contrário, Antony. Isso vai te perseguir para onde você for, e não importa onde você esteja, essa culpa sempre estará com você porque você sabe o que você fez e sabe que não foi certo. Você é capaz de se perdoar? Você é capaz de perdoar os outros? Você deveria ter dito que me amava e não ter feito isso comigo e com Kyle. — Mike levantou-se, pegou a mala e foi em direção à porta. — Você é tão culpado quanto eles, mas para você é uma questão de sobrevivência, não é? É isso o que eles fazem, Antony. Lembra-se do que eu te disse sobre o sistema? Eles construíram e a gente colabora. Existe sangue em nossas mãos.

– Me desculpe. – Antony tremia e chorava. Sua voz não conseguia sair de sua boca. – Mike... – Antony não sabia o que poderia fazer. – Eu te perderei?

– Mike não respondeu, simplesmente levantou-se e abriu a porta do quarto.

Quando Mike fechou a porta, Antony desabou no chão e não conseguiu parar de chorar. Passou a noite toda chorando e em determinado momento não havia mais lágrimas e apenas dor. Uma dor muito grande no seu coração e uma culpa gigantesca que ele teria de carregar pelo restante da vida. Acordou no dia seguinte com os olhos inchados e com a cara toda amassada. Estava um caos o seu quarto, ele havia quebrado tudo em um ataque de fúria que teve durante a madrugada. Quando abriu a porta, viu que todos os meninos estavam do lado de fora e aparentemente pareciam estar em choque com algo que acontecera. Antony caminhou pelo corredor até o final, onde uma aglomeração maior de garotos estava concentrada. Um ou dois garotos passaram correndo na direção oposta de Antony com a mão no rosto e pareciam estar chorando. Antony teve a sensação de que estava vendo tudo aquilo em câmera lenta. Outros garotos estavam encolhidos e sendo confortados pelos colegas. Antony começou a tremer à medida que chegava mais perto da aglomeração de garotos que bloqueavam a entrada de um dos quartos. Chegou perto e empurrou alguns dos meninos até entrar por completo no quarto. Kyle estava ajoelhado e gritando ao mesmo tempo que era confortado por outros colegas. Antony viu uma poça vermelha escorrendo para fora do banheiro. Quando empurrou a porta, suas mãos foram imediatamente para o seu rosto e um pequeno grito de espanto saiu de sua boca. Mike estava dentro de uma banheira tingida pelo sangue que saía de seus pulsos.

– Você está bem? – Jack tocou em Antony. – Parece meio distante.

Antony virou-se e ficou cara a cara com Jack. Suas mãos foram lentamente subindo até pousarem no peito de Jack. Os cabelos de Antony voavam e seus olhos enchiam de lágrimas. Antony sentiu uma tristeza e uma culpa profunda e lembrou-se do sorriso de Mike e das suas últimas palavras. "Você é capaz de se perdoar? Você é capaz de perdoar os outros?" Antony aproximou-se de Jack ao mesmo tempo que suas mãos subiam e pousavam na sua nuca. Olhou fixamente para os seus olhos negros e lembrou-se do homem pelo qual a mulher de sua visão havia se apaixonado e depois a deixado. Os lábios de Antony tocaram os lábios de Jack ao mesmo tempo que os olhos dos dois se fecharam e eles mergulharam juntos em um intenso beijo. Quando os dois pararam de se beijar, Antony encarou Jack e murmurou.

— De alguma forma, sinto que tudo isso é sobre eu e você. Eu te perderei? — Jack não respondeu, apenas ficou em silêncio e abraçou Antony. Antony retribuiu o abraço de Jack e os dois continuaram se abraçando por um longo tempo, ficando em um absurdo e completo silêncio. Naquele momento os ventos do inverno tocavam uma estranha canção.

12.

Antony e Jack estavam abraçados quando o sol começou a se pôr e as cores alaranjadas surgiram no céu. Nem Antony e nem Jack falavam muito, e o que podia ser ouvido era apenas o barulho do vento e das ondas.

— Como é para você estar no mar? — Jack puxou Antony para mais perto.

— O mar tem cheiro de liberdade. — Antony não conseguia tirar os olhos do horizonte. — É libertador.

— Liberdade é...

— Viver sem medo. — Antony olhou para Jack. — Como isso soa para você?

— Ainda tenho alguns medos. Preciso confessar.

— Talvez seja impossível se livrar de todos eles. Eu venho vivendo com muito medo a vida toda. Não devo saber qual é a sensação de não viver com eles. Meus medos fizeram e fazem parte de uma boa parte da minha vida. Quando eles sumirem, quem eu serei?

— Uma nova versão de si. — Jack encolheu-se de frio. — Eu acho.

— Às vezes me pergunto se eu estou pronto para essa nova versão de mim mesmo. Parece que tudo levou a esse momento ao mesmo tempo que sinto que ando caminhando para um completo caos.

— Ei! — Jack segurou no rosto de Antony. — Não pense assim.

Antony beijou Jack e o abraçou fortemente. Os dois deitaram de barriga para cima e passaram a admirar o céu, onde já se podia ver o surgimento das primeiras estrelas.

— Se você pudesse ser um animal, qual seria? — Jack riu.

— Jack? — Antony caiu na gargalhada. — Que tipo de pergunta é essa?

— Antony, vamos nos divertir! Vai, é sério. Qual animal você seria?

— Você primeiro.

— Ok! — Jack parecia realmente empolgado com a brincadeira. — Eu seria um falcão. Um pássaro! Isso! Um pássaro. Eu iria voar por aí, subir nas montanhas mais altas e viajar pelo céu sem me preocupar com nada. Eu iria para bem longe e cada hora estaria em um lugar. Jamais voltaria. – Jack olhou para Antony e deu um beijo em seu rosto. – E você?

– Eu seria um peixe. – Antony riu. – Eu sabia que você iria fazer essa cara. – Jack fez uma careta muito engraçada.

– Um peixe?

– Sim. – Antony voltou olhar o céu. – Eu viajaria para baixo sem sair daqui, me entende? Eu nadaria muito fundo no oceano e eu iria para os lugares que ninguém jamais chegou antes. Eu mergulharia na profundidade e descobriria coisas que ninguém jamais descobriu. Eu iria para um lugar tão fundo em que nem mesmo a luz seria capaz de chegar e quando eu voltasse ninguém acreditaria no que eu teria visto. Tudo isso sem sair daqui, só caminhando para baixo, rumo ao vertical.

Antony e Jack voltaram para a praia. Durante o caminho de volta, não conversaram muito. Os dois estavam tímidos e meio sem jeito. Não sabiam como agir e nem qual assunto falar. Por isso Antony acabou forçando um sono que não tinha e dormiu durante quase todo o caminho de volta. Quando Jack estacionou o carro na porta do café foi o momento em que Antony despertou.

– Já chegamos?

– Sim. – Jack desligou o carro.

– Obrigado, Jack. – Antony deu um sorriso tímido e abriu a porta do carro.

– Ei! – Jack chamou Antony. – Pensei que talvez fosse legal a gente comer algo em casa.

– Jack...

– Por favor. – Jack segurou na mão de Antony. – Eu quero.

– Tudo bem. Eu te sigo com o meu carro.

– Cuidado para não ser visto por ninguém. – Jack advertiu Antony.

Antony seguiu Jack com o seu carro até a porta de sua casa e estacionou o seu carro um pouco à frente para que não ficasse algo tão suspeito. Antony não saberia como seria dali para frente, mas a promessa dos dois em manter segredo sobre a amizade ainda estava valendo, por isso Antony ainda cumpria à risca a promessa.

– Estava muito frio lá. – Antony estava tímido e nervoso ao mesmo tempo. – Achei que iria congelar.

– Acho que esse inverno vem sendo bastante rigoroso. Parece que logo vai cair uma tonelada de neve. – Jack olhou fixamente para os olhos de Antony. – Como se já não tivesse caído.

– Jack, eu acho melhor ir embora. – Antony não conseguia tirar os olhos dos olhos de Jack. – Eu...

Jack não esperou Antony terminar de falar e avançou em sua direção, puxando-o para perto e o beijando. Antony apoiou o corpo na bancada e agarrou com bastante força as costas largas de Jack. As mãos de Jack seguraram o cabelo de Antony e puxaram seu rosto para trás, à medida que os seus lábios mordiam lentamente os lábios de Antony. Os dois continuaram se beijando e Antony segurou na cintura de Jack o empurrando para trás e o colocando com força em cima do balcão da cozinha. Ele beijava intensamente Jack enquanto tirava a jaqueta dele. Depois, Antony passou a beijar o seu pescoço até tirar por completo a sua jaqueta. Jack empurrou Antony para trás e ele também tirou seu casaco. Quando se aproximou novamente de Jack, ele segurou na parte de baixo da camiseta de Antony e a tirou em frações de segundos. Antony estava sem camisa e não conseguia parar de beijar Jack. Sua mão apertou com força as coxas de Jack e subiram lentamente até chegar à sua cintura. Antony com muita força tirou Jack do balcão e também rapidamente puxou sua camiseta para cima, fazendo com que ela saísse de seu corpo. Jack beijava Antony e o puxava para trás em direção ao corredor. As costas de Jack bateram na parede e ele, com um movimento rápido, puxou Antony para a sua posição, colocando-o de frente para a parede. As mãos de Antony estavam segurando a parede e o seu rosto estava colado na estrutura. Antony sentia um arrepio que percorria todo o seu corpo enquanto Jack beijava e mordia o seu pescoço, a nuca e por último as orelhas. Jack deu algumas leves mordidas a cada vez que beijava uma parte de suas costas e enquanto suas mãos arranhavam sua cintura e apertavam cada vez com mais força. Jack virou novamente para sua frente Antony, que colocou as mãos em seu rosto e o puxou para perto novamente. Antony levantou a perna esquerda na altura da cintura de Jack e os dois se encaixaram perfeitamente enquanto Antony apoiava-se na parede e Jack continuava a beijar perdidamente o seu pescoço. Antony empurrou Jack com força e os dois foram se beijando até as costas de Jack baterem na porta do quarto. Com um chute, Jack abriu a porta do quarto e jogou Antony na cama. Ele tirou sua calça e deitou em cima de Antony, que também havia tirado sua calça. Os dois continuaram a se beijar. As mãos de Antony desciam pelas costas de Jack e Antony teve a sensação de que estava passando a mão em um tapete de veludo. Suas mãos desciam carinhosamente e de vez em quando arranhavam levemente as costas de Jack. Os dois continuaram a se beijar até que todas as peças de roupa restantes estivessem no chão. Antony e Jack estavam ofegantes e constantemente se olhavam nos olhos. Os olhos negros de Jack diziam tantas coisas e ao mesmo tempo diziam quase nada para Antony. Deitado, olhando para as expressões que Jack fazia, Antony apenas teve vontade de fazer uma única coisa: se entregar cada vez mais.

II

Antony acordou aos berros. Havia sonhado com Alexander. Em seu sonho, Alexander subia as escadas do porão e o matava enquanto ele dormia. Ele havia ido embora de madrugada da casa de Jack, pois não se sentiu bem em dormir lá e fez de tudo para convencer Jack de que ele deveria partir. Afinal, mais do que nunca eles teriam que manter segredo sobre esse mais novo episódio. Antes de pegar suas coisas e ir para o departamento, ele resolveu ler mais um pouco sobre o livro de pensamentos de Isla. Ele só havia lido uma única passagem e já fazia algum tempo desde que isso acontecera. Antony pegou uma xícara de chá de camomila, sentou-se no sofá e começou a ler o que Isla havia escrito.

Alan não anda se comportando muito legal. Não sei, eu sinto que ele está mais distante do que nunca. Só que dessa vez ele está muito distante, até de Violet. Parece que os dois tiveram uma discussão esses dias e não estão se falando direito. Pelo que ando vendo da história, Blair está de saco cheio de Violet também. Não sei o que ela aprontou, ninguém ainda me procurou para dizer qualquer coisa. Mas sei que Alan anda meio estressado ultimamente. Ele veio me dizer que precisa de um tempo para ele e nós caímos em uma discussão gigantesca. Eu espero que Antony não tenha ouvido. Ele também não está passando por um momento muito bom. Um menino da clínica que Antony frequenta desde os 10 anos parece que se matou. Antony chegou em casa e não disse uma palavra sobre o episódio. As aulas foram suspensas por 15 dias e até agora ele não comentou sobre o assunto. Ele parece machucado. Parece destruído, e às vezes tenho até receio de abordar o assunto. Será que ele faria o mesmo? Ando tão preocupada com ele. Se ele fizer algo parecido com esse menino, será que as pessoas me culpariam? Eu seria culpada? O quanto de sangue teria em minhas mãos se meu filho se matasse igual ao pobre garoto? Às vezes tenho vontade de tirar ele daquele lugar antes que o pior aconteça. Alan me disse que é só uma fase e que Antony já progrediu bas-tante. Eu concordo. O meu menino está voltando aos poucos e está se tornando do jeito que eu sempre quis que ele fosse. Nossa relação anda bem melhor do que era antes, pena que esse menino morreu... agora Antony se fechou de vez. Eu espero que ele supere esse episódio e que continue melhorando. Eu não suportaria se ele tivesse o mesmo destino desse garoto. Pobre menino. Eu acho que o seu nome era...

Antony parou de ler. "O seu nome era Mike, mãe." Antony lembrou-se de quando voltou para casa. Ele realmente entrou no seu quarto e não saiu por um bom tempo. Na verdade, Antony sabia que jamais havia saído daquele quarto. Ainda estava lá, chorando por Mike, chorando por ele mesmo, chorando pela sua família, e agora chorando por Anne Rose. Antony nunca superou a morte de Mike. Sentia-se culpado, mas de certa forma conseguiu esquecer aquilo não tocando mais no assunto. Resolveu nem mesmo repetir os comportamentos de antes, pois tudo lembrava Mike. Tudo que Peters falava que era coisa de menina, inclusive chorar, lembrava Mike. Mike virou uma grande assombração que impediu Antony de realizar os seus mais íntimos desejos. Mike foi a gasolina que Antony usou para negar a vida toda sua sexualidade. Admirar algum garoto o fazia lembrar-se de Mike, e a culpa pela sua morte voltava. Quando voltou para o Foster's Land, Antony surpreendentemente virou o melhor aluno. Completava todos os desafios, decorava passagens da Bíblia, ensinava os outros, era modelo para os mais jovens. Virou outra pessoa, e quando finalmente completou todas as temporadas, já tinha 17 anos e era impossível reconhecê-lo. Isla e Alan ficaram tão animados com o resultado que encheram Antony de viagens, presentes, e tudo mais o que ele queria. Antony gostou do resultado, apesar de sempre ser assombrado pela culpa e de sempre suplicar perdão a Mike quando dormia. Sentia raiva de garotos, sentia raiva de quando algum homem olhava para ele, odiava qualquer figura masculina e não suportava mais aquilo que um dia fora. Antony tornou-se igual ao pai, a figura que ele sempre teve medo.

A campainha de Antony tocou e ele levou um leve susto. Escondeu o diário de Isla e foi em direção à porta.

— Jack? — Jack puxou Antony para perto e deu lhe um beijo demorado.

— Desculpe, eu tive que fazer isso. — Jack entrou aflito na casa de Antony.

— Jack, você está louco? — Antony fechou a porta. — Ninguém pode te ver aqui, todo mundo fica de olho o tempo todo nessa casa. — Jack deu mais um beijo em Antony.

— Eu queria muito te ver. Eu não consegui dormir depois que você saiu.

— Jack, eu... — Antony tentou se acalmar. — Eu também não consegui esquecer. A gente tem que tomar cuidado, você sabe disso. Você é uma testemunha do meu caso.

— Eu sei. — Jack soltou Antony. — Isso não me deixou dormir também.

— Escute, está tudo bem. A gente só precisa continuar assim por um tempo e depois tudo vai se encaixar... — Antony não sabia o que dizer. — Tudo vai ser diferente.

— Eu estou apaixonado por você.

— Jack...

— Me deixe falar! — Jack puxou Antony para perto. — Desde o momento em que eu te vi, eu senti algo tão diferente. Quando você foi a minha casa falar sobre Anne Rose, eu não conseguia tirar os meus olhos de você. O seu sorriso, o seu cabelo, o seu jeito, tudo é muito encantador. Eu torcia para que a sexta-feira chegasse logo para que a gente pudesse ficar horas dentro daquele carro vigiando aquela droga daquele portão, e quando eu fui seguido eu só pensei o quanto eu queria te proteger daquela situação. Antony... — Jack colou sua mão no rosto de Antony e segurou fortemente — Eu estou apaixonado por você. Nunca ninguém precisou de mim, e eu sempre fui deixado de lado, mas com você...

— Jack... — Antony interrompeu a fala de Jack o beijando. — Eu preciso de você. Mas antes eu preciso encontrar Anne Rose. Você entende isso, não é?

— Eu quero te ajudar. Qualquer coisa que você precisar que eu faça, eu quero te ajudar. — Jack afastou-se. — A gente pode fazer isso juntos. Eu sinto que é como se eu já te conhecesse de outras vidas.

Antony não respondeu e apenas abraçou Jack. Não sabia o que sentia de fato, obviamente ele havia sentido algo intenso por Jack e a sua presença fazia com que tudo ficasse melhor. Mas ao mesmo tempo que ele sentia-se bem, ele sentia que estava entrando em um caminho sem volta. Não confiava muito na proposta de Jack, mas não sabia se eram seus medos e suas inseguranças que o estavam atormentando. Antony sentia que estava entrando em um campo minado, algo que poderia lhe machucar. Era como que se o amor que Jack oferecesse fosse algo que pudesse o ferir e até o matar.

Chegou um pouco atrasado no departamento. Quando entrou em sua sala, Robena apareceu para lhe dar um recado. Dessa vez a mulher havia tomado um banho de loja e por incrível que pareça estava bem-vestida e elegante.

— Hunter deixou isso aqui para você.

— O que é isso? — Antony pegou um pacote branco da mão de Robena. Quando abriu, Antony viu um elegante convite com um brasão bem bonito. — Tem certeza que isso é para mim?

– O seu nome está aí, senhor. – Robena apontou para o nome de Antony. – Já ia me esquecendo. Isso também é para você. – Robena entregou outro pacote para Antony, dessa vez um pouco menor.

– Obrigado. – Antony agradeceu e esperou Robena sair para que abrisse por completo o pacote.

O primeiro pacote continha um convite de Carlo para sua festa de aniversário que aconteceria na casa do prefeito. Antony ficou surpreso. O prefeito da cidade o convidando para uma festa de aniversário que aconteceria na sua própria casa? Antony pensou que essa festa poderia ser uma oportunidade para ele tirar algo do prefeito ou de alguém que o conhecesse tão bem. Antony sentou-se e pegou o segundo pacote. Não tinha nome, data e nada que desse alguma pista do que poderia ser. Não se importou e abriu mesmo assim. Quando colocou os dois dedos dentro do pacote, sentiu que o papel era diferente. Quando puxou o conteúdo para fora, percebeu o motivo pelo qual o papel era diferente.

– O quê? – Antony começou a tremer e sentiu que estava ficando sem ar.

Na sua mão, havia fotos dele com Jack em diversos lugares. No carro, no café e na porta da casa de Jack. Antony começou a olhar desesperadamente para todas as fotos que tinha no pacote e passou uma por uma, praticamente derrubando todas elas de nervosismo. Quando chegou às últimas fotos, viu que elas eram daquela manhã. De minutos antes de chegar ao departamento. A foto que agora estava em sua mão mostrava um duradouro beijo que os dois haviam dado na porta da casa de Antony. As fotos escorreram pelos seus dedos e caíram no colo de Antony, que começou a tremer. Colocou a mão no rosto e passou os dedos diversas vezes nos olhos como se aquilo fosse acordá-lo daquele pesadelo. Sentiu uma raiva tomando conta de todo o seu corpo. Não pensou duas vezes em sair da sala com algumas das fotos nas mãos.

– Onde está Hunter? – Antony gritou para Robena.

– No banheiro. – Robena estava assustada.

Antony saiu correndo pelo corredor. Quando estava próximo à porta do banheiro, a porta se abriu e Hunter apareceu. Ele estava de costas quando Antony com a maior força segurou em seu ombro o puxando para trás, ao mesmo tempo que o empurrava para a parede, colocando seu antebraço na garganta de Hunter, que imediatamente ficou sem ar.

– Que merda é essa?! – Antony apertou mais forte e percebeu que os funcionários do departamento estavam correndo em sua direção. – Você não fala mais comigo e agora coloca um espião na minha cola?! – Antony gritava. – Você acha que eu não sei que os seus amiguinhos andam me seguindo?! É assim que você quer jogar? Então vamos jogar desse jeito a partir de agora! – Os colegas de trabalho retiraram Antony de perto de Hunter, que tossia compulsivamente.

Antony debateu-se algumas vezes e quando percebeu que não teria sucesso, decidiu desistir.

– Me solta! Tira essa mão imunda de mim. – Antony apontou as fotos na direção de Hunter. – Vou fazer você engolir isso aqui.

Antony saiu pelos corredores do departamento e entrou novamente na sua sala. Chutou sua mesa de trabalho, que tombou no chão fazendo com que todas as coisas caíssem.

– O que você acha que você está fazendo? – Hunter abriu a porta de Antony.

– O que eu estou fazendo?!

– Eu estou tentando te proteger! – Hunter apontou o dedo na direção de Antony.

– Não aponte essa droga para mim! – Antony bateu na mão de Hunter. – Você está me fazendo parecer ridículo.

– Você se envolveu com um suspeito!

– Cala a boca! – Antony gritou. – Jack não fez nada.

– Prove! – Hunter gritou de volta.

– O que você ganha com tudo isso? – Antony deu uma risada sarcástica e abriu os braços. – O que você ganha me prejudicando dessa forma? Sinceramente, eu gostaria de entender o que você anda fazendo.

– Eu estou apenas me certificando de que você está apto para fazer isso. – Hunter respondeu. –Você não me parece nada saudável para sair por aí buscando pela menina.

– E você é quem diz sobre minha saúde?

– Você não tem condições e essas fotos só provam isso. Agora você gosta de rapazes? Que merda você está fazendo com sua vida. Você está doente, rapaz.

Antony deu um soco na cara de Hunter, que se desequilibrou.

– Em minha vida toda as pessoas me falaram que eu estava doente! – Antony estava aos berros. – Durante muito tempo eu me convenci de que eu estava doente. Eu não vou tolerar ser chamado de aberração! – Antony empurrou Hunter para longe. – Eu transei com ele, sim! Foi bom, foi real e foi bonito. E adivinhe só? Eu gostei, sabe por quê? Porque vai sempre existir essa parte dentro de mim da qual eu amo! Da qual eu gosto! Você pode dizer o mesmo sobre você?! Você tem coragem de encarar o que você de fato é por dentro?! – Mais uma vez, Antony empurrou Hunter.

– Você se acha esperto, não é? – Hunter cuspiu o sangue que estava em sua boca. – Isso aqui só prova o quanto você é um desequilibrado. – Hunter se referia ao soco que Antony havia dado. – Olhe para mim, olhe para essa sala... Você está perdido dentro de você mesmo e está comprometendo o seu próprio caso. – Hunter deu uma risada estranha. – Você vai conseguir encarar a verdade sobre si mesmo quando a cidade toda souber? Você é um moleque covarde, Antony. Não consegue encarar os jornalistas dessa cidade. Imagina ter que fazer isso com a cidade toda na sua cola. Você já pensou como vai ser quando descobrirem que você está tendo um caso com o tio de Anne Rose? Uma linda história de amor, não? Já pensou se ele for suspeito? Ou você acredita naquela história toda de que ele achou o dedo por acidente? Imagine só! – Hunter deu um grito. – O quão lindo seria a história de um jovem rapaz que é seduzido pelo grande vilão da história que só está esperando o momento exato para abandoná-lo por aí ferido e à beira da morte e, assim, acabar com toda a investigação. – Hunter se aproximou de Antony, que estava encolhido e completamente paralisado. – Já pensou no quão trágico seria se o seu grande amor na verdade fosse quem quisesse dar um fim em você? Você não estranhou toda a aproximação dele? Desde o início esse cara vem te cercando e se aproximando de você. Se você não der o bote primeiro, é ele quem vai dar. Acabe logo com isso, garoto.

– Eu confio em Jack. – Antony não tinha certeza disso. – Ele não é quem você pensa que ele é. – Antony estava chorando. As palavras de Hunter faziam sentido pela primeira vez em sua vida.

– Quando ele te abandonar por aí, o que você vai fazer? Se jogar de um penhasco?

Antony não conseguiu responder. Não esperava ouvir aquilo. Mais uma vez o penhasco. O que aquilo tudo significava? Estava confuso, estava com medo. E se o carro que o seguiu na verdade fosse de um colega de Jack? Jack era filho de um ex-prefeito, o perfil de quem frequentava o Crotalus, e o seu amigo Luke era milionário e havia lhe emprestado um barco. Antony tentou se distanciar dos pensamentos que estava tendo. Aquilo não poderia estar acontecendo.

— Você está agindo igual uma criança. — Hunter se afastou. — Acabe logo com isso.

Antony esperou Hunter sair da sala para desabar no chão. Sentia uma dor muito grande no tórax. Lembrou-se do chute que a mulher de sua visão levou, os olhos negros do homem, a vila e por fim o precipício. "O que está acontecendo comigo?" Antony ficou longos minutos sentados na mesma posição pensando sobre o quão longe iria para salvar Anne Rose. Afinal, quem ele estava se tornando? Pela primeira vez sentiu que poderia estar indo longe demais.

Antony tomou um gole da bebida enquanto fazia a curva para a direita, depois tomou outro quando avançou no semáforo para aproveitar o sinal verde, e por fim tomou mais um quando estacionou o carro na porta de sua casa. Ficou confuso com o que estava vendo. Duas viaturas estavam paradas na frente de sua casa e quatro oficiais caminhavam na calçada. Achou aquilo tudo muito estranho e decidiu caminhar na direção dos oficiais para entender melhor o que estava acontecendo. Seu coração já estava disparado.

— O que está acontecendo? — Antony aproximou-se dos policiais.

— Antony... — O oficial loiro estendeu a mão para Antony. — Ordens de Hunter.

— Como assim? — Antony não pegou na mão do sujeito. — Algum problema aqui?

— Você sabe... Ele é nosso chefe e nos mandou ficar aqui.

— Não há necessidade para isso. — Antony se lembrou da imagem de Alexander morto em sua cozinha. — Estão dispensados, podem ir embora.

— Não podemos. São ordens de Hunter, e ele é nosso chefe.

— Isso não é um pedido. — Antony estava nervoso. — Estão me vigiando?

— Hunter disse que precisamos te proteger.

— Proteger? — Antony riu. — Façam o que quiser então. — Antony começou a se afastar do grupo, mas voltou quando percebeu que um deles havia começado a escrever algo no caderno. — Está fazendo um relatório? Pois bem, escreve o seguinte aí nessa linha. — Antony apontou para o pequeno caderno azul que o homem mais baixo carregava. — Escreve aí que eu mandei ele se foder. — Antony caminhou para dentro de seu jardim enquanto deixava o grupo de policiais de boca aberta com sua atitude.

Antony entrou na sua casa e fechou todas as cortinas, portas e qualquer coisa que pudesse servir de entrada para alguém. Foi inevitável não encarar por mais tempo a porta da cozinha por onde Alexander havia entrado furiosamente. Aquilo ainda o deixava nervoso e com medo. Sentou-se na sua cama e começou a escrever em seu caderno. Naquele dia havia decidido que escreveria para Donna, pois era a única pessoa em que Antony ainda confiava plenamente.

Querida Donna,

Não se assuste com isso. Eu sei que não é o modo mais convencional e moderno de lhe enviar uma mensagem, mas acredite em mim quando digo que esse é o jeito mais seguro de contatar alguém especial. Faz um tempo que não sei o que anda acontecendo comigo. Te escrevo esta carta com quatro policiais me vigiando do lado de fora. Não sei mais em quem confiar, todas as pessoas à minha volta parecem querer me atrapalhar de alguma forma e sempre quando penso em avançar no caso de Anne Rose, algo é revelado e sou puxado novamente para baixo.

Ando visitando constantemente meu passado e muitas coisas aparecem em minha mente. Ando vendo, ouvindo e sentindo coisas que jamais senti. Fiz coisas horríveis recentemente e ao mesmo tempo fiz coisas que jamais havia feito. Tenho medo do que estou me tornando e tenho medo de para onde ando caminhando. Desde que conheci Jack, o tio de Anne Rose, sinto que caminho para algo não tão bom, e isso me assusta de uma maneira como nunca antes. Hunter acredita que ele seja culpado, mas não sei se consigo acreditar mais em Hunter, porém quando tento acreditar apenas em Jack, sinto uma dúvida ainda maior. Sinto que estou sozinho nessa jornada, ando e vago por aí procurando por essa menina que jamais vi ou com quem jamais troquei uma palavra.

Constantemente tenho visões com uma mulher, ela caminha por uma vila e busca desesperadamente pela filha. Ela parece tão triste e abalada e depois que seu marido lhe abandona, ela se joga de um penhasco. Ela não aguenta mais viver sem a criança e depois que passa a viver sem ele, ela simplesmente prefere tirar sua própria vida. Eu estou ficando louco? Donna, por favor. Se existe algo que você possa fazer para que eu pare de ver essas coisas que tanto me assustam, eu gostaria de tentar. Estou com medo das vozes que habitam minha casa, estou com medo das pessoas ao meu redor e estou com medo de minha própria cabeça, que, assim como a moça de minha visão, parece lentamente caminhar para um trágico final.

Como amor,

Tony

Passaram-se dois dias desde que Hunter e Antony haviam se enfrentado. Antony encontrou diversas coisas para fazer na cidade apenas para não ficar no departamento e ter que encontrar Hunter perambulando pelo local. Antony não conseguia esquecer o que Hunter havia dito sobre Jack. Aquilo atormentou Antony durante os dois dias em que ele tentou ao máximo se distrair de tudo aquilo. Já era tarde quando chegou em casa e deu de cara com a Sra. Anderson. Não fez questão nenhuma de cumprimentar a velha. O filho dela estava ao seu lado e ainda usava aquela máscara horrorosa que havia assustado Antony havia um tempo. Antony desejou poder voltar no tempo e esfregar a cara do menino na grama até o seu rosto ficar tão desfigurado que ele seria obrigado a usar de fato uma máscara. Correu pra o banho e passou sua camisa que usaria no aniversário de Carlo. Antes de sair de casa, Antony visitou o painel que havia feito sobre o caso de Anne Rose na casa dos fundos e ficou alguns minutos admirando a foto de Carlo, que ao lado tinha um enorme e vermelho ponto de interrogação. Antony sabia que o prefeito de Miracle tinha um envolvimento com Lucius e consequentemente com Anne Rose, mas esse último ainda estava muito distante de ser provado. Antony pensou que ele poderia fazer com que aquela noite fosse crucial para o próximo passo que ele daria no caso de Anne Rose. Antes de sair do cômodo, passou a mão na foto de Anne Rose que Bonnie havia lhe concedido e se emocionou. "Onde está você, garotinha?"

A casa de Carlo era relativamente perto da casa de Jack, o que fez Antony lembrar mais uma vez das coisas que Hunter falou e principalmente das fotos, mas o fez lembrar principalmente do fato de que não havia telefonado ou sequer mandado mensagem para Jack desde o episódio das fotos. Resolveu não pensar mais no assunto e entrou de uma vez por todas na festa.

— Antony?! — Samuel Aday apareceu correndo em sua direção.

— Samuel? — Antony fingiu estar surpreso. Samuel era um antigo colega de classe de Antony. Os dois se conheceram no primeiro ano de faculdade. Antony sempre achou que Samuel fosse apaixonado por ele e desenvolveu uma raiva pelo garoto, mas ele sabia que isso havia ficado no passado.

– Quanto tempo! – Samuel abraçou Antony, que retribuiu contra sua vontade.

– Nem me fale. – Antony forçou um sorriso, ele sabia que não estava em um dos seus melhores dias. – Muito tempo.

– Como estão as coisas? Fiquei sabendo que é você que está tocando esse lance da garotinha. Eu e Cole ficamos indignados com essa história.

– Cole? – Dessa vez Antony realmente não se lembrava de nenhum Cole.

– Ah, sim, me desculpe. Cole é meu marido, nos casamos faz dois meses. Foi na França! Você precisa ver as fotos.

A cara de Antony entregava tudo que ele estava sentindo. Uma pessoa que passou por sua vida havia acabado de se casar com outro rapaz. Antony ficou perguntando-se o que o impedia de também escolher aquele caminho. Sentiu inveja de Samuel e Cole e ficou imaginando se um dia deixaria de ser tão covarde.

– Deve ter sido um momento memorável. – Antony sorriu. – Samuel, eu realmente estou muito apertado. Você se importa se eu correr ao toalete?

Samuel concordou com enorme educação e Antony saiu todo sem graça em direção ao banheiro. Na verdade ele apenas queria sair de perto do rapaz, mas para ajudar em seu álibi, teve que entrar no banheiro.

Antony lavou o rosto e encarou o reflexo de si mesmo no enorme espelho que havia no banheiro. "Quem sou eu? E quem eu estou me tornando?". Respirou fundo, pois sabia que tinham diversas questões indo e vindo em sua cabeça e que não podia dar espaço para elas o dominarem de vez.

– Que bom que seu rosto está intacto. – Antony se assustou ao se deparar com Hunter.

– Você me assustou.

– Com medo de quem? – Hunter abriu a torneira ao lado de Antony e também jogou água em seu rosto. – Será que a água faz o meu lábio cicatrizar mais rápido? Pelo jeito não. – Hunter saiu de perto de Antony. – Andou pensando no que conversamos?

– Não quero falar sobre isso. – Antony parou de se olhar no espelho e encarou Hunter. – Você já bagunçou demais comigo e agora colocou quatro idiotas na porta da minha casa.

– Então quer dizer que você anda me ouvindo. Pelo menos estou fazendo você considerar o meu ponto de vista.

– Não estou considerando nada. – Antony retrucou.

– Se você está com dúvida, é sinal de que não confia totalmente em Porter. – Hunter abriu a porta. – Não faça nada que se arrependa.

Antony esperou Hunter sair e jogou mais algumas vezes água em seu rosto. Respirou fundo e saiu do banheiro pronto para encarar o restante da festa. Sentiu-se na obrigação de ir até onde estava Carlo, mas antes pegou uma taça de espumante que um dos garçons havia lhe oferecido.

– Obrigado. – Antony disse ao rapaz.

Caminhou em direção a Carlo, que estava acompanhado do que Antony imaginou ser sua família. Antony aproximou-se e deu um leve sorriso para que Carlo o notasse, ao mesmo tempo sentiu algo bem ruim à medida que chegou mais perto do prefeito.

– Antony Michel? É Michel, não é? – Carlo estendeu a mão para cumprimentar Antony.

– Quase, senhor. É Mitchell. – Antony odiava ter que corrigir seu nome, porque sabia que não era tão difícil assim de lembrar. Antony ficou pensando quem teria feito o convite da festa, já que o prefeito não sabia nem seu nome completo. Isso tinha cheiro de Hunter.

– É um prazer estar aqui. – Antony foi surpreendido por alguém que o abraçou por trás e passou os braços pelos seus ombros.

– Eu não disse que ele viria! – Hunter interrompeu a conversa e Antony ficou ainda mais sem jeito.

– É claro que viria. – Antony fez questão de soltar os braços de Hunter de seus ombros e o dar uma bela encarada.

– Como anda o caso da menininha? – Carlo ficou mais sério. – Estava conversando com Hunter agora há pouco e parece que não estamos avançando muito.

– Ah sim, senhor. – Antony encarou mais uma vez Hunter que parecia uma hiena ao lado de um leão. Sempre pronto para uma carnificina. – Estou fazendo o meu melhor.

– Com certeza você está. – Carlo segurou nos ombros de Antony. – Só não demore muito, amigo. Os pais da menina estão cada vez mais... Como posso dizer? – Carlo ficou pensativo. – Impacientes? Melhor!

Ansiosos. Olhe para eles... Consegue ver? Bonnie está cada vez mais tensa, coitada. – Carlo apontou para Bonnie e Ludovic, que estavam do outro lado da sala conversando com outras pessoas.

– Tenho certeza que descobriremos quem foi responsável por isso.

– Algum palpite? – Carlo insistiu.

– Alguém silencioso e mortal como uma serpente. – Antony olhou fixamente para os olhos verdes de Carlo e deu um leve sorriso.

– Boa sorte! – Carlo soltou Antony e logo gritou o nome de outra pessoa que passava e desapareceu.

– Nunca mais faça isso. – Antony tomou em um gole o seu espumante. – Odeio o seu abraço. – Antony deu a taça vazia para Hunter e saiu andando em direção a Bonnie e Ludovic.

Antony caminhou em direção ao casal Gordon e não pôde deixar de reparar que Bonnie parecia ainda mais abalada. Fazia quase 50 dias que Anne Rose estava desaparecida e a mãe da menina estava cada vez mais esquisita. Bonnie havia envelhecido muito e Ludovic como sempre tentava se manter o mais firme possível. Não fazia muito tempo que Antony não falava com Bonnie e Ludovic, precisou de várias fotos de Anne Rose para montar o painel do caso e Bonnie foi a que mais ajudou Antony, dando-lhe as fotos e alguns desenhos da menina.

– Bonnie. Ludovic. – Antony se aproximou. – Como estão?

– Esperando por notícias. – Bonnie foi a primeira a falar.

– Como está a investigação, detetive? – Ludovic emendou logo em seguida de sua esposa.

– Acredito que estou chegando a algo, senhor.

– Chegando a Anne Rose? – Bonnie estava séria. – É a única coisa que penso e pelo jeito minha filha já deve estar a sete palmos do chão.

– Creio que vai muito além de Lucius Amber. Existe algo maior por trás, Bonnie.

– Maior? – Bonnie olhou para Ludovic. Sua expressão imediatamente mudou. Antony prestou bastante atenção em seu rosto e foi inevitável não reparar que ela parecia ter entendido o que ele havia falado. Foi como se Bonnie soubesse que o algo tão grande como o Crotalus estabelecia uma ligação tão perigosa com o caso de Anne Rose. – Não consigo imaginar o motivo pelo qual minha filha mobilizaria algo maior.

– Sim... – Antony tentou continuar, mas foi interrompido por Carlo, que agora propunha um brinde do alto da escada.

Antony olhou para trás e viu a figura de Carlo em cima da escada segurando um espumante. Sua esposa, uma linda senhora, estava ao seu lado. Carlo falou sobre Miracle, depois sobre a situação política do país, falou sobre a Inglaterra e por fim mencionou Anne Rose.

– Gostaria de dizer que assim como Ludovic e Bonnie Gordon, estou profundamente abalado com o sumiço da pequena Anne Rose. Essa história é uma mancha na história de nossa cidade, nossa Miracle, assim como os pais e familiares da menina, não merecia sofrer isso. É uma tragédia, é um desastre em tamanho e é uma dor irreparável. Temos que torcer para que Anne Rose apareça o mais rápido possível, temos que torcer para que sua inocência seja retomada e temos que torcer para que ela volte aos braços de Miracle e aos braços de sua família. – Todos aplaudiram, menos Antony. – Por isso, quero chamar aqui o responsável pelo caso e por estar liderando as buscas a Anne Rose. Por favor, recebam Antony Mitchell.

Antony ficou paralisado. Todos os olhos estavam direcionados a ele, e ele não sabia o que fazer. Não entendeu o motivo de Carlo o chamar para discursar sem ao menos avisá-lo. Tomou coragem e foi em direção a Carlo, passando no meio de um mar de gente, até chegar a quase o topo da escada. Antony sabia que aquela exposição toda não era algo bom. Sentiu-se como se estivesse olhando uma um extenso ninho de serpentes.

– Por favor. – Carlo deu a palavra para Antony.

– Eu gostaria de dizer... – Antony percebeu que Bonnie não estava mais presente. – Eu estou tentando o meu melhor para encontrar Anne Rose. Ela é tão nova, tão gentil e bonita. Ela não merece o que está acontecendo com ela. Às vezes eu posso vê-la nas fotos de quando eu era criança. Eu posso vê-la e senti-la todos os dias perto de mim. – Antony fez uma pausa. Sentia uma emoção forte demais e ao mesmo tempo uma raiva cada vez mais crescente. – Eu só quero dizer que eu não vou deixar que roubem sua inocência com algo tão cruel. Eu vou navegar os sete mares, eu vou escalar a montanha mais alta e eu vou enfrentar cada serpente e víbora para encontrar Anne Rose. – Antony sabia que estava falando demais, mas sua raiva tomou conta total de seu corpo. – Eu serei tão forte quanto um oceano, pois nada pode controlar a fúria das águas. Obrigado.

III

Antony saiu da casa e foi para o jardim localizado na parte de trás da mansão. Não sabia de onde aquelas palavras vieram, só sabia que elas eram filhas de uma dor muito grande que não era dele, e ao mesmo tempo eram filhas de uma raiva. Uma raiva de Antony contra a cidade, contra Carlo, Hunter, Bonnie, Ludovic e até mesmo Jack. Antony já não sabia mais em quem confiar e muito menos conseguia estabelecer quem eram seus inimigos e quem eram seus aliados. Lembrou-se de Donna, e desejou que a velha estivesse em Miracle ainda.

— Belo discurso. — Hunter apareceu.

— Obrigado — Antony olhou de canto de olho, não acreditando que Hunter estava ao seu lado mais uma vez naquela noite.

— Eu disse para você não fazer nada que se arrependesse.

— Eu não me arrependi do que disse. — Antony retrucou.

— Você parecia a mãe da menina.

— Sou só uma pessoa que sente por ela. — Antony respondeu. — Se eu te perguntar algo, você me responde com sinceridade?

— Manda ver. — Hunter aproximou-se de Antony.

— Você sabe de algo que eu não sei sobre esses caras, não é? — Antony obviamente se referia ao Crotalus.

— Não sei do que está falando.

— Você tem certeza? — Antony questionou. — Então por que eu deveria me arrepender do que eu disse? A menos que você saiba do que esses homens são capazes e o quanto eles estão envolvidos no sequestro da menina, não há sentido para tal frase.

— Não disse que você está em perigo... — Hunter tentou se explicar, mas Antony o interrompeu.

— Eu não tenho medo deles, Hunter. Eu disse que eu vou até o fim para encontrar essa garota. Eu te disse isso uma vez, eu fui o único que sobreviveu. Ou você realmente acha que eu não me escondi de propósito naquele jardim?

Antony deixou Hunter no jardim e voltou para dentro da casa e serviu-se de mais espumante. Ficou intrigado sobre o motivo pelo qual Bonnie não assistiu a todo o discurso de Carlo e por consequência o seu. Antony estava andando pela casa, explorando aquele cenário todo luxuoso de Carlo. Pensou o que sempre pensava quando era pequeno, qual o motivo de tudo aquilo? Antony sempre questionava Isla e Alan sobre o tamanho de sua casa, ainda mais naquele momento, já que ele morava sozinho em uma casa gigantesca. Antony esperou um garçom sair de perto e entrou em um cômodo da casa. Era uma biblioteca muito bonita e cheia de livros. Uma mesa do outro lado do cômodo era a morada de uma série de papeladas. Antony imaginou que aquele deveria na verdade ser o escritório pessoal de Carlo. Perdeu alguns minutos olhando os livros, e perdeu-se admirando cada obra que jazia ali. Ouviu um barulho na maçaneta e correu para o outro lado do cômodo onde havia uma porta que estava semiaberta e Antony viu que era um lavabo. Entrou no lavabo e fechou a porta. Só conseguia pensar o que falaria para justificar o motivo pelo qual teria entrado no escritório pessoal de Carlo.

– Ai, meu Deus. – Uma voz de uma mulher pôde ser ouvida. Antony aproximou o ouvido da porta, mas teve que abrir uma fresta para ouvir melhor. – Peigi, onde será que está isso?!

– Ai mulher, eu não sei. – A voz que provavelmente seria de Peigi.

– Esse treco tem que estar aqui. Eu juro que eu vi esse negócio na gaveta desse homem hoje cedo.

– Menina, você tem certeza? – disse Peigi.

– É claro, mulher! Velha é a madame, eu ainda estou bem da cabeça. Venha cá, procure nessa parte daqui que eu vou ver essas gavetas que estão uma bagunça.

As duas sujeitas ficaram em silêncio e Antony percebeu que elas estavam procurando algo e por isso faziam silêncio. Depois de um tempo, a mulher que não era Peigi deu um berro de alegria.

– Achei! – Ela riu em voz alta. – Eu falei que quem está velha na verdade é ela. Aqui ó! Vou esfregar na cara deles.

– Um desespero todo por isso daí?

– Aham. Você acredita? Deus me livre. Olha o tamanho disso.

– Deixa eu ver. – Disse Peigi.

– É um bicho isso aqui?

– É uma serpente, Rita.

– Serpente? – Rita questionou. – Oh, glória! Misericórdia, mulher. Quem tem isso na gaveta?

– Agora o Sr. prefeito não pode usar um colar de serpente por baixo do terno? Eu hein, larga de ser fifiqueira. Vamos! Entregue logo isso para ele antes que ele tenha um ataque.

As duas mulheres saíram rapidamente da sala. Dentro do lavabo Antony não acreditava no que havia acabado de ouvir, finalmente ele tinha tudo que precisava para colocar Carlo como cúmplice de Lucius no sequestro de Anne Rose. Pela primeira vez ele se sentiu perto da menina. Antony deu um leve e sincero sorriso de alegria. Talvez tenha sido o primeiro em anos.

Abriu cuidadosamente a porta do lavabo e correu para a mesa de Carlo onde as mulheres haviam acabado de vasculhar. Aproveitou para abrir algumas gavetas e ver alguns papéis que tinham ali. Folheou diversos deles, mas não encontrou nada de interessante. Estava quase desistindo quando viu um pequeno papel que parecia ser algum comprovante de transferência bancária. O valor era bem alto, cerca de 150 mil libras haviam sido depositadas na conta de Carlo, mas o que mais intrigava era o fato de que a transação havia sido feita por parte de alguém chamado Murray Haxton, o pai de Bonnie e Jack. Aquilo não fez sentindo para Antony, como seria possível um velho morto fazer uma transferência para Carlo, a não ser que Jack ou Bonnie estivessem usando o nome do pai como disfarce para algo suspeito. Pegou o seu celular, tirou uma série de fotos e guardou tudo no lugar. Antony saiu disfarçadamente do escritório de Carlo e rapidamente misturou-se novamente à multidão. Dirigiu-se até a mesa de doces e comeu um pedaço de uma deliciosa torta que ele não conseguia saber de qual sabor era. Sentiu que precisava comer algo, só assim para entender o que estava acontecendo. Parecia algo frutado, mas ao mesmo tempo era disfarçado por um forte creme de chocolate. Gostou bastante da torta que até pegou outro pedaço e novamente foi para o jardim que ficava na frente da casa. Ao chegar lá, verificou se Hunter também não havia tido a mesma ideia, pois não queria ser surpreendido novamente. Ao invés de Hunter, Antony encontrou outra figura de relevância na sua vida. Bonnie Gordon fumava um cigarro próximo a uma grande árvore. Antony aproximou-se lentamente tentando não ser descoberto pela mulher.

— Creio que o discurso já acabou — disse Bonnie. — Perdi muita coisa?

— Perdeu o meu discurso. — Antony respondeu. — Não sabia que fumava.

— Nem eu sabia. — Bonnie olhou para Antony e ofereceu um cigarro. — Quando estamos sofrendo acabamos por descobrir tantas coisas sobre nós mesmos.

— É... — Antony concordou. — Ando descobrindo coisas sobre mim mesmo até hoje.

— Como você lidou com aquilo? Nunca tive a chance te de dizer que sinto pelo acontecido.

— Ainda lido. — Antony sabia que ainda vivia em um eterno luto e melancolia. — Não precisa dizer nada. Não há nada que diga que possa melhorar a situação.

— Você nunca quis ir atrás daquelas pessoas?

— Não. Hunter lidou com tudo isso e descobriu a identidade de um dos responsáveis. Ele morreu num tiroteio fora de Miracle. — Antony lembrou-se do dia em que Hunter o contou que o suspeito havia morrido. — Os outros fugiram. Não vai trazer eles de volta, então, o que mais posso fazer?

— Justiça. — Bonnie interrompeu.

— Todos vão morrer. Essa é a justiça.

— Deve ser isso que devo esperar sobre Anne Rose. Talvez eu apenas deva esperar que essa morte chegue para todos os responsáveis por isso. Sou tão culpada quantos eles. — Bonnie começou a chorar. — Qual a diferença do que eu fiz para o que eles estão fazendo?

— Você não fez nada. Não se culpe.

— Estou cansada de tudo isso. — Bonnie jogou o cigarro no chão e pisou com o salto alto que ela estava usando. — Detesto essas pessoas.

— Por isso saiu do discurso de Carlo? — Antony sabia que havia algo que Bonnie estava escondendo. — Não pude deixar de observar.

— Você é um detetive, não é mesmo? Me surpreenderia se não usasse esse cenário todo para sua investigação.

— Não vim com essa intenção. — Antony mentiu.

— Eu não quis ouvir o discurso de Carlo porque eu o acho um homem asqueroso. — Bonnie encarou Antony, que viu a raiva em seu rosto. — Ele me lembra...

– Uma serpente. – Antony completou.

– Encontre minha filha. – Bonnie chegou ainda mais perto de Antony. – Tome cuidado, detetive. – Bonnie segurou na mão de Antony e soltou um sussurro. – Existem mais desse tipo ao seu redor do que você imagina.

13.

Antony chegou a sua casa um pouco mais tarde do que havia planejado. Tirou a roupa e jogou-se na cama. Pensou em Jack e no que ele deveria estar fazendo naquele horário. Por mais que tentasse pensar em outras coisas, Jack, Bonnie e Carlo eram as únicas coisas que não saíam de sua cabeça. Aquela noite havia sido especial, parecia que Antony havia chegado à festa sem esperanças, mas que havia deixado o lugar cheio de expectativas sobre o sucesso do caso. A confirmação de que Carlo tinha um colar de serpente só o ligava ainda mais a Lucius, e pela primeira vez Antony sentia-se pronto para acusar alguém. Ele sabia que tinha que agir com cautela e que deveria ser o mais silencioso possível. Não estava convencido de que Carlo era o responsável pelo sequestro da menina, mas sabia que ele e Lucius tinham algo em comum e que poderia levar aos verdadeiros mandantes do sequestro da garota. A transferência feita para Carlo ainda intrigava Antony, que correu em suas anotações para confirmar o nome do proprietário da casa em que as serpentes apareceram. Para sua surpresa, era Quinn Galt, mas anteriormente a casa aparecia como vendida para Murray Haxton. Se a casa era de Murray, então ela só poderia pertencer a Bonnie ou Jack, e isso intrigava ainda mais Antony. Por mais que Antony quisesse acusar de imediato o envolvimento de Carlo com Lucius, ele sentia que ainda não era o momento. Afinal, Carlo era o prefeito da cidade e Antony sentia que estava sozinho nessa jornada. Em quem poderia confiar? Hunter andava tendo comportamentos esquisitos, assim como Bonnie, que se culpava por algo que havia feito, Ludovic sempre foi um sujeito estranho e tinha Jack Porter. Antony pensou em Jack. Quem seria Jack nessa história? Irmão de Bonnie, cunhado de Ludovic e filho de um ex-prefeito agora antigo proprietário da casa onde as serpentes apareceram. Antony não podia pensar aquelas coisas de Jack. Não era justo.

No dia seguinte, Antony chegou ao departamento mais cedo do que o comum e encontrou um Hunter ansioso e apressado. Quando se sentou em sua mesa, fez questão de pesquisar quem era Quinn Galt e descobriu que o sujeito era um importante empresário escocês que tinha algumas casas espalhadas por aí. Não demorou muito para que Hunter abrisse sua porta e interrompesse sua pesquisa.

— Ei. — Hunter fechou a porta. — Recebeu minha mensagem?

— Não. — Antony realmente não recebeu nada. — O que está havendo?

— Bonnie vai dar uma entrevista para uma emissora francesa e Ludovic nos chamou para acompanhar de perto. — Hunter parecia ofegante. — Está quase em cima da hora, você vem?

Antony e Hunter foram cada um no seu respectivo carro para evitar qualquer tipo de conflito. Antony estacionou o carro um pouco mais para frente da casa de Bonnie pelo motivo de que havia muitos curiosos e alguns jornalistas ali. Teve que mostrar sua identidade para que os policiais o deixassem passar e teve que dar até um ou outro empurrãozinho nas pessoas para que conseguisse chegar mais perto da casa.

— Detetive. — Um oficial cumprimentou Antony.

— Onde posso ficar? — Antony perguntou.

— Aqui, senhor. — Uma mulher apareceu e direcionou Antony para o canto da sala atrás de algumas câmeras. Hunter estava junto dele, mas não tão perto. — Trabalho na emissora. Começaremos em dois minutos, peço que os dois fiquem em silêncio durante todo o tempo. — A mulher olhou para Antony e Hunter, que concordaram com a cabeça.

Antony estava encostado no canto da sala. Pegou o seu celular e viu que havia três chamadas perdidas de Jack, o que o deixou curioso e preocupado. Hunter cutucou Antony para que ele saísse do celular, pois a entrevistadora já havia entrado na sala e o programa havia começado. Antony tomou um susto quando percebeu que na verdade a entrevistadora da emissora francesa era sua melhor amiga, Emília Banker.

— Bom dia, Sra. Gordon. — Emília, sempre simpática, cumprimentou Bonnie.

— Bom dia. — Antony reparou que Bonnie tinha quase um quilo de maquiagem no rosto. Imaginou que a mulher deveria ter chorado a noite toda antes da entrevista.

— Muito obrigado por nos receber aqui. Eu sei que é um momento difícil para sua família e nós da France 04 temos que agradecer muito por essa oportunidade.

— É um prazer poder falar com vocês. — Bonnie forçou um sorriso e Antony reparou que Ludovic não estava na sala.

— Bom, podemos começar? — Emília perguntou para Bonnie e concordou apenas com um sorriso. — Anne desenhava muito, pelo o que você e o seu marido disseram para outros canais de comunicação. Como era a relação dela com os desenhos que ela fazia? Tinha algum que ela gostava mais?

– Anne é uma menina muito criativa. Ela sempre gostou muito do inverno, na verdade é a estação favorita dela e deve ser por isso que ela sempre desenhava flocos de neve. Cada um com uma cor, de um jeito muito particular. – Bonnie arrumou-se na poltrona.

– Vocês brincavam muito na neve?

– Nós brincávamos um pouco, sim. Anne brincava mais com suas amigas, elas sempre faziam uma festinha para comemorar a previsão de neve.

– As amigas que Anne estava brincando quando desapareceu? – Emília perguntou.

– Sim. Anne Rose era muito amiga da filha de Malvina Dalais. Eram quase irmãs.

– É inevitável perguntar como está a sua relação com a mãe de Lilly. Afinal, Malvina Dalais era a responsável pelas garotas no dia em que Anne Rose desapareceu.

– Não nos falamos mais. – Bonnie parecia ressentida.

– Você a culpou? – Emília perguntou.

– Um pouco. Acho que culpei muito Malvina no começo e devo ter feito e dito coisas ruins contra ela, mas agora sinto que exagerei um pouco.

– O que você disse para ela? Se quiser nos contar, é claro.

– Eu disse que ela deveria ter sido mais responsável e que eu jamais deixaria a filha dela desaparecer sob meus cuidados. Eu disse que ela jamais deveria ter tirado os olhos de minha filha e que se não fosse por isso... – Bonnie enxugou uma lágrima. – Me desculpe.

– Está tudo bem. – Emília segurou na mão de Bonnie.

– Malvina Dalais não está mais na cidade, como você analisa essa situação?

– Eu acho que ela fez o certo. A vida dela virou um caos desde que Anne Rose desapareceu. Ela tem o direito de viver uma vida mais tranquila. Sinto muito apenas pelo fato de que ela teve que abrir mão de muita coisa aqui na cidade por isso. – Bonnie enxugou as lágrimas com um lenço que a produção lhe trouxe.

A entrevista mudou de rumo quando Emília perguntou novamente sobre os desenhos de Anne Rose e dedicou um bom tempo em mostrar cada um deles. As duas falaram sobre os lugares preferidos de Anne Rose, sobre as viagens que eles faziam juntos e mostraram fotos exclusivas da família Gordon em diversos lugares. No fundo, Antony achou que Emília estava fazendo um bom trabalho pelo fato de que desviou muito bem o foco e não falou muito sobre o sequestro da menina, mas sim sobre a sua vida. Antony ficou com orgulho de Emília e desejou poder lhe dar um forte abraço.

— Infelizmente, nosso momento juntas chegou ao fim. Mas antes tenho que perguntar se a senhora tem alguma coisa que queira dizer sobre o caso de sua filha. Algo que possa servir como um apelo ou...

— Tenho sim. — Bonnie ajeitou-se na cadeira. A mulher tirou um papel do bolso. — Eu quero ler uma carta. O meu irmão mais velho, Jack Gordon, que estava na casa de Malvina no dia do desaparecimento de minha filha, me enviou meses antes de Anne desparecer.

—Acredito que nosso tempo para isso...

— Ele diz assim: "Querida irmã. Como você pode ser tão suja e baixa? Deve ter obviamente puxado nosso pai. A mesma atitude que ele teve perante minha mãe, é a mesma atitude que você tem hoje. Vocês querem fazer minha vida um inferno, mas sou eu quem vai fazer a vida de vocês todos um inferno. *Às* vezes acordo com vontade de tirar tudo que você tem e assistir suas lágrimas caírem lentamente de seus olhos até o dia que você secar por completo. Assim como uma flor murcha, seca e despedaçada. Soube que gosta de flores. As rosas são as suas preferidas, não?" — Bonnie olhou para a câmera. — Então, ele finaliza: "JP".

Do outro lado da sala, Antony olhou para o chão e sentiu que seu corpo estava petrificado. Não acreditou no que tinha acabado de acontecer. Criou coragem para virar lentamente o pescoço para o lado e ver a figura de Hunter, que o encarava de volta. Hunter apenas balançou a cabeça e Antony sentiu claramente o que ele queria dizer. Era como se aquele gesto gritasse em seus ouvidos: "Eu avisei". Antony não esperou a entrevista acabar e saiu da sala. Algumas pessoas o olharam com um olhar de reprovação, pois ele esbarrou em algumas coisas antes de sair. Ele conhecia um pouco da casa de Bonnie e por isso foi direto ao banheiro. Precisava ficar sozinho por pelo menos alguns minutos. Antony jogou água em seu rosto, uma, duas, três e quatro vezes. Jurou que na quarta vez que se olhou para o espelho pode ver o reflexo bem rápido da mulher de sua visão. Antony gritou e olhou para trás para se certificar de que não havia nada. Pensou que estava ficando louco e jogou mais duas vezes água em seu rosto e finalmente saiu do banheiro. As pessoas estavam agitadas pela carta que Bonnie havia acabado de ler. Algumas delas correram em direção à mulher para tirar o microfone e para lhe confortar, já que Bonnie caiu no choro minutos depois que a entrevista acabou.

— Antony! — Emília trombou com Antony. — Você está bem? Desculpe não ter te avisado antes...

— Tudo bem. — Antony segurou nos braços de Emília. — Podemos conversar depois, eu não estou muito bem.

Antony não esperou a resposta de Emília e foi em direção à saída da casa. Percebeu que assim que se aproximou da porta, Hunter o seguiu e os dois saíram juntos.

— Temos que enfrentar isso juntos. — Hunter abriu a porta para Antony.

— Isso é ridículo. — Antony empurrou a porta e saiu primeiro.

Uma multidão de pessoas falava ao mesmo tempo, e todos pareciam chocados com a recente declaração de Bonnie Gordon sobre o envolvimento de Jack no sequestro de Anne Rose.

— Detetive! — Uma mulher colocou um gravador na frente de Antony, que rapidamente o empurrou com a mão. — Vocês irão investigar o tio da menina? Quais as chances de ele realmente ter feito isso?

Antony não respondeu, mas percebeu que Hunter havia parado o que fez com que todas as pessoas o cercassem. Antony ficou encarando Hunter e apenas esperou para o que ele iria dizer em seguida.

— Fomos surpreendidos com isso, assim como vocês. Em nenhum momento sabíamos que era esse tipo de relação que Bonnie mantinha com seu irmão. Vamos investigar mais a fundo e prometemos trazer novidades em breve. Com licença! — Hunter foi em direção a Antony e cada um seguiu para o seu carro. Antony sentou e acelerou o mais rápido que pôde para fugir dos jornalistas. Durante o caminho, pensou no que Hunter havia dito e concluiu que na verdade eles sempre souberam da relação conturbada entre Bonnie e Jack, mas no caso, ele nunca quis investigar isso a fundo.

Antony chegou ao departamento, entrou às pressas, pois mais uma vez estava fugindo da imprensa. Hunter vinha logo atrás dele. Antony abriu desesperadamente a porta de sua sala e tentou fechar com a mesma força, mas Hunter colocou seu corpo contra ela, impedindo que se fechasse.

– Precisamos conversar!

– Eu não tenho nada para conversar com você. – Antony fez um gesto para que Hunter saísse de sua fala. – Dê o fora daqui.

– Eu te disse que isso iria acontecer. O cara é oficialmente suspeito desse caso e não há nada que você possa fazer.

– Cala a boca. – Antony estava furioso. Diversas vezes dizia para si mesmo para que se controlasse. – Eu vou quase toda semana à casa de Bonnie, e desde o início ela nunca trouxe nada sobre esse assunto. Uma carta?! Francamente, qual o motivo de trazer isso à tona só agora?

– Ela estava se sentindo com medo. – Hunter fechou a porta para que outros funcionários não ouvissem. – Eu conversei com ela na festa de Carlo. Eu sabia que ela iria trazer essa história toda na entrevista.

– É por isso que você fez questão de jogar Jack contra mim aquele dia?

– Eu não joguei Jack contra você.

– Não minta! – Antony gritou.

– Eu simplesmente estou tentando fazer com que você veja a verdade. Jack é um suspeito e tem todos os traços para ser acusado como tal. – Hunter estava calmo. – Você sabe que os parentes da vítima sempre são os mais prováveis de terem cometido um abuso ou um sequestro.

– E se eu te provar que não? – Antony sabia que não era a hora de falar de Carlo e o tal do colar de serpente. – E se eu te provar que Jack Porter jamais faria isso sozinho e que na verdade existem outras pessoas por trás de tudo isso?

– O que você está dizendo?

– Estou dizendo que eu posso provar para você que Jack é inocente. Eu não posso dizer tudo que eu sei, mas posso te garantir que Jack não fez isso. – Antony estava exagerando. Ele sabia sobre seu questionamento sobre confiar ou não em Jack Porter. Resolveu exagerar porque tinha que ter fé que não estava se envolvendo com o responsável por tudo aquilo.

— Eu não vou esperar você fazer isso. — Hunter estava rindo de nervosismo. — Você está tendo um caso com o tio de Anne Rose! A mãe da menina trouxe uma carta nojenta que ele escreveu meses antes de isso tudo acontecer! Se descobrem agora que vocês dois estão juntos, a cidade toda vai te culpar e vocês dois vão ser colocados como responsáveis por isso! — Hunter apontou para a direção de Antony. — Sua demora para descobrir coisas sobre o caso, seu envolvimento com Jack Porter, a carta... Tudo isso pode te levar ao fundo do poço.

— Jack não tem nada a ver com essa história toda, eu não tenho nada a ver com isso... Eu... — Antony não conseguiu completar a fala. Estava tremendo da cabeça aos pés. — Apenas não faça nada que possa prejudicar isso tudo. Por favor.

— Eu preciso fazer o que é melhor para o caso. — Hunter estava sério. — Eu não posso deixar que Jack Porter saia andando por aí depois dessa carta. A cidade toda deve estar atrás dele agora, e é o nosso dever fazer isso. Você não deveria ter começado esse lance todo se sabia que isso ia te colocar em encrenca. Antony, é o nosso dever investigar esse cara e você sabe disso.

— Eu sei! — Antony gritou. — Por favor, ninguém jamais saberá de nada agora se você não divulgar as fotos. — Antony praticamente sussurrou para que absolutamente ninguém ouvisse.

— Eu menti. — Hunter percebeu que Antony estava muito nervoso. — Na verdade, eu recebi essas fotos de outra pessoa.

— Do que você está falando? — Antony sentiu que seu corpo estava se desfazendo.

— Uma fonte as enviou para o departamento. Eu abri antes de você chegar e resolvi te mostrar. — Hunter gaguejou.

— Quem enviou?

— Foi... — Hunter fez uma pausa. — Carlo.

— Carlo?

— Ele me enviou uma carta dizendo que você não tem condições para lidar com o caso de Anne Rose e solicitou que você fosse vigiado. Ele me pediu para te afastar da investigação, mas eu não concordei. Eu disse para ele que faria com que você se afastasse de Jack, mas que não poderia te tirar do caso porque isso era importante para você. – Hunter aproximou-se de Antony. – Ele concordou... – Hunter sussurrou. – Por enquanto.

– O que isso significa? – Os olhos de Antony se encheram de lágrimas e sua voz saiu tremida. Antony sentiu muita raiva naquele momento.

– Significa que se isso não acabar e que se Jack não for investigado, ele divulgará essas fotos.

– E então... – Antony foi interrompido por Hunter.

– Você perde. – Hunter concluiu.

Na cabeça de Antony a única coisa que aparecia era a mulher de seus sonhos atirando-se de um precipício.

II

Antony estava sentado no sofá de sua sala. A garrafa de vodca estava na frente dele. Vazia. Tudo ao seu redor estava diferente, as coisas estavam mais lerdas. Antony claramente sabia que estava bêbado. Ele conhecia essa sensação, afinal, durante sua vida, a bebida foi a única que conseguia revelar seu verdadeiro Eu. Antony se escondeu tanto depois da morte de Mike que quando tinha vontade de lembrar de quem um dia foi, corria para o bar mais próximo e ficava bêbado. Em uma noite que fez isso, um rapaz do mesmo semestre que ele acabou lhe enviando um bilhete por meio do garçom. Nessa noite Antony sentiu que queria falar com o menino, mas logo aboliu a ideia e seguiu com sua vida. Ali, sentado no sofá, só pensava em Jack. Não sabia o que sentia, gostava de Jack, mas tinha de concordar com Hunter que Jack sempre foi muito esquisito e suspeito, principalmente quando foi para Londres no dia em que Anne Rose despareceu. Não queria pensar naquilo. Antony estava arrasado, fazia horas que estava chorando e quando achava que haviam terminado, as lágrimas apareciam de novo. Um rio. Sim, suas lágrimas naquela noite eram como um rio que buscava o mar. Talvez o mar fosse um grande cemitério. Antony pensou que o mar poderia ser facilmente o cemitério das emoções. O mar é o lugar para onde todas suas lágrimas vão. Elas nascem dentro de seu coração, vivem, percorrem todo um caminho e depois morrem. Antony só queria estar no mar. Queria ser esse tal de rio que imaginou e queria percorrer até o momento que chegasse no mar. O silêncio, a profundidade, a luz e depois a escuridão. Mar com cheiro de casa. Antony pensou nas pessoas que poderia levar para esse mar, mas concluiu que esse mar era só dele e que era a sua casa, o seu lar. "Jack..." mais uma lágrima escorreu quando pensou em Jack. Seria Jack responsável ou cúmplice de tudo aquilo? Antony não queria acreditar que, depois de tudo o que passou durante sua vida, ele teria que agora enfrentar o fato de que havia se apaixonado pelo homem que encomendou o sequestro de Anne Rose? Não entendeu o motivo de ele ter que merecer isso. Não queria entender mais nada, estava bravo, estava chateado, estava com raiva da vida.

– Antony! – A voz de Emília pôde ser ouvida. – Abre a porta!

Antony percebeu que Emília estava batendo na sua porta e gritando para que ele abrisse. Levantou às pressas e sentiu que chão iria abrir em dois, formar um buraco e depois o engolir por inteiro. Demorou alguns segundos para se equilibrar e derrubou algumas coisas que estavam por perto.

– Já vou! – Antony mal conseguia falar. Até sua voz estava diferente.

– Que merda é essa?! – Emília entrou disparada pela porta e ficou chocada com o estado da sala de Antony. Havia garrafas por todo o lado, algumas coisas quebradas e outras apenas no chão. – O que você fez?!

– Emília... – Antony tentou disfarçar.

– Você está bêbado! Muito bêbado! – Emília pegou no rosto de Antony. – Você está cheirando horrível.

– Hey! – Antony bateu a porta. – Se você veio aqui para me dar sermão, você pode sair daqui agora.

– Eu não vou para lugar nenhum. Pelo jeito o que aconteceu hoje de manhã te deixou um caos.

– Não quero falar sobre isso. – Antony caminhou até o sofá e se jogou nele. – Estou uma merda.

– Antony! – Emília ajoelhou na frente do amigo. – Por que você está fazendo isso com você?

– Anne Rose... – Antony resmungou. – Hunter Boid... – Antony passou a mão no rosto. – Bonnie, Ludovic e Jack Porter... – Antony olhou para Emília.

— Tem alguma coisa que você não está me contando. — Emília sentou ao lado de Antony e pegou em sua mão. — O caso da menina está mexendo tanto assim com você?

— Um pouco. Na verdade, muito. — Antony olhou atentamente para o rosto de Emília. — Eu não sei mais em quem confiar, Emília. E eu não sabia nada sobre essa carta, sobre tudo isso que Bonnie disse. Jack sempre foi estranho, mas nunca imaginei que ele pudesse escrever algo assim. — Antony continuou. — Existem coisas que eu estou descobrindo que não posso contar para Hunter. Ele está muito estranho, sinto que ele me quer fora do caso, não confio mais nele. Ele quer a todo custo me prejudicar e prejudicar a investigação. — Antony colocou a mão nos cabelos e os jogou para trás em uma tentativa de se acalmar para que pudesse continuar a falar. — E tem Anne Rose... Eu ando vendo umas coisas estranhas, coisas que fazem sentido e coisas que não fazem sentindo. Eu ando vendo, ouvindo e sentindo algo que é como se fosse de outra pessoa, e parece que tudo isso tem ligação com essa menina e a história parece ser a mesma... — Antony começou a chorar. — Parece que tudo caminha para um...

— Hey! — Emília pegou no braço de Antony. — Do que você está falando?!

— E tem Jack... — Antony também segurou Emília. — Jack Porter.

— O que tem Jack Porter? Você ficou abalado assim por causa da carta? — Emília pareceu que havia entendido, porque soltou Antony, levantou-se, passou a mão em seu rosto e olhou fixamente para os olhos de Antony com um olhar de reprovação.

— Emília... — Antony não conseguiu falar.

— Não me diga que...

— Sim. — Antony confessou, pois sabia do que ela estava falando.

— Não! — Emília gritou. — Que merda é essa?! Antony! — Antony tentou levantar-se, mas Emília o empurrou e ele voltou a ficar na mesma posição. — Senta aí! Você está péssimo. Vai quebrar mais coisas. — Emília respirou fundo enquanto andava em círculos. — Você está tendo um caso com o tio da menina?

— Eu sei que isso é muito estranho. Eu me aproximei dele faz mais ou menos um mês e ele é igual a mim. Às vezes muito diferente e às vezes muito igual. — Antony estava mais calmo. — Ele passou pelas mesmas coisas, vive em um luto enorme, ele é artista, se expressa nos livros e nos poemas e...

— E ele é tio da menina. Hoje, suspeito do sequestro. – Emília interrompeu Antony que levantou e conseguiu ficar em pé. – Uau! – Emília disse quando viu Antony tentando se equilibrar.

— Aconteceu! – Antony gritou. – Nós nos beijamos e dormimos juntos. Ele confessou que está apaixonado por mim.

— E você? – Emília já sabia a resposta.

— Eu não disse isso para ele, mas também acho que me apaixonei. Eu gosto de Jack.

— Merda. – Emília estava desapontada com Antony. – Como você pôde fazer isso? Você não enxerga que isso não é bom para você? Jack Porter?! – Emília gesticulou bastante. – Depois de tudo que você passou e ainda passa, você acredita que pegar um caso como esse e ainda entrar em uma paixão é o melhor pra sua vida? Antony, você é como um vaso trincado! Pode quebrar a qualquer momento!

— Ah, não! – Antony também passou a gesticular bastante. – Mais uma pessoa vai me dizer o que é melhor para mim! É isso?

— Escuta aqui! – Emília pegou no braço de Antony. – Eu estou com você desde muito tempo atrás, eu sei muitas coisas sobre você e eu acho que posso sim ter o direito de me preocupar com você.

— Eu não pedi sua ajuda. – Antony soltou o braço de Emília. – Eu nunca pedi sua ajuda.

— Idiota. – Emília virou as costas e pegou sua bolsa. – Escuta aqui! – Ela jogou a bolsa no chão e voltou na direção onde Antony estava. – Você está bêbado. Você está louco e está ficando cada vez mais louco, e só você não vê isso. Você tem noção de que Jack Porter é um babaca? Eu o conheci e não é de longe a melhor pessoa que eu recomendaria para você.

— Eu mudei! – Antony gritou. – Jack pode ter mudado também, assim como você e o resto das pessoas. Todos mudam! Eu conheci uma pessoa diferente. Tem algo de especial nisso tudo, por favor, acredite em mim.

— Eu não sei o que vocês sentem um pelo outro, mas eu não acho isso certo. Ele é o tio da menina, antes testemunha e agora suspeito do caso. Como você vai lidar com tudo isso? – Emília se acalmou.

– Eu concordei em investigar ele. Hunter disse que é o melhor a se fazer. Eu também preciso saber se ele está envolvido nisso tudo.

– Entendi... – Emília riu sarcasticamente. – Nem você acredita nele. É por isso que está assim. – Emília entendeu tudo. – Você está um caco porque sempre suspeitou de Jack, mas entregou-se mesmo assim, porém existe uma dúvida dentro de você que não permite que você caminhe tranquilo.

– Para. – Antony sentou-se e colocou a mão nos cabelos escondendo o rosto. – Eu preciso saber se ele está envolvido nisso tudo. Essa dúvida está me matando.

– Amar Jack Porter ainda vai te matar. – Emília teve que segurar suas próprias lágrimas. – Você é a única pessoa que não pode sair de Miracle. Você está totalmente envolvido no caso da menina, a cidade toda procura por resposta. Eu, Jack, e todos os outros podemos sair da cidade que nada irá nos perseguir. Se Jack for inocente, você acha que ele vai ficar aqui? Claro que não. Ele vai mudar o nome, vai sumir daqui e vai tentar publicar o livro dele de qualquer jeito. O que acontece com você depois?

– Emília... – Antony tentou interromper.

– O que acontece com você depois que esse cara te largar para ir por aí atrás do sonho dele? Ele largou a menina no dia que ela desapareceu. O que impede ele de fazer o mesmo com você?

III

Antony acordou com uma dor de cabeça fora do normal. Estava todo sujo de bebida, pois havia derrubado uma grande parte em sua camiseta. Ele fez uma cara de nojo quando abriu os olhos e viu o estado em que estava sua sala. O cheiro que saía de sua roupa quase o fez vomitar. Tomou um banho, lavou o rosto centenas de vezes e tentou disfarçar o bafo de bebida que sua boca exalava. Antes de sair, ligou para a moça que limpava sua casa e pediu para que ela viesse antes do combinado. Usou a desculpa de que havia dado uma festa e que precisava limpar tudo aquilo o mais rápido que pudesse. Saiu de casa, fechou a porta, passou a trica duas vezes e andou pelo jardim em direção ao seu carro. Por algum motivo, o carro de Antony estava parado fora da casa, o que o fez andar o jardim todo para chegar ao veículo. Ao lado do carro, Sra. Anderson estava varrendo a calçada junto de seu filho, que apenas estava parado ao seu lado. Como sempre, um sujeito esquisito.

– Bom dia, detetive. – Sra. Anderson falou pela primeira vez com Antony depois do episódio que envolveu ele e o seu filho. – O senhor está bem? Foi inevitável não ouvir ontem o barulho de coisas se quebrando. – A velha parecia debochada.

– Como você pode ouvir coisas se quebrando de dentro da minha casa sendo que meu terreno é tão grande? – Antony abriu a porta do carro. – Ah não ser, é claro, que você tenha entrado na minha casa.

– Eu jamais faria isso!

– Cala a boca, velha. – Antony entrou no carro e fechou a porta, mas logo abriu o vidro e passou perto da mulher com a janela aberta. – Se ficar me espionando mais uma vez, eu vou tacar fogo na sua casa. – Antony acelerou o carro.

Chegou ao departamento mais atrasado do que nunca e foi inevitável não reparar no olhar de reprovação das colegas de trabalho. Do corredor, já pôde ver que a sala de Hunter estava aberta e que ele provavelmente estaria lá fumando seu cigarro.

– Hey. – Antony entrou e fechou a porta.

– Um pouco atrasado talvez. – Hunter milagrosamente não estava fumando. Estava lendo atentamente um documento.

– Dormi demais. – Antony mentiu. – O que é isso?

– Um mandado de busca para a casa de Jack Porter. – Hunter deu o papel para Antony. – Saiu agora de manhã.

– Hunter... – Antony devolveu o papel. – Por favor.

– Antony, nós já falamos sobre isso.

– Eu sei! – Antony interrompeu. – Eu andei pensando nisso tudo e preciso que tenhamos um acordo.

– Acordo? Como assim?

– Jack Porter precisa ser investigado, eu preciso saber que ele não está envolvido nisso tudo... – Antony respirou fundo. – Eu preciso apenas ter certeza, no fundo sei que ele é inocente. Porém, eu quero que todas as pessoas sejam investigadas da mesma maneira. Sem exceção de ninguém.

— Lucius está morto e o único suspeito restante agora é Jack Porter. Do que você está falando?

— Eu posso te trazer novos nomes. Até um lugar. — Antony estava com o coração acelerado, não sabia se era a hora de revelar suas suspeitas.

— Antony...

— Eu preciso que todos passem por isso. Se Jack for riscado dessa lista de suspeitos, então, teremos outros nomes e esses terão que passar pelo mesmo processo. E eu não dou a mínima para quem eles são. — Antony estava nervoso. O seu rosto estava todo vermelho. — Todos passarão por isso ou eu vou agora à mídia dizer o nome dos meus suspeitos e revelar minhas descobertas. Eu não estou brincando mais, Hunter. — Antony deu um último suspiro. — Eu entrei no jogo.

— O que mais você quer? — Hunter surpreendentemente não reagiu da maneira pela qual Antony imaginou.

— Apenas mais um dia. — Os olhos de Antony encheram de lágrimas. — Me dê apenas mais um dia. Uma noite. — A primeira lágrima caiu de seus olhos. — Por favor.

Mais tarde naquele dia Antony saiu correndo para casa e foi para o café que ficava localizado na beira da estrada. Ele havia ligado para Jack e combinado um esquema para que os dois se encontrassem no café e fossem juntos para a casa de Jack. Antony não sabia se todo o disfarce daria certo, mas ele havia alugado um carro apenas para fortalecer o esquema e sabia que seria mais difícil para alguém o seguir, mesmo achando que estava sendo seguido a todo instante. Antony colocou um traje esportivo, um casaco de corrida e um boné. Era o máximo de disfarce que pode pensar. Quando chegou ao café esperou por alguns minutos até ver Jack, que desceu de um táxi e veio em direção ao seu carro.

— Antony! — Jack fechou a porta e beijou Antony. — Senti sua falta. — Os dois se abraçaram muito forte.

— Eu também senti. — Antony deu mais um beijo em Jack. — Me escute, tem certeza que não foi seguido?

— Sim! – Jack estava ofegante. – Eu saí pelos fundos e chamei um táxi. Tenho certeza que ninguém me viu. O que está acontecendo? Bonnie enlouqueceu!

— Jack...

— Antony, você precisa acreditar em mim. Aquela carta...

— Você a escreveu? – Antony havia reconhecido a letra de Jack.

— Eu... – Jack hesitou um pouco. – Eu a escrevi em um momento de fúria. Eu havia acabado de perder um contrato com uma editora, porque Bonnie e Ludovic interfeririam. Eu perdi a cabeça e mandei aquilo para ela. – Jack parecia abalado. – E agora minha casa está lotada de gente ao redor e eu sou suspeito de ter sequestrado minha sobrinha?! – Jack deu um soco no painel do carro.

— Se acalme! – Antony impediu Jack de dar mais um soco. – Nada disso faz sentido...

— Um tempo atrás eu te perguntei o que você achava disso tudo e você nunca me respondeu. – Jack estava nervoso. – Eu sei o que Bonnie e a cidade toda acreditam, mas o que você acredita?

— Jack... – Antony não sabia o que dizer. – Você não fez isso...

— É claro que não.

— Então é essa a resposta. – Antony tentou mudar de assunto para que não precisasse responder o que pensava. – Eu acredito no que você está falando. – Antony tinha que acreditar nas palavras de Jack, pois, se acreditasse nas suas, não iria se perdoar. – Escuta! Eu tenho outros suspeitos, eu acho que posso acusar alguém, pela primeira vez acho que eu estou perto de Anne Rose. Eu sei que estou! – Antony estava otimista. Puxou o rosto de Jack para perto com as duas mãos. – Assim que eles cumprirem o que tiverem que cumprir, eu entrarei no jogo e posso tirar você do foco de tudo isso. Talvez isso leve até Anne Rose e tudo vai ser diferente. Depois de um tempo tudo vai ser diferente. A gente continua com isso desse jeito e depois teremos as condições para seguir em frente...

— Como vou lançar meu livro estando manchado desse jeito? Quem vai comprar um livro de poemas que fala sobre o amor e todas as horríveis formas em que ele pode se transformar? Ninguém! Minha vida acabou! Já era, Antony.

— Jack! Não! Eu tenho os amigos de Violet! Você vai sair dessa! Eu te prometo. – Antony abraçou Jack.

– Quanto tempo eu tenho?

– Hunter já tem o mandado. Ele me disse que vai segurar até amanhã... Então acho que você tem até amanhã de manhã.

– Por que ele fez isso? – Jack estava intrigado. – Ele está te ajudando?

– Eu não sei bem onde ele joga. – Antony afastou-se. – Ele tem fotos nossa.

– O quê?! – Jack gritou. – Além de tudo aquilo, agora esses caras têm fotos nossas?! – Merda! – Jack socou o painel do carro mais uma vez.

– Jack! Acalme-se! – Antony segurou Jack novamente. – Um idiota mandou essas fotos para ele para me tirar do caso. Eu tentei contornar a situação...

– Você está sendo chantageado?

– Hunter está sendo ameaçado e por consequência ele está me ameaçando. É uma pirâmide, tanto eu quanto ele iremos cair se essas fotos forem publicadas, mas é óbvio que ele está fazendo de tudo para que eu caia primeiro.

– O que você precisa fazer? – Jack perguntou.

– Se eu provar que você não tem nada a ver com isso, eu ganho. Estão me chantageando para que eu aceite e assuma que você está envolvido nisso. Encontraram uma forma de me parar...

– Antony...– Jack ficou em silêncio. – Fique comigo esta noite.

– Jack... – Antony não imaginou que Jack lhe pediria isso. – É muito arriscado.

– Tem um lugar no caminho do Crotalus. Podemos ficar lá juntos, só eu e você. Depois voltamos para cá e amanhã cedo estarei em casa. Entro pelos fundos e ninguém vai suspeitar de nada. – Jack beijou Antony. – Por favor.

Antony sabia o quanto aquilo tudo era arriscado. Se alguém o visse com Jack em qualquer lugar, suas chances de continuar no caso de Anne Rose iriam desaparecer e Antony teria que viver com fato de que não conseguira encontrar a menina. Anne Rose era a coisa mais importante para ele naquele momento, a inexplicável conexão que ele tinha pela menina o fazia mover qualquer tipo de obstáculo e passar por cima de qualquer coisa, mas Jack era o seu ponto fraco. Jack era sua droga. De alguma estranha forma, Jack sugava Antony.

— Tudo bem. Precisamos ficar alertas. — Antony sabia que havia tomado a decisão errada, mesmo assim, continuou. — Vamos.

Antony e Jack chegaram a um pequeno hotel de beira de estrada. Os dois tomaram banho juntos e acabaram transando no banheiro. Antony e Jack tiraram um cochilo de leve, e Antony acabou acordando antes de Jack. Olhou para a figura de Jack deitada ao seu lado, que dormia como uma criança, e aproveitou para mexer em seu cabelo.

— Hey. — Jack abriu os olhos, que estavam vermelhos. — Acho que dormi demais.

— Está tudo bem. Estava admirando você dormindo.

— Estava bonito o suficiente para virar um quadro? — Jack brincou.

— Com certeza. — Antony ficou em silêncio e encarou Jack por alguns segundos. Não entendia o que se passava em sua cabeça nem em seu coração. Sentia amor, mas estava desconfiado e com medo. — Eu tive um sonho muito estranho...

— Como foi?

— Eu sonhei com uma mulher que teve sua filha sequestrada. Ela ficou procurando a menina por todos os lugares durante muito tempo, mas nunca a encontrou. E quando o seu marido a deixou... — Antony deixou cair uma lágrima de seus olhos.

— O que aconteceu?

— Ela... — Antony respirou fundo. — Ela se matou.

Antony voltou para casa algumas horas depois, conforme havia acordado com Jack. Mas antes devolveu o carro que tinha alugado apenas para encontrar Jack. Quando chegou a sua casa, agora toda limpa, certificou-se de que não havia ninguém por perto ou alguém escondido em algum lugar próximo que pudesse estar o espionando. Antony estava angustiado, não sabia o que vinha pela frente e o que deveria esperar de tudo aquilo. O amanhã chegaria e não havia nada do que Antony poderia fazer, Jack seria surpreendido com toda a equipe policial em sua casa, além dos peritos que investigariam cada centímetro do local. Seu carro, sua casa, seu notebook e até o celular seriam apreendidos, e Jack com certeza seria interrogado por horas. Antony pensou que ele não iria conseguir interrogar Jack e que provavelmente pediria para Hunter fazer o interrogatório.

Naquela noite, Antony não conseguia pegar no sono. Já havia cochilado com Jack e sabia que não havia sido uma boa ideia, pois agora seu sono demoraria a aparecer. Antony ainda estava mexido com tudo que havia acontecido, Carlo estava indiretamente o ameaçando por meio de Hunter, e isso só provava que na verdade ele tinha algo contra Antony e que estaria jogando sujo para que ele não investigasse o estranho Crotalus. Enquanto rolava na cama, Antony pensou sobre o que se passava dentro do Crotalus e bolou a ideia de que precisava entrar o mais rápido possível na festa que acontecia de sexta-feira, mas não sabia como faria. Não conseguia imaginar nenhum jeito pelo qual poderia usar a seu favor e garantir sua entrada no Crotalus. "O colar..." Mas como Antony conseguiria um colar? Se a festa era de máscara, o único ingresso possível que deveria servir como portal de entrada só poderia ser o colar de serpentes. Porém o único colar de serpente que Antony havia visto pertencia a Lucius e agora na verdade era algo pertencente à investigação. Quase que uma prova, isso o tornava ainda mais difícil de ser pego. Parou de pensar nisso tudo e resolveu tentar o seu melhor para pegar no sono. Quando finalmente dormiu, acordou logo depois e surpreendeu-se com a rapidez que seu sono durou. Dormiu tanto e tão rápido que pareceu que não havia dormido quase nada. O grande dia chegou e Antony estava nervoso. Acordou cedo e pôde sentir seu corpo estremecendo dos pés à cabeça. Tentou se acalmar, tomou água, lavou o rosto e até tomou um banho mais gelado, mas nada impedia que o seu nervosismo não tomasse conta de seu corpo. Antony encontrou Hunter na porta do departamento e o abordou com um singelo bom-dia.

— Bom dia.

— Está tudo pronto. — Hunter estava agitado. — Acordei Jack Porter às seis da manhã e sua casa já está toda tomada. Ele está aí dentro já.

— Você foi rápido.

— Não queria dar tempo de ele fugir. Não me surpreenderia se você fizesse algo do tipo. — Hunter afastou-se de Antony.

Antony seguiu Hunter com seu carro para a entrada da casa de Jack. Havia feito aquele caminho diversas vezes, a estrada cheia de curva, beirando a montanha havia virado sua melhor amiga e quase sua irmã. Quando chegou à casa de Jack, ficou surpreso com a quantidade de carros que estavam parados na frente da propriedade. A imprensa estava ali em peso, alguns faziam transmissões ao vivo, outros gravavam chamadas para seus programas, outros abusavam das fotos e alguns curiosos apenas serviam para atrapalhar o serviço dos profissionais que ali estavam. Alguns peritos vasculhavam o terreno inteiro, outros o carro, alguns levavam o notebook de Jack e outros procuravam com cachorros alguns sinais de Anne Rose. Um verdadeiro caos, Antony definiu. Achou que tudo aquilo era triste, não era algo legal de se ver, mas também imaginou o quão bom seria para o caso se algo fosse encontrado ali. Seria péssimo para Antony, mas seria perfeito para Anne Rose. Antony não sabia como que lidaria caso Jack tivesse algo a ver com aquilo tudo. Estava tenso, estava dividido e sua cabeça balança de um lado para o outro, uma hora contra Jack e em outros momentos a favor de Jack.

— Por onde anda sua cabeça? — Hunter perguntou enquanto também admirava o trabalho dos policiais.

— Longe. — Antony respondeu. — Pensando no que farei caso a verdade seja revelada.

— E o que fará?

— Talvez eu deixe a cidade.

— Vai abandonar Anne Rose? — Hunter perguntou.

— Não. — Antony rapidamente respondeu. — Só vou morar em outro lugar. Longe, perto do mar talvez.

— Nunca pensei que faria isso.

— Acho que é o momento. — Antony encarou Hunter. — Estou descobrindo que realmente não há milagres em Miracle.

Antony entrou na casa de Jack e acompanhou mais de perto o trabalho da equipe de perícia. Os cachorros circulavam pela casa e Antony lembrou-se de todos os beijos que os dois haviam dado naqueles cômodos. Principalmente na parede que antecedia a porta do quarto de Jack. Chacoalhou sua cabeça para que os pensamentos saíssem e focou no trabalho da equipe da perícia, mas foi surpreendido por Hunter, que mais uma vez dirigiu a palavra a ele.

— Temos que ir. Precisamos interrogar Porter.

— Tudo bem. — Antony parecia mais calmo. — Você quer fazer isso? Acho que seria melhor para todos.

— Eu farei. — Hunter sinalizou para que Antony o acompanhasse para fora da casa. — Você pode ficar acompanhando através do vidro.

Antony e Hunter voltaram ao departamento. Antony posicionou-se atrás do espelho da sala onde Jack estava e ficou observando o interrogatório. Hunter estava calmo e passou toda sua calmaria para Jack. Jack respondeu a todas as perguntas da mesma forma de sempre e a história que ele contou não mudou em nada. Nenhum detalhe sequer. Jack mostrou as passagens de sua viagem para Londres, falou sobre uma troca de mensagens com Malvina Dalais e chegou até comprovar a amizade dos dois com fotos que tirou do próprio celular, apenas conseguiu tal feito porque Hunter permitiu que lhe devolvessem o celular apenas para aquela situação. Antony ficou mais aliviado à medida que a conversa desenrolava. Jack não parecia nada suspeito, não estava nervoso, não gaguejava e nem mostrava ansiedade em suas falas e seus gestos. Depois de muito tempo, Hunter e os demais oficiais deixaram a sala.

– Acompanhou tudo? – Hunter perguntou a Antony.

– Cada segundo.

– O que achou?

– Ou ele é inocente, ou ele finge muito bem. – Antony respondeu. – E você o que achou?

– Não me convenceu. – Hunter afastou-se. – O cara parece um psicopata.

– Hunter! – Antony o chamou de volta. O olhar que Antony havia dado para Hunter podia dizer tudo que estava passando em sua cabeça. – Por favor, você me prometeu.

– Não há nada concluído ainda. Por enquanto Jack é o nosso foco. É bom você torcer para que eu não encontre nada que leve a Anne Rose.

VI

Duas semanas depois

As semanas que se passaram foram horríveis para Antony. Seu cabelo estava enorme, sua barba estava por fazer e sua casa parecia um caos. Estava tudo sujo, havia muitas bebidas pela casa toda. Na cozinha, as sacolas dos fast-foods que Antony havia pedido quase faziam pilhas. Antony ficou bêbado quase que todos os dias. Ele gostava daquela sensação, perdia o controle, liberava os pensamentos, deixava suas águas rolarem e se entregava para suas emoções. Estava viciado naquilo, e era o único jeito de não pensar em Jack e no que estava acontecendo. Não sabia muito bem o que estava acontecendo, na verdade sabia, mas não queria pensar muito naquilo. Via a foto de Jack em todos os lugares e por isso decidiu que não ligaria a TV e evitaria ao máximo qualquer coisa relacionada com mídia. Estava machucado, estava ferido e não conseguia imaginar o que aconteceria caso todo o seu romance com Jack viesse à tona junto a um provável envolvimento de Jack no caso de Anne Rose. Antony passou quase duas semanas pensando se Hunter seria capaz de ajudar Carlo a divulgar as fotos e colocar ele e Jack como suspeitos do sequestro de Anne Rose. Afinal, se Jack estiver envolvido no caso, Antony poderia ser apontado como ajudante de tudo isso. As fotos podiam claramente mostrar que Antony na verdade estava acobertando Jack e por isso também estaria envolvido no sequestro de Anne Rose. Antony bebia ainda mais quando pensava nisso. Bebia ainda mais quando pensava que ele poderia ser acusado de participar do sequestro de Anne Rose, logo ele que estava fazendo de tudo pela menina.

Ainda estava meio bêbado quando se arrumou e saiu de casa para ir ao departamento. As coisas de Jack ainda estavam sendo investigadas, e nada estava concluído ainda. Hunter anunciou que faria uma coletiva no departamento para falar sobre o caso. Antony chegou um pouco antes de a coletiva começar e se posicionou atrás de Hunter, apenas esperando para que as câmeras começassem a filmar.

– Bom dia. – Hunter começou. – Depois de duas semanas de longa investigação e um longo comprometimento nós concluímos que... – Antony estava tenso e mal consegui respirar. – [...] não há nada ainda encontrado que enquadre Jack Porter como um suspeito direto do caso do sequestro de Anne Rose. Contudo, iremos manter a investigação a fim de monitorar o comportamento do Sr. Porter como uma forma de proteção à família de Anne Rose, mas especificamente, Sra. Bonnie Gordon e Sr. Ludovic Gordon. O comportamento do Sr. Porter não foi e não é adequado para ao caso, e por isso iremos manter nossa investigação para que as suas atitudes não atrapalhem nosso caso como um todo. Estamos todos desesperados para encontrar Anne Rose com vida, mas não podemos atropelar alguns processos e etapas para suspeitar de pessoas que venham a ser e parecer inocentes. Continuaremos a dar nosso melhor trabalho para que Anne Rose seja encontrada o mais rápido possível. Obrigado.

Antony saiu da sala onde a coletiva estava sendo feita. Caminhou em direção a sua sala, abriu a porta, e ali ficou. Não acreditou no que tinha acabado de ouvir. Hunter falhou ao suspeitar de Jack, e ele estava aparentemente limpo, pelo menos por enquanto, não havia nada na casa, no computador, no celular ou em qualquer outro lugar que Jack tenha passado. Antony sentiu uma luz em meio à escuridão por que estava passando. Se acusasse Carlo e comprovasse o envolvimento do Crotalus no caso de Anne Rose, Antony poderia encontrar a menina e depois ficar com Jack. Pela primeira vez em duas semanas, Antony sorriu. Sorriu de esperança e fé que Jack realmente não havia feito aquilo.

– Antony? – Hunter abriu uma frecha da porta e depois a abriu por inteiro.

– Pode entrar.

– Jack está livre. Está limpo. – Hunter confirmou. – Por enquanto, não encontrei nada.

– Eu te avisei. – Antony estava aliviado, mas ainda preocupado com as fotos. – O que você vai fazer com as fotos? Por favor...

– Não sei. – Hunter respondeu. – Não sei como será a repercussão disso tudo com Carlo e praticamente com a cidade toda.

– Eu lhe darei um nome amanhã. Eu fiz um painel, eu tenho fotos, tenho provas e teorias suficientemente boas para acusar uma pessoa no envolvimento do sequestro. Eu te juro que essa pessoa não saíra limpa igual a Jack.

– É bom você me entregar um bom nome e algo muito concreto amanhã, ou eu vou encerrar o caso e acusar Lucius e aquele tal de Alexander que até agora não apareceu. É o melhor caminho.

– Eu vou te entregar tudo que tenho amanhã. Eu tenho certeza de que chegaremos a Anne Rose. – Antony estava emocionado e feliz. – Se seguirmos essa linha que tracei, tenho certeza de que descobriremos onde está a menina. Tudo faz sentido.

– Amanhã às 10 horas. – Hunter abriu a porta da sala. – Não faça nada de estúpido.

Antony esperou o dia acabar para que pudesse encontrar Jack, que disse para fazer a mesma coisa que ele havia feito algumas semanas antes, sair pelos fundos de sua casa, de madrugada e encontrar Antony na parte de trás de sua casa. A casa dos fundos do terreno de Antony tinha uma saída que dava em outra rua e que era perfeita para servir de porta de entrada para Jack. Já eram quatro horas da manhã quando Jack apareceu do outro lado do muro e Antony correu para abrir um pequeno e velho portão que havia no final de seu terreno. Antony e Jack correram para a porta dos fundos da casa e entraram. Antony puxou Jack para o cômodo onde estava o painel de investigações dedicado a Anne Rose. Antony teve o cuidado de pregar alguns lençóis na parede para que Jack não pudesse ter acesso a nenhuma informação confidencial.

– Jack! – Antony abraçou Jack, que não retribuiu com muito zelo ao seu abraço. – Você ouviu?! Você está limpo!

– É o fim, Antony. – Jack soltou Antony.

– Como assim? Do que você está falando?

– Acabou tudo para mim. Já era! – Jack gritou. – Meu rosto foi estampado em todos os lugares como "assassino"! Eu e aquela velha estamos por aí em cartazes! As pessoas estão fazendo apostas para saber quem foi! Eu ou ela!

– Jack... – Antony estava assustado com Jack. Ele parecia outra pessoa. – Eu... – A visão da mulher apareceu em sua mente e ele não conseguiu completar sua frase.

– Como vou publicar meu livro? Como vou limpar minha imagem depois de tudo isso? Eu fui colocado como suspeito, mesmo estando limpo, as pessoas não querem saber disso. Eles acham que fui eu! Eles dizem que eu a matei e escondi o seu corpo em algum lugar.

– É uma questão de tempo! – Antony recuperou sua consciência, mas começou a sentir uma dor perto da têmpora e próximo da sobrancelha. – É apenas uma questão de tempo, Jack.

– Não é apenas uma questão de tempo. Minha vida acabou, e tudo que eu planejei caiu com um sopro. Tudo que criei... – Jack teve que respirar fundo para recuperar sua fala. – De escritor para assassino. – Jack concluiu.

– Daqui a pouco eu vou levar tudo isso para Hunter. – Antony apontou para a parede que estava coberta por um lençol. – Está vendo isso? Eu tenho um suspeito! Nossa investigação, as fotos, os relatórios e outras coisas que fiz levam para uma única direção. Se eu seguir isso e se eu fizer com que Hunter siga isso comigo, nós iremos descobrir o que aconteceu com Anne Rose, pois tudo isso está interligado! – Antony apontou para outra parede que estava coberta. – Tudo! Jack, apenas me escute. Depois que tudo isso acabar, a gente pode ficar juntos, eu vou ser diferente, a cidade vai ser diferente e você será diferente. Por favor, acredite em mim. – Antony agarrou Jack pelos ombros. – Por favor, acredite em mim. – Sua voz falhou e seus olhos se encheram de lágrimas. – Por favor.

– Não é assim que funciona. – Jack se soltou de Antony. – A investigação... As fotos... – Jack balançava a cabeça de um lado para o outro. – Quem comprará meus livros sabendo que fui suspeito de um sequestro que envolvia minha própria sobrinha? E, além disso... – Jack respirou fundo. – Me relacionei com outro homem. Não há caminho para mim mais, eu perdi tudo por causa disso. Eu perdi tudo por causa dessa garota e por causa disso aqui entre nós! – Jack havia se transformado em outra pessoa e Antony estava abismado.

– O quê? – Antony sentia que um buraco estava se abrindo abaixo de seus pés. A dor na sua têmpora estava ainda mais forte.

– Isso apenas ajudou a me prejudicar. – Jack completou.

– Você está nos comparando com o sequestro de Anne Rose? Como se os dois estivessem sob o mesmo eixo? – Antony fez uma cara de desprezo e se afastou de Jack. – Você... – Antony não conseguia mais falar.

– Eu tenho um plano para minha vida, e eu não vou abrir mão disso.

– Eu achei que você não tinha medo. – Antony se lembrou de uma das frases mais simbólicas de Jack. – Liberdade é viver sem medo.

– Eu ainda tenho medo.

– Eu também! – Antony gritou e algumas lágrimas caíram de seus olhos. – Eu também! Eu nunca me envolvi desse jeito! É a primeira vez para mim! Eu tive que superar várias coisas para estar aqui com você! – Antony foi na direção de Jack e agarrou seus ombros, chacoalhando-o para frente e para trás até soltá-lo com força. – Eu te amo, Jack... – Antony diminuiu o tom de voz.

– Eu... – Jack parecia frio. – [...] Ainda tenho medo.

– Eu achei que você queria ser livre. Eu achei que você tinha me proposto para sermos livres juntos! Eu e você, e mais ninguém. Você disse que estava apaixonado por mim. O que aconteceu com você? – Antony estava com raiva.

– Me desculpe. – Jack segurava suas emoções de um jeito que parecia que iria explodir. – Eu não consigo. Eu preciso sair desse lugar, eu preciso de um carro melhor, de uma casa, preciso de uma vida digna, e isso não vai me levar a lugar nenhum. O que vai me levar a algo é o que eu tenho aqui! – Jack apontou para sua cabeça. – Meu talento! Minha inteligência! Isso não vai me levar a nada! Eu sempre quis ser igual ao meu pai, e não é assim que chegarei aonde quero chegar! Meu livro precisa ser vendido. Eu preciso mudar de vida. – Jack finalmente explodiu.

– Você não tem nada aí dentro. – Antony estava um pouco abaixado, pois sua cabeça estava doendo de uma forma surreal. – Você não tem nada aí dentro. Nem aqui, nem ali. – Antony caminhou lentamente na direção de Jack e apontou para sua cabeça e depois para o seu coração.

– Sai! – Jack tentou afastar Antony. – Sai! – Jack tirou o dedo de Antony de sua cara, mas Antony insistia ainda mais. – Saia daqui! – Jack segurou Antony, e os dois caminharam juntos até atingir a parede que estava do lado oposto.

– Jack...

Jack segurou os dois braços de Antony e o pressionou contra a parede. A testa de Jack estava colada na testa de Antony.

– Por favor, Jack, não faça isso. O que você está pensando em fazer?

– Não me pergunte se você já sabe o que eu vou fazer. – Jack soltou Antony.

– Eu te odeio! – Antony deu um tapa na cara de Jack, que não moveu um centímetro de seu rosto. – Eu te odeio! Eu te odeio! Eu te odeio! – A cada grito que Antony dava, era um tapa que ele acertava em Jack, que apenas abria os braços e recebia todos os tapas como se soubesse que os merecia. – Odeio! – Antony acertou o último tapa no rosto de Jack antes de cair de joelhos.

– Me desculpe. – Jack foi se afastando lentamente. – Eu estou deixando a cidade.

– Cala a boca. – Antony olhou para Jack.

— Antony, chega! — Jack gritou. — Eu estou indo embora. A polícia me liberou, eu só não posso ainda sair do país. Mas eu posso ir embora de Miracle. Eu estou indo embora de Miracle.

— Você não pode fazer isso. Jack... Não me deixe. Por favor, eu te peço. — Antony estava praticamente se arrastando no chão de tanta dor física e emocional. — Por favor.

— Eu tenho que ir. Eu já te disse tudo. Eu não posso abandonar a vida que tenho lutado tanto para conquistar, para viver isso. Eu não posso ser visto por aí com você, eu não posso bancar essa história toda...

— Jack...

Jack virou-se rapidamente e abriu a porta. Correu pelo restante do jardim de Antony até alcançar o portão.

— Não! — Antony levantou-se e ignorou por completo a dor que estava sentindo na têmpora e correu pelo jardim, mas escorregou na metade do caminho e caiu de cara na neve. — Jack! — Antony tentou levantar-se, mas caiu novamente e apenas assistiu ao carro de Jack indo embora.

V

Antony perdeu a noção do tempo que ficou sentado do lado de fora do jardim. Estava quebrado. Sua cabeça latejava e sua têmpora saltava como se tivesse vida própria. Em determinado momento jurou que pôde sentir sangue escorrendo pelo seu rosto, e até passou a mão na face para ver se era real. Depois de um tempo voltou para dentro da casa dos fundos, mais precisamente, dirigiu-se para frente de seu painel. Sentiu raiva de todos e de até Anne Rose. Havia perdido Jack, que o deixara sem mais nem menos. "Jack se foi." Antony repetiu diversas vezes essa frase em sua cabeça. Retirou todos os lençóis que tampavam seu painel. Todos os personagens da história estavam ali, linhas vermelhas os interligavam, anotações ao lado das fotos, e uma série de outras coisas que Antony usou para sua própria orientação. A música de Blair começou a tocar bem suavemente dentro de sua cabeça. Antony olhou para a foto de Violet, que também estava no painel, mas na parte que se referia apenas a ele, e não a Anne Rose. Antony havia feito algo gigantesco, quase uma arvore genealógica para todos os personagens daquela história. Admirou a sua sessão e ficou alguns minutos encarando a foto de sua família. Uma raiva crescente tomou conta de seu corpo. Desejou que todas aquelas pessoas saíssem de sua vida. Desejou que todos morressem assim como sua família. Começou a sentir uma tremedeira e um calor que subia pelos seus pés e chegava a sua cabeça. A música de Blair, a mulher de sua visão, o homem, Jack, Hunter, Mike, Isla e muitos outros apareciam em sua mente como flashes que o atormentavam. Antony começou a sacudir sua cabeça para que aquelas imagens pudessem cair para fora, mas nada adiantava, e cada vez que tentava se livrar daquilo, mais imagens apareciam.

— Sai... — Antony estava vendo uma série de imagens. Flashes, depois vozes e gritos. — Para! Para! Por favor, para! — Antony abriu os olhos e viu que as fotos de seu painel estavam rindo.

Antony começou a ouvir risadas, estava com os olhos abertos, olhou para o painel e não podia ver de qual das fotos aquela risada vinha. De repente, outras risadas surgiram, e todas elas se misturaram com a música de Blair, que tocou ainda mais alto em sua cabeça.

— Não! — Antony correu em direção às fotos do painel e arrancou uma por uma. — Ela se foi! Ela se foi! — Antony arrancou foto por foto enquanto ouvia diversas vozes repetindo a frase "Onde está Anne Rose? Onde está Anne Rose?". — Ela se foi! Ela está morta!

Antony quebrou tudo que havia no quarto enquanto tentava se livrar das vozes em sua cabeça. Quando já havia desistido, a figura de uma mulher apareceu ao seu lado e o fez sair correndo do quarto. Antony abriu a porta com força, saiu pelo outro cômodo até chegar à porta principal. No meio do caminho, ele reparou que a casa estava lotada de pessoas, pessoas que ele não conhecia. Homens, mulheres, velhos e crianças. Todos escondidos sob uma meia-luz que fazia uma sombra assustadora. Antony tomou coragem e atravessou o cômodo enquanto todas as pessoas gritavam "Onde está Anne Rose?". Antony entrou no cômodo seguinte e se assuntou com o que estava diante de seus olhos. A casa estava lotada de pessoas que ele não conhecia.

— Saiam da minha casa! — Antony empurrou algumas pessoas e enfiou-se dentro da multidão.

Estava tudo muito escuro e ele não conseguia ver mais nada, apenas seguia reto e diversas vezes era arrastado para outra direção, pois a multidão o empurrava de um lado para o outro.

– Me solta! Por favor, me solta!

Antony sentiu que aquelas pessoas estavam o agarrando, passavam as mãos por todas as partes de seu corpo, beijavam seu pescoço, seguravam seus cabelos e tentavam a todo custo tirar sua roupa.

– Me solta! Me solta!

Antony estava desesperado, sentiu uma sensação horrível e apenas queria que aquela multidão toda parasse de agarrá-lo e de beijá-lo. Finalmente, chegou à porta seguinte e a abriu com força, caiu para dentro do quarto em que não havia mais ninguém. Antony correu pelo jardim, fez o mesmo percurso que havia feito no dia em que sua família fora assassinada. Enquanto corria, olhou para trás e viu que as pessoas agora estavam na frente da porta da casa dos fundos. Antony olhou novamente para frente e correu ainda mais rápido. Parou subitamente quando ouviu o barulho de um tiro. Um. Dois. Três tiros foram ouvidos, e Antony colocou a mão nos ouvidos para que parasse de ouvir o barulho. Levantou-se novamente e correu em direção à porta, mas antes desviou de uma velha senhora que estava no meio do caminho.

– Volta aqui, menino. – A velha sorriu em sua direção.

Abriu a porta dos fundos, atravessou a cozinha e chegou ao corredor onde havia encontrado sua mãe.

– Não é real! Não é real! – Antony gritou enquanto passava pelo corredor, jurou que pôde sentir uma mão segurando seu pé.

Chegou à sala, que estava toda acesa e ficou respirando fundo diversas vezes até se sentir seguro. Seu coração estava acelerado, estava saltando de seu peito, Antony estava sem ar e teve que se sentar no sofá. Quando sentou, sentiu uma pontada e ao colocar a mão por baixo da almofada percebeu que o livro de pensamentos de sua mãe estava ali. Em um gesto impulsivo, resolveu abrir na última página, mas antes lutou contra si mesmo para que conseguisse chegar até as passagens finais do livro. Quando abriu na última página, sua campainha tocou.

– Antony? – Emília estava do outro lado da porta. – Preciso falar com você.

– Merda. – Antony disse.

Não se importou muito com Emília e voltou a olhar atentamente para o diário.

FILHO DAS ÁGUAS: O ETERNO RETORNO

> *Estamos em perigo e eu sei disso. Ele sabe disso e parece querer esconder o que está acontecendo. Eu não sei mais o que fazer. Eu pensei em falar com Antony e contar para ele tudo que está acontecendo, mas Alan acha que não devemos envolver a polícia e que eles só querem dinheiro...*

— Antony, você está aí? – Emília estava impaciente. – Antony!

— Saia daqui! – Antony sentiu que sua visão estava ficando prejudicada e que seu coração estava muito acelerado. Mesmo assim, voltou a ler.

> *[...] e que nós podemos vender alguns imóveis para pagar a quantia. Alan não tem certeza disso e as coisas estão ficando cada vez mais estranhas. Estou temendo pela minha vida, estou com medo de eles irem atrás de Violet e do bebê...*

— Bebê?! – Antony estava muito nervoso. Sua cabeça estava explodindo e ele esfregava a testa diversas vezes porque jurava que estava sentindo o seu sangue escorrendo por ali. – Cala a boca! Saia daqui! Dá o fora!

— Antony! – Emília sabia que algo estava acontecendo. Ela espiou em uma fresta da janela e percebeu que Antony fazia um gesto estranho, como se estivesse machucado bem na cabeça e isso foi o suficiente para que ela voltasse correndo para a porta e começasse a bater com muita força. – Antony! Antony!

> *Se eles machucarem Violet, eles vão machucar meu neto. Minha família corre perigo e eu não sei o que fazer. Desde que [...]*

– Antony! – Emília pegou uma pedra que estava no jardim e quebrou o vidro lateral que tinha ao lado da porta. Colocou o braço entre o vão e tentou chegar até a maçaneta. – Abra essa merda! – Mais uma vez, ela foi ignorada por Antony, que voltava a ler.

[...] Alan começou a se envolver com esse maldito clube. Esse lugar é um lugar horrível que te ajuda, mas que depois quer sua vida em troca. Estamos sendo ameaçados por esses monstros! Alan é um monstro! Alan é igual a eles! Alan é uma...

– Merda! – Emília cortou o braço, mas finalmente havia conseguido abrir a porta. – Antony! – Emília correu em direção a Antony, que olhou para ela, mas depois voltou a olhar para o livro a fim de ler a última palavra que havia ali.

[...] serpente.

Antony largou o diário, olhou para a figura de Emília que corria em sua direção. Tudo foi ficando cada vez mais escuro, seu coração batia tão forte que parecia que estava parado, sua cabeça latejava junto à sensação de estar sangrando e seu corpo foi amolecendo cada vez mais. Quando Emília o alcançou, a única coisa que Antony pôde ver foi o corpo daquela misteriosa mulher atingindo com muita força o mar e afundando lentamente, seguido por uma escuridão assustadora.

PARTE 4

A MISTERIOSA MULHER

14.

Estava tudo escuro. Depois tudo foi clareando lentamente, até o mar aparecer. Uma mulher afundava lentamente com seu vestido branco. Os braços para cima e o cabelo também. Antony ficou confuso se na verdade ela estava caindo ou voando, pois o vestido formava uma espécie de asa. A mulher foi caindo lentamente rumo à escuridão. O azul mais escuro a esperava e era para onde ela ia. Quando desapareceu por completo, uma série de imagens surgiram, e mais uma vez Antony voltou para a beira do precipício. A mulher estava de costas, uma arma estava em sua mão, ela virou-se, disse algumas palavras, jogou a arma para o lado e se atirou. Nesse momento, Antony abriu os olhos e encontrou Emília, que dormia desconfortavelmente no sofá localizado ao seu lado. O seu sono não deveria estar tão pesado assim, pois a amiga de Antony despertou assim que ouviu o primeiro barulho que ele havia feito.

— Ei... — Antony deu um leve sorriso.

— Ei, donzela.

— Onde estou? — A voz de Antony estava fraca.

— No hospital. — Emília tirou um fio de cabelo da frente dos olhos de Antony.

— Em Miracle?

— Não. Estamos em Bravetown City.

— Um pouco melhor. — Antony sorriu. — Por quanto tempo eu dormi?

— Alguns dias. Eles te sedaram, na verdade. Você acordou diversas vezes agitado, resolveram que era melhor te sedar.

— Eu tinha um compromisso com Hunter. — Antony lembrou que precisava mostrar seu painel para Hunter e acusar Carlo e o Crotalus de estarem envolvidos no sequestro de Anne Rose.

— Ele deve estar lidando com tudo sozinho. Como sempre...

— Não. — Antony tentou fazer um esforço para se levantar. — Eu sei como encontrar Anne Rose. Eu preciso mostrar para ele.

— Você não vai a lugar nenhum, mocinho. — Emília segurou Antony.

— Por favor...

— Você está sob acompanhamento médico.

— O que eu tive? — Antony fez um esforço imenso para falar.

— Você sofreu um ataque de pânico, suspeita de overdose e seu coração quase parou. Muito remédio e muito álcool. — Emília estava abalada. — Você quase morreu. Acho que é hora de você deixar com que Hunter lide com Anne Rose.

— E o que você estava fazendo tão tarde na porta da minha casa?

— Eu sonhei com você naquela noite. Não conseguia dormir e resolvi passar por perto para ver se estava tudo bem, e foi quando vi as luzes da sala acesas e resolvi parar o carro. O resto eu acho que você lembra. O que era aquilo que você estava lendo?

— É... — Antony já havia esquecido sobre o que lera segundos antes de apagar. Violet estava grávida quando foi assassinada e deve ser por isso que estava mais sentimental do que nunca, e Alan e Isla estavam sendo ameaçados pelo Crotalus e pelo o que sua mãe havia escrito no livro, os assassinos só podiam ter saído de um lugar. — Um livro de pensamentos de minha mãe. Descobri que Violet estava grávida. E acho que sei quem fez aquilo com todos eles...

— Foi por isso que ficou tão nervoso... — Emília afastou-se e pegou um copo d'água.

— Entre outras coisas... — Antony tossiu. — Preciso voltar para Miracle e resolver tudo isso.

— Não é hora de você se preocupar com isso. Descanse, por favor.

Antony ouviu as palavras de Emília e entendeu o quanto sua amiga realmente estava preocupada com ele. Emília era uma pessoa muito sensitiva e o fato de ela ter sonhado com Antony naquela noite só comprovava isso. Antony passou o restante do dia calado, não disse sequer uma palavra e fez tudo que Emília e as enfermeiras recomendaram. Ficou ansioso para a visita do médico. Quando ele finalmente entrou no quarto, Antony havia acabado de acordar de um leve cochilo.

— Sr. Mitchell.

— Antony. Apenas Antony.

— Muito bem... Antony. — O médico aproximou-se. — Como está se sentindo? Sou o Dr. Stew.

— Estou meio tonto e me sinto meio lerdo. — Antony respondeu.

– É normal, não se preocupe. Antony, eu creio que já sabe o que ocorreu com você, alguém já deve ter te contado.

– Um ataque de pânico, não foi?

– Sim. – O médico respondeu. – Entre outras coisas. Os exames apontaram um excesso de medicamentos em seu corpo, o que comprometeu o seu rim, juntamente com um excesso, também, de álcool. Tudo isso quase fez o seu coração parar. – O médico parecia tenso. – É muito importante que você entenda a gravidade desse assunto. Nós quase te perdemos.

– Me desculpe, doutor. – Antony sabia que havia exagerado. – Descontei na bebida.

– Você tem muita sorte de estar vivo, rapaz. Se não fosse a ajuda de sua amiga, você provavelmente estaria morto. – O médico deu dois tapinhas no ombro de Antony. – Voltarei aqui amanhã para checar como você está. Enquanto isso continue firme, faça tudo que as enfermeiras mandam e beba bastante água.

– Tudo bem. – Antony despediu-se do médico.

Durante os dois dias que se passaram, Antony não mencionou nenhuma sequer vez Anne Rose, Jack, Hunter ou até mesmo o Crotalus. Estava usando aquele tempo para esquecer-se de tudo aquilo que havia descoberto, sabia que no fundo aquilo não lhe faria bem. Era inevitável que algumas coisas não aparecessem em sua cabeça, principalmente o suposto bebê de Violet e a ligação de sua família com o Crotalus.

O médico foi mais uma vez visitar Antony e ficou animado com sua recuperação. Emília acabou tirando férias apenas para ficar ao seu lado e não desgrudou um segundo sequer do amigo. Mais alguns dias se passaram e Antony já estava havia mais de uma semana no hospital, evitou ao máximo falar sobre Miracle e sobre o caso de Anne Rose. Na verdade, nem falava. Apenas respondia com "sim" ou "não". Emília trouxe algumas coisas para Antony desenhar e pintar e ele acabou fazendo desenhos lindos e abstratos de que preferiu guardar o significado apenas para si mesmo e não compartilhou com mais ninguém. Mais uma semana se passou, totalizando duas semanas dentro do hospital, e Antony já sentia os primeiros sinais de que queria ir embora. Pela primeira vez em duas semanas, começou a pensar em Anne Rose e em Miracle. No dia de sua alta, ainda sem falar muito, Antony decidiu começar uma conversa com Emília, que ficou surpreendida com a atitude do amigo.

– Você está aí?

– Ei! – Emília aproximou-se de Antony. – Devolveram sua língua. Já tinha esquecido a sua voz.

– Acho que estou de volta. – Antony brincou. – Preciso de um favor, mas você tem que prometer.

– Antony...

– Está tudo bem. Não é nada complicado. – Antony segurou no braço de Emília. – Preciso que me prometa.

– Se for algo...

– Não tem nada a ver com Anne Rose. Apenas prometa-me.

– Está bem. – Emília cedeu à pressão. – Eu prometo.

– Eu quero me mudar de Miracle. – Os olhos de Antony se encheram de lágrimas. – Preciso que coloque minha casa à venda e me arranje outro lugar. – Antony havia herdado uma herança muito boa de seus pais, então dinheiro para ele não era um problema. Só realmente precisa de alguém que o ajudasse, pois teria que ficar no hospital.

– Antony... – Emília também ficou com os olhos cheios de lágrimas.

– Eu sei. – Antony estava chorando. – Eu quero ir embora. É hora de partir. Quero morar ao lado do mar, como sempre quis. Estou disposto a terminar com tudo isso de uma vez por todas.

– Eu vou fazer isso por você. – Emília e Antony se abraçaram fortemente. – Eu prometo.

Antony alugou um pequeno apartamento em Bravetown City e ficou lá por mais alguns dias. Emília estava lidando com todos os detalhes da nova casa de Antony e ele apenas assinava o que tinha que assinar e aprovava algumas coisas que precisavam de seu aval. Durante os dias que se passaram, Antony apenas pintou e desenhou. Não fez mais nada. Ainda tinha dificuldades para dormir e de vez em quando tinha crises intermináveis de choro, mas nunca sabia o motivo. Um belo dia tentou ligar para Jack, mas percebeu que o número não existia mais e que Jack havia literalmente desaparecido. Antony mandou longas mensagens para Jack, mas nenhuma foi respondida. Ficou sem esperanças e aceitou que ele havia realmente partido. Quando já estava de saco cheio do apartamento, Emília chegou com a novidade de que sua mudança começaria a ser feita de Miracle para The Lady's Port, uma pequena cidade portuária, e que Antony poderia entrar na nova casa em menos de uma semana. A semana foi de muita ansiedade por sua parte, levou várias broncas de Emília, que o lembrou diversas vezes que ele deveria se acalmar e que daria tudo certo. Antony não havia esquecido Anne Rose, mas pela primeira vez estava contente de estar longe de tudo aquilo, mesmo sabendo que sua busca ainda não havia terminado. De certa forma teve que aprender a confiar no trabalho de Hunter, por mais que duvidasse seriamente de sua lealdade.

— Emília... — Antony segurou a mão de Emília enquanto ela dava alguns papéis para ele assinar. — Muito obrigado.

— Eu apenas quero te ver bem. — Emília deu um beijo na testa de Antony. — Posso te perguntar algo?

— Claro. — Antony respondeu.

— Você ainda pretende encontrar a menina?

— Sim. — Antony não havia desistido. — Estou apenas me recuperando. No momento certo voltarei para Miracle.

— Antony! — Emília o repreendeu. — Você não pode...

— Não vou voltar a morar lá. Vou apenas acabar com essa história de uma vez por todas. Só falta uma coisa para eu fazer. Preciso terminar isso.

Antony nutria dentro de si um sentimento de vingança. Nutria um sentimento de justiça por Anne Rose, pela sua família e por ele mesmo. O livro de Isla apenas comprovou a sujeira que havia dentro do Crotalus. Antony tinha tudo para acreditar que o clube havia assassinado sua família toda por dinheiro, o que o levava a crer que Anne Rose havia sido sequestrada como forma de retaliação de algo feito por Bonnie e Ludovic e isso explicava a transferência de 150 mil libras para Carlo, apesar de o dinheiro não ter vindo diretamente do nome de Ludovic ou de Bonnie, o que era muito suspeito. Antony não sabia se Bonnie e Ludovic tinham qualquer conexão com o Crotalus, mas ele intuía que os dois estavam sendo ameaçados por algo e que Anne Rose havia sido o preço que os dois tiveram que pagar e que de certa forma ainda estavam pagando. Se conseguisse comprovar que os Gordon tinham uma ligação com o

Crotalus, metade de seu quebra-cabeça estaria completo. No final do dia, Emília recebeu uma ligação e ficou tensa, não soube direito como reagir e Antony percebeu que algo tinha acontecido. Esperou a amiga desligar o telefone para perguntar.

– O que houve?

– Não sei como te dizer isso. – Emília estava pálida.

– O que foi? – Antony imaginou o pior.

– Hunter está aqui embaixo.

– O quê?! – Antony começou a se sentir mal. – Emília, o que você fez?

– Eu devo ter passado o endereço para ele quando viemos para cá, achei que ele iria te mandar documentos, e não que ele aparecia aqui embaixo na portaria. Me desculpe!

– Mande-o subir. – Antony foi seco.

– Você tem certeza disso? – Emília perguntou. – Não quero que tenha uma recaída.

– Já faz um tempo. Estou bem, acredite em mim.

Emília ligou para a portaria e comunicou que era para Hunter subir. Antes de abrir a porta, disse para Antony que estaria no quarto e que se ele precisasse de qualquer coisa, era para ele chamá-la. Antony concordou com a cabeça e preparou-se para receber Hunter. Não sabia qual seria sua reação, mas estava pronto para enfrentar o colega de trabalho.

– Antony.

– Hunter. – Antony respondeu firmemente.

– Quanto tempo. Você está bem?

– Sim. – Antony parecia uma rocha. – Estou me sentindo bem melhor.

– Fico feliz.

– Fica?

– É claro. – Hunter respondeu. – Faz semanas que você veio para cá e nunca mais o vi. Imagino o quanto foi difícil para você ter que se afastar do caso.

– Não foi tão difícil assim. – Antony mentiu. Sabia que quase todas as suas crises de choro e recaídas relacionavam-se de alguma forma com o que havia acontecido em Miracle, principalmente com Jack e sua família. – Emília vem me ajudando bastante e, é claro, os quadros que ando pintando também.

– São realmente muito bonitos. – Hunter andou pelo apartamento e admirou alguma das obras de Antony.

– Obrigado.

– Tenho notícias sobre Anne Rose. – Hunter voltou a olhar para Antony. – Vamos tentar usar o que temos sobre Lucius e Alexander para dar o caso como encerrado, pelo menos até a menina aparecer. Apesar de que Alexander ainda não foi encontrado, e isso me intriga cada vez mais. Provavelmente ele fez isso com Lucius, é questão de tempo para acharmos ele. Quem sabe um milagre...

– Não existem milagres em Miracle. – Antony interrompeu Hunter. – Eu sei o que aconteceu com Anne Rose.

– E como você tem tanta certeza? – Hunter sorriu sarcasticamente.

– Eu tenho minhas provas. – Antony estava firme, sabia que estava no caminho certo. – Vou voltar em breve e acabar com tudo isso de uma vez por todas. Não tenho mais medo do que pode acontecer.

– Posso saber o que você anda tramando? – Hunter perguntou.

– Não. – Antony aproximou-se. – Eu experimentei a morte de muito perto e ela me deu forças para continuar, Hunter. Eu não vou hesitar nenhum segundo em entrar no ninho daquelas serpentes.

– Do que você está falando? – Hunter perguntou.

– Não se preocupe. Assim que eu for liberado e puder voltar para o departamento, eu finalizarei essa história e nada irá me impedir.

– Você está delirando. Esquece a garota, aproveita sua nova vida e deixa tudo isso para trás.

– Eu não posso! – Antony alterou-se, o que fez com que Emília abrisse a porta do quarto. – Eu não vou abandonar Anne Rose.

– O que está acontecendo? – Emília tentou intervir.

– Nada. – Hunter disse. – Vim aqui apenas entregar isso. – Hunter deixou alguns papéis na mesa. – Já estou de saída. Acredito que apenas preciso lhe desejar boa sorte. Até mais. – Hunter saiu do apartamento e Antony e Emília se encararam.

Naquela tarde, escondido de Emília, Antony leu algumas anotações que havia feito e, é claro, as anotações que Hunter havia trazido. Havia decidido que quando voltasse para Miracle, pegaria o colar de Lucius e entraria na festa de máscaras do Crotalus e procuraria por Anne Rose. Ele sabia que teria apenas uma chance para encontrar a menina. Se fizesse isso, poderia voltar para a cidade e confirmar com toda a certeza do mundo que Anne Rose estava sendo mantida presa dentro do clube e assim lideraria um resgate mais apropriado. Sua intuição lhe dizia que se o Crotalus tinha algo haver com aquilo tudo, Anne Rose só poderia estar escondida em algum lugar da casa. Um plano arriscado e difícil de ser executado, mas em quem mais Antony poderia confiar? Ele sabia que estava sozinho e nem mesmo Hunter poderia ajudá-lo. Era tudo ou nada, não poderia confiar mais em Hunter, e acusar o Crotalus sem saber se de fato a menina estaria lá dentro seria um processo demorado. Antony sentiu que sua única chance de acabar com aquela história seria arriscando-se de uma vez por todas. Não tinha mais nada a perder. Estava sozinho naquela jornada, Jack havia o deixado, e agora ele precisava arriscar tudo que tinha para salvar a vida da menina.

Era bem cedo quando Antony e Emília chegaram em The Lady's Port. A pequena cidadezinha portuária deveria ter menos de 5 mil habitantes. Era tudo de que Antony precisava, uma cidade mil vezes menor que Miracle, uma casa na praia e os seus quadros. Ainda não havia planejado em sua cabeça quando voltaria para Miracle para continuar suas buscas por Anne Rose. Antony ainda estava sob licença médica e não havia nada que ele poderia fazer naquele momento. Não tinha acesso à sua arma e a nenhum recurso, por isso, seu plano final contra o Crotalus teria de esperar até sua total recuperação, afinal de contas, ele precisava mostrar para Hunter e para os médicos que estava limpo e pronto para voltar a trabalhar.

Já se passavam um pouco mais de duas semanas desde que Antony havia sido internado em Bravetown City. Mais de dois meses desde que Anne Rose havia desaparecido, e Antony dizia para si mesmo todos os dias que ela ainda estava viva e que ele conseguiria resgatá-la. A casa nova de Antony tinha apenas dois quartos, uma cozinha e uma sala de estar. Antony aproveitou poucas coisas de sua antiga casa, fez questão de doar quase todos os móveis, guardou apenas alguns objetos, como alguns quadros e o piano de Blair.

– É lindo. – Foi a primeira palavra que Antony disse quando saiu pela porta dos fundos e encontrou o mar.

– É incrível. – Emília concordou.

A pequena casa de Antony era toda feita de madeira, tinha alguns detalhes em pedra, e era localizada no alto de uma colina que tinha uma vista linda para o mar. A brisa do mar fez os cabelos de Antony voarem para o alto. Ele fechou os olhos e sentiu uma energia muito boa, sentiu esperança e disse para si mesmo que era questão de tempo até ele finalmente encontrar a menina.

– Você sabe o que eu farei, não é? – Antony olhou atentamente para o mar.

– Você irá atrás da menina. – Emília respondeu.

– Eu tenho que ir.

– Por quê?

– Ela é... – Antony não tirava os olhos do mar. – Alguém especial. Anne Rose é a minha busca. É como se eu estivesse buscando a mim mesmo, salvando um Antony criança, salvando minha alma.

– E se não tiver como salvar Anne Rose? Antony... E se tudo isso não está sendo um sinal para que você recomece de novo em outro lugar? – Emília puxou Antony para perto e colocou as mãos em seu rosto. – E se essa busca estiver te levando para o caminho errado?

– Não está. – Antony segurou nas mãos de Emília. – Eu não consigo largar essa menina. Essa busca, esse trabalho e essa jornada.

– Talvez você precise deixar isso tudo ir. – Emília estava quase chorando. – Anne Rose, Jack, Violet, Isla... E todos os outros que se foram. Tudo isso pode estar te mostrando que na verdade é sobre deixar ir, e não sobre resgatar.

– Emília... – Antony se afastou e foi mais próximo da beirada.

– Amar é deixar ir.

Antony olhou para ela, estava chorando, timidamente algumas lágrimas saíam de seus olhos. O vento levou seu cachecol para o alto e seus cabelos acompanharam o mesmo movimento.

– E se eu não quiser deixar ir?

– Você afundará. Às vezes a melhor coisa é deixar as coisas irem. Como lágrimas, deixar elas percorrerem o seu rosto e caírem lentamente para fora dele. – Emília aproximou-se de Antony. – Como um rio que caminha para o mar. O começo, o meio e o fim. É a água que brota, percorre um caminho e depois chega ao mar. É sobre perdoar e seguir em frente.

– Você fala como se fosse fácil. – Antony enxugou algumas lágrimas de seu rosto. – Mas não é. É uma dor interminável, que te consome de dentro para fora. É algo horrível que cresce dentro de você todos os dias até tomar conta de todo o seu corpo. É uma raiva, um ódio e uma dor que não tem como mensurar. – Antony fez uma pausa. – Me sinto como a mulher das minhas visões, afundando lentamente no mar.

– Então não pule no mar. – Emília começou a se afastar e apenas abriu os braços. – Transforme-se antes de isso acontecer.

Emília foi embora naquele mesmo dia, Antony já estava apto o suficiente para tocar sua vida para frente sem precisar da ajuda da amiga. Mesmo assim, ela o avisou que voltaria em alguns dias para checar se as coisas estavam indo bem. Antony se emocionou quando Emília deixou sua nova casa e seguiu pela pequena estradinha que descia o morro. Os dias se passaram de forma tranquila. Antony continuou pintando seus quadros e caminhava com frequência na beira da praia. Andou de um lado para o outro e com os dedos dos pés brincava com a areia e às vezes até arriscava dar algumas voltas em torno de si mesmo aproveitando a brisa do mar que beijava seu rosto. Talvez aquele fosse o beijo mais gostoso que Antony havia dado durante toda sua vida.

No dia seguinte, levantou cedo e ao caminhar na praia sentiu que a brisa do mar o abraçava, o beijava e lhe dava colo, mesmo estando de pé. Pensou em Jack, sabia que ele adoraria sua nova casa. Sentiu tanto sua falta, podia sentir dentro de si um vazio muito grande. Estava triste, mas ao mesmo tempo com raiva. Antony ainda amava Jack, mas sabia que aquele amor era doloroso. Começou a se questionar se aquilo era realmente amor. Não conseguia deixar de mentir para si mesmo sobre o fato de que estava morrendo por algo irreal, pois Jack havia o deixado e não havia mais nada entre os dois. Como Jack realmente amaria Antony e depois o deixaria? Antony pensou sobre como o amor por Jack estava de certa forma errado, pois alguém especial enfrentaria aquilo com ele, e não o abandonaria. Antony nem sequer sabia onde

Jack estava. Não sabia como lidar com aquilo tudo. Primeiro Mike, depois sua família inteira, Anne Rose e Jack. Contudo, Anne Rose e Jack eram diferentes, Antony sentia que havia algo maior por trás. Algo de especial que os ligava. Olhando fixo para o mar, Antony sentiu-se quase pronto para voltar para Miracle, sabia que ainda não poderia fazer isso, mas sentiu que estava perto da hora de voltar para a cidade e finalizar aquela história. Antony, ali, parado na frente do mar, prometeu para si mesmo que depois que resgatasse Anne Rose, largaria o trabalho e se dedicaria apenas aos seus quadros e que se mudaria novamente. Prometeu também que voltaria para aquela casa até o fim de sua vida. Ele, o mar e mais ninguém.

Dez dias depois

Antony acordou e dessa vez não quis caminhar na beira do mar, na verdade queria andar pela cidade e tomar algum café com algum doce qualquer de sua preferência. Andou pela pequena vila da cidade e achou engraçado o quanto a vida ali era diferente da de Miracle. Ele praticamente sentia-se um estrangeiro naquele lugar. Ainda não havia se acostumado com tudo aquilo, mas se sentia melhor do que nunca. Estava sóbrio, estava limpo, o remédio amarelo que Emília tanto odiava não era ingerido por Antony fazia tempo, andava dormindo bem todas as noites, não ouvia mais vozes e nem tinha mais visões com aquela mulher. Antony sabia que o momento de voltar estava próximo. Já de volta a sua casa, foi surpreendido com uma visita.

— Antony? — Emília bateu na porta.

— Ei! — Antony correu para abrir a porta. — Uau! Eu amei seu cabelo novo.

— Obrigada! — Emília entrou. — Como você está? Que lindo! — Emília correu para dentro da casa e soltou a sua bolsa com tudo no chão. — Meu Deus. É lindo!

— Gostou? — Antony estava orgulhoso de seu quadro.

— Quem é ela?

– Não sei. – Antony havia desenhado a mulher de sua visão. – Andei vendo ela algumas vezes.

– É muito lindo. – Emília aproximou-se do quadro. – Você está pronto?

– Preciso pegar uns exames!

Antony e Emília saíram juntos rumo a Bravetown City. Naquele dia, Antony passaria com o Dr. Stew e estava animado com a possibilidade de ser liberado. A consulta foi rápida e Antony finalmente havia sido liberado pelo médico para que voltasse a trabalhar. O período de licença ainda duraria mais cinco dias, mas o médico havia o liberado antes. Na volta para casa, Emília parecia contente, mas ao mesmo tempo estranha, e esse foi o motivo para que Antony a questionasse.

– O que há com você?

– Estou com medo. – Emília estacionou o carro na frente da casa de Antony.

– Medo?

– Sim, Antony. Estou com medo do que você vai fazer agora que está liberado.

– Emília... – Antony tentou falar, mas foi interrompido pela amiga.

– Eu espero que esses dias que você ficou aqui tenham sido úteis para te fazer refletir sobre o que falamos. Eu espero que você não volte para aquele lugar e que peça de uma vez por todas o seu afastamento. Eu espero que você deixe Anne Rose e todos os outros de lado e fique apenas com você, só que eu tenho medo do que você vai decidir.

– Eu já tomei minha decisão. – Antony saiu do carro.

– Hey! – Emília também saiu do carro. – Eu temo por você!

– Não precisa! – Antony gritou de volta. – Eu sei o que estou fazendo.

– Eu irei ficar muito tempo na França dessa vez, eu não vou estar aqui por você mais... Pelo menos por alguns meses.

– Não se preocupe. – Antony foi em direção a Emília e pegou em suas mãos. – Vai ficar tudo bem.

– Eu estou com medo de te perder. – Emília começou a chorar. – Eu estou com medo de você se envolver em algo estúpido ou de ter uma recaída... Antony prometa-me que não irá me deixar sozinha nesse mundo. Prometa-me!

– Eu vou salvar Anne Rose e vou voltar para cá. Eu estarei aqui pintando quando você voltar, eu prometo.

Antony e Emília se abraçaram.

– Eu preciso fazer isso.

Já era de noite quando Antony disse para Emília que iria se deitar. Ele sabia que o seu plano não era dos melhores, mas Emília jamais o deixaria ir para Miracle, pelo menos não enquanto ela estivesse em sua casa. Antony já havia arrumado muito antes suas coisas, afinal, passaria o dia todo na cidade e de noite entraria secretamente no Crotalus para procurar mais de perto por Anne Rose. Estava ansioso e não via a hora de Emília pegar no sono. Depois de algumas horas, Antony observou que Emília havia dormido no sofá e que seu plano ficaria ainda mais complicado. Antony ainda não entendia a fixação dela por sofás. Andou de fininho com sua mochila pela sala, estava dando tudo certo, até que esbarrou em um pincel. Antony se desequilibrou e bateu em um vaso, quebrando-o em mil pedaços. Emília deu um pulo e encarou Antony.

– Quer me matar?!

Antony não respondeu, pois sabia que era questão de segundos para que sua amiga entendesse o que estava acontecendo.

– Não! – Emília caminhou na direção de Antony.

– Sinto muito. Eu preciso ir! – Antony desviou-se de Emília, que tentou segurar o seu braço.

– Por favor, não faça isso. Eu estou te implorando! Isso não vai te fazer bem.

– Emília, eu preciso ir, eu não posso ficar mais aqui. – Antony segurou a amiga pelo braço. – Olhe para mim! Olhe! Eu estou bem, olhe meus olhos. Está vendo? Estou sóbrio, estou lúcido e consciente. Agora eu preciso ir.

– Eu não vou deixar você fazer isso! – Emília correu na direção da porta e com os dois braços impediu a saída de Antony.

– Não me faça tirar você daí!

– Por favor...

Antony correu em direção a Emília e a puxou pelo braço, mas não obteve sucesso e se afastou novamente.

– Me deixe ir! – Antony gritou.

– Eu não posso fazer isso com você! Você está louco? Eu te amo, e sei que isso vai ser ruim para você. – Emília soltou a porta e foi em direção a Antony.

– Não chegue perto de mim. – Antony estava nervoso. Sua cabeça já havia começado a doer de novo.

– Por que você está falando assim?

– Cala a boca!

– O quê? Você está me mandando calar a boca?

– Não! Você, não! – Antony começou a ouvir algumas vozes e não conseguia entender mais o que era real e o que era irreal. – Eu preciso ficar sozinho.

– Não! Aonde você vai?!

Antony saiu correndo para o seu quarto e Emília foi atrás dele, com um movimento muito rápido ele tentou bater a porta, mas Emília colocou o pé e depois o braço, impedindo a porta de se fechar.

– Antony! O que está acontecendo?!

– Saia daqui! Me deixa! – Antony fez força para fechar a porta, mas ela não deixou.

– Abre isso! Eu quero falar com você, eu não vou te machucar! Abre essa merda!

– Saia daqui! Saia daqui! – Antony abriu a porta e Emília acabou avançando para dentro, mas com um movimento certeiro, Antony a fechou, batendo com tudo em Emília e a mandando para longe.

Antony estava em choque, não queria ter feito aquilo com sua amiga. Emília estava caída no chão com a mão na testa, um galo imediatamente começou a se formar ali, ela ainda estava tonta da pancada, mas mesmo assim conseguiu se rastejar para longe de Antony.

– Me desculpe... – Antony estava nervoso. – Eu...

– O que aconteceu com você? – Ela começou a se afastar de Antony. Sua expressão denunciava o medo e o pavor que estava sentindo do amigo. – Onde está aquele Antony de antes?

Tudo ficou em silêncio. Dentro de sua cabeça as coisas aconteciam em câmera lenta. Diversas vozes gritavam, falavam e interagiam com ele. Seu coração estava novamente se acelerando e seu corpo já começava a emitir os primeiros sinais de que iria embarcar em uma longa tremedeira. Emília falou mais algumas coisas enquanto se afastava de Antony, mas ele não entendeu nada. Fechou os olhos, colocou as mãos nos ouvidos e gritou. Inesperadamente, todas as vozes sumiram de sua mente e Antony tomou coragem para dizer.

— Ele se foi.

Antony pegou sua mochila e correu para a porta.

A pequena vila de The Lady's Port ficava a apenas duas horas de Miracle. Antony dirigiu apressadamente até chegar ao portão de entrada da cidade. Um imenso painel de madeira anunciava a chegada de Antony. A placa dizia "Bem-vindo a Miracle, a cidade de todos os milagres". Antony achou tudo aquilo muito estúpido e imaginou que a placa só poderia ter saído da cabeça de Carlo. Quando se lembrou de Carlo, sentiu algo estranho dentro de si. Foi como uma pontada seguida por um sentimento de raiva crescente. Antony sabia que Carlo, o estranho prefeito da cidade, era uma serpente, assim como Lucius, Isla e até mesmo Alan. Antony não havia se esquecido do que havia descoberto sobre o clube. A suposta ameaça dos membros do Crotalus contra sua família, o que provavelmente havia resultado no assassinato de todos eles, exceto ele, não saía de sua cabeça. Antony sentiu que foi apenas passar pelo portal de Miracle para que diversas coisas voltassem à tona. Respirou fundo várias vezes e tentou se acalmar para que não ficasse muito nervoso. Tomou alguns goles d'água e abriu a janela. Tentou lembrar-se do mar e de sua nova casa a fim de diminuir o ritmo de seu coração, que já estava mais acelerado do que o comum. Pensou em Emília, pensou se ela voltaria a falar com ele novamente. Antony havia traçado um plano em sua cabeça, que basicamente consistia em pegar o colar de Lucius e entrar no Crotalus para tentar descobrir mais sobre o sequestro de Anne Rose. Para isso, precisaria ficar sozinho com as provas do caso de Anne Rose e segurar sua ansiedade até de noite para finalmente executar o seu ambicioso plano. Antes de ir para o departamento encontrar Hunter, que já estava ciente de seu retorno, Antony decidiu passar em sua antiga casa.

Estacionou o carro na frente da casa e, como de costume, deu de cara com a Sra. Anderson, que varria a calçada.

– Antony. – Sra. Anderson parecia surpresa.

– Olá. – Antony passou pela velha senhora.

– Achei nunca mais te veria novamente.

– Eu tenho algumas coisas para resolver ainda na cidade... – Antony afastou-se da mulher, mas deu meia-volta e voltou em sua direção. – Sra. Anderson... – Antony respirou fundo. – Me desculpe pelo que fiz com seu filho.

– Meu filho? – Nora Anderson parecia confusa. – O que há com meu filho?

– Ele invadiu minha casa...

– Ah não, meu caro. Eu acho que deve haver um engano, Nicholas faleceu faz cinco anos.

Antony estava em choque. Engoliu em seco e respirou fundo algumas vezes antes de forçar um sorriso para Nora e dizer que provavelmente havia confundido as vizinhas.

– Me desculpe. – Antony estava em choque. – Acho que confundi com o filho de Margaret. Me desculpe!

Estava atordoado, não poderia mais confiar nem mesmo no que andava vendo? O que havia acontecido com ele? Entrou correndo na casa e foi direto para o seu antigo quarto, agora mais vazio do que nunca e com um mau cheiro. Aproveitou para abrir a janela, o cheiro estava cada vez pior, e ele quis deixar entrar um pouco de ar. O jardim não era mais o mesmo, estava feio e abandonado. A neve já havia derretido e acabou por revelar todo estrago que havia feito. Até o seu jardim acabou sofrendo com tudo aquilo, era como se aquelas plantas pudessem sentir a energia do lugar. A casa de Antony não era o melhor lugar do mundo, por isso, na cabeça dele, todas as plantas haviam morrido. Caminhou pelo jardim e chegou até a casa dos fundos. Não sentiu medo dessa vez, sabia que não havia ninguém ali e que aquelas risadas que escutara no dia do ataque de pânico foram todas inventadas por sua cabeça. Quando chegou à parte de trás da casa, lembrou-se de Jack. Antony estava no mesmo lugar que havia caído enquanto corria atrás de Jack.

– Onde está você? – Antony disse aos ventos. – Por onde anda, falcão?

FILHO DAS ÁGUAS: O ETERNO RETORNO

Antony abaixou-se e segurou a terra com muita força. Tremia como nunca havia tremido antes em toda sua vida. Estava com raiva. Os seus gritos naquela noite voltavam em sua cabeça juntamente com a imagem de Jack se afastando de sua casa até desaparecer por completo. Antony sentiu ainda mais raiva quando pensava que havia sido internado e Jack nem sequer voltara para lhe ver, ou sequer o telefonou. Pelo contrário, o número de Jack estava fora de área, o que fazia Antony acreditar que ele havia trocado até de número. Emília estava certa, Jack provavelmente havia mudado de nome, de vida, de rosto e de número para apagar tudo que havia acontecido. Afinal, ele não poderia ser visto como o suspeito do caso de Anne Rose, mas na verdade Antony sabia que no fundo Jack não queria era ser visto ao seu lado. Liberdade é viver sem medo, mas no caso de Jack, Antony sabia que ser livre para ele era na verdade fingir que não se tinha medo. Livrar-se do medo nunca foi uma opção para ele. Muitos, iguais a Jack, propagam uma verdade que no fim não passa de uma cortina de fumaça. A fumaça de suas falsas verdades sufocam os inocentes ludibriados pelo encanto.

Antony saiu de sua casa e dirigiu em direção ao departamento de Miracle. Ao chegar, surpreendeu todos da equipe com um tímido "bom-dia". A maioria da equipe levantou-se e caminhou em direção a Antony dando-lhe abraços e palavras de conforto, o que o fez se sentir muito bem. Antony foi para a sala de Hunter e bateu na porta antes de entrar. Hunter respondeu educadamente e ele entrou na sala. Sentiu uma sensação estranha, fazia tempo que não fazia aquilo e já havia se esquecido do cheiro de cigarro que praticamente inundava a sala toda.

– Antony Mitchell. – Hunter anunciou a chegada de Antony.

– Hunter Boid. – Antony retribuiu da mesma forma.

– Achei que não o veria mais. Andou malhando? Está mais forte.

– Estou fazendo alguns exercícios na praia, faz bem para a mente e me faz esquecer de algumas coisas.

– Duvido que se esqueceu de Anne Rose. – Hunter provocou Antony.

– Jamais.

– É por isso que está aqui? Achei que queria ficar na sua nova casa o resto da vida. Acredito que não tem mais nada aqui para você.

– Não é você que decide isso. Correto? – Antony deu um sorriso para Hunter, o que o deixou um pouco irritado. – Acredito que sou maduro o suficiente para poder decidir o que é melhor para mim. Os médicos me liberaram. Eu finalmente estou de volta para terminar com tudo isso.

— Terminar com o quê? Com suas teorias sem lógicas e embasamentos nenhum? Você está delirando. A garota está morta e enterrada em algum lugar por aí.

— Anne está viva. — Antony gritou.

— Ei! — Hunter gritou de volta. — Não fique nervoso, por favor. A última coisa que eu quero é ter que te levar para o hospital e depois ter que aguentar aquela sua amiga irritante. Antony, meu caro. Acabou tudo! Você tem uma vida totalmente nova, está livre de Porter, livre de Anne Rose, e ninguém daquela cidade vai encher o seu saco por causa de sua família. Aproveite! Você deu o fora do caso, Porter sumiu, Alexander vai ser acusado e as suas fotos estão devidamente engavetadas. — Hunter abriu os braços.

— Minha família estava sendo ameaçada. — Antony disse. — O mesmo clube que Lucius frequentava e Carlo frequenta estava ameaçando minha família. Eles fizeram aquilo por causa de uma dívida.

— Do que você está falando? — Hunter estava com os olhos arregalados.

— Crotalus é um clube de golfe, é quase que uma irmandade entre os poderosos da região. Meu pai frequentava e pelo jeito foi ajudado pelos membros do clube quando se meteu em alguma dívida. Ele não pagou a quantia e teve sua família toda assassinada. — Antony respirou fundo, havia esperado semanas para dizer tudo aquilo. — Lucius foi convidado por Carlo, que é membro do clube, para começar a frequentar com ele o lugar, como se fosse um favor. Um cara simples como Lucius deve ter se encantado com isso, mas com certeza ele precisava fazer algo para o clube...

— Antony... — Hunter tentou interromper Antony.

— Bonnie e Ludovic são pessoas ricas, poderosos e influentes. Não duvido que Ludovic frequente o clube. Eu não duvido que Ludovic esteja sendo ameaçado pelo clube por causa de dinheiro e que...

— Antony, chega! — Hunter gritou.

— Anne Rose está sendo mantida naquele lugar, enquanto Ludovic e Bonnie tentam pagar a dívida que têm com eles!

— Você está louco! — Hunter andou de um lado para o outro e passou a mão no rosto. — Você está dizendo que Carlo, o prefeito dessa cidade, faz parte de um clube de ricos e poderosos que está ameaçando Ludovic e Bonnie usando a filha deles?!

— Essa é a verdade.

— E como você prova isso? — Hunter perguntou.

— A entrada no clube é permitida com um colar de serpente, o qual meu pai provavelmente tinha, o qual Lucius tinha, aquele colar que encontramos no seu carro e sua esposa confirmou que era a permissão para entrar no clube, e o qual Carlo também possui, o que confirmei aquele dia na casa dele. Se nós encontrarmos um colar igual na casa de Ludovic e Bonnie, estará tudo esclarecido! Se os Gordon fizerem parte de clube, basta juntarmos A mais B que teremos todo o caso resolvido.

— A menina está morta. Esquece essa história...

— E se ela não estiver? E se durante esse tempo todo Ludovic e Bonnie estão correndo para juntar dinheiro suficiente para pagar a dívida que eles têm? E se Anne Rose está em algum lugar daquele clube esperando ser resgatada? Confie em mim! — Antony gritou.

— E como faremos isso?

— Bonnie é a chave de tudo. Ela é fraca e está vulnerável, desde o início de tudo isso ela se culpa a todo o instante, sempre diz que não deveria ter feito o que fez. Ela esconde algo e eu sei disso, me dê uma chance de conversar com ela, de pressioná-la e conseguir fazer com que ela solte algo. Na festa de Carlo ela estava estranha, disse que não gostava dele e até mencionou algo relacionado com serpentes. Bonnie é o nosso foco!

— E depois?

— Depois nós lideramos uma operação ao Crotalus e tiramos Anne Rose de lá. — Antony aproximou-se de Hunter. — Eu sei que você não gosta de mim, e que nós tivemos alguns momentos tensos e que talvez eu tenha exagerado um pouco, mas eu peço apenas uma chance. Depois que tudo isso acabar, eu irei pedir afastamento e desaparecerei para sempre de Miracle. Você nunca mais vai me ver e eu vou apenas dedicar minha vida aos quadros que ando fazendo. Eu só preciso de uma chance, Hunter. — Antony estava nervoso. — Me deixe falar com Bonnie.

– Você tem até o final do dia para descobrir se isso é verdade. É a sua última chance, se essa história toda for uma grande furada, eu te afasto do departamento de uma vez por todas.

Antony saiu do departamento e foi em direção à casa de Bonnie e Ludovic Gordon. Estava nervoso, seu coração já não se acalmava mais, respirou fundo diversas vezes, mas sentiu que não havia muito que fazer. Pensou no que seu médico havia falado, que quando estivesse sentindo esses sintomas era para desligar de tudo que estava acontecendo e fazer algo que gostava, algo que lhe agradava. Antony lembrou que no caminho que estava fazendo havia um de seus lugares preferidos, a cafeteria que costumava comprar a torta de maçã. Entrou na cafeteria, mal olhou para os lados e foi direto fazer o seu pedido. Estava nervoso e precisava se acalmar, repetia palavras de conforto para si mesmo dentro de sua cabeça e já havia começado a sentir uma espécie de alívio. Antony pegou seu pedaço de torta e resolveu comer no carro. Quando se despediu da moça que havia lhe atendido, Antony deu de cara com um casal que havia acabado de entrar na cafeteria. Na sua cabeça, tudo aconteceu em câmera lenta. Antony parou imediatamente quando olhou para os olhos de Jack Porter. Eram os mesmos olhos negros do rapaz que aparecera durante muito tempo atrás em sua visão. Antony estava em choque. A mesma sensação que tomara conta de seu corpo havia muito tempo acabara voltando em frações de segundos. Bastou olhar para os olhos de Jack Porter para sentir tudo o que sentia antes de ser internado, foi como uma bomba que havia acabado de explodir dentro dele e o destroçado num piscar olhos. Antony queria sair correndo, queria voltar para sua casa e voltar para a beira da praia.

– Antony... – Jack foi obrigado a dizer algo.

– Jack. – Antony estava tremendo.

– Ah... – Jack não sabia o que falar. A mulher ao seu lado parecia confusa e tímida. – Essa é Victoria... – A mulher sorriu para Antony. – Minha noiva.

– Prazer em te conhecer. – Antony mal soube como aquelas palavras saíram de sua boca. Apenas as deixou sair e ansiou pelo momento em que aquela conversa acabaria. – Com licença. Preciso ir! – Antony passou pelo meio de Jack e Victoria e correu em direção ao seu carro.

Antony acelerou seu veículo o mais rápido que pôde e apenas pensou em um único lugar para ir. Parou o carro na frente de sua antiga

FILHO DAS ÁGUAS: O ETERNO RETORNO

casa, entrou às pressas pelo quintal, abriu desesperadamente a porta, subiu as escadas e deitou na antiga cama de Violet. Era um dos únicos móveis que tinham sobrado e era ali que Antony decidiu ficar. Precisava entender o que tinha acontecido. Achava que Jack havia desaparecido, mas deu de cara com ele e ainda por cima noivo. Victoria era uma linda mulher, loira, alta e parecia ser inteligente e ainda por cima rica. Antony se lembrou da foto que havia visto na gaveta de Jack, era ela, só poderia ser ela. Tudo isso só mostrava que na verdade Jack já estava com Victoria muito antes. Tudo que Jack sempre quis, alguém que o desse prestígio, alguém que o tornasse importante. Antony ficou quase uma hora respirando fundo, o seu coração não desacelerava e sua cabeça não parava de doer por nenhum minuto sequer. As imagens começaram a voltar à sua cabeça. Lentamente, uma por uma, voltavam primeiro a mulher, depois o rapaz, a criança, a vila e o precipício. Mais uma vez, Antony estava vendo aquela mulher na beira do precipício, prestes a se jogar rumo ao seu trágico final. "O que está acontecendo comigo?" era o único pensamento que tinha em sua cabeça. Ele sentiu que tudo estava voltando como era antes, todas aquelas imagens, a música de Blair e as vozes. Olhar para Jack havia sido como uma faísca, e agora Antony estava completamente em chamas. Tomou coragem para ir para a casa de Bonnie e Ludovic. Antes de sair, fez mais um exercício de respiração, passou mais uma vez a mão no rosto e repetiu algumas palavras de autoajuda. Quando estava prestes a tocar a maçaneta, a campainha tocou. Antony se afastou rapidamente. Ficou em silêncio. Quando se movimentou novamente para frente, ouviu mais uma vez o toque da campainha. Não pensou duas vezes e abriu a porta. Jack entrou às pressas, empurrando Antony para o lado. Antony bateu a porta e saiu para o fundo da sala, afastando-se de Jack.

— Eu preciso falar com você. – Jack estava ofegante. – Eu não sei por onde começar.

— Então nem comece. – Antony estava de costas para Jack.

— Esse mês que se passou não foi nada fácil. Você não foi o único que sofreu e que mudou. Eu saí de Miracle sendo perseguido, não consegui ir para lugar nenhum, voltei para cá e tive que praticamente fugir da cidade. Mesmo estando em Glasgow, algumas pessoas me reconheciam, apontavam em minha direção e zombavam de mim. – Jack gesticulou bastante. – Lembra quando eu te disse que as coisas sempre me arrastam para cá? Aconteceu de novo! Quando conheci Victoria eu não imaginava que os pais dela moravam em Miracle! – Jack gritou. – Tudo me trás para cá! É como se eu tivesse algo para fazer aqui, um chamado, qualquer coisa do tipo. Eu jamais imaginei que isso iria acontecer, Antony. Eu me envolvi com ela e... – Jack hesitou um pouco em falar. – Eu acabei me envolvendo demais e aceitei o que ela me ofereceu. Eu precisava da ajuda dela para publicar o livro. – Jack estava abalado e sentia certa vergonha. – Victoria é editora-chefe de uma famosa editora em Glasgow. Eu não tinha mais o que fazer. Tudo me trouxe para cá mais uma vez, é como se eu tivesse algo para fazer aqui em Miracle. Eu estou disposto a te ajudar de novo a encontrar Anne Rose e me redimir com você, pois eu preciso do seu perdão. Eu preciso que você me perdoe e que você entenda que eu fiz o que fiz para sobreviver... Por favor. Eu andei pensando muito em você esses tempos e eu não consigo deixar para trás o que temos. Eu não consigo esquecer nossa história, pois o que eu senti por você naquele dia que te vi pela primeira vez foi algo único em minha vida. Quando olhei em seus olhos eu senti várias coisas, e eu sei que você sentiu e ainda sente.

Antony ainda estava de costas. Jack havia ficado em silêncio e estava totalmente paralisado. Olhou para o chão e sentiu que a primeira lágrima saiu de seus olhos e percorreu o seu rosto até cair no chão.

– Depois que você se foi... – Antony começou a falar. – Eu tive um ataque de pânico, meu coração quase parou e eu fui salvo por uma amiga. Eu fui internado, passei semanas no hospital, enfrentei outras crises, até que me recuperei e finalmente deixei aquele lugar. Fui obrigado a alugar um apartamento perto do hospital e depois tive que me mudar de Miracle para ajudar meu tratamento. Eu liguei para você centenas de vezes e você nunca atendeu. Eu mandei mensagem para você e nunca recebi uma resposta. Eu pensei onde você estaria, eu pensei no que você estava fazendo, mas principalmente eu pensei que eu havia encontrado uma pessoa que me fazia esquecer de meus problemas, de meus traumas, que me fazia rir e que me fazia feliz. Dormi vários dias pensando que eu havia conhecido alguém diferente igual a mim, alguém que compartilhava da mesma dor, da dor da aceitação e das barreiras dela. Eu quebrei várias paredes por essa pessoa, eu a ajudei com seu sonho, eu a apoiei, eu dei tudo o que tinha de mim para que ela fosse feliz assim como eu. Para que ela se sentisse feliz assim como eu estava me sentindo, afinal, ela me propôs para que nós fôssemos livres juntos. Eu acreditei na liberdade que essa pessoa me propôs. Eu acreditei nas palavras dela. Quando entendi que ela jamais voltaria, eu tentei todos os dias esquecer-me de seu rosto, de seu cheiro, de seu sorriso e de seus olhos. E quando eu finalmente fiz isso, ela aparece novamente na minha vida. – Antony começou a virar-se na direção de Jack. Seu rosto estava vermelho, sua voz começou a falhar e o seu olhar transmitia apenas raiva. – E então você aparece novamente em minha vida... – Antony tremia ainda mais. – Só que dessa vez noivo de uma *mulher*. Eu encontrei a foto de Victoria em suas coisas muito antes disso tudo. Eu sei que você estava com ela e que bastou acontecer um problema que você correu para o seu lado. Afinal, o seu livro é a única coisa com que você se importa.

– Antony...

– Cala a boca, Jack. – Antony começou a caminhar lentamente em sua direção. – Não foi fácil para mim também. Eu te dei tudo que eu tinha. Eu havia me comprometido em fazer o que fosse possível apenas para ficar com você. Eu apenas queria que nós fôssemos livres. – Antony segurou os braços de Jack. – Eu me abri para você de um jeito que eu nunca fiz para ninguém, eu conheci uma coragem dentro de mim que eu não sabia que eu tinha e você me deixou...

– Antony...

– Você me deixou! – Antony gritou e chacoalhou Jack para frente e depois para trás. – Você me deixou! Você nos deixou! Você a deixou! – Antony o chacoalhou ainda mais forte. – Você a deixou! Você é um conformista, um idiota, um covarde... Eu me entreguei para você e você me deixou! Você é um idiota! Você tem medo de viver, você tem medo de si mesmo! Você é um idiota! – Antony começou a empurrar Jack para longe. – Sai daqui! Sai daqui! Sai da minha casa! Agora!

– Me solta! – Jack empurrou Antony de volta e se afastou novamente.

Nem Jack e nem Antony sabiam o que falar em seguida. Jack estava mais próximo da porta enquanto Antony estava mais afastado.

– Quanto tempo ela vai levar para entender que ela está sendo feita de idiota, assim como eu fui?

– Ela não está sendo feita de idiota! Eu gosto dela, é só questão de tempo até eu encontrar um jeito de dizer... – Jack gritou do outro lado da sala.

– Você gosta do que ela te proporciona. – Antony respondeu. – Quando ela publicar o seu livro, você vai dizer que na verdade é apaixonado por mim e que nunca me esqueceu?! Mentiroso! – Antony apontou o dedo na direção de Jack. – Sua irmã tinha razão. Você vai ser sempre um fracassado.

– Cala a boca! Se não fosse por essa sua louca obsessão pela droga dessa menina você não teria passado por tudo que passou!

– Essa droga de menina é sua sobrinha! – Antony gritou.

– Ela não é nada minha. Eu não tenho mais nada com aquela parte da família. Pra mim chega! – Jack estava muito nervoso. Passou sua mão no rosto diversas vezes e andou em círculos, tentando segurar algumas lágrimas. – Antony, eu preciso que você me escute. Eu não consigo te esquecer, você me persegue! Não importa para onde eu vá, você está na minha cabeça o tempo todo. É por isso que eu aceitei vir de volta para cá, porque eu sabia que te veria. Eu sabia que eu teria uma segunda chance!

– Eu não consigo... – Antony tentou desviar de Jack, que o segurou em seus braços. – Olha o que você fez... – Antony começou a chorar e foi abraçado contra seu gosto por Jack. – Me solta... Eu quero ir embora... Me solta! – Antony finalmente se soltou de Jack.

– Por favor... – Jack implorou. – Eu te peço perdão. Eu vou largar tudo dessa vez para ficar com você. Eu largo essa história toda com ela, eu espero mais tempo para publicar o livro, eu não vou conseguir vir para cá sabendo que você está aqui...

– Eu não estarei aqui. – Antony sentiu uma dor muito forte na sua têmpora. A mesma dor que sentiu quando foi encontrado por Emília. – Eu vou embora, Jack. E você vai fazer o mesmo. Eu quero você saia da minha casa, eu quero você saia de Miracle, eu quero você saia do país... Eu quero que você saia da minha vida.

Jack encarou Antony por alguns segundos e por um momento parecia que iria dizer alguma coisa. Quando Antony estava pronto para repetir o que havia dito, Jack deu meia-volta e foi em direção à porta da sala. Abriu a porta com muita força e a bateu logo em seguida. Antony estava em choque, não acreditou no que havia acontecido.

Antony entrou correndo no carro. Parecia que o mundo estava acabando, ele precisava chegar o mais rápido possível na casa de Bonnie e Ludovic Gordon, afinal precisava comprovar que o casal também estava sendo ameaçado pelo clube. Antony ainda estava abalado com o seu reencontro com Jack, ainda sentia muita raiva dele e por mais que ele falasse que estava arrependido e que queria recomeçar de novo, Antony não acreditava. Mas não era o momento apropriado de se pensar em Jack, Antony tinha poucas horas para comprovar sua teoria e acabar de uma vez por todas com aquela história. Estacionou o carro próximo à casa de Bonnie e Ludovic e tocou a campainha. A funcionária da casa liberou a entrada de Antony, ao chegar perto da porta, deu de cara com Bonnie Gordon. Por dentro, comemorou o acontecimento.

— Antony? — Bonnie parecia surpresa. — Eu achei que você havia deixado a cidade.

— Estou de volta. Posso entrar?

— Sim.

Antony acompanhou Bonnie para dentro da casa. Aquele lugar não lhe trazia muitas lembranças boas, lembrou-se da carta que Jack escrevera para Bonnie e pensou que, assim como Bonnie, ele havia conhecido outro Jack. Talvez Antony tenha conhecido o Jack Porter que enviara aquela carta. Ficou com medo do que Jack poderia fazer, tinha medo de quem ele poderia tornar-se. O Jack de antes estava morto e enterrado, aliás, ele nunca havia existido.

— Como andam as coisas, detetive? — Bonnie parecia ainda mais abalada. Estava mais magra, quase só tinha pele e osso, e seus cabelos estavam mais curtos e sem tintura.

— Agitadas. — Antony pensou como contornaria a situação, pois não deveria ter dito aquilo. — Eu digo, em relação à mudança. Muitas caixas ainda e muitas coisas para se fazer.

— Eu imagino como deve ser colocar um grande círculo dentro de um pequeno círculo. Afinal, sua casa antiga era bem grande.

— Não levei muitas coisas, acabei doando a maioria. — Antony aceitou o copo d'água que a funcionária da casa lhe ofereceu. — E você?

— Estou caminhando. — A expressão de Bonnie mudou rapidamente. — Não há o que fazer. Pelo jeito, as investigações pararam naquele motorista e Anne Rose jamais aparecerá. Meu dinheiro acabou e esta casa é tudo o que me restou.

— Não pense assim. Podemos dar um jeito em tudo isso.

– Como não pensar? Faz mais de 60 dias. Como ainda ter fé de que tudo vai voltar ao normal? Eu tentei de tudo e nada aconteceu. Creio que vocês também deram o seu melhor...

– Eu ainda estou dando. – Antony a interrompeu.

– Por isso está aqui? – Bonnie lhe perguntou.

– Preciso encontrar sua filha, não foi isso que me disse para fazer? Também me disse para tomar cuidado, o que queria dizer com aquilo? – Antony estava nervoso.

– Você já foi ao meu jardim? Podemos dar uma volta por lá. – Bonnie sinalizou para que Antony a seguisse. Antony entendeu que era para que ninguém atrapalhasse a conversa dos dois.

Os dois saíram pela porta da cozinha e caminharam para a parte de trás da mansão. Era uma casa gigantesca e com certeza bem maior do que a de Antony. Bonnie e Antony chegaram a uma espécie de estufa, onde havia diversas rosas vermelhas.

– Anne Rose... – Antony sussurrou.

– Anne Rose. – Bonnie passou a mão em algumas rosas. – Quando Anne desapareceu, eu vim bastante nesse lugar. Às vezes passava horas aqui pensando nela e cuidando de cada botão.

– São lindas... – Antony estava impressionado.

– Iguais a ela. Anne Rose tinha uma bochecha vermelha, e ficava ainda mais quando ela sentia vergonha. Depois de um tempo, eu entendi o motivo pelo qual eu havia brigado com Ludovic para que o seu nome fosse Anne Rose e não só Anne.

– Eu gosto de Anne, mas Anne Rose me parece simbólico.

– Sim... – Bonnie segurou uma rosa nas mãos. – As rosas representam o renascimento e o seu desabrochar representa os segredos e os mistérios da vida. Às vezes tudo pode ser lindo, assim como esse lugar. Pode ter um cheiro agradável, uma textura fabulosa e um visual de tirar o fôlego. Mas mesmo assim, isso tudo pode estar escondendo uma verdade não muito fácil de encarar. A vida é assim.

– Eu preciso que você me diga o que você sabe sobre Carlo. – Antony entendeu que aquela era sua oportunidade, Bonnie havia dado espaço para aquela conversa.

– Eu gostaria que Ludovic jamais tivesse entrado nesse clube. – Bonnie encarou Antony. – Você faria de tudo pela vida daqueles que você ama? Mesmo se as suas opções forem arriscadas e tivessem uma garantia quase nula? – Bonnie estava chorando. – O que você faria?

– Eu...

– Eu não sabia o que fazer. Era nossa única chance, Antony. Eu amo minha filha mais que tudo, e hoje em dia eu vivo com o peso da decisão e da culpa. Eu deveria ter fugido com Anne Rose em meus braços, eu deveria ter tirado ela daqui e deixado Ludovic.

– Bonnie...

– Por favor, deixe-me falar! – Bonnie segurou Antony. – Eu deveria ter sido levada no lugar dela. Era eu que deveria estar naquele carro, e não minha filha. Você me entende? – Bonnie estava chorando. – Eu tentei contornar a situação e eu tive a ideia, tudo porque eu sabia que o mesmo que aconteceu com você aconteceria comigo. Eu sabia que eles matariam todos nós e eu tive que propor uma alternativa... – Bonnie estava quase caindo no chão.

– Bonnie... O que você fez?

– Quando eu a deixei na casa de Malvina, eu caí no choro porque sabia que ela nunca mais voltaria. Eu sabia que eles não iriam cumprir com o acordo. Eu...

– Você... – Antony soltou Bonnie e ela caiu no chão de joelhos. – Você passou a localização de Anne Rose para Lucius. – Antony afastou-se de Bonnie e colocou a mão sobre o rosto. Não acreditava no que estava escutando. Ele sabia que Lucius jamais poderia ter feito tudo aquilo sozinho, ele sabia que desde o início Lucius estava esperando por Anne Rose, que ele havia escolhido a menina, mas só não sabia que Bonnie havia passado a localização.

– Eu tentei de tudo depois! Eu me culpei, eu não aguentei segurar por muito tempo! Eu entreguei as filmagens! Eu vendi uma das casas do meu pai, eu troquei de carro e dei o dinheiro para o clube, mas eles queriam mais que 150 mil libras, eles queriam quase 500 mil libras, e eu não consegui fazer com que Ludovic pagasse a dívida. Quando eu decidi fazer tudo sozinha por conta própria, porque comecei a temer pela vida de Anne, eu comecei a enlouquecer, pois eu não tenho nada e quem tem todos os bens é ele! Eu fiquei impossibilitada de agir!

– Chega! – Antony gritou. – Bonnie Gordon... – Antony olhou para a mãe de Anne Rose.

– Era para tudo isso ser uma encenação! Logo depois que Anne foi levada Ludovic me disse que pagaria a quantia, mas depois voltou atrás naquele dia da coletiva e ofereceu muito pouco para o clube. Ele sabia que Anne Rose estava nas mãos do Crotalus, mas não sabia que eu havia negociado com eles essa condição. Depois que aquele motorista e capanga de Carlo foi morto, eles viram isso como um golpe nosso e acharam que eu estava de acordo com a polícia, e por isso fizeram aquilo com a minha menina... Antony... eles a cortaram... – Bonnie estava em pânico. – Eu depositei uma enorme quantia para Carlo e as coisas se acalmaram, mas o prazo está acabando e eles me disseram que vão matar minha filha e deixar ela aqui na porta da minha casa. Por favor, entre naquele lugar e tire Anne de lá!

Antony tremia. Jamais passou pela sua cabeça a possibilidade de que Bonnie poderia ter passado a localização da própria filha para o Crotalus, e por falar em Crotalus, a teoria de Antony havia acabado de ser comprovada. O clube por algum motivo havia feito algum favor para o casal, que de algum modo não retribuiu da mesma forma, o que fez com que Bonnie oferecesse a vida da própria filha.

– Por que fez isso? – Antony estava abalado. – O que eles querem?

– Ludovic precisou de dinheiro e foram eles que emprestaram. Só que as coisas não ficaram nada bem e Ludovic não conseguiu pagar, foi nesse momento que eles começaram a nos ameaçar. Falavam que iriam me estuprar e que colocariam fogo na nossa casa. Eu sabia sobre sua família e não queria que o mesmo acontecesse comigo. Eu estava perdida e eles me propuseram que poderiam forjar um sequestro com Anne Rose e assim tirar a quantia de dinheiro que precisavam de Ludo-vic. – Bonnie ainda chorava. – Eles me prometeram que ela seria bem tratada, eu até cheguei a ver o seu quartinho...

– Onde fica isso!? – Antony interrompeu.

– Fica no terceiro andar. Final do corredor, escada de emergência, no final tem uma porta, depois outro corredor e pronto. – Bonnie passou a mão nos cabelos e olhou para Antony. – Por favor, entre naquele lugar e encontre minha filha.

– Como faço para entrar sem ser descoberto?

– Você está louco? – Bonnie levantou. – Você precisa entrar com a polícia. Eles provavelmente te pegariam...

— Não se eu tiver um colar de serpente. — Os olhos de Bonnie arregalaram-se. — Correto? Tenho certeza que Ludovic tem um.

— Mas eles podem te matar... Como você vai sair de lá com Anne Rose? Você precisa de uma senha...

— O colar, uma senha e a roupa apropriada. — Antony disse. — Hoje de noite. Correto?

— Sim. — Bonnie enxugou uma lágrima. — Por favor... Tome cuidado, eles são loucos. Você precisa levar alguém com você.

— Onde está Ludovic?

— Ele está em Nova York, mas já está voltando. Deve chegar em algumas horas em Edimburgo.

— Eu irei encontrar sua filha, mas terei que levar você comigo. Você terá que dizer tudo isso quando chegar à delegacia. — Antony respirou fundo. — Você está presa.

— Eu não posso ir agora! Ludovic vai me matar!

— Você precisa prestar um depoimento! — Antony gesticulou. —Você vem comigo, Bonnie.

— Antony, por favor, não me obrigue a ir, eu preciso ver minha filha antes! — Bonnie começou a se afastar e Antony percebeu em seu olhar que ela estava com a intensão de sair correndo.

— Olhe bem para mim... — Antony segurou Bonnie pelo braço. — Você abandonou sua filha. Você irá comigo para o departamento, vai prestar um depoimento e vai acusar o clube. Está me ouvindo? — Não soube de onde veio tamanha frieza.

Antony segurou Bonnie pelo braço e os dois saíram da estufa, entraram na casa, atravessaram a sala e entraram juntos no carro de Antony. Pela primeira vez, Antony sentiu que aquilo tudo estava chegando ao fim. Anne Rose realmente poderia ser salva.

Antony e Bonnie chegaram à delegacia, mas a mulher não estava algemada, Antony apenas segurava o braço da mãe de Anne Rose e a conduzia para uma pequena sala.

— Tome isso. — Bonnie esticou o braço para Antony.

— Uma rosa...

— Guarde para você.

Antony deixou Bonnie na sala e correu para a sala de Hunter. Abriu a porta com exagerada força e disse.

– Hunter!

– Que isso?! – Hunter se assustou. – Um dia você me mata. O que aconteceu?

– Foi ela... – Antony ainda estava abalado com a revelação. – Foi ela, Hunter. Bonnie Gordon passou a localização de Anne Rose para Lucius.

– Do que você está falando? – Hunter estava em choque. – Você tem ideia do que está dizendo?

– Não sou eu que estou dizendo. É ela! Ela me contou e confirmou o que eu te disse mais cedo. Bonnie e Ludovic estão sendo ameaçados pelo Crotalus, assim como meu pai foi, e...

– Eles sequestraram a filha deles como garantia?! – Hunter ainda não acreditava naquele absurdo todo.

– Não! – Antony gritou. – Bonnie fez um acordo com o clube, eles forjaram tudo isso, só que eles não devolveram Anne Rose porque nem Ludovic nem Bonnie pagaram a quantia exigida. Ela sabe onde Anne Rose está!

– Não me diga que a garota...

– Sim! – Antony esperou tanto tempo para dizer aquilo. – Anne Rose está em um quarto na escada de emergência do terceiro andar do Crotalus.

– Onde Bonnie está?! – Hunter passou por Antony. – Preciso falar com ela.

– Sala 5!

Antony e Hunter andaram com pressa pelo corredor até chegar à sala 5. Antes de entrar, os dois observaram Bonnie por um tempo. Ela estava nervosa, chorava e às vezes batia na mesa com muita raiva.

– Precisamos encontrar a menina. – Antony estava ofegante. – Eu posso liderar a operação.

– Não! Você está louco? Temos que planejar isso direito, precisamos de um mapa, precisamos de mais homens...

– Estamos sem tempo! – Antony gritou. – Eu posso entrar antes e quando encontrar a garota sinalizo para que vocês entrem.

– Precisamos pensar isso com calma. Onde está Ludovic? – Hunter perguntou.

— Ele está a caminho, antes de sair da casa deles eu a mandei dizer a ele para que a encontrasse aqui. Só não deixei ela dizer o que estava acontecendo.

— Você acha que ele sabe?

— Ela diz que não. — Antony não imaginava qual seria a reação de Ludovic. — Não consigo imaginar como será esse encontro.

Antony e Hunter entraram na sala. Hunter ficou em pé ao lado de Bonnie enquanto Antony apoiava-se no vidro. Bonnie não disse nenhuma palavra, continuava com a cabeça baixa e olhava apenas para a mesa que estava na sua frente. Antony podia ouvir que Bonnie estava chorando.

— Bonnie... — Hunter começou. — Você pode me dizer o que aconteceu?

Não ouve resposta por parte dela. Bonnie apenas chorava, Hunter foi para o lado oposto e repetiu a pergunta de forma diferente. Antony só pensou o quanto queria que Bonnie falasse aquilo de novo, ela precisava falar.

— Eu sei o quanto isso é assustador, mas só queremos ouvir a verdade. Você pode nos dizer a verdade?

Bonnie não respondeu, apenas abaixou a cabeça ainda mais, quase como que se estivesse deitada. Hunter olhou para Antony, o clima na sala não era o melhor de todos. A cada vez que Hunter perguntava sobre o que havia acontecido, Antony ficava mais tenso e mais nervoso. Seria possível Bonnie estar fazendo com que ele se passasse de louco? Afinal, ela havia dito aquilo em um lugar isolado onde ninguém podia ouvir.

— Bonnie... — Antony falou pela primeira vez. — Hunter já perguntou várias vezes, estamos aqui faz quase 15 minutos e eu ainda não ouvi as mesmas palavras que você me disse. Por favor. — Antony estava perdendo a paciência.

— Eu apenas quero morrer...

— O quê? — Antony disse. — A vida da sua filha está em perigo faz mais de dois meses. Ela está em um quarto bom? Deve estar, mas saiba que aqueles homens podem matar Anne Rose a qualquer momento. Você mesma disse que o seu tempo estava acabando e que eles iriam dar um fim nela! É só eles perderem a paciência. Você precisa nos ajudar! Você precisa ajudar Anne Rose!

— Ela está morta, detetive.

– Do que você está falando?

– Eles devem ter matado minha Anne... – Bonnie chorou ainda mais.

Antony ficou irritado e saiu da sala e Hunter o seguiu. Antony andava de um lado para o outro e às vezes dava chutes na parede.

– Não adianta você ficar assim.

– Como devo ficar então? – Antony abriu os braços. – O que eu faço? Ela me disse palavra por palavra e agora quer fazer voto de silêncio?! Anne Rose está naquele clube nojento...

– Antony! – Hunter gritou. – Calma

– Calma? Ela está sem o polegar e sem um pedaço da orelha! – Antony ficou indignado. – Daqui algumas horas...

– O que tem hoje?

– Uma festa que eles fazem. – Antony respondeu.

– Pense nisso depois, ok?! Precisamos dessa confissão o mais rápido possível. Enquanto isso precisamos bolar uma operação naquele lugar.

Hunter deixou Antony sozinho na sala com mais dois policiais que também estavam ali. Antony ficou horas olhando Bonnie, que mal se movimentou. A mulher não fazia nada e, depois de tanto chorar, ficou olhando para um único ponto fixo. Ficou assim por mais algumas horas e depois voltou a baixar a cabeça e a chorar, o que fez com que Antony ficasse ainda mais irritado. O tempo passava e Bonnie não transmitia nenhum sinal de que abriria a boca. Depois de longas horas, o telefone dela havia tocado e um dos policiais comunicou Antony que Ludovic deveria estar chegando, afinal estava ligando para ela. Enquanto isso, Bonnie estava na mesma posição de antes, só que havia parado de chorar. Antony estava olhando para Bonnie do outro lado do vidro e sentia ainda mais raiva. Não entendia o motivo pelo qual ela havia feito aquilo com sua própria filha. Não entendia como que Bonnie havia tido coragem de ter entregado Anne Rose para os mesmos homens que mataram toda sua família. Bonnie havia jogado Anne Rose em um ninho de serpentes achando que devolveriam a menina. A raiva cresceu dentro de Antony e o reflexo do vidro mostrou um Antony que não era o Antony de antigamente. Muita coisa havia acontecido em Miracle e ele havia mudado. Antony estava diferente e sabia que aquela não era uma de suas melhores versões. Quando Bonnie repetiu o mesmo movimento, Antony perdeu a paciência e entrou na sala.

— Filha da puta!

— Ei! – O policial que estava ao seu lado tentou segurar seu braço.

— Deixa ele. – O outro policial que estava presente segurou o colega para que ele deixasse Antony entrar na sala.

— Hunter mandou ficar de olho nele.

— Estamos de olho. Não estamos?

Antony abriu a porta da sala e fez questão de batê-la com muita força. O barulho fez com que Bonnie se assustasse.

— O que você está achando de tudo isso? – O tom de voz de Antony não era nada amigável. – Hein?! Eu te fiz uma pergunta, porra!

— Detetive...

— Ah! Ela fala! – Antony foi na direção do vidro e deu um tapa na sua superfície. – Ouviram?! – Antony voltou a falar com Bonnie. – Eu acho melhor você abrir logo essa sua boca.

— Eu não posso... – Bonnie começou a chorar.

— Não pode? Você chorou quando entregou sua filha? Por que eu ando me perguntando isso. Todas essas horas te vendo chorar a única coisa que vem na minha cabeça é se você chorou dessa mesma forma quando deixou sua filha na casa de Malvina.

— Eu chorei muito...

— Chorou?! – Antony deu um soco na mesa. – Então chora mais! Eu quero ver você chorar ainda mais, Bonnie Gordon. Você é um monstro e eu quero que você saiba disso!

— Por favor, pare...

— Parar? – Antony começou a rir. – Em algum momento eu parei de procurar sua filha? Eu estou nessa merda desde o início e eu tive que enfrentar uma série de coisas que tentaram me afastar disso, mas adivinhe só! Eu nunca deixei de procurar a sua filha! A filha que você jogou fora!

— Eu não joguei Anne Rose fora! Eu apenas...

— Jogou sim! – Antony bateu mais uma vez na mesa. – Jogou sim! Jogou e jogaria de novo! – Antony deu mais dois socos na mesa e depois se virou e acertou um na parede. – Eu estou perdendo a paciência com você. Você jogou sua filha em um ninho de serpentes e esperaria o quê? Que eles devolveriam ela e então você diria para ela que ela apenas foi passar férias fora de casa? – Antony aproximou-se de Bonnie, seus lábios quase que tocaram o ouvido dela. – Fala! Eu preciso que você fale! Sabe quem deveria estar lá? Você! – Antony pegou no cabelo de Bonnie e puxou seu pescoço para trás. Nesse momento os dois policiais que estavam do outro lado do vidro saíram correndo e entraram na sala. – Fala! Fala!

Bonnie gritou enquanto Antony segurou seu cabelo e puxou para trás. Os dois policiais seguraram Antony, um do lado direito e o outro do lado esquerdo, mais próximo a Bonnie. Antony não a largou. O policial o agarrou pelas costas e o puxou para longe, mas como ele não soltava Bonnie, a mulher ia para a mesma direção. O outro policial, que estava à frente de Bonnie, tentou soltar a mão de Antony. Os quatro faziam uma dança esquisita e bizarra, e quando Antony finalmente soltou Bonnie e foi puxado para longe, ele percebeu que ela havia pegado a arma de um dos policiais.

– Bonnie! – Antony apontou sua arma para a mulher. – Abaixa isso! – Os outros dois policiais gritaram palavras de ordem. – Bonnie! Eu disse abaixa! – A mulher apontava a arma na direção de Antony. Os seus olhos olhavam atentamente para Antony, mas com um singelo gesto ela colocou a arma no céu de sua boca. –Bonnie! – Antony correu em sua direção.

Os gritos de Antony só não foram mais altos do que o barulho do tiro que pôde ser ouvido. O sangue voou na direção de seu rosto e ele se desequilibrou. O corpo de Bonnie caiu próximo à parede. Antony estava perplexo, um estranho zumbido atormentou sua cabeça. O sangue de Bonnie estava por todo o seu rosto e escorria pelo seu corpo. Ele não conseguiu desviar o olhar, o corpo de Bonnie estava caído bem na sua frente. A parede havia sido manchada com o vermelho do sangue, da cor das rosas que Bonnie gostava. Antony, olhando para o sangue, disse para si mesmo que aquilo eram apenas rosas. Sentiu que se acreditasse naquilo, a cena seria menos traumatizante para ele.

"São apenas rosas."

II

Antony estava no banheiro. O barulho do relógio de parede parecia mais alto do que o normal. "Tic-tac" era a única coisa que tinha dentro da cabeça de Antony. Ele acompanhou com a mente o barulho do relógio para que pudesse se esquecer do que havia acabado de presenciar. O seu reflexo no espelho lhe mostrava o quão sujo de sangue ele estava. Quando a bala explodiu no céu da boca de Bonnie, Antony estava bem próximo, o que fez com que uma grande parte do sangue da mãe de Anne Rose voasse em sua direção. Lavou o rosto várias vezes, mas mesmo assim uma grande quantidade de sangue ainda estava grudada nele. Sua roupa estava suja, e nada do que ele fizesse iria limpar aquilo. Pelo menos não no banheiro do departamento.

— Eu te deixo alguns minutos sozinho e você faz isso! — Hunter abriu a porta do banheiro e gritou na direção de Antony.

Antony não respondeu, ignorou completamente o grito de Hunter e continuou a olhar o seu próprio reflexo.

— Merda! — Hunter estava furioso. — Você tem ideia do que acabou de acontecer?!

— É claro que eu tenho! — Antony gritou de volta.

— Então fale algo, porra! — Hunter revidou. — Fala alguma coisa!

— Quer que eu fale o quê?! — Antony perdeu a paciência. — Ela se matou, porra! Ela deu um tiro na própria cara na minha frente! É isso que você quer que eu fale?!

Antony empurrou Hunter para o lado e saiu do banheiro. O barulho do tiro de Bonnie não saía de sua cabeça. Enquanto andava sem rumo, Antony tentou se livrar de algumas coisas que surgiam em sua cabeça. Mike, Isla, Violet, a mulher de sua visão, todos eles voltaram para atormentar sua vida. Antony respirou fundo, tentou se acalmar, disse em voz alta que estava tudo bem e que aquilo tudo iria passar, mas nada fazia efeito. Tudo piorou quando Robena anunciou a chegada de Ludovic.

— Antony... — Robena disse timidamente. — Ludovic está aqui. O que faremos?

— Eu resolvo! — Hunter passou correndo pelos dois.

— Hunter! — Antony seguiu Hunter.

Antony diminuiu o passo à medida que escutou os gritos de fúria e de dor de Ludovic. Os berros que Ludovic dava fizeram Antony colocar as mãos sobre os ouvidos e abaixar-se.

— Por favor, pare... Por favor... Por favor... — Antony disse.

Não adiantou nada e os gritos continuaram. Todas as imagens de sempre voltaram à cabeça de Antony, assim como as visões, os gritos e as risadas. Antony correu para sua sala e trancou-se lá dentro. Parecia uma criança com medo, estava encolhido no canto da parede e estava chorando. Lembrou-se imediatamente de quando ficava trancado no porão. Olhou para suas mãos ainda com sangue nas unhas e entrou ainda mais em desespero. Seu pesadelo durou por quase uma hora. Naquele momento, Ludovic já havia ficado em silêncio e tudo parecia mais tranquilo. Antony demorou mais um pouco para sair da sala, e percebeu que durante aquele tempo que havia passado o corpo de Bonnie já havia sido levado e o lugar agora estava interditado.

– Onde está Hunter? – Antony perguntou para um policial que estava por perto.

– Está em outra sala com o marido dela.

– Obrigado.

Antony caminhou para a sala onde Hunter estava com Ludovic e ao chegar lá foi inevitável que não reparasse nos olhos inchados do pai de Anne Rose. Antony sentou-se na frente de Ludovic e Hunter o encarou.

– Ele confirmou tudo. – Hunter disse. – Tudo o que você disse sobre o tal do clube de golfe. Você consegue explicar mais uma vez para ele? – Hunter perguntou para Ludovic, que fez que sim com a cabeça.

– Crotalus é um clube de golfe. – Ludovic olhou para baixo. – Mas acima de tudo é um clube de irmãos.

– Eu chamo isso de máfia. – Antony interrompeu.

– É... – Ludovic pareceu sem jeito. – Temos uma festa que acontece todo o mês, um banquete. Não são todos que vão, o clube é muito cheio, mas temos algumas centenas de privilegiados que podem ir...

– Basta ter um colar. – Antony se lembrou do livro de pensamentos de sua mãe, no qual ela chamava Alan de serpente. – Um colar de serpente. – Antony completou.

– Isso. – Ludovic juntou forças para continuar. – E uma senha que nada mais é do que o nome do clube. Algum tempo atrás eu perdi bastante dinheiro, e o único jeito de pagar era pedindo ajuda aos meus irmãos. – Ludovic respirou fundo.

– Assim como meu pai. – Antony interrompeu mais uma vez. – Tenho certeza que você o conhecia.

– Era uma figura conhecida lá dentro. – Ludovic respondeu. – Eles me emprestaram dinheiro e... Não consegui pagar. Acho que você tem ideia do que eles fazem com a família daqueles que não cumprem com seus compromissos...

Antony começou a rir. O seu riso era uma mistura estranha de riso e choro. Antony sentiu raiva de tudo aquilo, de seu pai, de sua família, do Crotalus, de Ludovic e Bonnie. Dentro de sua cabeça ele apenas conseguiu pensar no quão idiotas os pais haviam sido de ter entrado naquela irmandade. O quão idiotas Ludovic e Bonnie foram de entrar naquilo tudo. Antony riu e chorou ao mesmo tempo, causando espanto em Hunter e Ludovic.

– Você quer saber? – Antony teve dificuldades para falar. – Vocês são todos idiotas. Vocês se acham superiores por frequentar clubes e terem pessoas as quais chamam de irmãos, e então vocês confiam a vida e acham que eles vão estar lá por vocês, mas quando você realmente cai, ninguém está lá para estender a mão. – Antony bateu na mesa. – Você estava lá quando meu pai ficou endividado! Você viu! Você sabia! Você concordou! Você e os seus irmãos mataram minha família toda! Vocês me mataram! Eu estou morto, Ludovic Gordon! Morto! – Antony levantou e empurrou a cadeira para longe.

– Antony! – Hunter tentou intervir.

– Tem sangue seu e daquelas pessoas na minha casa! Eu segurei minha mãe quase morta em meus braços e foram vocês que puxaram o gatilho. Mas sabe quem está morta, agora?!

– Antony, não fale sobre isso! – Hunter tentou segurar Antony, que se soltou imediatamente.

– Ah?! Ele não sabe?! – Antony começou a rir. – Você não sabe que Bonnie entregou Anne Rose para os seus irmãos?!

– Antony, chega! – Hunter tentou mais uma vez segurar Antony, que se soltou novamente.

– Do que ele está falando?! – Ludovic também se levantou.

– Sua amada mulherzinha entregou sua filha para um sequestro falso, tudo isso para fazer você pagar a grana que devia, só que os seus irmãos jamais devolveram sua filha. Ao invés disso, sabe o que você ganhou? Um dedo e um pedaço de orelha, seu merda! Você queria a verdade? Aí está ela!

Antony saiu da sala, mas foi seguido por Hunter.

– O que você está fazendo?!

– Eu?! – Antony virou-se. – Eu vou acabar com essa merda.

– Não pense em...

– Daqui a algumas horas é a festa que Ludovic falou. Eu vou entrar na droga daquele lugar e trazer a menina de volta para cá.

– Antony! Não é assim que faremos essa operação, não sabemos se Bonnie falava a verdade nem se mudaram a menina de lugar, você não pode simplesmente entrar naquele clube achando que vai sair de lá com ela no colo! Está enlouquecendo?

– Então emita uma ordem de busca! Investigue! Entre no clube, destrua tudo e salve Anne Rose antes que eu entre naquele lugar. – Antony tentou sair de perto de Hunter, mas ele o segurou novamente, só que dessa vez não disse nada, apenas olhou para os olhos de Antony. – Me solta...

– Antony, por favor. Você precisa se controlar.

– Eu te disse que eu iria até o fim. – Antony soltou-se. – Se esse for o fim, eu o encaro com coragem.

Antony tinha algumas horas para o baile, era tempo suficiente para que ele voltasse para sua antiga casa, tomasse um banho e saísse para o Crotalus. Ele precisava apenas passar em qualquer loja de ternos da cidade e pegar o primeiro smoking que encontrasse. Lembrou-se também de que precisava de uma máscara que cobrisse uma boa parte de seu rosto. Depois que passou na loja de ternos e que conseguiu encontrar uma máscara decente, Antony correu para sua casa. Entrou às pressas no chuveiro, tomou um banho improvisado com um resto de sabonete que encontrou e se enxugou com o casaco que estava usando durante o dia todo. Já eram quase nove horas da noite e Antony calculou rapidamente o tempo que levaria para chegar e percebeu que já estava na hora de sair. Antony ainda não havia esquecido a imagem da cabeça de Bonnie explodindo bem na sua frente. Os gritos de tensão na sala, o choro da mulher, o seu olhar final e por fim o tiro ainda voltavam constantemente à cabeça de Antony. Quando saiu de casa de manhã, não imaginava que encontraria Jack, que descobriria a verdade sobre Bonnie,

FILHO DAS ÁGUAS: O ETERNO RETORNO

que presenciaria o seu suicídio e que finalmente iria atrás de Anne Rose. Aquilo tudo era um pesadelo, o seu pesadelo, e Antony não entendia o porquê de encontrar Anne Rose ter de fazer parte desse pesadelo. O que faltava mais para acontecer naquele dia? Antes de sair, Antony abriu um pacote. Era uma garrafa de vodca que havia comprado antes de chegar a sua antiga casa. Ele sabia que aquilo não era algo bom a se fazer, mas não tinha jeito. Não conseguia parar de pensar na sensação que a bebida lhe dava, na liberdade e na leveza. Se fosse encarar o ninho de serpentes do Crotalus, teria que beber nem que fosse apenas um pouco. Quando tomou o primeiro gole, sentiu uma sensação estranha. O seu corpo estranhou logo de cara a bebida, mas depois que tomou o terceiro e o quarto gole, Antony sentiu que tudo estava voltando ao normal. Já havia bebido quase metade da garrafa quando resolveu sair rumo ao clube. Antes de abrir a porta, Antony deu uma última olhada no espelho. Estava lindo, sentia-se radiante e não mais se importava como o fato de que suas unhas ainda estavam sujas com o sangue de Bonnie. Ele não ligava mais para aquilo, no fundo até começou a achar que Bonnie teve um fim à sua altura, um fim merecido. Antony usava um smoking e uma gravata-borboleta preta, que combinavam perfeitamente com sua máscara. Ela cobria toda a parte de cima de seu rosto e também era preta, imitava um pássaro negro e sua textura lembrava as penas do pássaro, causando um efeito lindo que no rosto de Antony acabava por ganhar ainda mais destaque. Os seus olhos eram o grande destaque daquele visual, estavam saltados e mostravam elegância e imponência. Antony estava radiante como o Sol. A raiva e o ódio compunham seu visual, não sabia o que teria pela frente, não sabia como aquele pesadelo todo acabaria, apenas desejou que ninguém mais aparecesse em seu caminho, pois ele estava disposto a fazer de tudo para sair daquele baile com a menina em seus braços. Antony carregou sua arma, pois naquela noite não estava com receio de atirar. Saiu do banheiro e foi até a porta da sala para finalmente ir ao baile. Antes de sair verificou se o colar de serpente estava em seu bolso. Antony o havia pegado quando Hunter o deixou sozinho. Colocou o colar em seu pescoço e abriu a porta.

– De saída? – Jack Porter caminhou em sua direção.

Antony tentou fechar a porta, mas não teve sucesso. O pé esquerdo de Jack adiantou-se e barrou a grande porta de madeira de se fechar. Jack empurrou com o ombro a porta e entrou na casa. Antony apenas a fechou e imediatamente apontou sua arma para Jack Porter.

— O que você está fazendo?! — Jack estava nervoso. — Abaixa isso, Antony.

— Saia daqui ou eu atiro. — Antony olhou atentamente para os olhos de Jack. A máscara em seu rosto ficara assustadora e os seus olhos pareciam estar cada vez mais vermelhos de raiva.

— Eu estou falando sério, abaixa isso! — Jack gritou.

— Se você está aqui para me impedir, saiba que eu vou mesmo assim.

— Você está indo ao baile. Não é? Deixe-me ir com você! Você não pode ir sozinho naquele lugar. A gente pode fazer isso juntos, eu estou aqui para ir com você e não para te impedir.

— Não te interessa o que eu estou prestes a fazer! — Antony se irritou.

— Você não pode entrar naquele lugar sozinho. O que você acha que você vai encontrar lá?! — Jack gritou.

— Anne Rose! — Antony gritou de volta. A arma em sua mão balançou por causa da tremedeira de Antony. — Sua sobrinha! Ou você esqueceu-se dela assim como se esqueceu de mim?

— Você precisa me ouvir!

— Eu já ouvi o bastante. — Os olhos negros de Jack estavam ainda mais escuros.

— Não, você não ouviu! Eu terminei com Victoria.

— O quê?!

— Isso mesmo. — Jack parecia estar quase chorando. — Eu contei para ela a verdade. Tudo! Eu contei a ela que me apaixonei por você e que isso ainda mexe comigo e que eu não conseguirei seguir nesse caminho se não for com você. Eu estou disposto a enfrentar isso tudo agora. Ou depois, não sei. Eu só quero poder estar livre para ficar com você. Eu andei pensando bastante nesses últimos tempos, eu acho que estamos aqui por uma razão e encontrar você nisso tudo não foi à toa! Eu sei que não foi!

— E se eu não quiser encarar tudo isso com você? Você tomou uma decisão e me colocou nela...

— Eu sei que você quer porque eu sei o que você sente por mim, e eu posso ver tudo isso em seus olhos. — Jack aproximou-se de Antony.

— Por favor, não. — Antony ainda apontava a arma para Jack. — Eu queria poder sentir isso de novo. Eu sei que em alguma parte de mim eu sinto isso, mas você me fez sentir outras coisas maiores. E eu não estou falando de amor. Você me deixou, Jack. Você saiu da minha vida no pior momento dela e eu pedi inúmeras vezes para você voltar. Eu vivi momentos horríveis, eu quase morri e você não estava comigo. Você estava em algum outro lugar fingindo ser quem não era apenas por conveniência. Eu me pergunto se você não está fingindo tudo isso também. As suas mil facetas. A testemunha, o poeta, o tio preocupado, o solidário, o homem sério, o suspeito, o covarde e o arrependido. Quem é você?

— Eu não sei. — Jack derrubou uma lágrima. — Eu não sei quem eu sou. Mas eu sei o que eu sinto. Abaixe essa arma, por favor!

— Você sabe ou você acha que sabe? — Antony também derrubou sua primeira lágrima. — Você nos deixou. — Antony não conseguia tirar de sua cabeça a visão da mulher. — Você deixou tudo para trás para seguir aquilo que faz sentindo apenas para você e em nenhum momento você se preocupou comigo ou com ela. Você disse que Anne não merecia isso e que ela não era culpada, mas foi o primeiro a sair de Miracle.

— Eu errei. Eu vivo errando, mas eu quero poder arrumar tudo isso. Eu quero poder transformar isso tudo... — Me ajude a me transformar. Me ajude a ser aquele peixe que você me disse que gostaria de ser... — Jack tentou se aproximar de Antony, mas ficou com medo de que ele atirasse. — Me ajude a mergulhar nessas águas todas que você fala.

— Eu não posso te ajudar. — Antony se soltou. — Eu estou me afogando, Jack, e você foi uma das pessoas das quais me empurrou.

— Antony... — Jack caiu no chão. — Por favor.

— Eu sinto muito... — Antony olhou para Jack e não sentiu nada além de raiva. O dedo estava levemente no gatilho. — Pássaros não nadam. Mentes voantes não se aprofundam em emoções.

Antony abaixou a arma, pegou sua mochila e caminhou rapidamente em direção à porta. Olhou mais uma vez para trás e Jack o encarava.

— Por favor! Pelo menos me escute e não vá para o Crotalus sozinho! Você sabe que isso é perigoso!

— Eu e Anne Rose ainda estamos nessa jornada, Jack. Foi você quem escolheu nos deixar. — Antony abriu a porta, jogou as chaves na direção em que Jack estava e saiu.

Antony estava focado. Nunca antes havia ficado tão sério, os seus olhos estavam direcionados apenas para a estrada, mas sua cabeça parecia um emaranhado de coisas, diversas lembranças, visões, vozes, a música de Blair e os olhos de Jack. Não havia mais volta, tudo estava como era antes. O coração acelerado, as visões, as paranoias, mas ao invés de tristeza, Antony sentiu apenas raiva. Parou o carro na frente do imenso portão do Crotalus, antes de abrir o vidro, tomou mais um gole da bebida. O segurança apenas acendeu uma lanterna na direção de Antony. A serpente de prata que estava pendurada no peito de Antony emitiu um lindo brilho e foi quando o homem olhou nos olhos de Antony que ele encheu a boca para dizer:

– *Crotalus.*

– Bem-vindo, senhor.

O imenso portão se abriu e Antony acelerou o carro. À sua frente, a casa antiga estava toda iluminada. Parecia um gigante, parecia um enorme castelo, parecia um doce pesadelo. Antony parou o carro na porta do clube e deixou as chaves com um dos funcionários que veio para recebê-lo. Olhou firmemente para a imensidão daquela porta e admirou cada detalhe. Passou pela imensa porta de madeira e entrou no clube. Atrás dele, a porta se fechou, e Antony sabia que a partir dali o final daquele pesadelo todo havia começado. Desejou que o único final possível fosse ele carregando Anne Rose em seus braços.

15.

A água gelada do mar batia em seu rosto, desacordado. As ondas bateram em sua face diversas vezes até que ele foi recobrando a consciência e abriu os olhos, mas logo sentiu uma dor insuportável na parte de trás da cabeça, e mesmo o alívio de sentir a água do mar o banhando não foi o suficiente para amenizar aquela dor. Quando recuperou o foco da sua visão, viu um pequeno inseto andando bem na frente de seus olhos e percebeu que o bichinho caminhava rapidamente. Antony o acompanhou com os olhos até que ele saísse completamente do alcance de sua visão, e conforme se distanciou mais, ele pôde perceber o cenário que estava à sua volta. Olhou para o horizonte e observou uma intensa camada de areia branca, como a neve que caíra em Miracle naquele marcante inverno escocês. Não conseguiu se mexer e por isso permaneceu na mesma posição por um bom tempo, recebendo conformado as pequenas ondas que chegavam até o seu rosto. Quando a água já estava quase congelando suas bochechas, Antony tentou se levantar. Primeiro, apoiou a mão esquerda na areia fofa, que afundou lentamente, depois a direita e, então, teve que fazer uma força muito grande para se manter em pé. A sua mão direita imediatamente foi para sua cabeça e foi quando os primeiros lances de memória voltaram. A parte de trás latejava tanto que parecia que ele havia batido a cabeça em algum lugar, ele até tentava se lembrar de algo, mas só veio a vaga lembrança de algum impacto muito forte seguido da dor. Como bateu a cabeça e veio parar em um lugar tão incrível? Antony não conseguia pensar em outra coisa. Olhou para o horizonte e viu o mar e uma sensação de esperança tomou conta de seu corpo. Tentou se manter em pé por alguns segundos, mas logo caiu, assim que uma onda mais forte atingiu suas pernas. A queda fez com que seu corpo caísse em cheio na água. Teve que fazer um tremendo esforço para conseguir ficar de joelhos e depois finalmente se levantou por completo. Olhou ao redor e percebeu que não havia ninguém, só ele estava ali. Um sentimento de desespero, angústia e nervosismo substituiu toda a esperança que havia tido. A dor na sua cabeça era intensa e o som das ondas era como zumbidos robóticos que faziam com que imaginasse que estava em uma espécie de transe causada por alguma droga qualquer. Caminhou lentamente quase se arrastando para um lugar próximo onde havia algumas pedras. Sentou-se um pouco nas pedras e se esforçou ao máximo para se equilibrar, ele sabia que se caísse, provavelmente, ficaria ali deitado na areia até a maré subir e o mar o levaria. Foi nesse momento que algumas imagens começaram a voltar com mais clareza à sua mente. Lembrou-se de um espaço muito bonito, pessoas mascaradas, depois algumas coisas horríveis acontecendo, gritos de socorro, e então viu uma mulher se afogando. Por fim, veio à sua mente o barulho de algo atingindo sua cabeça.

Antony apoiou a mão direita em uma pedra e deparou-se com um pedaço de vidro quebrado que provavelmente pertencia a alguma garrafa. Olhou para o vidro e pôde ver finalmente seu reflexo e, por consequência, seu estado. A imagem que teve sobre si mesmo foi assustadora. Haviam se passado dez minutos desde que acordara e não tinha parado um instante sequer para verificar o seu corpo e o estado em que estava. Ainda era difícil abrir os olhos, mas quando focalizou a imagem no vidro, pôde ver um grande corte perto de sua testa que já estava com o sangue seco na pele. A boca também apresentava um machucado no lado direito, o olho esquerdo estava inchado e roxo. O rosto estava todo cortado, o que podia ser confundido facilmente com a sujeira que havia grudada ali. Uma vontade forte de tossir surgiu e juntamente com ela o gosto de sangue em sua boca foi sentido. Cuspiu a saliva na mão e viu a cor avermelhada, provavelmente estaria sangrando por dentro também. Sentiu um desespero tão grande e se esforçou mais uma vez para se lembrar do que havia acontecido e de novo só pôde acessar o que já havia visto anteriormente. Talvez alguns três ou quatro segundos a mais do que da última vez. Não restava saída, não havia para onde ir. Olhou mais uma vez para o horizonte e viu o mar. Lembrou-se da mulher afundando lentamente com seu vestido branco. Ele sabia quem ela era: a mulher que aparecia constantemente em sua cabeça. Afinal, quem mais poderia ser? Ela estava o acompanhando desde o início de tudo aquilo, de todo aquele pesadelo, e fazia todo sentido Antony estar vendo sua imagem novamente. O final trágico daquela mulher era exibido mais uma vez bem diante de seus olhos. Ela afundava tranquilamente, parecia estar dormindo. Na verdade, parecia estar voando e foi nesse momento que Antony soltou a pedra e foi caminhando devagar em direção ao mar. Estava tão petrificado pela visão que teve daquela mulher que desejou também sentir aquele estado de leveza, mas principalmente de solidão. Ela estava linda, estava leve e parecia livre. Ela parecia carregar dentro de si algo que Antony desejava ter. Sentiu que queria ser livre igual ela, desaparecer na imensidão azul e fugir de tudo que estava acontecendo desde que o inverno começara. Se soubesse que esse seria o seu fim, Antony jamais teria aceitado o caso. Andava devagar por causa dos machucados e sua perna esquerda não respondia direito aos seus comandos. O zumbido na cabeça ficou mais forte à medida que ia chegando perto do mar. Na velocidade que estava andando era capaz que caísse antes mesmo de alcançar a areia molhada pelas ondas. Enquanto andava e ouvia aquele zumbido pensou nas coisas que mais gostava no mundo, por incrível que pareça era a única coisa de que conseguia lembrar-se de prontidão. Pensou nas comédias românticas a que assistia quando chegava do trabalho, na sua nova casa com o seu pequeno e improvisado jardim, os ventos que sopravam em seu rosto quando abria a janela do carro de seu pai, a música interminável que sua irmã tocava no piano e os olhos negros de um homem cheio de mistérios. Escolheu a música como sua lembrança favorita e andou em direção ao mar ouvindo o barulho do piano, enquanto os ventos levavam seus cabelos para o alto e as lágrimas limpavam o sangue de seu rosto. Nesse momento desejou poder ouvir o que o mar o dizia.

Antony deu mais alguns passos para frente, mas caiu novamente. Seu corpo apoiou-se no seu joelho esquerdo, e a dor que ele sentiu foi gritante. O corte na sua perna esquerda latejava ainda mais quando a água entrava em contato com o ferimento. Antony tentou fazer forças para se levantar, mas caiu de novo, dessa vez com o corpo todo na areia. Antony tremia e a dor no seu corpo todo parecia estar ainda maior. De longe, um grito pôde ser ouvido. Alguém estava gritando e vinha em sua direção. Antony não sabia como aquela pessoa poderia tê-lo visto, mas se sentiu aliviado. O barulho dos gritos estava cada vez mais perto de Antony. Alguns segundos depois a pessoa que corria em sua direção finalmente o alcançou e Antony ficou surpreso.

– Donna? – Antony sentiu que sua visão estava cada vez mais fraca e que estava se apagando. – Por favor... – Antony apagou de vez.

Antony abriu os olhos pela primeira vez depois que havia apagado por completo. O seu corpo já doía menos, mas sua cabeça ainda estava doendo bastante. Quando tentou virar o pescoço, Donna logo o repreendeu.

– Não faça muito esforço, rapaz.

– Velha bruxa... – A voz de Antony saiu bem fraca.

– Filho das águas. – Donna sorriu. – Senti sua falta.

– Não foi assim que eu imaginei nosso encontro. – Antony tossiu algumas vezes, e Donna correu pegar um pouco de água. – Está tudo bem, já passou. Obrigado.

– Você me deu um baita susto, rapaz. Achei que iria morrer em meus braços.

– Como eu vim parar aqui? – Antony tomou mais um gole d'água. – Onde estão seus cachorros?

– Encontrei você caído na praia. Estamos em Ford, eu estou morando aqui, esqueceu? Quem é que tenha feito isso com você, o deixou aqui na praia, por sorte estava caminhando, logo depois que o sol nasceu, eu te encontrei. Não se preocupe com Thor e a gangue toda, eles estão presos no canil. Tenho medo que fiquem andando por esse penhasco e os filhotes são bobos demais para se aproximarem do mar.

– Eu chamo esse encontro de destino.

– Acho que devemos começar a acreditar nisso. – Donna mexeu nos curativos de Antony, que resmungou de dor. – Não se preocupe, não foi nada grave. Você tem um corte na coxa que foi mais difícil de dar ponto, mas sua cabeça está boa.

– Minhas costas doem. – Antony disse. – O que tem nelas?

– Têm vários cortes... – Donna parecia chocada. – Parece que te...

– Torturaram. Eles me torturaram, eu lembro agora. Eu entrei no clube e encontrei Anne Rose. Foi horrível, aconteceram coisas horríveis e eu acho que acabei soltando ela...

– Não vamos falar disso agora, rapaz. Você precisa se recuperar. Já faz horas que está aqui, e só agora conseguiu ficar mais que um minuto com os olhos abertos. Todas as outras vezes apenas falava nada com nada, exceto alguns nomes que andou sussurrando.

– Anne Rose... – Antony lembrou-se de Anne Rose – Eu a segurei, Donna. Eu a segurei.

– Eu acredito em você, menino.

– Eu a encontrei. – Antony olhou fixamente para Donna e a dor parecia ter aumentado. – Eles a tiraram de mim como na minha visão.

Donna teve que acalmar Antony, que voltou a dormir alguns minutos depois. Isso se sucedeu pelas próximas duas horas que vieram, Antony estava meio sonolento. Já estava um tempo acordado quando lembrou que os homens mascarados que o torturaram falaram que Anne Rose estava morta. E se tudo fosse um plano para que ele desistisse de ir atrás da menina? No final da tarde já estava melhor fisicamente, conseguia andar, chegou até a caminhar com a velha pela praia, já conseguia comer e sua cabeça não doía tanto. Sua memória ainda estava fraca, não conseguia dizer para Donna exatamente os detalhes do que tinha ocorrido na casa. Sabia que havia lutado conta os homens e que eles o torturaram até que ele apagou por definitivo. Mas algo ainda atormentava sua cabeça. Antes de apagar por completo, Antony lembrou que havia tirado a máscara de um dos homens e a revelação de sua identidade o abalou.

– Como está? – Donna perguntou a Antony enquanto caminhavam juntos pela praia.

– Não consigo me lembrar de muita coisa. – Antony estava mais quieto, sentia uma sensação ruim dentro de si e não conseguia mais ser o mesmo de antes. – Eu ainda não lembro o rosto de quem vi. Eu entrei no clube, depois de um tempo consegui ir para o terceiro andar e encontrei Anne Rose caída em um quartinho abandonado. Tudo foi tão rápido que só me lembro dela sendo tirada de meus braços e depois eu já estava amarrado em uma cadeira. Eles a mataram, Donna. Mas não posso acreditar nisso.

– Você não precisa se preocupar com isso. – Donna caminhou mais devagar, estava cansada.

– Eu lembro que vi alguém que eu conhecia. Alguém que eu havia conversado antes. Eu escapei deles e agredi essa pessoa, foi quando tirei sua máscara e vi seu rosto. Estava escuro, tinham algumas luzes e velas, mas não lembro quem era. Eu sei que eu reconheci alguém e me distraí. Foi nesse momento que levei uma pancada na cabeça e acordei na praia.

– Não se cobre tanto. Você precisa cuidar de você agora.

– Não está nada bem, Donna. – Antony parou e ficou admirando o mar. – Eu a perdi. – As lágrimas começaram a cair de seus olhos e ele se espantou com o fato de que ainda havia lágrimas pra chorar – Eu falhei, Donna. Eu a deixei ir. Ela estava tão perto de mim, eu pude tocar nela aquela noite. Eu a senti. Eu só precisava telefonar para Hunter ir me buscar com o restante da equipe e tudo ficaria bem. – Antony não conseguiu tirar os olhos do mar. – Eles devem ter dado um fim disso.

– Você não pode voltar para aquele lugar. Você jamais poderá voltar para Miracle de novo. Quem fez isso com você está te vigiando! Eles te deram uma segunda chance ou pelo menos acreditaram que tinham te matado.

– Uma segunda chance para que eu faça o certo. E se ela estiver viva? Hunter pode me ajudar, eu só preciso ficar atento. – Antony sabia que aquilo não era o que ele tinha que fazer. Ir atrás de Anne Rose ainda era seu destino.

– Hunter prendeu Ludovic, está em todos os lugares.

– Ludovic está sendo ameaçado, assim como meus pais foram. Ele deve estar com medo de acordar do jeito que eu acordei. Ele preso significa que ele fica vivo, ele solto significa que o Crotalus irá atrás dele. Ele foi esperto, Donna.

– Use essa chance para começar uma nova vida. – Donna segurou Antony.

– Eu não consigo! – Antony soltou seu braço. – Eu não posso deixá-la. – Antony saiu correndo de volta para casa.

Estava se sentido bem melhor fisicamente, seu corpo não doía tanto e sua memória já havia melhorado também. Antony não conseguia lembrar-se do rosto que havia visto e a sua memória apenas permitia que ele fosse até segundos antes da pancada. Apenas lembrava-se da estranha sensação de ter visto alguém familiar. Antony não queria conversar com Donna, apenas ficou em seu canto olhando para o mar. Não queria falar, e às vezes fechava os olhos para que pudesse ficar ainda mais imerso em sua solidão. Jack constantemente voltava em seus pensamentos e isso não era um bom sinal.

Depois de um tempo sentado, Antony saiu para caminhar na praia, era a única coisa que o fazia esquecer-se de tudo que havia acontecido com ele nos últimos tempos. A dor dentro de seu coração era mais forte que a dor que sentiu em sua perna quando acordou pela primeira vez naquela praia. Antony se sentia fraco, sem fome e apenas sentia que um vazio o habitava. Não entendia os motivos de tudo aquilo ter acontecido com ele. Desde pequeno sendo levado para uma clínica de reorientação sexual, onde aprendeu a ser tudo menos ser o que ele realmente era. O amor proibido pelo melhor amigo que o levou a agir sem pensar e acabou tendo severas consequências na vida de seu amigo. A morte de Mike na banheira do quarto o atormentou a vida toda, e olhando para o mar, Antony pensou o quanto gostaria que Mike o perdoasse e o quanto ele estava certo sobre Antony ser atormentado pela vida toda. As experiências que Antony deixou de ter durante a vida, os garotos que ofendeu, as meninas que iludiu sendo quem não era, a carreira que nunca quis, os quadros que abandonou, a família que perdeu, todas essas coisas simbolizavam cada facada que Antony havia levado nas costas. Cada rasgo simbolizava uma de suas feridas, que ficariam ali para sempre. Afinal, as feridas passam a compor nosso corpo. São partes de nós, somos feitos de nossas dores e de nossas feridas. Antony sentia que eram muitas feridas, que doíam, mas que nunca se curavam. Quando pensou que tudo acabaria, encontrou Jack, que prometeu a cura, mas o trouxe apenas mais uma ferida. E por fim, Anne Rose sintetizava todas as suas feridas mostrando-lhe que ele havia falhado. Agora ela estava aparentemente morta. Antony voltou para a casa de Donna ainda pensativo. Quando subiu as escadas do rochedo até o topo do penhasco onde a cabana de Donna estava localizada, a velha apareceu no final da escada e disse:

— Eu o chamei porque você não parava de dizer o nome dele e o nome da menina enquanto dormia. — Donna parecia chateada. — Ele só apareceu agora. Não sei como irá reagir...

— Do que você está falando?

— O tal do Jack está aqui. Sinto muito...

Antony passou por Donna e abriu a porta que dava na sala de sua casa. Jack Porter estava olhando o mar pela janela. Ele virou-se e encarou Antony.

— Eu achei que você estava morto. — Jack disse.

— Ainda não. O que você está fazendo aqui?

— Ela me deixou uma mensagem e pediu para que eu viesse.

— Ela te enviou uma mensagem faz horas. — Antony foi grosseiro.

— Eu estava lidando com o enterro de Bonnie. — Jack estava abalado. —Você não me contou sobre isso.

— Eu não consegui.

— Aparentemente você estava lá.

— Eu estava. — Antony respirou fundo para que não revivesse a cena mais uma vez. — Eu vi tudo.

— Ela realmente fez aquilo? Por que Ludovic está dizendo que foi ele que mandou sequestrarem Anne Rose?

— Ele está mentindo. Eu a encontrei. — Antony sentiu que seus olhos estavam se enchendo de lágrimas. — Ela estava no Crotalus. Eu não consegui tirá-la de lá viva.

— Eu te avisei. — Jack interrompeu. — Eu disse que seria perigoso.

— Eu não sei. — Antony lamentou. — — Eu não sei bem no que acreditar. — Antony lamentou.

— É o fim. — Jack segurou na nuca de Antony. — Acabou. Você precisa...

— Me solta. — Antony afastou-se. — Não me diga o que eu preciso fazer.

— Eu... — Jack começou a tirar algo do bolso. — Eu estou me mudando para a Islândia. — Jack tirou um bilhete do bolso. — Eu comprei uma passagem para você também.

— O quê?

— Antony, tudo isso acabou. — Jack mostrou a passagem para Antony. — Por favor, venha comigo. Eu não vou mais publicar o livro com a editora da Victoria, eu vou vender a casa e eu estou indo embora para lá. Você pode vir comigo. Eu sei que eu fui responsável por muitas de suas cicatrizes, mas eu posso pelo menos te ajudar a curá-las. Eu posso cuidar de você e a gente pode começar tudo de novo em outro lugar, começar outra vida juntos. — Jack tirou um papel do bolso. — Juntos, somos um caos e separados, uma bagunça. Com você, me sinto completo, preso. Sem você, me sinto vazio, livre. Uma mistura de explosões que eu jamais rejeitaria. Tentaremos de novo? — Jack deu o papel para Antony.

— O seu poema...

— Ele foi para você. — Jack disse. — Eu o escrevi pensando em você, porque assim que eu me senti quando te conheci de verdade. É como se estivéssemos tentando, tentando, tentando e tentando várias vezes. É como se voltássemos sempre para que tentássemos mais uma vez. De certa forma, tem Anne Rose no meio de tudo isso que acaba nos ligando. É como você me disse aquele dia no barco, de alguma forma me parece que tudo isso é sobre eu e você. Eu também estou confuso com tudo isso, eu também não entendo nada, mas eu sinto que é isso.

— Eu...

— Venha comigo. Vamos ser livres, por favor.

— Eu não estou me sentindo muito bem. — Antony estava nervoso e a música de Blair tocava em sua cabeça. — Eu preciso me acalmar. — Antony colocou a mão no rosto. — Será que eu posso ficar a sós com ela por um tempo?

— Você está bem? — Jack parecia preocupado. — Eu posso caminhar na praia enquanto isso.

— Eu preciso ficar sozinho. — Antony disse.

— O voo é hoje de madrugada. — Jack estava quase saindo quando falou — Não tenho muito tempo.

Jack saiu pela porta que dava na escada que descia o penhasco e Donna entrou logo em seguida. Antony estava nervoso, havia começado a tremer e seu coração estava acelerado. A música de Blair tocava cada vez mais alto em sua cabeça.

— Antony! — Donna percebeu que Antony estava mal. — O que ele fez?

— Nada! — Antony tentou se recompor. — Por favor, faça parar...

— O que está havendo?

— Essa música, essa mulher, a criança... — Antony gritou de dor.

Donna correu e tirou as coisas que estavam em cima do sofá e puxou Antony para perto. Ela o colocou deitado no sofá de barriga para cima.

— Fique aqui!

Donna foi ao seu quarto e no fundo de uma gaveta encontrou uma garrafa com um dos seus chás. Conferiu na embalagem para ver se era aquilo mesmo que estava procurando e voltou correndo para a sala. Enquanto Antony gritava de dor e segurava sua cabeça com muita força, Donna fechou todas as janelas da casa e trancou as portas. Ela acendeu uma vela e começou a falar coisas que Antony não entendia. Ele não sabia se ela falava em outra língua ou se ela apenas estava sussurrando.

– Donna...

– Há quanto você está vendo isso?

– Vendo o quê?

– Essa mulher! – Donna respondeu.

– Eu te disse isso na carta...

– Apenas responda!

– Desde que Anne Rose desapareceu. – Antony juntou forças para falar.

– Eu preciso que tome isso e feche os olhos. Você precisa se acalmar, está me ouvindo?

– Hã? – Antony estava confuso.

– Beba! – Donna deu o chá a Antony, que bebeu em um gole só. – Você precisa relaxar, tudo bem? Apenas respire fundo que tudo vai parecer mais tranquilo.

Antony começou a respirar cada vez mais fundo e tudo começou a ficar mais tranquilo. Ele se sentiu sonolento e parecia que iria capotar de sono.

– Apenas me escute. Relaxe e me conte tudo o que está vendo...

II

A mulher acordou. Na verdade, ela ainda está tentando acordar. Os seus olhos estão abrindo e fechando. O raio de sol que está batendo em seus olhos faz com que ela não consiga abri-los com muita facilidade. Ela é tão linda. Eu não sabia que ela era tão linda assim. Sempre que eu a vi eu nunca reparei em sua beleza. Ela acordou! Está se levantando. Prendeu o cabelo, abriu a janela e deu um leve sorriso. O olhar dela? Hum... Parece triste. Acho que ela forçou esse sorriso no espelho. Ela está com outra roupa agora, é um vestido. Ela é alta e magra. Não tão alta, espera um pouco. Ela está na média. Está descendo as escadas agora, degrau por degrau. Ah, sim. É uma casa antiga, meio velha. Bem velha, na verdade. Tem mais uma pessoa, sim. Uma velha senhora e outras moças. A mulher é avó delas e as moças são irmãs, talvez? Não sei. Elas não parecem iguais. Acho que são amigas... Primas? Tem, sim. Tem outra pessoa, um senhor mais velho. Ele é marido dela, da senhora. Acho que todas são adotadas por eles, cada uma delas é tão diferente...

O nome dela é Jenny. Sim, Jenny. Eu acabei de escutar alguém chamando o seu nome. O nome das outras? Não sei... Acho que a mais alta se chama Veronica, e a mais baixa, Mary Louise. Não consigo saber o nome da outra. Ah, sim, são três. Deixe-me ver, ela está tomando café. Parece que eles estão falando que alguém irá chegar e que eles precisam arrumar tudo. Acho que Veronica vai se casar. O rapaz está vindo de outro lugar, um lugar mais distante, parece que veio convidar ela para o baile. A avó parece bem animada com tudo isso, disse que a hora de Veronica chegou e que a de Mary Louise vai chegar em breve, e depois será a vez de Ruth. Ela não disse nada sobre Jenny. Ela pareceu meio desapontada com tudo isso. Tudo está passando tão rápido agora. Onde estou? No casamento. É um castelo. Ah, o lugar? Acho que estou na França. Sim, posso ver perfeitamente. Jenny está feliz, mas ela parece ter inveja. Não no sentido ruim, mas acho que ela deseja tudo aquilo. Não, espere. Ela o deseja. Sim, ele! É isso... Ela está olhando para ele. É um moço bonito. Ele tem olhos claros e é loiro. Passou rápido de novo. Acho que estou no castelo ainda. Jenny parece estar esperando alguém. Ele está vindo... O marido de Veronica. Jenny está o beijando. Ela está feliz. Na verdade, ela está se sentindo bem. Não está feliz, ela sabe que está errada. Ela sente um peso na alma, mas ao mesmo tempo continua o beijando. Meu Deus. Veronica viu tudo. O rapaz saiu correndo e Jenny também. Como ela está se sentindo? Nervosa. Está correndo desesperada. Está chovendo muito e ela está ainda mais nervosa. Está tudo preto agora. Não estou vendo mais nada, Donna. O que eu faço? Tudo bem. Acho que está clareando. Estou de volta a casa. Parece que Veronica não está mais aqui. A avó está dizendo que Veronica jamais voltará para casa. Ela fugiu! Veronica desapareceu. A senhora está segurando uma carta. Isso! É uma carta. Veronica está em outra cidade, mas não disse onde. Ela me odeia. Não, ela odeia Jenny. As outras três não estão mais falando com Jenny, elas estão a desprezando cada vez mais. Ela está triste. Sim, bem triste. Está se sentindo culpada. Não deveria ter feito aquilo. Ela voltou e eu a vejo no quarto chorando e se culpando. Ela gostava de Veronica, elas eram amigas. Acho que o tempo passou de novo. Tem dois belos rapazes na sala e eles são gêmeos. Eles estão com Mary Louise e Ruth. Eles vão se casar também! A velha correu na direção de Jenny e a mandou subir de volta ao quarto. Acho que ela não quer que Jenny chegue perto dos moços. Ela está pintando agora. Meu Deus. Ela está pintando... Donna? O que está acontecendo? Tudo bem. Ela está pintando um quadro. É um barco... Ele está navegando e tem um pôr do sol lindo atrás. Está passando tudo muito rápido, e ela não sai do quarto. Está pintando cada vez mais. O quarto está cheio agora. Tem muitos quadros. Acho que ela está saindo do quarto pela primeira vez em meses. Ela parece diferente. Acho que apanhou de alguém e anda muito triste. Veronica voltou. Ela está na sala e todos estão conversando com ela. Jenny aproximou-se, mas ainda com muito medo. Veronica está carregando um bebê. É um menino, eu acho. Tem um belo rapaz ao seu lado. Veronica deixou Jenny segurar o bebê por alguns segundos. Acho que Jenny está chorando. Ela parece ter gostado de segurar a criança. Veronica pegou a criança de volta e foi embora da casa. O rapaz que estava com ela foi junto. Acho que ela odeia Jenny. O olhar dela foi diferente. Acho que ela ainda odeia Jenny.

Jenny está acordando, o inverno chegou. Eu posso ver... Eu acho que ela está cozinhando algo. Está sozinha na casa. Alguém está na porta, acho que tem visitas. É um dos gêmeos. Ele disse que está esperando por Ruth. Jenny o convidou para entrar. Ele entrou e os dois estão conversando. Acho que ela está fazendo um chá e uma torta. Parece bom. O restante das pessoas chegaram. Ruth está furiosa e saiu com o rapaz para fora. A avó de Jenny está brava e as duas estão discutindo. Meu Deus. Jenny está apanhando. Ela subiu correndo para o quarto e se trancou. A avó subiu correndo e quebrou sua porta. Ela está destruindo os quadros. Jenny agora está trancada em outro quarto, menor, e não tem vista pra colina. Acho que ela está cada vez mais triste. Emagreceu bastante e não para de chorar. Está tudo preto de novo. Ok, vou respirar fundo.

Passaram-se alguns dias. Semanas? Meses, talvez. Ela está andando por uma cidade. Está fazendo compras em um lugar. Acho que está comprando frutas e pães. Está tudo tão pesado. Mas mesmo assim ela está carregando tudo sozinha. Agora ela soltou a sacola, está olhando... Acho que é um pássaro. Ah, sim! São diversas gaiolas, cada uma com um pássaro. Tem um... Falcão. Ele está no ombro de... É um homem alto com os olhos negros. É... estou calmo. Ele está mostrando as aves para Jenny e eu acho que ele trabalha em um circo. Algo com espetáculo e eu acho que ele é artista. Jenny está deitada agora. Os olhos dele não saem de sua cabeça. Ela está pintando um retrato dele, é muito bonito. Está passando rápido mais uma vez. Ela foi várias vezes ao mesmo lugar.

Parece que está usando a desculpa de que vai comprar algo e está se encontrando com o homem. O seu nome? Acho que ela o chamou de Finn. Isso. Finn. Não sei, acho que deve ser só Finn. Eles estão passando vários dias juntos e Jenny está mais feliz. Eles estão correndo pela colina. Agora estão vendo o mar do alto de uma montanha. E agora estão na praia. Ela está diferente. Parece mais saudável e menos triste, mas ainda tem algo estranho. Ela ainda é triste. Acho que Jenny sempre será triste. Eles se beijaram. Sim. Várias vezes. Estou vendo eles juntos na cama. Eles encontraram um lugar escondido para que ficassem juntos.

Jenny agora está grávida. Ela está olhando sua barriga no espelho, eu acho que ela está com medo. Não dá para disfarçar mais. Jenny está fugindo. Ela fugiu com Finn. Sim, ela fugiu! Eles foram para uma pequena casa. É uma casa no topo de um penhasco. O mar está lá embaixo e Jenny voltou a pintar. Finn alugou a casa, acho que é isso. Ele parece estar resolvendo tudo. Acho que agora a criança já nasceu. Ah, sim. Faz tempo. Jenny está andando com uma linda menina. Eles caminham pela praia juntos. Agora ela está a segurando no colo. Acho que ela está com medo de colocar o pé na água. Jenny está andando com ela por uma colina. Tem bastante verde por aqui. Hum... Eu acho que é primavera. As flores estão lindas agora. Jenny está se sentindo tão livre. Elas ainda estão andando. Chegaram a um jardim. Jenny arrancou uma rosa. Sim, uma rosa. Ela deu para a criança e recebeu um abraço em troca. Uma rosa... As duas já estão voltando para casa. A menina agora corre pela casa, ainda com a rosa na mão. Jenny está cozinhando e parece preocupada com alguém. Acho que é com Finn. Oh, meu Deus! Não! Não! Não!

Por favor, não! O quê?! Ela está correndo pelas escadas! Estou respirando! Estou respirando. Ela está correndo ainda. Um homem está atrás dela. É o homem careca. Sim! Careca! Ele a pegou pelos cabelos e a jogou pela escada. Ela está no chão e está gritando. O homem está descendo com a menina. Sim, ele pegou a criança! Não! Não! Ela... Ela... Ela... Ela está se levantando e indo na sua direção. Ela bateu com um vaso em sua cabeça. Ele soltou a menina. Jenny está com a filha em seus braços, mas o homem careca se aproxima. Não! Não! Por favor, pare! Eu não sei! Eu não sei! Me traga de volta! Ela está tentando segurar a menina, mas o cara está a puxando com muita força. Ele conseguiu. A menina está nos seus braços de novo. Ela se levantou e correu em sua direção, mas ele deu um chute em seu peito. Agora deu outro. E mais um. A menina está gritando e o homem está indo cada vez mais para longe dela. Ele foi embora. Está um silêncio. Ela está caída. Está chorando e gritando muito e parece estar muito machucada. Meu Deus. A rosa que a menina estava segurando... Ela soltou a rosa. Está no chão bem na sua frente. Bem na minha frente. Ela... Ela não pode alcançar. Eu não posso alcançar. É uma rosa... Anne...

Acho que se passaram algumas horas. Já é de noite e Finn acabou de chegar. Jenny está sentada na escada e ainda está chorando. Sua barriga dói muito. Finn está com ela, mas acho que ela o culpa. Finn parece bêbado. Sim, ele estava no bar. Ela está brava e ele ainda está bêbado. Ele parece estar achando tudo aquilo inusitado, não sei. Ele não parece estar entendendo o que aconteceu. Está tudo passando rápido de novo e ela está desenhando o rosto da criança em um papel. Finn e Jenny estão distribuindo cartazes com o rosto da filha por toda a vila. Mas Finn parece estar mais preocupado com o trabalho. Muitas pessoas estão indo ao circo e ele não tem muito tempo livre. Mas ele parece gostar. Sim! Jenny está vendo o espetáculo. Finn é músico e o seu show é o mais querido pelas pessoas. Todos estão olhando para ele e ele está se divertindo. Jenny está ainda mais triste. O seu mundo acabou. Parece que ela está se desfazendo. É como se ela estivesse murchando. Jenny está andando pela cidade e batendo de porta em porta. Algumas pessoas são grosseiras com ela. Outras pessoas nem abrem a porta. Acho que a cidade acha que ela é doida. Eles acham que eu sou louco. As pessoas estão rindo de sua cara, parecem apontar o dedo para ela. Eles apontam o dedo para mim. Sempre apontaram. Jenny não está se cuidando mais. Acho que seus cabelos estão cada vez maiores e sua roupa está feia. Ela parece suja. Está tudo preto de novo. O que está acontecendo? Não posso ver mais nada. Ah sim, estou vendo Jenny e Finn. Ele está indo embora. Sim! Ele está indo embora, está deixando o circo e indo tocar em outros lugares. Jenny está chorando. Jack parece não se importar. Sim, ele foi embora. Jenny está mal. Acho que ela está doente. Ela está caminhando sem rumo pela cidade. Está tudo passando tão rápido de novo. Ela continua andando por aí e pregando o cartaz com o rosto da filha. Acho que está escrito "Clover". Sim, o nome dela é Clover. Onde ela está? Eu estou na sua casa. A casa parece suja e velha. Ela está se preparando para ir para a cidade, não está levando mais cartazes. Espere! Acho que Finn voltou. Sim, Jack está de volta e ele tem uma nova família. Uma mulher mais velha. As crianças são muito grandes, acho que são filhos apenas dela. Ele? Está surpreso. Parece não

*estar acreditando no que está vendo. Jenny? Sai correndo, me ⌐
dentro da casa. Já está de noite. Ela ainda está lá. Finn está baten⌐
porta. Eu abri, acho que vamos conversar. Os dois estão conversar⌐ ⌐
e Finn parece estar pedindo perdão. Jenny não aceita e o expulsa. Sim,
eu o joguei para fora da casa. Ele parece estar meio agressivo, mas ela
o enfrentou. Jenny parece estar irritando algumas pessoas da cidade.
Ela está gritando. Onde? Acho que ela está na delegacia. Sim, ela está
falando com um oficial. Ela está gritando e parece que faz tempo que
vem fazendo isso. Espere um pouco... Ele a ameaçou. Disse que vai dar
um fim nela se ela continuar culpando os oficiais. Eu não entendo. Por
que eu culparia os oficiais? O que eles têm a ver com isso? Ela os culpa.
Ela culpa Jack também. Sim, parece que os dias se passaram e ela ainda
está lá gritando. Ah, não. Eles bateram nela. Ela foi agredida e jogada na
sarjeta. Meu Deus. Sua cabeça está sangrando. Não parece nada bem.
Ela está em casa, acho que faz tempo. Finn está tentando entrar, mas eu
não deixo. Finn conseguiu entrar e os dois estão conversando. Ela está
triste, destruída e arrasada. Acho que ela o odeia. Eu o culpo até por
aquilo que houve comigo. Ele disse para que eles fugissem dali e que se
arrepende do fez, acho que ele abandonou aquela mulher mais velha.
Sim, foi isso. Mas eu não sei o que ela quer. Eu não sei o que eu quero.
Eu acho que ela quer ir, mas ela o odeia ainda. Eu quero ir. É como se
ela não conseguisse o perdoar. Eu não consigo. Na verdade, como se ela
não conseguisse perdoar ninguém e só quisesse buscar por Clover. Eles
ouviram um barulho. São alguns homens, eles estão segurando Jenny
e Finn. Parece que eles estão lutando entre si. Jenny está tentando se
soltar e Finn também. Acho que Jenny irritou demais aqueles oficiais.
Não sei, tudo está passando tão rápido. Jack parece conhecer eles,
ou será que não é isso? Não sei. Eu acho que eles conhecem Finn ou
parece que conhecem. Estou na dúvida. Jack está batendo em um dos
moços. Jenny se livrou do outro, mas eles estão na beira do penhasco. O
penhasco... Meu Deus. Eu peguei a arma de um dos rapazes e o matei.
Depois matei o outro. Jack está muito ferido, acho que levou uma facada
na perna e Jenny também está. Tem um corte na sua sobrancelha. A
parte esquerda de seu rosto está toda com sangue. Ela mal consegue
enxergar direito. Finn está um pouco próximo dela e está gritando de dor.
Agora? Jenny está olhando para a arma. Eu estou olhando. Acho que...
Ela está apontando para ele. Meu Deus! Não! Ela está tremendo e ele
está gritando muito. Ela está chorando. É uma mistura de sangue com*

lágrimas, está tudo tão esquisito. *Eu não sei, Donna! Está tudo ficando escuro. Eu não consigo ver nem ouvir mais nada, eu acho que ela... Ela está de costas agora. Eu estou de costas. Não estou vendo mais Jack... Não estou vendo mais Finn. Eu estou... Ela está na beira do penhasco. Ela jogou a arma para o lado, pareço decidido. Ela está olhando para mim. Ela está olhando para trás. Ela... Ela pulou! Eu pulei.*

III

Antony abriu os olhos e respirou fundo. Parecia que estava se afogando e precisava de ar. Não conseguia falar, apenas não estava conseguindo. Ele se levantou e saiu correndo. Precisava respirar e por isso correu em direção à janela. Abriu a janela e colocou a cabeça para fora. Quando sentiu o vento mais forte em seu rosto, pôde sentir-se mais seguro. A sensação que Antony teve foi estranha. Parecia que era ele que estava se afogando naquelas águas. Foi como se ele fosse ela e ela fosse ele.

– O que houve? – Donna perguntou.

– Ela... – Antony estava ofegante. Sentia-se mais leve e parecia que algo havia saído de seu peito. – Ela estava se afogando. – Ainda parecia que estava tentando lutar contra o mar. – Foi algo tão...

– Real? – Donna perguntou.

– Sim. Foi tudo muito real. – Antony teve dificuldades para respirar. – Foi muito forte. Mas eu ainda não entendo...

– Está claro para mim.

– Eu não entendo. – Antony estava chorando. Segurar Anne Rose nos braços foi a mesma sensação que Jenny teve quando segurou Clover. – Eu não entendo. Quem é ela? Quem é essa mulher?

– É quem você era.

– Como assim? – Antony olhou para o mar e teve dificuldades para respirar. – Aquele homem... A rosa... Está tudo tão estranho. – Antony foi em direção à Donna e a abraçou. – O que eu tenho que fazer? – Não conseguia parar de chorar. Tudo fazia sentido em sua cabeça e ao mesmo tempo nada fazia sentido.

– É sobre o perdão. – Donna também se emocionou. – É sobre perdoar. É o nascimento das águas. Depois toda sua trajetória, e por fim sua morte seguida de sua transcendência. – Donna abraçou Antony ainda mais forte.

– Como um rio que chega ao mar... – Antony completou.

– Você precisa deixar tudo ir embora, Antony.

– Eu ainda não entendo... – Antony estava ainda mais confuso.

– Você precisa perdoar o seu passado. Todos os seus passados. – Donna continuou. – Você precisa perdoar todas as pessoas que estão neles, e só assim você conseguirá caminhar livremente. Você precisa se perdoar também.

– Livre...

– A liberdade nunca foi sobre te deixarem ser livre. Sempre foi sobre você escolher ser livre. – Donna enxugou as lágrimas dos olhos de Antony. – Você tem que querer. É um ciclo, sempre vai se repetir. Você sabe como tudo isso termina. Você viu o final dessa história. Deixe Jack e todos os outros. Perdoe essa história, perdoe as pessoas que passaram por sua vida e caminhe sem esse peso no seu peito. Anne Rose está te ensinando isso, ela te fez olhar para sua infância e está te mostrando o caminho do perdão. Você sabe o que vai acontecer. – Donna abraçou mais uma vez Antony. – Você precisa deixar tudo para trás e recuperar sua vida. Você sabe onde isso tudo termina, você sempre soube.

– Todas as minhas decisões levaram a isso... – Antony ainda estava se sentindo estranho.

A música de Blair começou a tocar em sua cabeça, mas dessa vez ele escolheu ouvir aquilo. Pela primeira vez, aquela música o confortou e o acalmou. Antony saiu pela porta que levava às rochas do penhasco e começou a descer as escadas. Apoiou-se na pedra e foi se lembrando de alguns acontecimentos. Não conseguia parar de chorar. O desenho que Anne Rose fez que mostrava uma família com roupas antigas fez com que logo ele se lembrasse das roupas de Jenny e de sua relação com a filha. Os quadros que Antony pintava quando sentia algo que não sabia explicar apareceram em sua mente assim como a visão de Jenny pintando também em seu quarto. Antony deu mais alguns passos e lembrou-se de quando Jack apareceu pela primeira vez na sua frente. Os olhos de Jack apareceram em sua cabeça assim como os olhos de Finn. O falcão que estava no ombro do rapaz também reapareceu e Antony lembrou-se do animal que Jack escolheu ser aquele dia no barco. Estava tudo tão estranho, sua cabeça estava tão confusa. Outras lembranças apareciam, como Violet e Blair. Tudo parecia se encaixar perfeitamente. Antony segurou no corrimão e parou para ver o mar. A sua relação com o mar sempre foi inexplicável e sua conexão com ele sempre foi algo que o confortava e o acolhia. Antony era o filho das águas. Ele desceu mais alguns degraus e lembrou-se do chute, depois dos gritos de Jenny, e da rosa caindo no piso de madeira da antiga casa. As cenas do que ele viveu no Crotalus apareceram em sua cabeça e pela primeira vez pareciam mais completas. Antony lembrou que conseguiu subir até o terceiro andar e encontrar a saída de emergência. Quando encontrou a porta com Anne Rose, os homens o alcançaram e a tiraram de seus braços. As imagens do que aconteceu no Crotalus eram intercaladas com as imagens de Jenny segurando Clover e lutando contra o homem careca que invadira sua casa. Antony respirou fundo e segurou o peito como se sentisse uma dor muito grande. Jenny estava apanhando de alguns homens em um beco enquanto Antony apanhava dos capangas do clube em uma pequena sala. Engraçado como tanto Antony quanto Jenny acabaram por incomodar pessoas poderosas. Alexander e o homem careca pareciam perfeitamente iguais, a diferença era que um deles havia terminado morto na cozinha de Antony e o outro fugido com a filha de Jenny. Os cortes que a faca fez em suas costas pareciam reais e Antony sentiu aquilo novamente na sua pele, assim como parecia sentir os tapas que Jenny levava. Antony olhou fixo para o mar quando se lembrou de Finn voltando para a pequena vila, as imagens eram intercaladas com Jack abrindo a porta do café. Ele não entendeu mais nada do que estava acontecendo. Não sabia como tudo aquilo era possível e se aquilo era de fato real. Antony desceu todos os degraus e tocou a areia. Pôde ver Jenny caminhando na praia com sua filha e depois viu Jenny andando sozinha. A dor, o luto, a raiva e a tristeza. A sensação de estar imerso em uma profundeza tomou conta de seu corpo, assim como algumas imagens de Jenny e de Clover quando ainda era apenas um bebê. Antony a viu feliz. Antony a viu sorridente. Ela jogava a criança para o alto e depois a pegava logo em seguida. Finn estava com eles, pareciam felizes. Pareciam que se amavam, mas depois tudo mudou. Antony andou mais um pouco para frente e já estava mais calmo. Não chorava mais. Apenas fechou os olhos e deixou com que sua mente mostrasse mais dezenas de imagens de Jenny e Clover. Deixou que sua mente mostrasse Finn indo embora e depois deixou que mostrasse Jack correndo pelo seu jardim o deixando. Antony viu Jenny dar uma rosa para a filha e depois viu a rosa caindo mais uma vez enquanto a menina era levada. Lembrou-se do jardim de Bonnie e da onde veio a escolha do nome de Anne Rose. Antony abriu os olhos e tudo estava um silêncio. Apenas o mar cantava. Apenas o som das ondas era ouvido e as suas longas notas musicais. Aquele era o som mais bonito de todos, pois era o único som que realmente o lembrava a sua casa.

— Você está bem? — Jack encontrou Antony olhando o mar.

— Eu a encontrei, Jack. — Antony olhou para os olhos negros de Jack e depois voltou a encarar o mar.

— Antony... — Jack colocou seu braço nos ombros de Antony.

— O que você faria se existisse uma vida depois dessa onde as coisas se repetissem da mesma maneira?

— Eu saberia melhor onde meus erros estariam. — Jack sussurrou.

Antony abraçou Jack. Ele sabia que precisava escolher no que acreditar e se realmente aquele final o esperava, era algo que só ele poderia resolver, mas naquele momento apenas quis abraçar Jack.

— Foi muito bom poder abraçá-la novamente. — Antony respondeu.

IV

Antony e Jack subiram de volta para a casa de Donna, que agora fazia um cheiroso bolo. Antony estava mais calmo, mas Jack ainda pedia por uma resposta. Antony já não estava mais aguentando o silêncio que fazia na sala e foi ajudar Donna na cozinha para poder ter pelo menos um segundo com ela.

— Tia Donna. — Antony brincou.

— Ando meio velha para ser chamada de tia. — Donna abraçou Antony. — Parece meio tristonho. Está tudo bem?

— Estou pensando no que fazer.

– Você sabe o que fazer. – Donna segurou o rosto de Antony, que parecia ainda mais triste. – Livre-se de tudo isso. Livre-se de todos e retome aquilo que é seu. É a transformação daquilo que sempre teve vida. – Donna beijou o rosto de Antony. – Meu filho das águas.

– Eu tenho medo...

– Não tenha medo. Confie no seu coração. – Donna foi interrompida pela campainha e pelo latido dos cachorros que mesmo no canil ainda faziam um grande barulho. Já era noite e havia começado a chover, o que deixava a situação ainda mais estranha, afinal, quem poderia ser?

– Eu atendo.

Antony saiu da cozinha, passou pela sala onde um atento Jack Porter andava em círculos e abriu a porta. Eram dois rapazes que imediatamente se identificaram como policiais e suas identidades rapidamente confirmaram isso.

– No que posso ajudar? – Antony lembrou-se de que ainda estava com um curativo na sobrancelha.

– Está tudo bem, detetive? Recebemos ordens para acompanhar o senhor de volta para sua casa.

– E quem deu essa ordem? – Antony sabia a resposta.

– Hunter Boid, senhor. Ele está preocupado com o seu desaparecimento.

– Tudo bem. Fiquem aqui fora, eu aviso vocês quando estiver saindo. – Antony fechou a porta.

Entrou novamente na casa e sinalizou para que Jack ficasse tranquilo. Donna estava na porta da cozinha, de onde perguntou para Antony se estava tudo bem.

– Você ligou para quem mais além de Jack?

– Ah sim, deixe-me lembrar, acho que liguei para Jack, Hunter e para Emília. Isso! Foram esses três nomes que você murmurava além de Anne Rose.

– Pelo jeito teremos uma grande reunião aqui hoje. – Antony sentou-se. – Hunter mandou dois policiais para me escoltar até minha casa. Pelo jeito ele anda muito preocupado.

– Você sumiu. – Jack falou pela primeira vez depois de um longo período. – Eles podem nos escoltar até o aeroporto. Nesse momento, Donna se retirou para a cozinha.

— Venha comigo. – Jack segurou Antony. – Por favor.

— Jack... – Antony se soltou e foi em direção à janela. Estava observando a chuva. – Eu não sei o que fazer. Eu acredito que ela estava dopada, e não morta. Ela ainda pode estar lá e de alguma forma Hunter pode me ajudar. – Antony acreditava que Hunter poderia liderar uma operação mais bem-sucedida ao Crotalus. Era sua única chance de resgatar Anne e ele tinha que acreditar na capacidade de Hunter.

— Antony! Acabou! – Jack não estava acreditando em tudo aquilo. – Ludovic está preso, você tentou salvar Anne Rose e...

— E não consegui? – Antony completou. – É isso que você está falando?

— Não foi isso que eu quis dizer.

— Eu já entendi Jack. – Antony sabia que tinha falhado, mas tinha certeza de que aquele não era o fim. – Eu sinto muito...

— Você não vem comigo, não é? – Jack começou a gesticular. – Por que você está fazendo isso comigo?

— Porque você nos deixou! Porque você não estava aqui por mim, você não esteve aqui por ela desde o início! Você nunca esteve aqui, você sempre viveu dentro da sua cabeça. Você só viveu por você e pelos seus sonhos! Na primeira oportunidade você sumirá de novo e você sabe disso!

— Eu te amo. – Jack encarou Antony.

— Jack...

— Eu te amo como nunca amei ninguém antes! – Jack segurou Antony. – Eu te amo! Eu te amo! Eu nunca senti isso por ninguém antes e eu sei que você também não. Eu errei! Eu sei! Mas eu quero que você acredite em mim! Eu mudei!

— Me solta! – Antony saiu de perto de Jack. – Você não sabe o que é amar alguém.

— E você sabe?! – Jack começou a rir. – Como você sabe o que é amor? Perdoar não é amar?

— Eu passei meses procurando Anne Rose! Se isso não for amor, eu não sei o que pode ser.

— Obsessão. – Jack respondeu. – Obsessão por uma garota que agora está morta.

– O que você disse? – Antony apontou o dedo na cara de Jack e gritou. – Você é um moleque que não faz ideia do que está fazendo aqui! – Antony começou a pegar as suas coisas. – Eu estou voltando para Miracle. Eu vou continuar buscando Anne Rose. – Antony tentou passar por Jack. – Dá o fora daqui!

– Como você vai até lá? Você não pode fazer isso. – Jack entrou na frente da porta para impedir Antony.

– Saia da minha frente.

– Antony! – Jack empurrou Antony para trás. – Você vai ser morto! Eles vão te matar! – Jack finalmente segurou Antony. – Olhe para mim! Eles vão te matar e você sabe disso. Esses caras te deram um ultimato. Você precisa fugir daqui, você precisa ir embora! Chega dessa história!

– Me solta. – Antony calmamente pediu para que Jack o soltasse. – Eu preciso salvar Anne Rose eu sei que ela está viva. Jack! Me solta! – Antony era mais forte que Jack e por isso no jogo de forças ele conseguiu ter vantagem e empurrou Jack até suas costas baterem no móvel que estava próximo e derrubar alguns porta-retratos que estavam no chão.

O barulho foi grande o suficiente para Donna abrir a porta da cozinha e vir correndo para a direção de Antony.

– O que está havendo?! – Donna estava nervosa.

– Eu estou voltando para Miracle. Eu já estou ótimo e não há mais nada para eu fazer aqui.

– Como você vai para Miracle? – Donna segurou o braço de Antony parecendo preocupada.

– Não se preocupe, vou pedir uma carona para esses dois policiais que Hunter mandou até aqui. – Antony pegou o telefone e ligou para Hunter enquanto observou Jack e Donna. Hunter não atendeu de imediato, o que fez com que Antony tentasse mais duas vezes e apenas tivesse sucesso na terceira vez.

– Que bom que está vivo. Ficamos horas te procurado! Estou saindo para ir atrás da menina! – Hunter falou do outro lado da linha.

– Depois você me dá sermão, eu estou voltando para Miracle.

– Pera aí. Onde você está? – Hunter parecia confuso.

– Ford... – Antony achou aquilo tudo muito estranho. – Você acabou de mandar alguns oficiais aqui para me escoltar de volta para casa. Igual da última vez que você mandou aqueles caras na porta da minha casa...

– Eu não fiz isso. – Hunter ficou em silêncio. – Antony... O que está acontecendo?

Tudo aconteceu muito rápido. Antony abaixou o telefone e olhou em direção à porta, que já estava semiaberta. O primeiro homem já estava quase dentro da casa quando Antony pensou em alcançar sua arma, que estava em cima da mesa de Donna. Antony pulou para o lado e alcançou a arma, mas antes viu o homem acertar a cabeça de Donna duas vezes, derrubando-a no chão. Antony arrumou a arma na mão e atirou contra o sujeito, atingindo seu peito e sua cabeça. O segundo atirou contra Jack, que correu para o quarto de Donna. Antony correu na direção do homem e o com seu joelho esquerdo atingiu a virilha, o que o fez soltar a arma. Antony pulou em cima do sujeito e acertou vários socos em seu rosto. Um terceiro capanga passou por Antony e pelo homem que estava caído no chão e correu em direção ao quarto de Donna, onde Jack estava escondido.

– Jack!

Antony bateu com a parte de trás da arma no homem e percebeu que ele estava desacordado. Pegou sua arma, levantou e correu atrás de Jack. Abriu a porta do quarto com um forte chute e entrou no cômodo. Jack estava lutando com o terceiro capanga. Antony pegou um vaso que havia próximo a ele e atingiu a cabeça do sujeito. Jack o empurrou pra longe, mas logo o segundo capanga com a cara toda desfigurada entrou e agarrou Antony pelas costas o puxando para longe, enquanto Jack tentava pegar a arma do homem que ele havia atingido. Quando Jack puxou a arma, ele a derrubou, e foi o tempo suficiente para que o homem a segurasse e a apontasse para Jack. Jack levantou e tentou sair correndo, mas era tarde demais. O homem atirou nas costas de Jack, que caiu com tudo no chão. Enquanto isso, Antony deu um soco no rosto do segundo capanga e depois outro. Aproveitou que ele estava se desequilibrando e o acertou com uma pequena estátua. A cabeça do homem fez um barulho estranho e Antony caiu em cima dele ainda o atingindo com o objeto. Atingiu seu crânio várias vezes até ele virar apenas uma massa. Antony soltou a estátua e olhou na direção do homem que dava o segundo tiro, mas dessa vez na perna de Jack. O homem que atirava em Jack virou-se para Antony que havia acabado de pegar a arma. O capanga que estava armado mirou na direção de Antony e atirou, mas errou. Antony também atirou e atingiu o braço do homem, quando pensou que ele não atiraria mais, o homem deu um tiro na direção de

Antony, que sem pensar duas vezes também atirou. O tiro passou de raspão em sua têmpora, e Antony caiu no chão. Do outro lado, o homem havia sido atingido no peito e caiu morto. Antony sentiu que sua cabeça estava sangrando, passou a mão e apenas sentiu um corte, mas foi o suficiente para que saísse muita quantidade de sangue. Antony correu em direção a Jack que estava vivo, mas muito ferido.

– Jack...

– Por favor, me tire daqui. – Jack estava caído no chão. – Fique comigo.

– Jack...

– Antony! Por favor, me salve.

Antony reparou na expressão de Jack. O seu rosto imediatamente mudou e ele ficou furioso, parecia um animal com raiva e com desespero.

– Não pense em fazer isso! Eles vão atrás de você! Eles vão te matar! Você não pode dirigir assim, olhe o seu rosto! Você mal consegue ver! – Jack apontou para o rosto de Antony. – Você precisa chamar alguém para nos ajudar!

O lado esquerdo do rosto de Antony estava praticamente coberto de sangue, e sua cabeça latejava muito. O seu ouvido esquerdo fazia um zumbido insuportável e o seu corpo todo doía.

– Você não pode dirigir assim! A estrada é perigosa e está chovendo muito! Você vai nos matar! Você vai se matar!

Antony olhou para Jack e depois para a cabeça estourada de Donna. Não acreditou que tudo aquilo estava acontecendo. Começou a caminhar pela sujeira que a casa havia se tornado e acabou por trombar na mochila de Jack. Antony agarrou sua bolsa e algumas coisas acabaram por cair dela. Um colar brilhante foi uma das coisas que caíram da bolsa de Jack. Quando Antony chegou mais perto, sabia exatamente o que aquilo era.

– O que é isso? – Antony abaixou-se e segurou um colar de serpente. – Você... – Antony deu alguns passos para trás e sacou sua arma.

– O que você está fazendo?! – Jack gritou. – Eu não sei o que é isso! Estava nas suas coisas, eu o peguei e guardei aqui.

– Cala a boca! – Antony estava tremendo. – Era você!

– O quê? Eu? Você está louco! – Jack gritou desesperadamente.

– Você foi o cara que eu vi antes de apagar! Eu tirei sua máscara!

– Você está falando desse colar? Isso é seu! Eu peguei das suas coisas! Tem até a chave da sua antiga casa! Donna me deu! Acredite em mim!

— Cala a boca, Jack Porter! — Antony aproximou-se de Jack e apontou a arma na sua cabeça. — Confessa ou eu vou atirar! Agora!

— Eu não sei do que você está falando! — Jack estava quase chorando.

— Você sumiu no dia em que Anne Rose desapareceu, você voltou no dia seguinte em que Lucius morreu, você sempre estava atrás de mim, em todos os lugares que eu ia, você encontrou a toca com o dedo da menina, você é filho de um ex-prefeito que trabalhava com meu pai, você é irmão de Bonnie e Ludovic, ambos serpentes! — Antony tremia ainda mais. — Você tem amigos ricos e agora... — Antony jogou o colar em sua direção. — Você veio até aqui e trouxe esses homens com você! Você é uma serpente! Foi você quem eu vi!

— Se fui eu quem você viu, por que não se lembra disso?! — Jack gritou. — Você não lembra quem foi e está fazendo suposições de que fui eu! Eu não fiz nada!

— Você tentou me seduzir... — Antony estava se sentindo mal. — Você disse que estava apaixonado por mim só para ter acesso ao caso e proteger os seus amigos... Você me trouxe aqui para me matar...

— Você está louco!

— Não me chame de louco! — Antony atirou para cima e Jack deu um grito. — Eu vou te matar. — Antony apontou a arma na cabeça de Jack.

— Atira. — Jack estava chorando. — Atira! Atira na única pessoa que você amou! Atira! Atira, porra!

— Cala a boca!

— Eu te ofereci amor de um jeito que ninguém te ofereceu! Eu te ajudei, eu participei de momentos únicos na sua vida que você nunca tinha vivido, mas é isso que você quer fazer? Então me mata! Eu estou tentando te salvar, você está louco, perdido e obcecado por vingança! Você está cego porque só ouve suas dores! Você vive suas dores e não se solta delas! — Jack gritou desesperadamente. — Você fala tanto de liberdade, mas é o primeiro a se prender.

— Cala a boca, Jack... — Antony segurou a arma ainda mais forte. Nesse momento saiu do quarto, voltou para a sala onde chutou a porta que dava para parte de trás da casa e caminhou em linha reta. Ventava muito naquele momento. Antony estava confuso, várias coisas estavam passando rapidamente em sua cabeça. O sangue em seu rosto dificultava sua visão, porém Antony, ainda atordoado, continuou andando até se dar conta que estava na beira do penhasco. Parou. Respirou fundo. Lembrou-se de Jenny. E um silêncio tomou conta de seu corpo. Como Jack poderia ter feito aquilo com ele? Como ele foi capaz? Antony parecia estar revivendo os mesmo sentimentos de uma vida bem distante. O silêncio foi interrompido quando Jack saiu da casa. Ele estava em pé quando abriu a porta que dava ao lado de fora, mas logo caiu. Não conseguia ficar em pé, e por isso se arrastava com muito esforço para que chegasse próximo a Antony que ainda encarava o penhasco.

Jack gritava e gritava, mas Antony não ouviu mais nada. Era ele, só podia ser ele. Quem mais teria mexido tanto com ele? Antony tinha que acreditar que o homem que ele viu no Crotalus era Jack, pois tudo o levava a crer naquilo. Antony virou-se lentamente e olhou mais uma vez para Jack, que ainda gritava. Não conseguiu tirar os olhos dos olhos negros de Jack. Apontou a arma para Jack.

— Atira! — Jack começou a chorar. — Atira na única pessoa que já te amou nessa vida!

— Você nunca me amou. Você apenas ama a si mesmo. — Antony murmurou. Antony olhou para trás na direção do penhasco e sentiu um arrepio. — Me diga onde ela está. Por favor... — O penhasco parecia chamar seu nome.

— Você é mesmo um idiota, não é? — Jack espumava de raiva. Sua saliva saiu vermelha tingida pelo sangue. — Eu tentei te tirar daqui... — Jack tentou se levantar. — Eu te alertei que eles não iam deixar você em paz. Eu fiz de tudo para te salvar, mas não... — Jack tossiu uma enorme quantidade de sangue. — Você ainda quer encontrar a menina.

— Jack... — Antony segurou mais forte o gatilho. Sua mão tremia e uma gota de suor escorreu pelo seu rosto.

— Eu te dei tudo! — Jack gritou. — Eu tentei te salvar deles. — Jack olhou para os olhos de Antony. — Eu tentei de salvar de nós.

— O que? — Antony deu um passo para trás. O penhasco agora gritava seu nome. Era ainda mais convidativo. — Onde está a garota!?

— Você realmente não sabe? — Jack começou a rir. Ele levantou-se com muito esforço e caminhou na direção de Antony. — Ela está... — Jack se aproximou ainda mais. — [...] no seu lugar favorito.

Antony apertou o gatilho.

EPÍLOGO.

Antony saiu na chuva e correu em direção ao carro de Jack. Ligou o carro e acelerou para longe da casa. O sangue que saía de sua têmpora escorria por todo o lado esquerdo de seu rosto e o impedia de ver muitas coisas. Estava chovendo muito e o zumbido em seu ouvido se intensificou ainda mais. Antony não conseguia parar de pensar em outra coisa a não ser que Jack era cúmplice de tudo aquilo e que Anne Rose ainda poderia ser salva. Antony tomou sua decisão, ele queria salvar Anne Rose e estava pronto para encarar as consequências de sua escolha. Estava rindo e chorando ao mesmo tempo. Não sabia o que sentia, estava perdido e estava confuso. O carro derrapou diversas vezes, e Antony não hesitou em ultrapassar os outros veículos que andavam mais devagar. Estava perigoso, estava muito perigoso, mas ele não estava se importando muito com isso. De um lado para o outro, seu carro se movimentava e ele gritava que iria salvar Anne Rose. Antony gritou sem parar que iria salvar Anne Rose. Todos os outros surgiram em sua mente, Isla e Alan e tudo que fizeram com ele. Desde agressões físicas e até a tortura psicológica que Antony sofreu ainda menino na mão dos pais e de Emma Foster. Mike, Will, Peters, Boris e os outros personagens da torturante passagem de Antony pelo Foster's Land também apareceram em sua mente. Antony agora gritava o nome de Mike e xingava Peters de todos os nomes possíveis. A lágrima que caiu de seus olhos se juntou com o sangue que estava ali, e juntas, tanto a lágrima quanto a gota de sangue, percorreram o rosto de Antony, pintando um estranho desenho que ele jamais havia feito. Outras vieram e ajudaram a continuar a pintura. Por fim, quando elas chegaram ao limite de seu rosto, elas caíram em seu colo. Antony ficou praticamente cego devido à quantidade de sangue que tinha em seu rosto, dirigia ainda mais rápido pela estrada e naquele momento só pôde acreditar que chegaria vivo à casa de Hunter, pois ele era a sua única esperança. Antony parou o carro no acostamento logo após derrapar inúmeras vezes. Ele saiu do carro com o celular de Jack nas mãos. Ao bater à porta, Antony escorregou e caiu no asfalto. Se arrastou para longe do carro para que encontrasse sinal. Desbloqueou o aparelho e ligou inúmeras vezes para Hunter. O sangue em seu rosto atrapalhou ainda mais sua visão. Era o fim, Antony jamais chegaria em Miracle. Na última tentativa, Hunter atendeu e Antony apenas murmurou a localização da garota.

– Hunter... – Antony estava caído no asfalto. Olhava para as estrelas no céu e lentamente via sua visão apagar. – Ela está no porão. Eu estou na estrada entre Ford e Miracle... Por favor... – A voz de Antony ficou mais fraca. – Encontre ela por mim. – Antony apagou por completo enquanto admirava as estrelas e dizia para si mesmo que o céu naquele momento era o quadro mais bonito do mundo.

Antony acordou ainda com a cabeça doendo. Tudo ainda parecia meio estranho e um leve zumbido ainda tocava no fundo de sua mente. Olhou para os lados e percebeu que estava no hospital, a cama nada confortável confirmou sua teoria.

– Pronto para outra? – Hunter entrou na sala e surpreendeu Antony. – Pode ir, eu cuido dele. – Hunter esperou sua esposa sair e aproximou-se de Antony. – Que noite hein, docinho.

– Não me chame assim. – Antony olhou para o lado, como se não quisesse trocar olhares com Hunter. – Me diga que...

– Sim. – Hunter interrompeu Antony. – Entramos no clube e prendemos o prefeito. Ludovic ajudou a confirmar sua teoria de que Carlo estava envolvido no falso sequestro de Anne Rose.

– Eu te disse. – Antony resmungou. Tentou erguer-se na cama, mas ainda sentia muitas dores na cabeça.

– Ei! – Hunter o repreendeu. – Nada de fazer força.

– Onde está Anne Rose? – Antony ansiava por uma resposta. Foi inevitável não ouvir "o seu lugar favorito" no fundo de sua mente.

– – Ela não estava lá. – Hunter sentou-se ao lado de Antony. – Chegamos de madrugada, algumas horas depois de você quase me matar de susto e não encontramos nada. Mais tarde, fomos surpreendidos com a confissão de Carlo de que a menina estava em uma casa abandonada próxima ao clube. Ela estava no fundo de um porão.

– E como ela está?

– Não sabemos se vai sobreviver.

– Não... – Antony derramou a primeira lágrima. – O que aconteceu?

– Depois que você fez seu péssimo ato de heroísmo, Anne Rose foi removida para outro lugar. Mas parece que eles já vinham drogando a menina há mais de dias... Olhe para você, eu te disse para esperar nossa operação. Como ela estava quando você a carregou?

– Sedada, mas parecia morta. – Antony não conseguia mais esquecer aquela cena em que ele tentava correr com Anne Rose em seus braços. – Ela parecia morta.

– Uma quantidade imensa de droga no corpo dela, parece que precisou ficar em coma induzido e está na UTI. – Hunter estava abalado. – Os médicos não sabem se ela vai acordar. Eu sinto muito, Antony.

– Onde ela está? – Antony murmurou.

– Na ala infantil. – Hunter levantou-se e foi para a beirada da cama.

– Anne... – Antony pensou que poderia ver Anne Rose novamente. Lembrou-se imediatamente de Jenny. – Eu vou me recuperar e irei até lá. – Antony pareceu confiante.

– Ela está salva, quem sabe um milagre não possa de fato acontecer em Miracle. Fique sabendo que um milagre aconteceu recentemente. Encontramos Alexander, estava escondido todo esse tempo fora de Miracle. Ele confessou que ajudou Lucius a pegar a menina e que ajudou a levá-la para o clube. – Hunter encarou Antony. – Agora eu preciso que você me conte o que aconteceu naquela casa.

Antony não acreditou que estava ouvindo aquilo sobre Alexander. Como ele poderia estar vivo? Como aquilo era possível? Antony não soube encarar o fato de que deveria estar delirando quando achou que tinha matado Alexander em sua cozinha e depois se livrado do corpo. Apesar do choque, era um alívio saber que não havia cometido aquele assassinato.

– Eu fui deixado pelos capangas do Crotalus naquela praia. – Antony ainda sentia dores. – Donna... – Antony derramou uma lágrima, respirou fundo e continuou. –... Me encontrou e me levou para dentro de sua casa. Passei o dia todo lá, ela fez alguns curativos e ligou para você, Jack e para minha amiga.

– Como aqueles homens sabiam que estava lá?

– Eu não sei. Devem ter ido de novo à praia e percebido que eu não estava mais lá. Caminhei diversas vezes com Donna, devem ter me visto e decidiram dar um fim em mim de uma vez por todas. – Antony tossiu.

— Como estava Porter quando você fugiu?

— Vivo. — Antony estava sério. — Eu olhei para trás e os capangas estavam lutando contra ele. Parecia que ele estava os distraindo para que eu pudesse fugir. O resto você já sabe...

— O lugar estava um verdadeiro caos. Descobrirmos a localização depois que conversamos com os moradores. Disseram que foi impossível não ouvir os tiros. — Hunter disse. — Não sei como você escapou. — Hunter parecia saber de algo. — Você já se meteu em muitos problemas ultimamente, tem certeza de que não tem nada a ver com isso?

— Com o quê? — Antony estava nervoso.

— Jack Porter. — Hunter olhou fixamente para os olhos de Antony. — O alvo era você.

— Não sei o que está falando. — Antony sentiu que o seu coração estava mais acelerado do que o comum. — Jack me salvou, foi assim que pude fugir.

— Que homem corajoso. — Hunter foi até a porta. — Jack Porter foi bastante ferido, não estava nada bonito quando cheguei. Como não temos mais Jack Porter para te salvar, acho bom colocarmos alguém junto de você.

— Eu não quero ninguém na minha cola. — Antony estava tenso. — Eu sei como me proteger.

— Aqueles homens são muitos e não vão deixar você em paz.

— Eu vou dar o fora daqui muito breve. Vocês não ouvirão mais falar de mim.

— Muito bem. Espero pelo menos te encontrar novamente um dia. — Hunter leu um papel que estava em sua mão e o deixou ao lado da porta em uma mesinha. — Está escrito aqui que você deve receber alta em breve.

— Hunter! — Antony chamou Hunter de volta. O clima no quarto não estava nada bom, Antony estava nervoso. — Obrigado por resgatar a menina.

Hunter não respondeu, apenas acenou com a cabeça e saiu do quarto de Antony. No mesmo momento que saiu, Antony olhou para cima e respirou aliviado.

FILHO DAS ÁGUAS: O ETERNO RETORNO

Hunter tinha razão, Antony iria receber alta no mesmo dia. Ligou a TV e assistiu às notícias do dia. Obviamente, Anne Rose era o grande destaque. Carlo dividia o mesmo espaço, afinal, o prefeito da cidade de Miracle fazia parte da máfia que ameaçou e sequestrou a filha de Bonnie e Ludovic. Carlo não era o único culpado, mas pelo menos era um grande nome para o caso e com isso fazia com que as pessoas se acalmassem e aceitassem a solução. O Crotalus estava em todo o lugar, alguns outros nomes como mandantes do sequestro começavam a aparecer, Antony não conhecia ninguém, mas todos eram políticos e pessoas com muito dinheiro. Todos os canais falavam a mesma coisa, primeiro mostravam o hospital, depois Ludovic, toda a polêmica em volta do suicídio de Bonnie e, por fim, a grande pergunta que todos se faziam era se algum dia Anne Rose Gordon acordaria do coma. Antony mudou de canal e pela primeira vez viu a foto estampada de Jack. O tio da menina ainda parecia intrigar a mídia que se perguntava se Jack fazia parte do grupo que mandou sequestrar Anne Rose, porém Ludovic havia confessado que Jack frequentou o clube durante um tempo, mas que estava tentando se desligar. Foi inevitável Antony não se lembrar das últimas frases de Jack. Donna Hason também apareceu na reportagem que Antony estava assistindo e obviamente acabou por também ser acusada de participar do sequestro de Anne Rose, afinal, estava com Jack na mesma casa.

— Detetive. — Uma enfermeira entrou no quarto. — Você já pode ir.

Antony estava sozinho. Não sabia onde Emília estava e nem se ela queria o ver novamente. Ela tinha todos os motivos para não querer. Naquele dia em sua casa, Antony havia se transformado em outra pessoa.

— Posso ver a garota? — Antony perguntou à enfermeira.

— Claro. — A mulher sinalizou com a mão. — Me acompanhe, por favor.

Antony estava nervoso. Sentiu uma emoção muito grande e lembrou-se de Jenny e toda sua trágica história. Não sabia se aquilo que Donna havia lhe dito era real e se aquilo poderia mesmo existir, mas o seu coração acelerado dizia para ele que aquilo tudo poderia mesmo ser real. A inesperada conexão com Anne Rose estaria respondida, assim como Jack e todos os outros, mas não era o momento de pensar nisso, ele queria apenas sentir aquela emoção que estava sentindo. Um reencontro, Donna diria.

— Por favor, ninguém ainda veio visitar a menina. Se chegar algum parente, você pode se retirar? Você não é parente dela, é?

— Não. — Antony derramou uma lágrima. — Não sou.

Esperou a mulher sair e entrou no quarto. Seus olhos se encheram de lágrimas e Antony sussurrou o nome da menina. Não conseguiu parar de olhar para Anne Rose, que parecia uma princesa dormindo. Uma princesa do inverno. Os cabelos loiros de Anne Rose caíam por toda a cama e formavam quase que um desenho. Ela estava linda, mesmo parecendo fraca e doente. Antony não deixou de reparar na orelha esquerda de Anne Rose e no polegar direito, ambas as vítimas da crueldade de Crotalus.

— Ei, garotinha... — Antony tirou o cabelo do rosto de Anne Rose e acariciou suas bochechas rosadas. — É bom te ver de novo.

Antony levantou-se, a imagem de Jenny andando pela praia com sua filha voltou à sua cabeça, assim como a música de Blair, que agora não o dava mais medo, mas o acalmava. Antony deixou uma carta ao lado de Anne Rose assim como uma rosa vermelha, que arrancou do buquê que a mulher de Hunter havia deixado em seu quarto. Estava chorando e não conseguiu parar de olhar para a menina. Lembrou-se de quando era criança, de sua casa, de como era livre e inocente, assim como ela, e de como pedia por ajuda quando estava trancado naquele porão. Enxugou as lágrimas, mas logo outras começaram a descer. Pensou em sua família, viu novamente o sorriso e as caretas de Mike e sentiu novamente o cheiro do suco de frutas e do bolo que Donna fazia. Odiava despedidas, mas sabia que seu momento havia chegado. Ela havia sido salva e ainda tinha chances de um dia acordar. Ele de fato teria que começar a acreditar em milagres. Antony cumpriu com que o havia prometido, ela estava viva. Antony abaixou-se e beijou o rosto de Anne Rose. Deu uma última olhada e saiu do quarto, prometeu para si mesmo que jamais voltaria para Miracle.

Antony desejou entender o que as ondas estavam dizendo. O barulho de cada uma batendo na rocha era diferente. Pelo menos para ele era diferente. Fazia um tempo que estava ali olhando fixamente para o mar. Não adiantava, era o seu passatempo preferido. Poderia ficar horas apenas olhando para a água, cada onda, cada movimento causado pelo vento e cada concha que encontrava. Tudo para ele era mágico, sempre foi. Não sabia se Anne Rose estava bem, estava desligado de tudo, apenas pintava, cozinhava, caminhava pelo mar e lia. Estava desligado de tudo aquilo, assim como prometeu. Já conseguia fazer alguns planos futuros e sabia que era questão de pouco tempo para que deixasse aquele lugar. Andou pensando em vários países, mas ainda tinha dúvida de qual rumo seguiria. Hunter ainda o assustava, às vezes pegava-se observando pela janela para ver se não havia ninguém o espionando. Começou a caminhar para mais longe de sua casa. Andou sem rumo com os cabelos ao vento. Já não estava mais tão frio, mas ainda assim estava com um moletom e uma calça confortável. Andou mais um pouco e para sua surpresa encontrou uma flor. Uma rosa. Não era vermelha como Anne Rose, pelo contrário, era branca. Olhou para o horizonte e sentiu que precisava devolver aquela pequena rosa branca para o mar. Caminhou até seu pé ser totalmente imerso pelas águas e largou a rosa no mar. Deu um leve sorriso e admirou ela se afastando lentamente. Foi inevitável que não se lembrasse da carta que escreveu para Anne Rose.

Querida Anne Rose,

Talvez você nunca leia esta carta. Talvez você peça para que alguém faça isso para você, ou talvez você a leia mesmo assim quando entender de fato o que estas palavras significam. Eu sei que isso não vai fazer sentido para você agora, mas um dia vai. A última vez que te vi, seus cabelos faziam um belo desenho. Quando soube que você desenhava, senti que poderíamos ser amigos. Pois quando tinha sua idade, eu também desenhava, corria por aí fingindo que eu era várias coisas e depois sentava e desenhava tudo. Não era tão apaixonado assim pelo inverno igual a você, mas desde sempre nutri um amor incondicional pelo mar e acho que você pode adivinhar que eu quase sempre desenhei algo relacionado com o mar.

Eu brincava por aí e jamais tive medo de explorar e de me aventurar para cima e para baixo. Acredito que foi isso que você fez no dia em que desapareceu. Eu jamais havia te visto antes, mas quando vi sua foto, senti que precisava ir atrás de você e que nada nesse mundo me pararia. Enquanto eu buscava por você, eu acabei buscando outras coisas que estavam dentro de mim, e muitas delas me ajudaram a entender melhor quem eu era e para onde eu estava indo. Você talvez não saiba o efeito que causou dentro de mim, mas foi te buscando que eu acabei buscando aquele pequeno garotinho que também desenhava tudo que tinha em sua cabeça. De certa forma, ele estava perdido, assim como você. Sua mãe era fascinada por rosas, isso deve te explicar muito sobre seu nome. Foi buscando essa pequena rosa que eu acabei revisitando alguns episódios de minha vida, até encontrei pessoas que achei que jamais veria novamente. Você me proporcionou grandes momentos. Quero que você saiba que não importa o que houver dentro de seu coração, e não importa quais forem os seus desejos, você deve segui-los. Ame quem você quiser amar, beije, abrace, desenhe, chore, ria, pergunte, busque... Voe.

Acredito que não nos veremos novamente, mas quero que saiba que sempre estaremos juntos. Eu te salvei e você me salvou. A força que eu usei para te encontrar foi a força que eu encontrei para viver melhor com minhas cicatrizes. Antes de você, elas me assombravam, todos elas me assombravam, hoje, eu ainda as carrego, eu ainda tenho todas essas cicatrizes comigo, mas hoje elas dormem ao meu lado e não me assustam mais ao amanhecer. Pelo menos não todos os dias. Você também terá que carregar todas as suas cicatrizes para cima e para baixo, mas se você aprender a não se assustar com elas e acalmá-las, você será livre.

Aprendi que ninguém nos liberta, pois a liberdade é algo tão íntimo quanto os nossos desenhos. Vem de dentro, se expressa em um papel amassado, e apenas faz sentindo para quem a desenhou.

Com amor,

Antony.

Antony respirou aliviado, sentia-se muito melhor do que algum tempo antes de tudo aquilo. Alguns meses haviam se passado e ele estava aprendendo a lidar melhor com tudo que havia acontecido, as coisas por que passou no porão de sua casa e na Foster's Land já não o assombravam tanto como antes. Mike tinha razão, ele o carregaria para a vida toda, mas estava aprendendo a não usar a morte de Mike como desculpa para não enfrentar sua sexualidade, em vez disso começou a lembrar apenas dos momentos bons. Estava aprendendo a não usar Jack como desculpa para não amar novamente. Algo ainda doía dentro de si quando se lembrava de Jack, mas estava se desfazendo com o tempo. Voltou a acreditar em uma família e deu um sorriso quando pensou que um dia poderia ter uma família com alguém que realmente o aceitasse e o amasse. Antony não percebeu, mas uma figura começou a aproximar-se dele.

— Hey, donzela.

— Você voltou. — Antony ainda olhava para o horizonte.

— Não consegui vir quando Donna ligou.

— Não conseguiu?

— Não quis. — Emília se referia ao conturbado episódio que envolveu os dois. — Sinto muito por tudo que aconteceu. — Emília também passou a olhar fixamente para o horizonte. — Fiquei sabendo o que aconteceu com Jack. Como você está com isso?

— Tentando esquecer. — Antony engoliu em seco. — Não se preocupe.

— No fim, você encontrou a garota.

— Sim. — Antony olhou para Emília e logo voltou a encarar o horizonte, que agora era contemplado com o pôr do sol. — Encontrei outra pessoa também.

— Quem? — Emília questionou.

Antony não respondeu. Sentiu que a *sua* história começaria naquele momento. Ficou admirando o horizonte enquanto seus cabelos voavam e as ondas cantavam sua canção. Fechou os olhos e pôde pela primeira vez ouvir o que o mar lhe dizia.

FIM

AGRADECIMENTOS

Gostaria de agradecer imensamente todas as pessoas que fizeram parte desse processo. Agradeço aos meus fiéis amigos, que foram os primeiros leitores desta obra, muitos leram quando ela ainda era um pobre rascunho e outros apenas ouviram sobre a estória quando ela era apenas pensamentos confusos. Agradeço a todo pessoal da minha editora Appris que trabalharam intensamente para que este livro pudesse sair neste ano tão complicado de nossas vidas. Um abraço e um agradecimento especial ao meu amigo Pedro Corá, que emprestou seu poema *"Tentaremos de novo?"* para que servisse de fonte do romance entre Antony e Jack. Meu muito obrigado ao seu talento com as palavras que saem por aí tocando diversos corações, inclusive o meu. Agradeço a minha família, em especial a minha amada avó, Cecy Sanchez, a qual este livro é dedicado. Vovó Cecy me conta as mais divertidas histórias de sua vida e acaba se tornando minha grande fonte de inspiração para trabalhar, escrever e contar estórias. Agradeço a minha falecida avó, Nilsa L. Meyer, cujo amor e carinho jamais deixaram meu coração, sei que de algum lugar ela está acompanhando todas as minhas conquistas. Agradeço ao meu bisavô, José Augusto, que previu toda minha ligação com a arte de criar estórias e dias antes de seu falecimento me pegou no colo e profetizou: *"Eu sou o epílogo e ele é o prólogo"*. Antes de me despedir, convido todos os meus leitores e viajantes dessa jornada, para que escutem a música original do livro *FILHO DAS ÁGUAS: O ETERNO RETORNO*, cantada pelos talentosos *Vinicius Damião e Júnior Tobago!* A canção original e o vídeo clipe oficial, intitulados, *SOBRE NÓS*, já está disponível em todas as plataformas digitais. Agradeço imensamente aos dois, que com sua visão única e brilhante, puderam transmitir por meio da música as mesmas emoções que podemos encontrar no livro. A forma como os dois mergulharam nessas águas foi algo inspirador e assistir a todo o nascimento dessa música foi tão emocionante quanto à trajetória de Antony. Ao meu diretor favorito, *Pietro Godinho*, deixo um imenso abraço. Sua visão única do projeto o transportou das páginas para as telas. Imagens lindas que dançam uma música sincera e inspiradora. Obrigado pelo seu carinho com esse projeto e por ter reunido a melhor equipe do mundo para que ele pudesse existir. Deixo aqui meus sentimentos para todas as pessoas vítimas da pandemia do COVID-19. Nenhuma arte poderá apagar a dor que vocês estão sentindo, mas se ao menos a arte conseguir lhe fazer mais feliz por algumas horas, ela terá cumprido sua função, pois no dia seguinte, você a procurará de novo. E de novo e de novo. Como um ciclo. Como um eterno retorno.

Caso você ou alguém que você conhece está com depressão ou pensando em se machucar, não hesite em buscar ajuda.

Centro de Valorização da Vida (CVV)
www.cvv.org.br

Telefone: 188

Associação Brasileira de Estudos e Prevenção do Suicídio (Abeps)
www.abeps.org.br

Fênix — Associação Pró Saúde Mental
www.fenix.org.br

Telefone: (11) 3271-9315

Obrigado!
Vitor L. Meyer